漢晉孔氏家學與「偽書」公案

黃懷信等○著

昌明文化

中華文化思想叢書　A0100031

漢晉孔氏家學與「偽書」公案制度

作　　者　黃懷信等著

版權策畫　李　鋒

發 行 人　林慶彰

總 經 理　梁錦興

總 編 輯　張晏瑞

編 輯 所　萬卷樓圖書股份有限公司

排　　版　雙子設計公司

印　　刷　百通科技股份有限公司

封面設計　雙子設計公司

出　　版　昌明文化有限公司

桃園市龜山區中原街 32 號

電話 (02)23216565

發　　行　萬卷樓圖書股份有限公司

臺北市羅斯福路二段 41 號 6 樓之 3

電話 (02)23216565

傳真 (02)23218698

電郵 SERVICE@WANJUAN.COM.TW

大陸經銷

廈門外圖臺灣書店有限公司

　　電郵 JKB188@188.COM

ISBN 978-986-94616-3-4

2020 年 8 月初版三刷

2017 年 8 月初版二刷

2017 年 4 月初版

定價：新臺幣 590 元

如何購買本書：

1. 劃撥購書，請透過以下郵政劃撥帳號：

　　帳號：15624015

　　戶名：萬卷樓圖書股份有限公司

2. 轉帳購書，請透過以下帳戶

　　合作金庫銀行 古亭分行

　　戶名：萬卷樓圖書股份有限公司

　　帳號：0877717092596

3. 網路購書，請透過萬卷樓網站

　　網址 WWW.WANJUAN.COM.TW

大量購書，請直接聯繫我們，將有專人為您

服務。客服：(02)23216565 分機 10

如有缺頁、破損或裝訂錯誤，請寄回更換

國家圖書館出版品預行編目資料

漢晉孔氏家學與「偽書」公案制度 / 黃懷信
等著.-- 初版.-- 桃園市：昌明文化出版 ；臺
北市：萬卷樓發行, 2017.04
　　面；　　公分
ISBN 978-986-94616-3-4(平裝)
1.(周)孔丘 2.學術思想
121.23　　　　　　　　　　　　106004293

目 次

目次

目次

目
次

前　言

　　家學，是指家族內部父子相傳或世代相承之學，也就是所謂的「累世之學」。趙翼《廿二史劄記》有云：「古人習一業，則累世相傳，數十百年不墜。蓋良冶之子必學為裘，良弓之子必學為箕，所謂世業也。工藝且然，況於學士大夫之術乎！」[1] 學士大夫之術業，即中國之學術文化。學士大夫之世業，必然推動中國學術文化之發展，說明家學是中國古代學術文化傳承與發展的主要方式。孔氏家學，是指孔子後裔們的家學。孔子後裔，是中國封建社會的特殊人群。他們以其與孔子的特殊關係，不僅世代受到封建統治者封賞尊崇，有較高的社會地位，而且他們自身也因孔子的原因，世代不忘傳承其祖業。因此，他們的家學，本身具有特殊的意義。而尤為重要的是，漢晉——西漢、東漢、曹魏、西晉、東晉時期的孔氏家學，與中國學術史上的五大「偽書」，即《古文尚書孔傳》、《古文論語孔注》、《古文孝經孔傳》、《孔子家語》、《孔叢子》，有著不可分割的聯繫。所以，研究漢晉孔氏家學，意義不止其本身。

　　眾所周知，五書自唐宋即遭懷疑。清代，尤其是晚清以來的疑古思潮，加上20世紀二三十年代的古史辨派，使之最終被鐵定為

1　《廿二史劄記》卷五，《中華經典史評》本，北京：中華書局，2008年。

「偽」。但是，其間反對的聲音也一直沒有停息，所以使之成為公案，只是反對的聲音基本上是越來越微弱。直到上世紀70年代以來，隨著越來越多的古書從地下被發現，人們才逐漸對諸書有了更多的思考和研究，甚至到了翻案的程度。然而翻案之說，迄今並未得到廣泛認同。究其原因，一是因為「鐵證如山」，很難一下子完全翻過；二是地下之材料，並不能直接證明諸書之成書偽與不偽。可見諸「偽書」公案問題，並沒有完全解決。所以，還必須結合其他的方面，其中包括孔氏家學，對之進行全方位的深入研究。因為正如李學勤先生所說：「從學術思想史的角度深入探究孔氏家學，也許是解開《尚書》傳流疑迷等經學重大公案的一把鑰匙。」[1] 當然，我們並不是也不能為了翻案而研究，而是也應該是為了解決問題而研究。之所以要研究解決這一問題，是因為包括這一問題在內的整個「偽書」問題，一直是阻礙中國學術發展的巨大障礙，是制約中國學術進步的瓶頸。

時代在進步，學術要發展。「偽書」問題，應該而且必須很好地加以解決，這是時代賦予當代學人的使命。如何解決「偽書」問題，本身是一個複雜的問題。這裡我們只想強調，解決「偽書」問題，首先要有科學的態度和實事求是的精神，偽就偽、真就真，要用事實和證據說話；既不能繼續走「疑古」之路，也不能盲目地空言翻案。其次，必須對所謂「偽書」的概念有清醒的認識。因為我們知道，傳統意義所謂的「偽書」，首先或者在很大程度上，只是指作品的內容與所題作者的姓名及時代不符。而事實上我們知道，內容與作者的姓名時代不符的作品，其所提供的資訊未必不真；而內容與作者的姓名時代相符的作品，其所提供的資訊又未必全真。既是這樣，我們今天就不能再簡單地以「真」、「偽」二字來作結論，作品所提供的資訊之真偽，才是我們最終所要關心的。當然，作品的作者與成書問題，是

1　李學勤〈竹簡《家語》與漢魏孔氏家學〉，《孔子研究》1987年第2期。

必須首先需要解決的。否則，作品所提供的資訊的真偽問題，也不能最終得到解決。因為中國人向來有一習慣，就是對「來路不明」的事物，始終不大信任。所以，只有原原本本地了解了作品的來龍去脈，其所提供的資訊之真偽，才會得到最終之認同。而理清漢晉孔氏家學，具體了解其各代學人的學術活動及貢獻，正是了解五大「偽書」的來龍去脈，解決其作者與成書問題的必要前提。就是說，五大「偽書」公案問題的徹底解決，固然不能完全依靠孔氏家學，但是對漢晉孔氏家學的客觀清理，無疑有助於公案問題的最終解決，甚至可以說是從根本上解決諸「偽書」公案的關鍵。比如我們了解了孔安國的家學淵源與學術傳承，就可以知道他當年有沒有條件和能力整理古文《尚書》並為之作傳；了解了其後人的家學與學術傳承，就可以知道孔安國當年到底有沒有作《尚書孔傳》。那麼，如果我們再輔以其他方面的考證，包括其內容本身的證據，就可以最終知道今本《尚書孔傳》與孔安國究竟是什麼關係。也可以判定，今本《尚書孔傳》的真偽問題。這樣，《古文尚書》的真偽問題，也就解決了一半。

　　正是基於這樣的考慮，本課題在重點探討漢晉孔氏家學及其與諸「偽書」的關係的同時，對諸「偽書」本身也作了必要的考察，力求把解決諸「偽書」公案的問題之研究向前推進一步，為最終了結諸「偽書」公案創造條件。當然，諸「偽書」內容本身的問題太多，不可能在一個課題中全部解決。加之學界還有很多人迄今尚未走出「疑古時代」，受傳統觀念影響太深，對新觀念、新觀點一時很難接受。所以，諸「偽書」公案問題的最終解決，還有待於學界的共同努力和今後的進一步研究。

上：西漢篇

緒言

考論孔氏家學而從西漢始，是因為西漢孔氏家學不僅對漢代儒學和中國學術的發展有深遠影響，在中國經學史上具有特殊而重要的地位，同時又與一系列重大的學術公案密切相關。研究西漢孔氏家學，有助於經學史上諸「偽書」問題的徹底解決，從而衝破阻礙學術進步的「偽書」障礙，推動學術向前發展。另外，也有助於孔子思想和早期儒學的研究，具有重要的學術意義。眾所周知，秦始皇焚書坑儒而經籍之道息，孔子後裔之學也隨之沉寂；漢惠帝除挾書之律而經籍之道興，孔子後裔之學亦隨之復興，並得以延續；漢武帝尊儒術，加上孔壁出書，由此而始有後世所謂的幾大「偽書」。當然，其中《孔叢子》之始作，可能要更早。本篇所要論及的，包括西漢孔氏家學的歷史淵源與形成背景、西漢時期的孔子後裔、孔安國與孔氏家學、孔安國以外其他孔家學者的學術活動與家學傳承、西漢孔氏家學的學術貢獻與特點等幾個方面。

之所以要先探討西漢孔氏家學的歷史淵源，因為西漢孔氏家學本身不可能是無本之木，所以我們必須先知道孔家自孔子以來有沒有家學，有怎樣的傳統，然後方能對接下來的孔氏家學有更深入的了解。何況《孔叢子》始作問題本身，也要求我們必須了解西漢孔氏

家學的前身。

關於西漢孔氏家學的形成背景，自然包括上面提到的漢惠帝除挾書之律和漢武帝尊儒術，以及孔壁出書。而關於孔壁出書，迄今學界多存爭議。包括其事件的有無、出書的時間、出書的種類、藏書之人，及書之歸宿等等，幾乎都有問題。而這些問題，又是關乎孔氏家學及諸「偽書」公案的關鍵性問題，所以必須一一予以落實。

而既然是探討西漢孔氏家學，自然又必須首先探明這一時期的孔子後裔之世系，了解其中的主要人物，明確他們之間的關係。而關於西漢孔子後裔世系的文獻記載，本身又不一致，甚至相互矛盾。以往的研究，也說法不一。所以，我們對此也需要下一定的工夫。

西漢孔子後裔中，孔安國無疑是最為重要、最為關鍵的人物，因為他不僅與孔壁書有關，而且與諸「偽書」（除《孔叢子》）首先發生關係，或者有直接關係。而正是這位孔安國，不僅其生平世多爭議，就連其身世方面也存在問題。所以，我們又必須對他予以較多的關注。至於孔安國以外其他孔家學者的學術活動與家學傳承，不僅本身在西漢孔氏家學的研究範圍之內，而且據此可以了解諸「偽書」在當時的存在、流傳與否，所以也必須有所了解。還有整個西漢孔氏家學的學術貢獻與特點，自然也要有所歸納，等於是對這一時期孔氏家學的總體認識。這是本篇所要研究的主要內容和總體思路。後面東漢及魏晉二篇之作，也基本沿於類似的思路。

第一章 西漢孔氏家學的形成和孔子後裔世系

一、西漢孔氏家學的歷史淵源

（一）孔子的家教

孔子作為春秋末期偉大的政治家、思想家和教育家，他「祖述堯舜，憲章文武」，不僅整理西周以來的傳世的文獻典籍以及禮儀禮法，而且開啟私家講學之風；既傳《詩》、《書》、《禮》、《樂》於弟子，同時也傳之於子孫；不僅創立了儒家學派，也開創了孔氏家學。

關於孔子傳教兒子孔鯉伯魚，《論語》中有明確記載。如〈季氏〉篇記：

> 陳亢問於伯魚曰：「子亦有異聞乎？」對曰：「未也。嘗獨立，鯉趨而過庭，曰：『學《詩》乎？』對曰：『未也。』『不學《詩》，無以言。』鯉退而學《詩》。他日，又獨立，鯉趨而過庭，曰：『學《禮》乎？』對曰：『未也。』『不學《禮》，無以立。』鯉退而學《禮》。」[1]

---

1 《論語》卷八，景刊唐開成石經本，北京：中華書局，1997年，第2658～2659頁。

可見是要求兒子孔鯉學《詩》、學《禮》，並講給他學習《詩》、《禮》的意義，可謂語重心長。〈陽貨〉篇又載：

子謂伯魚：「女為〈周南〉、〈召南〉矣乎？人而不為〈周南〉、〈召南〉，其猶正牆面而立也與。」[1]

可見是具體要求孔鯉研究《詩》之〈周南〉和〈召南〉。這兩段記載，簡要而生動地描述了孔子在家訓子的情況，堪稱我國士人家教的最佳寫照。又《孔子家語‧致思》篇載：

孔子謂伯魚曰：「鯉乎！吾聞可以與人終日不倦者，其唯學焉。其容體不足觀也，其勇力不足憚也，其先祖不足稱也，其族姓不足道也。終而有大名，以顯聞四方，流聲後裔者，豈非學之效也？故君子不可以不學，其容不可以不飾。不飾無類，無類失親；失親不忠，不忠失禮，失禮不立。夫遠而有光者，飾也；近而愈明者，學也。譬之汙池，水潦注焉，雚葦生焉，雖或以觀之，孰知其源乎？」[2]

這段記載，不可能是完全虛構，因為從以上《論語》的兩段材料可知，孔子確實曾教習過孔鯉。所以，其專門為之講為學的重要性，也就並非沒有可能。可見孔子對兒子孔鯉確曾有家教，而孔鯉也正是在孔子的親自教導下明《詩》、《禮》、通儒術的。只是其先孔子卒，為孔子家學的傳承留下些許遺憾。但其子子思，卻為孔氏家學的發展傳承做出了突出貢獻。而子思的家學，也與孔子的家教有關。

---

1 《論語》卷九，景刊唐開成石經本，北京：中華書局，1997年，第2662頁。
2 《孔子家語》卷二，《四庫全書》第695冊，上海：上海古籍出版社，1987年影印本，第19頁。

（二）子思的傳統

子思名孔伋，孔鯉之子、孔子之孫。《漢書・古今人名表》列為第二等「上中」，歸仁人。孔鯉早卒，子思少從孔子學。《孔叢子・記問》篇，記載了不少子思問學的事蹟，如云：

夫子閒居，喟然而嘆。子思再拜。請曰：「意子孫不修，將忝祖乎？羨堯舜之道，恨不及乎？」夫子曰：「爾孺子，安知吾志。」子思對曰：「伋於進膳，亟聞夫子之教：『其父析薪，其子弗克負荷，是謂不肖。』伋每思之，所以大恐而不懈也。」夫子忻然笑曰：「然乎？吾無憂矣。世不廢業，其克昌乎！」

子思問於夫子曰：「為人君者，莫不知任賢之逸也，而不能用賢，何故？」子曰：「非不欲也。所以官人失能者，由於不明也。其君以譽為賞，以毀為罰，賢者不居焉。」

子思問於夫子曰：「亟聞夫子之詔，正俗化民之政，莫善於禮樂也。管子任法以治齊，而天下稱仁焉。是法與禮樂異用而同功也，何必但禮樂哉？」子曰：「堯舜之化，百世不輟，仁義之風遠也。管仲任法，身死則法息，嚴而寡恩也。若管仲之知，足以定法。材非管仲而專任法，終必亂成矣。」

子思問於夫子曰：「物有形類、事有真偽，必審之，奚由？」子曰：「由乎心。心之精神是謂聖，推數究理，不以物疑。周其所察，聖人難諸。」[1]

當然，這些記載或許經過後人潤色，但子思曾問學孔子，則是不可否認的事實。因為孔鯉以五十之齡歿於孔子之先，其歿之時孔鯉必

---

[1] 《孔叢子》卷二，《四部叢刊初編》本，第30～31頁。按：《孔叢子》雖有不真的成分，但記載孔子、子思、子高的三部分內容均有原始材料，其文字基本上屬於采輯舊材料或據舊材料加工而成，故可選擇使用。

已記事知學。且《孔叢子・公儀》篇亦載：「穆公謂子思曰：『子之書所記夫子之言，或者以謂子之辭。』子思曰：『臣所記臣祖之言，或親聞之者，有聞之於人者。』」[1]明言其親聞於夫子。今具體考之於年齡，孔鯉五十歲而先孔子二年卒，其卒時子思必當不小於十歲。據《史記・魯周公世家》，魯哀公十六年孔子卒。哀公在位二十七年，以下為悼公三十七年、元公二十一年，後則穆公立。可知穆公之立去孔子卒為七十年。那麼穆公立時，子思亦不過八十餘歲。《史記・孔子世家》云子思年六十二，前人或以為「六」是「八」字之誤，不為無理。再說《史記》所記魯諸公之年，亦未必完全可信。所以，子思見及穆公完全可能。因此，穆公之問當屬可信。穆公之問既可信，那麼子思之答亦當不虛。可見子思確曾問學孔子。又《孔叢子・雜訓》載子思答子上曰：「吾昔從夫子於郯遇程子於塗，傾蓋而語，終日而別，命子路將束帛贈焉。」[2]可見子思確曾隨於夫子身旁。所以，孔子對子思亦必有家教，前引〈記問〉篇所記，必當有可信者。那麼，謂子思有家學並傳自孔子，即可成立。當然,在孔子卒後，子思或又曾受業於曾子、子游及子夏等人而聞孔子之教，亦屬可能。正因為如此，所以他又說「聞之於人」。顯然，〈公儀〉所載是可信的。就是說，子思不僅幼年直接問學於孔子，親受孔子教誨，而且後來還間接從孔子其他弟子那裡聽到孔子教誨。可見子思的家學是雙重的。

而從〈記問〉所載首段又可看出，子思以孺子之年即懷繼承祖業之大志，以昭明聖祖之德為己任，並不懈於學。既如此，其於孔子之學必能有所傳授。穆公稱「子之書所記」，說明子思有書。此書，應該就是《漢書・藝文志》所著之《子思》書。

子思生活在戰國初年，面對著整個社會禮樂崩壞、人倫不理、

---

1 《孔叢子》卷三，《四部叢刊初編》本，第50頁。
2 《孔叢子》卷二，《四部叢刊初編》本，第35頁。

生靈塗炭的嚴峻局面，在掌握了孔子思想的精髓之後，他也像其祖父一樣，竭力宣導儒家學說，力圖拯救社會危機。據《禮記》、《孔叢子》等書記載,子思早年曾在魯國收徒授業，後又周遊列國，到過宋、齊、衛等諸侯國。子思還曾在魯、衛從政。但是，他也「為其事而無其功」。子思欲以儒家思想治世的方案，沒有得到當時魯、衛統治者的認可與採納。但這並沒有動搖其持守儒道的志向。在周遊列國的過程中，他撰作了一系列反映其學術思想的儒學作品，對孔子思想做了發展與創新，成為戰國時代儒家學派的重要代表人物。後來儒家的另一著名代表孟子，即受學於他的門人。因為孟子與子思的思想及學術觀念頗為一致，所以後世稱之為「思孟學派」。由此可見，子思確實如孔子所願，不僅「世不廢業」，而且繼承發展了孔子的學說。

子思不僅上承家學，而且下傳家學。《孔叢子·雜訓》篇中，記載了子思對其子孔白子上的悉心教導和家學傳授之事。如云：

子上請所習於子思。子思曰：「先人有訓焉：學必由聖，所以致其材也；厲必由砥，所以致其刃也。故夫子之教，必始於《詩》、《書》，而終於《禮》、《樂》，雜說不與焉。又何請？」[1]

可見是直接以先人之訓為教，而且具體要求其學《詩》、《書》、《禮》、《樂》。同篇還載：

子思謂子上曰：「白乎，吾嘗深有思而莫之得也，於學則寤焉；吾嘗企有望而莫之見也，登高則覩焉。是故雖有本性而加之以學，則無惑矣。」[2]

---

1 《孔叢子》卷二，《四部叢刊初編》本，第34頁。
2 《孔叢子》卷二，《四部叢刊初編》本，第34頁。

可見是教其學思結合的學習方法。這樣的教學，堪稱是家教的典範，與當年孔子教導孔鯉如出一轍。〈居衛〉篇還載：

子思謂子上曰：「有可以為公侯之尊，而富貴人眾不與焉者，非唯志乎？成其志者，非唯無欲乎？夫錦繢紛華，所服不過溫體；三牲大牢，所食不過充腹。知以身取節者，則知足矣。苟知足，則不累其志矣。」[1]

真可謂是諄諄教導，出於心志。顯然，子思繼承了孔子的家教習慣與方法。

子思不僅面授子上，而且還以書信相教。〈雜訓〉篇載：

子思在魯，使以書如衛問子上。子上北面再拜，受書伏讀。[2]

以書問子上，無非主要是問其學業。可見子思家教之嚴。

除了孔子的思想，子思所傳承的無疑也包括儒家文獻。《孔叢子·居衛》篇，記有子思與宋大夫樂朔討論《尚書》之事：

子思年十六適宋，宋大夫樂朔與之言學焉。朔曰：「《尚書》虞夏數（書）四篇，善也。下此以訖於《秦》、《費》，效堯舜之言耳，殊不如也。」子思答曰：「事變有極，正自當耳！假令周公、堯、舜更時異處，其書同矣。」樂朔曰：「凡書之作，欲以喻民也，簡易為上。而乃故作難知之辭，不亦繁乎？」子思曰：「書之意兼複深奧，訓詁成義，古人所以為典雅也。」[3]

---

1 《孔叢子》卷二，《四部叢刊初編》本，第41頁。
2 《孔叢子》卷二，《四部叢刊初編》本，第35～36頁。
3 《孔叢子》卷二，《四部叢刊初編》本，第44～45頁。

如此年齡而精熟《尚書》，必與家學有關。而正因為這樣，所以他才可能要求子上學《詩》、《書》。又《禮記‧檀弓上》載子思曰：

喪三日而殯，凡附於身者必誠必信，勿之有悔焉耳矣。三月而葬，凡附於棺者必誠必信，勿之有悔焉耳矣。喪三年，以為極亡，則弗之忘矣。故君子有終身之憂，而無一朝之患，故忌日不樂。[1]

〈檀弓下〉篇又記子思答穆公問「為舊君反服」之禮。可見子思知禮樂。正因為這樣，他也才要求子上「終於《禮》、《樂》」。顯然，這與孔子當年要求孔鯉學《詩》、《禮》的家教是一致的。所以子思的文獻之學，亦當受自孔子。

子思本人的著述，《史記‧孔子世家》和《孔叢子‧居衛》均記載子思作《中庸》。《漢書‧藝文志》著錄「《子思》二十三篇」，班固自注曰：「名伋，孔子孫，為魯繆公師。」[2]《隋書‧經籍志》著錄「《子思子》七卷[3]」。但是長期以來，學界對於《史記》、《孔叢子》、《隋志》所載子思的著作存有爭議。近年來隨著郭店楚墓儒家書的出土，學者們對此問題作了進一步考證。如郭沂先生研究認為：《中庸》、《子思》、《子思子》是先秦至南宋，子思名下這部著作先後出現過的三種傳本，分別代表其演變的三個階段，即：《中庸》四十七或四十九篇為祖本，《漢志》中《子思》二十三篇為新編本，《隋志》中《子思子》二十三篇為重輯本[4]。《隋書‧音樂志》引沈約云：「《中庸》、《表記》、《坊記》、《緇衣》皆取

1 《禮記正義》卷六，《十三經注疏》本，北京：中華書局，1980年，第1275頁。
2 《漢書》卷三十，北京：中華書局，1962年，第1724頁。
3 《隋書》卷三十四，北京：中華書局，1973年，第997頁。
4 郭沂《郭店竹簡與先秦學術思想》，上海：上海教育出版社，2001年，第75～78頁。

《子思子》。」¹現在郭店簡《緇衣》篇和《魯穆公問子思》篇同時出土，可證沈約所言不妄。此外，通過對郭店簡儒家類著作的研究，有學者認為這些著作中的《唐虞之道》、《緇衣》、《五行》、《六德》、《成之聞之》的前半部、《性自命出》、《窮達以時》、《魯穆公問子思》諸篇，均是子思所作，是《子思子》的佚篇²。上博簡有《從政》篇，有學者認為也是《子思子》中的佚篇³。當然，關於出土文獻的問題，還需要作進一步研究。但《表記》、《坊記》、《緇衣》及今本《中庸》之第二章至第二十章為子思所作，已基本可以肯定。

綜上可知，子思曾親得孔子垂教。他繼承祖業，竭力倡揚儒家學說，並著書立說，對孔子思想進行闡釋與發揮。同時，他將從孔子那裡繼承的家學，特別是《詩》、《書》、《禮》等經典文獻傳給了兒子子上，樹立了孔氏家族家學父子相承的傳統。

（三）子高、子順的傳承

子高名孔穿，孔子六代孫，子思玄孫。《漢書·古今人名表》列第四等中上，歸智人。子高事蹟，主要見載於《孔叢子》書之〈公孫龍〉、〈儒服〉、〈對魏王〉、〈執節〉諸篇，包括諸如與公孫龍的辯論、答魏王問、答信陵君問、與齊君論車裂之刑，以及與鄒文、季節的交往等事。如〈執節〉篇載：「趙王問相於平原君，平原君曰：『鄒文可。』王曰：『其行如何？』對曰：『夫孔子高，天下之高士也。取友以行、交遊以道。文與之遊，稱曰好義。』」⁴〈對魏王〉載「魏王問何如可謂大臣」，又載「子高見齊王，齊王問誰可為臨

1　《隋書》卷十三，北京：中華書局，1973年，第288頁。
2　參見：李學勤〈荊門郭店楚簡中的子思子〉，《文物天地》1998年第2期；龐朴〈孔孟之間——郭店楚簡的思想史地位〉，《中國社會科學》1998年第5期；姜廣輝〈郭店楚簡與《子思子》〉，《哲學研究》1998年第7期。
3　楊朝明〈上博竹書《從政》篇與《子思子》〉，《孔子研究》2005年第2期。
4　《孔叢子》卷五，《四部叢刊初編》本，第22頁。

淄宰，稱管穆焉。[1]」可見其見重於趙、魏、齊諸國，有「天下之高士也」之美譽，知其為一代大儒。關於子高與孔子儒道，〈儒服〉篇載：

子高衣長裾，振褒袖，方屐麤翣，見平原君。君曰：「吾子亦儒服乎？」子高曰：「此布衣之服，非儒服也。儒服非一也。」平原君曰：「請吾子言之。」答曰：「夫儒者居位行道則有袞冕之服，統御師旅則有介冑之服，從容徒步則有若穿之服。故曰非一也。」平原君曰：「儒之為名何取爾？」子高曰：「取包眾美、兼六藝，動靜不失中耳。」[2]

可見其深諳儒道。〈公孫龍〉篇載：

公孫龍者，平原君之客也。好刑名，以白馬為非白馬。或謂子高曰：「此人小辨而毀大道，子盍往正諸？」子高曰：「大道之悖，天下之交往也。吾何病焉？」或曰：「雖然，子為天下故，往也。」子高適趙，與龍會平原君家。……公孫龍曰：「……且白馬非白馬者，乃子先君仲尼之所取也。龍聞楚王張繁弱之弓，載忘歸之矢，以射蛟兕於雲夢之圃。反而喪其弓，左右請求之。王曰：『止也！楚人遺弓，楚人得之，又何求乎。』仲尼聞之，曰：『楚王仁義而未遂，亦曰人得之而已矣，何必楚乎？若是者，仲尼異楚人於所謂人也。夫是仲尼之異楚人於所謂人，而非龍之異白馬於謂馬，悖也。先生好儒術而非仲尼之所取也。」[3]

---

1 《孔叢子》卷四，《四部叢刊初編》本，第84、86頁。
2 《孔叢子》卷四，《四部叢刊初編》本，第17頁。
3 《孔叢子》卷四，《四部叢刊初編》本，第72、74頁。

所謂「大道」，無疑是指儒道。公孫龍引仲尼之言以駁子高，純屬狡辯，但其謂子高好儒術，則無疑是真實的。〈儒服〉篇記：

平原君與子高飲，強子高酒曰：「昔有遺諺：『堯舜千鍾，孔子百觚。子路嗑嗑，尚飲十榼。』古之聖賢無不能飲也。吾子何辭焉？」子高曰：「以穿所聞，賢聖以道德兼人，未聞以飲食也。」[1]

所謂「賢聖以道德兼人」，正指孔子儒家。又〈對魏王〉篇載：「魏王問何如可謂大臣，子高答曰：『大臣則必取眾人之選，能犯顏諫爭，公正無私者。』」[2] 與《論語》所載孔子「所謂大臣者，以道事君，不可則止」及「周任有言曰：『陳力就列，不能者止』」思想一致。可見其繼承了孔子儒學思想。

子高之學，亦含經典文獻。〈儒服〉載：

齊君曰：「周公聖人，而子賢者，弗如也。」子高曰：「然。臣固弗如周公也。……夫以周公之聖，兄弟相知之審，而近失於管、蔡，明人難知也。……《尚書》曰：『知人則哲，惟帝難之。』穿何慚焉？」[3]

可見其熟於《書》。當然，以「天下之高士也」，絕不可能只知於《書》，其他經典，亦當有習。觀其子子順知《詩》、《書》、《禮》、《春秋》（詳下），則子高理當有知，只是未見記載而已。又〈儒服〉篇載：

---

1 《孔叢子》卷四，《四部叢刊初編》本，第79頁。
2 《孔叢子》卷四，《四部叢刊初編》本，第83頁。
3 《孔叢子》卷四，《四部叢刊初編》本，第82頁。

平原君謂子高曰：「吾聞子之先君親見衛夫人南子，又云南遊過乎阿谷而交辭於漂女，信有之乎？」答曰：「士之相保，聞流言而不信者，何哉？以其所在行之事占之也。昔先君在衛，衛君問軍旅焉，拒而不告。色不在已（問不已），攝駕而去。衛君請見，猶不能終，何夫人之能覿乎？古者大饗，夫人與焉。於時禮儀雖廢，猶有行之者。意衛君夫人饗夫子，則夫子亦弗獲已矣。若夫阿谷之言，起於近世，殆是假其類以行其心者之為也。」[1]

可見在維護祖宗聲譽。這無疑也與家學有關。

另外，子高不僅知文，而且知武。據〈儒服〉篇載：

子高適衛，會秦兵將至。信陵君懼，造子高之館而問祈勝之禮焉。子高曰：「命勇謀之將以御敵云云。」[2]

又載：

子高任司馬乂為將於齊，與燕戰而敗。[3]

正應了其「夫儒者居位行道則有袞冕之服，統御師旅則有介冑之服」的儒道觀。

子高之學，尤其是經典之學，無疑傳自家學。惜其父祖子京、子家二代史書缺載，不知其詳。不過以理推之，其子、孫子高既傳之，其祖、父又為子思、子上，則二代必無不傳之理。所以，子高以上之家學應當是連貫的。

---

1 《孔叢子》卷四，《四部叢刊初編》本，第79～80頁。
2 《孔叢子》卷四，《四部叢刊初編》本，第80頁。
3 《孔叢子》卷四，《四部叢刊初編》本，第82頁。

子高的著作，〈家語後序〉云：「子高名穿，亦著儒家語十二篇，名曰《讕言》。」[1]《孔氏祖庭廣記》亦曰：「七代穿，字子高……著儒家之語十二篇，名曰《蘭（讕）言》。」[2]考「《讕言》十篇」見著於《漢書‧藝文志》，班固自注曰：「不知作者，陳人君法度。」[3]所以，〈家語後序〉之言頗遭疑議。以今考之，班固謂其書「陳人君法度」，而今《孔叢子》之〈公孫龍〉、〈儒服〉、〈對魏王〉三篇，恰有符合這一命題的內容。如子高答魏王「人主之所以為患」、「如何可謂大臣」，答信陵君問「古之善為由國者其道何」之類，無疑可以屬之。而這三篇敘事具體詳盡，作者應該就是子高本人（詳後）。那麼結合《孔叢子》一書多輯前人之書而叢編的性質來看，〈公孫龍〉等三篇應該就是取自「《讕言》十篇」之書。所以，〈家語後序〉之言當屬可信，《讕言》應當就是孔穿所著[4]。可見子高不僅傳家學，而且有專記儒家語之書。

子高之子子順（或作「子慎」），也是一代大儒。他傳家學，於《詩》、《書》、《禮》、《春秋》無所不知。《孔叢子‧陳士義》篇載：

魏王遣使者奉黃金束帛聘子順為相。……魏王郊迎，謂子順曰：「寡人不肖，嗣先君之業。先生聖人之後，道德懿邵，幸見顧臨，願圖國政。」[5]

可知其曾為魏相，而且以「道德懿邵」聞名。〈執節〉篇又載：

---

1 《孔子家語》，《四庫全書》第695冊，上海：上海古籍出版社，1987年影印本，第109頁。
2 《孔氏祖庭廣記》卷一，《孔子文化大全》本，濟南：山東友誼出版社，1989年影印，第62頁。
3 《漢書》卷三十，北京：中華書局，1962年，第1725頁。
4 黃懷信〈《孔叢子》的時代與作者〉，《西北大學學報》（哲學社會科學版）1987年第1期。
5 《孔叢子》卷五，《四部叢刊初編》本，第1頁。

趙王謂子順曰：「寡人聞孔氏之世自正考甫以來儒林相繼，仲尼重之以大聖。自茲以降，世業不替，天下諸侯咸資禮焉。先生承其緒，作二國師。從古及今，載德流聲，未有若先生之嗣。」[1]

可知其又以不替世業而聞重於趙、魏，作二國師。〈陳士義〉又載：

子順相魏，改嬖寵之官以事賢才，奪無任之祿以賜有功。諸喪職秩者不悅，乃造謗言。文諮以告，且曰：「夫不害前政而有成，孰與變之而起謗哉？」子順曰：「民不可與慮始久矣。古之善為政者，其初不能無謗。子產相鄭，三年而後謗止。吾先君之相魯，三月而後謗止。今吾為政日新，雖不能及聖賢，庸知謗止獨無時乎？」文諮曰：「子產之謗嘗亦聞之，未識先君之謗何也？」子順曰：「先君初相魯，魯人謗誦曰：『麛裘而韠，投之無戾。韠之麛裘，投之無郵。』及三月，政成。化既行，民又作誦曰：『袞衣章甫，實獲我所。章甫袞衣，惠我無私。』」文諮喜曰：「乃知先生亦不異乎聖賢矣！」[2]

兩言「吾先君初相魯」，可見其傳孔子之道。當然，他的話未必盡與事實相符，或者出於傳聞，亦有可能，但不管怎樣，他繼承其先祖孔子的思想，是可以肯定的。

子順知經，《孔叢子》多有反映。如〈陳士義〉篇載：

魏王朝群臣，問理國之所先。季文對曰：「唯在知人。」王未之應。子順進曰：「知人則哲，帝堯所病。故四凶在朝，鯀任無功。」[3]

---

1 《孔叢子》卷五，《四部叢刊初編》本，第23頁。
2 《孔叢子》卷五，《四部叢刊初編》本，第8～9頁。
3 《孔叢子》卷五，《四部叢刊初編》本，第1～2頁。

「知人則哲」，出《皋陶謨》。帝堯、四凶在朝及鯀，亦皆與《虞書》有關。又〈執節〉篇載：

趙孝成王問曰：「昔伊尹為臣而放其君，其君不怨，何可而得乎此也？」子順答曰：「伊尹執人臣之節而弼其君以禮，亦行此道而已矣。」王曰：「方以放君為名，而先生稱禮，何也？」子順曰：「以禮括其君，使入於善也。」曰：「其說可得聞乎？」答曰：「其在《商書》。太甲嗣立而干塚宰之政，伊尹曰……」[1]

明言《商書》。同篇又載：

魏王問子順曰：「寡人聞昔者上天神異后稷，而為之下嘉谷，周以遂興。往中山之地無故有穀，非人所為，雲天雨之，反亡國，何故也？」答曰：「天雖至神，自古及今，未聞下穀與人也。《詩》美后稷能大教民，種嘉穀以利天下。故《詩》曰『誕降嘉種』，猶《書》所謂『稷降播種』、『農殖嘉穀』，皆說種之，其義一也。」[2]

「《書》所謂『稷降播種』、『農殖嘉穀』」，皆出《周書》。可見其精熟於《書》。而稱「《詩》曰」，則其知《詩》又可知。〈執節〉篇又載：

季節見於子順，子順賜之酒，辭。問其故，對曰：「今日，家之忌日也，故不敢飲。」子順曰：「飲也！禮，雖服衰麻，見於君及先生，與之粱肉無辭，所以敬尊長而不敢遂其私也。忌日方於有服，則

---

1 《孔叢子》卷五，《四部叢刊初編》本，第17頁。
2 《孔叢子》卷五，《四部叢刊初編》本，第22頁。

輕矣。」[1]

又載：

魏公子無忌死，韓君將親弔焉。其子榮之，以告子順。子順曰：
「必辭之！禮，鄰國君弔，君主之。今君不命子，則子無所受其君
也。」[2]
申叔問子順曰：「禮，為人臣三諫不從，可以稱其君之非乎？」
答曰：「禮所不得也。」……子順曰：「……是亡考起時之言，非禮
意也。禮，受放之臣不說人以無罪。」[3]

可見其知《禮》。〈執節〉又載：

虞卿著書，名曰《春秋》。魏齊曰：「子無然也。《春秋》，孔
聖所以名經也。今子之書大抵談說而已，亦以為名何？」答曰：「經
者，取其事常也。可常則為經矣，且不為孔子，其無經乎？」齊問子
順，子順曰：「無傷也。魯之史記曰《春秋》，經因以為名焉。又晏
子之書亦曰《春秋》。吾聞泰山之上封禪者七十有二君，其見稱述，
數不盈十。所謂貴賤不嫌同名也。」[4]

可見其知《春秋》。顯然，子順所傳，正孔子當年所教弟子者。
而子順之學，無疑與其父子高有關。〈執節〉篇載：趙王以
平原君及鄒文之事問子順，而子順答曰：「先父之所交也，何敢不

---

1 《孔叢子》卷五，《四部叢刊初編》本，第19頁。
2 《孔叢子》卷五，《四部叢刊初編》本，第20～21頁。
3 《孔叢子》卷五，《四部叢刊初編》本，第21頁。
4 《孔叢子》卷五，《四部叢刊初編》本，第19～20頁。

知？」[1]可見其見知其父子高之事。如此而耳濡目染、言傳身教，亦必成就家學。尤其是知《詩》、《書》、《禮》、《春秋》，更與孔子、子思以來的家學有關。顯然，子高、子順都繼承了家學傳統。〈執節〉篇載趙王謂其「世業不替」，無疑是有根據的。

（四）子魚的貢獻

子魚名孔鮒，又名孔甲，孔子八代孫。曾事陳勝，被尊為博士、太師。《漢書·古今人名表》列在第五等中。關於子魚生平，《漢書·儒林傳》載：「陳涉之王也，魯諸儒持孔氏禮器而歸之。於是孔甲為涉博士，卒與俱死。」[2]《孔子世家譜》載之曰：「秦始皇並天下，李斯議焚書……（鮒）乃與弟子襄藏《論語》、《尚書》、《孝經》於祖堂舊壁中，自隱於嵩山，教弟子百餘人。」[3]知其因秦始皇「焚書坑儒」而隱居嵩山，客居他地，後來參加陳勝農民起義，並死於陳。《孔叢子》之〈獨治〉、〈問軍禮〉、〈答問〉、〈詰墨〉諸篇，部分記錄了孔鮒的學術事蹟，根據這些記載，我們可以將其對孔氏家學的貢獻歸納如下：

首先，子魚酷好祖上之業，對儒家抱有堅定的信念。如〈獨治〉篇記：「子魚生於戰國之世，長於兵戎之間，然獨樂先王之道，講習不倦。」其友季則對其不合時宜的做法很不理解，勸他：「今淡泊世務，修無用之業，當身不蒙其榮，百姓不獲其力，竊為不取也。」孔鮒對曰：「武者可以進取，文者可以守成，今天下將擾擾焉，終必有所定。子修武以助之取，吾修文以助之守，不亦可乎？」[4]可見其有修文的恒心。

---

1 《孔叢子》卷五，《四部叢刊初編》本，第22～23頁。
2 《漢書》卷八十八，北京：中華書局，1962年，第3592頁。
3 孔德成總裁，孔廣彬等編次《孔子世家譜》，《孔子文化大全》本，濟南：山東友誼出版社，1990年影印，第73頁。
4 《孔叢子》卷六，《四部叢刊初編》本，第31頁。

其次，子魚繼承了孔子重禮的思想，對各類禮制有全面系統地了解。如〈獨治〉篇記載孔鮒答陳涉所問社會倫理之禮，〈問軍禮〉篇記其答行軍出征之禮、命將出師之禮、將居軍中之禮。可見他精通各種禮制。而其所言諸禮，不見於其他典籍，必是有所傳承。

再次，著書立說，宣揚祖上功德，繼承祖上傳統。子魚博學多識，在學術上承祖業，倡儒抑墨，維護先祖孔子的形象與聲譽。比如他作〈詰墨〉一篇，對墨子誣稱孔、晏之事一一詰辯。特別值得稱道的，是子魚為彰顯孔氏家學，集祖上之嘉言懿行，編集了《孔叢子》一書。是書《隋書·經籍志》始著錄，直署「孔鮒撰」，而後人多疑其偽。實際上據我們考證，《孔叢子》中記孔子、子思、子高、子順的十六篇，確應是為子魚所收集編撰（詳後）[1]。另外，《冊府元龜·學校部》、《漢志拾補》等書還著錄子魚孔鮒撰《論語義疏》三卷。此書久佚，現存史料也無從考證孔鮒是否曾著此書。以理而言，孔鮒作為孔子後裔，闡釋孔子語錄並非沒有可能。只是「義疏」體裁出現較晚，所以孔鮒作此書的可能性不大。

再其次，壁中藏書，保存了家學典籍。《孔叢子·獨治》篇載：「陳餘謂子魚曰：『秦將滅先王之籍，而子為書籍之主，其危哉。』子魚曰：『顧有可懼者，必或求天下之書焚之。書不出則有禍，吾將先藏之，以待其求，求至無患矣。』」[2] 於是便將古文《尚書》、《論語》、《孝經》、《禮》等儒家經典藏於祖堂夾壁之中，以待後世之求。對於此事，學界尚有爭議。我們認為，如果西漢孔壁確曾出書，那麼孔鮒藏書就必為事實，因為必先有所藏，然後才能有所出。而關於藏書之事與人，除〈獨治〉篇所載此說，另有〈家語後序〉所云鮒弟子襄說。二說相較，〈獨治〉之說更為

1 黃懷信〈《孔叢子》與孔子世系〉，《西北大學學報》（哲學社會科學版）1987年第1期。
2 《孔叢子》卷五，《四部叢刊初編》本，第32頁。

可信（詳後），必有依據。只是所言「焚」書之語，或出後人潤飾也有可能，但基本事實當屬可信。若然，孔鮒藏書不僅是對中國文化的一大貢獻，而且也直接為孔家後人和漢代學者的學術研究提供了文獻依據，而由此所興起的古文經學，更是直接推動了漢代學術的發展。

由上可知，在繼子思、子高之後，子魚是又一位孔家學者的傑出代表。他恪守家學，維護儒宗聲譽，保存先人典籍，著書立學，彰顯祖業，對孔氏家學的發展有突出貢獻。

綜上所述，以子思（孔伋）、子高（孔穿）、子順（子慎）、子魚（孔鮒）為代表的孔子後裔，是孔子思想和儒家學說的忠實繼承者和發展者。他們對先秦孔氏家學的樹立與發展，功不可沒。他們的懿行，為後世孔氏子孫樹立了學習的榜樣；他們所傳治的儒家經典，以及所著或所編集的諸多作品，又為後代留下了寶貴的遺產。這些，都成為西漢孔氏家學興起的歷史淵源。

二、西漢孔氏家學的形成背景

先秦孔氏家學世代不廢，業已形成傳統。而秦始皇焚書坑儒，無疑給孔氏家學也帶來重創。比如其世代家傳的書籍，也被迫藏之於壁中。其子孫於當時莫敢言書，自可知曉。這無疑影響了其家學的發展。子魚之弟子襄雖曾於漢惠帝時為博士，但家學並不顯赫。一直到漢武帝時代，孔氏家學才算真正再度興起。而這次興起，明顯與社會大背景密切相關。概括說來，西漢時期孔氏家學的再度興起，主要與以下幾件大事有關：

（一）漢惠帝除「挾書律」

所謂「挾書律」，是指秦代禁止百姓挾有書籍之律。顏師古《漢

24

書‧惠帝紀》注引張晏曰：「秦律，敢有挾書者族。」[1] 可見其嚴格。這一法律，產生於秦統一之初。《史記‧秦始皇本紀》載：始皇三十四年，丞相李斯建議：「臣請史官非秦記皆燒之。非博士官所職，天下敢有藏《詩》、《書》、百家語者，悉詣守、尉雜燒之。有敢偶語《詩》、《書》者棄市，以古非今者族，吏見知不舉者與同罪。令下三十日不燒，黥為城旦。所不去者，醫藥卜筮種樹之書。若欲有學法令，以吏為師。」[2]《李斯列傳》載斯上書曰：「古者天下散亂，莫能相一，是以諸侯並作，語皆道古以害今，飾虛言以亂實，人善其所私學，以非上所建立。今陛下並有天下，別白黑而定一尊，而私學乃相與非法教之制，聞令下，即各以其私學議之，入則心非，出則巷議，非主以為名，異趣以為高，率群下以造謗。如此不禁，則主勢降乎上，党與成乎下。禁之便。臣請諸有文學《詩》、《書》百家語者，蠲除去之。令到滿三十日弗去，黥為城旦。所不去者，醫藥卜筮種樹之書。若有欲學者，以吏為師。」[3] 始皇可其議，於是有焚書坑儒之舉，有「挾書之律」。

漢承秦之凋敝，初未暇顧及。然而一個國家不能永遠沒有文化，所以至惠帝世，乃除挾書之律。《漢書‧惠帝紀》載：四年，「三月甲子，皇帝冠，赦天下。省法令妨吏民者，除挾書律。[4]」從而使文化禁錮得到解放。於是，以書籍為主的孔氏家學，自然也就獲有了公開延續與恢復的可能。

（二）漢武帝「獨尊儒術」

漢王朝建立伊始，統治者吸取秦朝滅亡的教訓，政治上採用「與民休息」的政策，思想上提倡因循自然的黃老之學。而黃老無為之學

---

1 《漢書》卷二，北京：中華書局，1962年，第90頁。
2 《史記》卷六，北京：中華書局，1982年，第255頁。
3 《史記》卷八十七，北京：中華書局，1982年，第2546頁。
4 《漢書》卷二，北京：中華書局，1962年，第90頁。

第一章 西漢孔氏家學的形成和孔子後裔世系

流行了幾十年後，社會矛盾逐漸加劇，特別是諸侯國的割據叛亂此起彼伏，給中央集權的國家政治以極大威脅，黃老之學已不適應當時的現實政治。而此時的儒學，在漢初諸儒如陸賈、賈誼等人的努力之下，其影響日益擴大。漢武帝即位之初，即認識到儒學對於漢王朝長治久安的重要作用。於是，在實踐中逐漸採取一系列措施提倡儒學，以儒家思想來代替黃老學說，並於建元五年（西元前136年）「置五經博士」，使其崇儒思想明朗化。王充說：「猶博士之官，儒生所由興也。」[1]也就是說，「五經」博士的設置，開「尊儒術」之先聲。建元六年（西元前135年）武帝任命田蚡為丞相，「絀黃老、刑名百家之言，延文學儒者數百人[2]」。元光元年（西元前134年），又下詔舉賢良文學之士，並進行了歷史上著名的舉賢對策，大儒董仲舒、公孫弘等人由此脫穎而出。

董仲舒在其《天人三策》中，從大一統的社會觀念出發，提出了統一學術、統一思想的建議。武帝採納之，由此實行「罷黜百家、表章《六經》[3]」的政策。元朔三年（西元前124年）又採納丞相公孫弘、太常孔臧的建議，為博士設弟子員。博士弟子受到國家的優待，列為仕途正式出身，這也是朝廷獎勵儒術的重要措施。此後博士身兼師官兩職，儒學博士開始壟斷太學教育。同時，下令各郡國立學，講授儒家經典。由此，儒學在教育領域確立了正統地位。另外在官吏選拔方面，漢武帝實行舉孝廉制度。所謂孝廉精神，實質就是儒家學說。因此，儒學也壟斷了官僚選任的途徑。漢武帝所採取的種種措施樹立了儒學權威，儒學由先秦子學之一變成了獨尊之學，實現了全面興盛。

漢武帝之獨尊儒術的政策，確立了儒學在百家之學中的主導

---

1 《論衡》卷十三，上海：上海人民出版社，1974年，第211頁。

2 《史記》卷一二一，北京：中華書局，1982年，第3118頁。

3 《漢書》卷六，北京：中華書局，1962年，第212頁。

地位。儒學壟斷了社會教育、官吏選拔等社會生活的各個方面，《詩》、《書》、《禮》、《易》、《春秋》五部儒家典籍被法定為「經」，《論語》、《孝經》成為吏民士人的必讀之書。由此在西漢中期，儒學逐步走向了官學化、經學化。當時，信奉儒家學說成為時尚，研習儒家五經也成為通向利祿的必由之路。正如《漢書・儒林傳》所說：「自武帝立《五經》博士，開弟子員、設科射策、勸以官祿，訖於元始，百有餘年，傳業者寖盛，支葉蕃滋，一經說至百餘萬言，大師眾至千餘人，蓋祿利之路然也。」[1]

儒學既成獨尊，讀經自成為時尚和必須，孔子的地位，無疑也隨之得到提高。孔子地位的提高，也必然帶來其裔孫地位的提高。這樣，自然也就激起了其裔孫們研習和傳承其學說的熱情。因為即使在旁人看來，傳承孔學，也是孔子裔孫義不容辭的責任。加之這樣的社會大環境，無疑也為他們提供了良好而可靠的人身保護。所有這些，都為孔家學者繼承祖業提供了得天獨厚的有利條件。正是在這種有利的社會環境之下，以孔安國為代表的孔子裔孫們或為傳承祖業，或為功名利祿，或為純粹治學，大都致力於研習儒家經書，並世代相承、「作以訓法」，逐步形成了孔家學派。西漢孔氏家學，應運而興。

（三）今文經學的興盛

今文，指漢代通用的隸書；古文，指先秦文字。漢代以今文文本為依據的經學稱之為今文經學，以古文文本為依據的經學稱之為古文經學。

西漢自武帝「獨尊儒術」，設五經博士之後，儒學取得了學術上的主導地位。而當時五經博士所傳的儒家經典都是今文。所以，有人稱西漢時期為今文經學極盛的時期。

今文經學的興盛，具體體現在經學博士的設置上。漢武帝立五

---

1 《漢書》卷八十八，北京：中華書局，1962年，第3620頁。

經博士有《詩》魯、齊、韓三家，《書》、《易》、《禮》、《春秋》各一家。「到宣帝時期，傳統經學發生了很大分化，經學結構被明顯改變。《書》、《易》、《禮》、《春秋》各經之學分化，出現了別立支派的學說，形成了一經數家的現象，乃至於開始出現一家有數『學』的苗頭。[1]」面對這種狀況，宣帝採取了「網羅遺失兼並存之」的政策，擴展設立博士的範圍，先後增置不少新博士。如「復立大小夏侯《尚書》，大小戴《禮》，施、孟、梁丘《易》，穀梁《春秋》[2]。」這樣，就由武帝時的五經七博士發展為五經十四博士。當時，學習今文經學已成為利祿之途。如公孫弘，即因精通《春秋》而升為天子信用的重臣，「白衣為天子三公，封以平津侯。天下學士，靡然向風矣[3]」。與興盛的今文經學相比，而此時古文經學尚在形成之中。自漢惠帝廢「挾書律」後，大量古文經書陸續出現於世，其來源除孔壁所出書外，主要有河間獻王等所求之書。這些古文書發現之後，大多都上獻朝廷，充於「秘府」，因此也難以對今文經學構成威脅。古文經典雖不以官學形式傳播，在民間卻也不乏飽含學術熱情的研讀傳習者。如《史記》、《漢書》所載的孔安國、司馬遷、魯國桓公、趙國貫公、膠東庸生等人。其中最出名的，當屬孔子後裔。從史書及家譜的記載可知，孔安國、孔驩、孔子立等人既隨時尚學習今文經學，並因學識卓越、品學兼優皆被立為今文博士，而且又以繼承祖業為己任，研讀先人所遺古文經書，成為今古文兼通的儒家學者。

綜上可知，漢惠帝除「挾書律」，為孔氏家學開啟了復興的大門；武帝尊儒學，為孔家後人述祖業、治經學創造了良好的社會氛圍；今文經學的興盛，又進一步刺激了孔氏家學的發展。而孔壁所出的古文經書，則為孔家學者提供了新的治學條件和基礎。

1　李景明《中國儒學史・秦漢卷》，廣州：廣東教育出版社，1998年，第234頁。
2　《漢書》卷八十八，北京：中華書局，1962年，第3621頁。
3　《史記》卷一二一，北京：中華書局，1982年，第3118頁。」

（四）孔壁出書

如果說漢武帝獨尊儒術為西漢孔氏家學的興起提供了精神動力，那麼孔壁出書則為西漢孔氏家學的興起提供了書籍基礎。眾所周知，孔壁出書是西漢歷史和中國學術史上影響深遠的大事。然而對此事件，學術界迄今尚存爭議，比如自晚清以來，就有觀點認為孔壁出書為子虛烏有之事（詳下）。所以，首先需要落實此事。

1. 文獻記載

關於孔壁出書，兩漢文獻中多有記載。如《漢書·劉歆傳》載歆〈移讓太常博士書〉云：

> 至孝武皇帝，然後鄒、魯、梁、趙頗有《詩》、《禮》、《春秋》先師，皆起於建元之間。……時漢興已七八十年，離於全經，固已遠矣。及魯恭王壞孔子宅欲以為宮，而得古文於壞壁之中，逸《禮》有三十九、《書》十六篇。天漢之後，孔安國獻之，遭巫蠱倉卒之難，未及施行。及《春秋》左氏丘明所修，皆古文舊書，多者二十餘通，藏於秘府，伏而未發。[1]

《漢書·藝文志》云：

> 武帝末，魯共王壞孔子宅，欲以廣其宮，而得古文《尚書》及《禮記》、《論語》、《孝經》凡數十篇，皆古字也。共王往入其宅，聞鼓琴瑟鐘磬之音，於是懼，乃止不壞。孔安國者，孔子後也，悉得其書，以考二十九篇，得多十六篇。安國獻之。遭巫蠱事，未列於學官。[2]

1 《漢書》卷三十六，北京：中華書局，1962年，第1969頁。
2 《漢書》卷三十，北京：中華書局，1962年，第1706頁。

第一章 西漢孔氏家學的形成和孔子後裔世系

《漢書・景十三王傳》云：

恭王初好治宮室，壞孔子舊宅以廣其宮，聞鐘磬琴瑟之聲，遂不敢複壞，於其壁中得古文經傳。[1]

孔安國〈尚書序〉云：

至魯恭王，好治宮室，壞孔子舊宅以廣其居，於壁中得先人所藏古文虞、夏、商、周之《書》及傳，《論語》、《孝經》，皆科斗文字。[2]

王充《論衡・佚文》云：

孝武帝封弟為魯恭王。恭王壞孔子宅以為宮，得佚《尚書》百篇，《禮》三百，《春秋》三十篇，《論語》二十一篇。[3]

《論衡・正說》云：

至孝景帝時，魯共王壞孔子教授堂以為殿，得百篇《尚書》於牆壁中。武帝使使者取視，莫能讀者，遂秘於中，外不得見。[4]

許慎《說文解字・敘》云：

---

1 《漢書》卷五十三，北京：中華書局，1962年，第2414頁。
2 《尚書正義》卷一，上海：上海古籍出版社，2007年，第16頁。
3 《論衡》卷二十，上海：上海人民出版社，1974年，第311頁。
4 《論衡》卷二十八，上海：上海人民出版社，1974年，第425頁。

魯恭王壞孔子宅，而得《禮記》、《尚書》、《春秋》、《論語》、《孝經》。[1]

荀悅《前漢紀·成帝紀》云：

劉向典校經傳，考集異同，云：「……魯恭王壞孔子宅以廣其宮，得古文《尚書》多十六篇，及《論語》、《孝經》。武帝時，孔安國家獻之，會巫蠱事，未列於學官。……其《禮古經》五十六篇出於魯壁中。」[2]

《孔叢子·連叢子上·與侍中從弟書》云：

舊章潛於壁室，正於紛擾之際，欻爾而見，俗儒結舌。[3]

《連叢子下》云：

先聖遺訓，壁出古文，臨淮傳義，可謂妙矣。[4]

——皆言孔壁出書。

2. 事件真偽

以上記載中，無疑應以孔安國〈尚書序〉之說為最早。但一般認為該序是後人偽作，所以我們暫可不論。那麼《漢書·劉向傳》所

1 《說文解字》卷一五上，北京：中華書局，1963年影印本，第315頁下。
2 《前漢紀》卷二十五，《四庫全書》第303冊，上海：上海古籍出版社，1987年影印本，第429～430頁。
3 《孔叢子》卷七，《四部叢刊初編》本，第50頁。
4 《孔叢子》卷七，《四部叢刊初編》本，第65頁。

載劉歆〈移讓太常博士書〉，就成了此事最早的出處。劉歆遠在司馬遷之後，而《史記》卻不載其事，所以，自然就會有人懷疑它的真實性。如康有為在其《新學偽經考》中說：「古文諸偽經，皆托於河間獻王、魯恭王。以史遷考之，寥寥僅爾。若有搜經之功，立博士之典，史遷尊信《六藝》，豈容遺忽？若謂其未見，則《左氏》仍其精熟援引者，天下遺文古事靡不畢集太史公，不容不見矣。辨詳於下此為無古文之存案。並《儒林傳》考之，古文經之出於偽撰。」並具體指出「壁中古文之事，其偽凡十。[1]」崔適在其《史記探源》書中，明確提出古文諸經是劉歆所偽託[2]。陳夢家於其《尚書通論》之中，懷疑「《古文尚書》本孔氏舊藏，出壁中乃後來的訛傳」，認為孔子壁中出古文《尚書》之說，是劉向、歆父子把太史公關於伏生《尚書》的壁藏和孔安國家有古文《尚書》的逸篇結合起來，為爭立古文經學所編的藉口，而後來的記述者又誇大增飾壁中書的內容和情節，遂有孔壁出書一事[3]。呂思勉在其《先秦史》中提出：「觀於孔壁得書事之子虛烏有，其說亦殆不足信。」[4]劉起釪認為：孔壁出書是民間傳說的子虛烏有的事，是由孔家家傳本及魯恭王善治宮室這兩件事附會推衍演變出來的傳說[5]。可見都持否定態度。但也有認為該事為真實可信者。如唐蘭先生曾經指出：「後世的今文經學家往往懷疑孔壁出古文經的事，其實是無可疑的。剛過秦火的厄運，梁間壁裡得到古書是很容易的。敦煌的唐寫本正是絕好的例子。後來杜林在西州得漆書古文《尚書》一卷；晉時汲縣發見竹簡古書七十五卷，有《周易》、《紀年》、《瑣語》、《穆天子傳》等；南齊時雍州發見竹

簡，有《考工記》；梁時任昉得一篇缺簡書，是古文《尚書》所刪逸篇，可見這類簡書在唐以前是常有發現的。」[1]李學勤先生也十分支持唐蘭的觀點，認為孔壁出書為真事，並以近年河南信陽長臺關出土有古文竹簡書籍,旁證孔壁古文絕非偽託[2]。

可見關於是否孔壁出書，確實存在重大爭議。然而否定者的觀點，其實很容易被推翻。因為他們的證據，歸納起來不外四條：一、《史記》不載其事；二、武帝末年不能有恭王，《漢志》所言不可信；三、《漢書》天漢之後孔安國獻之，與《史記》「早卒」說矛盾；四、孔騰子襄若藏書，不待魯恭王時發[3]。而這四條證據，實際上又均不能完全成立，因為：一、《史記》雖未明確記載孔壁出書之事，但卻有「孔氏有古文《尚書》，而安國以今文字讀之[4]」之文，說明司馬遷並非不知孔氏古文。何況《史記》作為通史，本不可能事事皆載。比如《漢書》中關於劉邦建國到漢武帝太初末年一段歷史，即較《史記》有大量增補。所以《史記》未載其事，不等於無有其事。二、所謂武帝末年不能有恭王，只能證明《漢志》記載有誤，不能直接證明孔壁不曾出書。三、今《史記》孔安國「早卒」屬「錯簡」即文句錯亂所致，並非事實（詳後）。四、孔壁藏書者為孔鮒（詳後），孔騰未必詳知。那麼，既有多種文獻記載，否認者的證據又不能成立，我們就只能承認孔壁出書是歷史上確乎存在的真事，而決非後來編造出來的故事。

從學術史的角度言之，劉向、劉歆曾校中秘藏書，完全有機會比一般人更多地了解到各種文本的來歷。如果孔壁出書係子虛烏有，就

1　唐蘭《古文字學導論》（增訂本），濟南：齊魯書社，1981年，第319頁。
2　李學勤《失落的文明‧孔子壁中書》，上海：上海古籍出版社，1997年，第239頁。
3　參見：崔適《史記探源》，北京：中華書局，1986年，第12～14頁；呂思勉《秦漢史（下）》，上海：上海古籍出版社，1982年，第748～749頁。
4　《史記》卷一二一，北京：中華書局，1982年，第3125頁。

意味著在劉向、劉歆時，或在他們以前，就有人編造。而其時今古文之爭尚未開始，不存在編造這種事情的原因與動機。而且劉歆〈移讓太常博士書〉明提此事，若係編造，當時必遭今文派的激烈駁斥，不可能僅以「改亂舊章，非毀先帝所立」之辭來表示怨恨。所以從當時今文派的反應看，孔壁出書也應是真事。而且事實上漢代今古文之爭的事實本身，也已經告訴我們孔壁出書不可能為假。另外我們知道，閻若璩雖竭力論證古文《尚書》之偽，但於孔壁古文則並未懷疑。這就說明，在閻氏看來，孔壁出書是不容置疑的。另外，據聞有人根據所謂魯靈光殿與孔壁位置不合的事實否認孔壁出書，其實也不可信。因為《漢書・藝文志》明云共（恭）王「聞鼓琴瑟鐘磬之音，於是懼，乃止不壞」，《景十三王傳》亦云「恭王……遂不敢複壞」，說明當時孔壁並未完全被毀。既如此，所謂魯靈光殿也就不可能建在孔壁舊址之上。

當然，如果視孔壁書為孔氏家傳本，似也不是完全沒有道理，但畢竟有諸多問題不好回答，比如：（1）秦始皇焚書、頒「挾書律」，孔氏何得仍有大量藏書在家？（2）既為家傳舊藏，何以待孔安國而始隸古定之？（3）何以文獻皆歸魯恭王？（4）既為舊有，孔安國何以始習今文？（5）秦代以來社會上已普遍行用今文，何以孔家仍傳古文書？（6）當時孔家後人孔鮒兄弟皆不在家，其書為何人所傳？等等。顯然，這些問題均是無法圓滿回答的。而如果相信孔壁出書，則一切問題均可迎刃而解。那麼，我們為什麼非要懷疑它？無有道理。所以，我們應當相信其真。而且事實上，孔壁所出書就是孔氏在先秦的家傳本。所以，關於「孔氏家傳本」的概念，必須要搞清楚。

3. 出書時間

關於孔壁出書的時間，據前列材料可知，劉歆〈讓太常博士書〉以為在武帝建元以後，《漢書・藝文志》以為是武帝末，《論衡・正說》謂為孝景帝時。何說為是？首先，出書者諸說都歸魯

恭王，沒有異辭。那麼，我們就可以先從魯恭王之卒年找到下限。《史記·五宗世家》載：

> 魯恭王餘，以孝景前三年徙為魯王，好治宮室苑囿狗馬……二十六年卒。[1]

《漢書·景十三王傳》載：

> 魯恭王餘……以孝景前三年徙王魯……二十八年薨。[2]

《漢書·武帝紀》載：

> 元朔元年……秋……魯恭王餘、長沙王發皆薨。[3]

是其立年無異辭——孝景前三年（西元前154年）。顯然，《論衡·佚文》「孝武帝封弟為恭王」之說是錯誤的。卒年或為二十六年即武帝元光六年（西元前129年），或為二十八年即元朔二年（西元前127年），或為二十七年即元朔元年（西元前128年）。今觀《武帝紀》之文，時間較為具體，應該更可信。所以，魯恭王卒，可暫定為元朔元年即西元前128年。那麼，孔壁出書的時間，就必不能晚至元朔元年。武帝在位時間是建元元年（西元前140年）至後元二年（西元前86年），共五十四年。恭王卒之元朔元年（西元前128年）為武帝即位第十三年。顯然，所謂「武帝末」的說法不合史實。武帝建元以後即元光，共六年，下即元朔。恭王既卒於元朔元年，則建元以後已屬晚

---

1 《史記》卷五十九，北京：中華書局，1982年，第2095頁。
2 《漢書》卷五十三，北京：中華書局，1962年，第2413頁。
3 《漢書》卷六，北京：中華書局，1962年，第170頁。

第一章 西漢孔氏家學的形成和孔子後裔世系

35

年，晚年而壞孔子宅以廣其宮，可能性不大，但也不是完全不可能。
《古文孝經孔傳·孔安國序》有云：「建元之初，河間王得（《孝
經》）而獻之⋯⋯後魯共王使人壞夫子講堂，於壁中石函得古文《孝
經》二十二章云。」[1]可見也以孔壁出書在建元初之後，與劉歆之說
基本一致。劉歆是西漢人，《古文孝經孔傳·孔安國序》的作者傳為
孔安國，更在劉歆之前。而班固、王充輩皆東漢人。所以，我們毋寧
相信「建元之初」後的說法。那麼也就是說，孔壁出書的時間，應在
武帝建元二年（西元前139年）至元朔元年（西元前128年）之間。看
來《景十三王傳》所謂「恭王初好治宮室，壞孔子舊宅以廣其宮」之
「初」，也只是相對於前面的「薨」字言，表示追述而已。

　　《古文孝經孔傳·孔安國序》於「後魯恭王使人壞夫子講堂於壁
中石函得古文《孝經》」下又云：「魯三老孔子惠（忠）抱詣京師，
獻之天子。天子使金馬門待詔學士與博士群儒從隸字寫之，還子惠
（忠）一通，以一通賜所幸侍中霍光。」[2]是霍光曾受賜《古文孝
經》。《漢書·霍光金日磾傳》載：「去病死後，光為奉車都尉光祿
大夫，出則奉車，入侍左右，出入禁闥二十餘年。」[3]考去病元狩六
年（西元前117年）薨，然則霍光為侍中即在其後。霍光於元狩六年
（西元前117年）後得賜孔壁《古文孝經》，與元朔元年（西元前128
年）之前魯恭王壞孔壁得古文書無矛盾，可見二事皆真。顯然，《論
衡·正說》謂為孝景帝時，並不可靠。而閻若璩謂「孔壁書出於景帝
初」（說見《尚書古文疏證》第一條按），則無所據。

　　4. 出書種類

　　關於孔壁所出書之種類，史籍記載不一。劉歆〈移讓太常博士
書〉只言古文《逸禮》、《尚書》；《漢志》列有古文《尚書》、

1　《古文孝經孔氏傳》，《四庫全書》第182冊，上海：上海古籍出版社，1987年影印本，第5頁。
2　《古文孝經孔氏傳》，《四庫全書》第182冊，上海：上海古籍出版社，1987年影印本，第5頁。
3　《漢書》卷六十八，北京：中華書局，1962年，第2931頁。

《禮記》、《論語》、《孝經》；《前漢紀》「劉向曰」則有古文《尚書》、《論語》、《孝經》、《禮古經》。眾所周知，《漢書·藝文志》據劉歆〈七略〉而作，〈七略〉節略劉向《別錄》而成。所以，三家理應相同。今不同，原因何在？對此問題，王葆玹有很好的分析，他說：「劉歆〈移讓太常博士書〉只提經書，故只列舉《逸禮》三十九篇，及古文《尚書》多出的四十六篇。《漢書·藝文志》兼言經傳。分析其中差別，除詳略不同以外，不過在於『記』字的有無而已。」對於這種差別，王文又作兩種解釋：「其一，這裡的『記』字可能是衍文，刪『記』字之後，兩處記載完全一致。其二，《漢志》所說的《禮記》或為《禮》、《記》或為《禮》、《禮記》，後代傳學者誤脫一『禮』字而成《禮記》。不論哪一種解釋，可知劉歆、班固所記魯恭王所得書乃以古文《尚書》和《逸禮》為主，關於《禮記》即使應包括在內，也一定是數量極少的殘本。」[1]王氏前說甚是，「記」字當是衍文，因為《禮記》是西漢中期才編輯成書，先秦並無《禮記》。《禮》，無疑就是劉歆所言「古文《逸禮》」，也就是劉向所言《禮古經》。《漢書·藝文志》著《禮古經》，云「出於魯淹中及孔氏[2]」。王氏解釋云：「淹中即奄中，在奄國魯地。《括地志》佚文說，古奄國在曲阜縣奄內，亦即曲阜縣奄中，這應當就是魯恭王所壞孔壁的所在地，《漢志》原文應是『魯淹中孔氏』。」[3]所以，孔壁出書有《禮》無疑。這樣，三家之說就已經統一。就是說，孔壁出書至少包括古文《尚書》、《論語》、《孝經》、《禮古經》四種。

又王充《論衡·佚文篇》云：「孝武皇帝封弟為魯恭王。恭王壞孔子宅以為宮，得佚《尚書》百篇，《禮》三百，《春秋》三十篇，

1 王葆玹《今古文經學新論》，北京：中國社會科學出版社，1997年，第38頁。
2 《漢書》卷三十，北京：中華書局，1962年，第1710頁。
3 王葆玹《今古文經學新論》，第39頁。

第一章 西漢孔氏家學的形成和孔子後裔世系

《論語》二十一篇。」[1]《說文解字・敘》亦云：「壁中書者，魯恭王壞孔子宅而得，《禮記》、《尚書》、《春秋》、《論語》、《孝經》。」[2]可見又比三家多一《春秋》。但二家書出較晚，可信度不高。考《漢志》雖有「《春秋古經》十二篇」，但未必出於孔壁。

5. 藏書之人

孔壁古文書的匿藏者，世有三說：

(1) 孔鮒　首見《孔叢子・獨治篇》，云：「陳餘謂子魚曰：『秦將滅先王之籍，而子為書籍之主，其危哉！』子魚曰：『……顧有可懼者，必或求天下之書焚之，書不出則有禍，吾將先藏之以待其求，求至無患矣。』」[3]《漢書・藝文志》顏師古注引《漢記・尹敏傳》亦云。

(2) 孔騰　見〈家語後序〉，云：「子武生子魚名鮒，及子襄名騰、子文名祔。子魚後名甲。子襄以好經書，博學，畏秦法峻急，乃壁藏其《家語》、《孝經》、《尚書》及《論語》於夫子之舊堂壁中。」[4]

(3) 孔惠　見陸德明《經典釋文・序錄》，云：「及秦禁學，孔子之末孫孔惠壁藏之……古文《尚書》者，孔惠之所藏也。」[5]《隋書・經籍志》及《史通・古今正史篇》亦皆云。

對於第三種說法即孔惠說，我們可以先予否定。因為孔惠其人，《史記》、《漢書》及諸多孔子世家譜均無記載，不知其世次，亦無從考證歷史上有無此人。其次，記載孔惠藏書的《經典釋文》、《隋志》、《史通》都是魏晉以後之書，成書去秦世孔壁藏書之事已久，

1　《論衡》卷二十，上海：上海人民出版社，1974年，第311頁。
2　《說文解字》卷一五上，北京：中華書局，1963年影印本，第315頁下。
3　《孔叢子》卷六，《四部叢刊初編》本，第32頁。
4　《孔子家語》卷，《四庫全書》第695冊，上海：上海古籍出版社，1987年影印本，第109頁。
5　《經典釋文》卷一，北京：中華書局，1983年，第7、8頁。

所記或為後人的訛傳，缺乏可信性。所以清人毛奇齡亦云：「若《隋書》稱『末孫惠』，則並無其人。此必以子襄之子名忠，忠與惠字形相近而致誤者。」[1] 忠與惠字相誤，實有可能，然早期史冊並無孔忠藏書之事，所以也未可信。或謂此「惠」為「襄」字之訛，實不可能，因為《古文孝經孔傳·孔安國序》明云子惠獻書，而子襄之時則書尚未出。所以，此說可以不予理會。

孔鮒、孔騰二人，孔騰實際上也可以排除。因為我們知道，孔騰曾於漢惠帝時為博士，時跨除「挾書律」前後，他若藏之，正如前人所指出的，必不待魯恭王而發，〈家語後序〉當非。

剩下的，就只有孔鮒一人。所以我們說，孔壁古文書當是孔子八世長孫孔鮒所藏。《孔叢子·獨治篇》文雖有可能為事後追記，但事當可信。

6. 書之歸宿

孔壁書出之後歸了哪裡？前引劉歆〈移讓太常博士書〉云魯恭王壞孔子宅而得古文於壞壁之中，天漢之後孔安國獻之，藏於秘府，似是孔壁書出之伊始即歸孔氏。《漢書·藝文志》謂「孔安國者，孔子後也，悉得其書」，似也是這個意思。孔安國〈尚書序〉也云：「魯恭王……壞孔子舊宅以廣其宮，於壁中得先人所藏古文……悉以還孔氏。」[2] 而《論衡·正說》則說：「魯恭王……得百篇《尚書》於牆壁中，武帝使使者取視，莫能讀者，遂秘於中。」[3]

究竟是先還孔氏還是先歸朝廷？以《論衡》之說，書發伊始便入秘府，那麼天漢以後孔安國所得者，就只能是從秘府重新發還之本。事過數十年，為什麼突然又發還孔氏？不僅不好理解，而且沒有任何與之相關的記載。加之如果那樣，也就不存在後來獻書之事。可見與

---

1 《古文尚書冤詞》卷一，《四庫全書》本，上海：上海古籍出版社，1987年影印本。
2 《尚書正義》卷一，上海：上海古籍出版社，2007年，第16頁。
3 《論衡》卷二十八，上海：上海人民出版社，1974年，第425頁。

其他記載矛盾。所以，所謂武帝使使者取視之事，值得懷疑。《古文孝經孔傳・孔安國序》云：「建元之初，河間王得（《孝經》）而獻之……後魯共王使人壞夫子講堂，於壁中石函得古文《孝經》二十二章，載在竹牒，其長尺有二寸，字科斗形。魯三老孔子惠抱詣京師，獻之天子。天子使金馬門待詔學士與博士群儒從隸字寫之，還子惠一通，以一通賜所幸侍中霍光。」[1]古文《孝經》屬壁中書之一，既然魯三老孔子惠抱詣京師獻之天子，說明孔壁書當時確實先還孔氏，《論衡》之說不可信。所謂魯三老孔子惠，「惠」如毛奇齡所云，或是「忠」字之誤。孔子忠系安國之父，可見在安國之前已歸孔氏。所以，〈尚書序〉所謂魯恭王「悉以還孔氏」之說當屬可信。

書還孔氏既在安國之前，為何《藝文志》又說孔安國悉得其書？參以《古文孝經孔傳・孔安國序》「孔子惠抱詣京師獻之天子，天子使金馬門待詔學士與博士群儒從隸字寫之，還子惠一通」之說，及〈家語後序〉所云「天漢以後，魯恭王壞夫子故宅得壁中詩書悉以歸子國」，則所謂子國悉得其書，蓋包括先人未獻原本及已獻者之副本。所以，安國又將前所未獻者「悉上送官，藏之秘府」。總之，孔壁書先歸孔家，後獻朝廷。

以上是西漢孔氏家學形成的背景。

三、西漢時期的孔子後裔世系

欲明西漢孔氏家學的傳承及其學術面貌，須先知孔子世系及西漢一代的孔子後裔。以下先考其世系。

---

1 《古文孝經孔氏傳》，《四庫全書》第182冊，上海：上海古籍出版社，1987年影印本，第5頁。

（一）孔子世系考

有關西漢以前孔子世系的原始材料，散見於《史記》、《漢書》、《後漢書》、《孔叢子》、《孔子家語》等書。除此之外，自北宋元豐年間孔子四十六代孫孔宗翰網羅各家史書所載撰為《世家譜》，孔家又有譜牒。其後各朝，孔家歷代均有譜系之作。如南宋時孔子四十七代孫孔傳著有《祖庭雜記》、《東家雜記》，金代孔元措又將《世家譜》與《祖庭雜記》合二為一，撰為《孔氏祖庭廣記》。明代陳鎬撰《闕里志》，清孔允植又重纂之。清代孔繼汾所撰《闕里文獻考》及乾隆年間潘相等纂修的《乾隆曲阜縣志》，對孔子世系也有記載。近人徐鏡泉的《孔氏南宗考》和由孔德成總裁、孔廣彬等編次的《孔子世家譜》，都對孔子世系作了增補考訂。然而，各書所排世系並不一致，而且時有矛盾。今以《史記》、《漢書》等為主要依據，參考各家譜牒，對西漢末王莽以前的孔子世系及後裔進行考排。先看漢以前的孔子世系：

1. 漢以前（孔子至子順三子）的孔子世系

關於漢以前的孔子世系，《史記·孔子世家》載之最為詳細：

孔子生鯉，字伯魚。伯魚年五十，先孔子死。伯魚生伋，字子思，年六十二，嘗困於宋。子思作《中庸》。子思生白，字子上，年四十七。子上生求，字子家，年四十五。子家生箕，字子京，年四十六。子京生穿，字子高，年五十一。子高生子慎，年五十七，嘗為魏相。子慎生鮒，年五十七，為陳王涉博士，死於陳下。鮒弟子襄，年五十七。嘗為孝惠皇帝博士，遷為長沙太守。長九尺六寸。子襄生忠，年五十七。[1]

1 《史記》卷四十七，北京：中華書局，1982年，第1946～1947頁。

可見在司馬遷那裡，西漢以前的孔子世系是清晰的。《漢書‧孔光傳》亦載：

孔子生伯魚鯉，鯉生子思伋，伋生子上帛，帛生子家求，求生子真箕，箕生子高穿。穿生順……順生鮒……鮒弟子襄……生忠。[1]

基本一致，只是用字或有不同：「白」作「帛」、「京」作「真」、「慎」作「順」，皆屬古音通假，可以不計。

關於孔鮒一輩，《史記》和《漢書》皆只提到孔鮒與子襄，而今〈家語後序〉則云：「子武生子魚，名鮒。及子襄名騰、子文名祔。」[2]是孔鮒、孔騰還有一弟子文孔祔。《史記‧高祖功臣侯者年表》載：孔聚以執盾元年從起碭，以左司馬入漢，為將軍。……受封為蓼侯。文帝九年，其子臧嗣爵。《索隱》引《孔子家語》曰：「子武生子魚及子文，文生最（即聚），字子產。」[3]說明子文確有其人。《連叢子‧敘世》篇，對此也有明確的記載：「家之族胤一世相承，以至九世（按九世從孔子父叔梁紇計起）相魏居大梁，始有三子焉。長子之後承殷統為宋公，中子之後奉夫子祀為褒成侯，小子之後彥（即產）以將事高祖有功封蓼侯，其子臧嗣焉。」[4]相魏居大梁，即指子順。長子即子魚，中子即子襄，小子即子文。所以，孔子裔孫從第九代當分為子魚、子襄、子文三支。

2. 子順長子子魚一支

長子子魚之後，前文已知其「承殷統為宋公」。《漢書‧成帝

---

1 《漢書》卷八十一，北京：中華書局，1962年，第3352頁。
2 《孔子家語》卷十，《四庫全書》第695冊，上海：上海古籍出版社，1987年影印本，第109頁。
3 《史記》卷十八，北京：中華書局，1982年，第899～900頁。
4 《孔叢子》卷七，《四部叢刊初編》本，第45頁。

紀》載：綏和元年二月癸丑詔曰：「蓋聞王者必存二王之後，所以通三統也。昔成湯受命，列為三代，而祭祀廢絕。考求其後，莫正孔吉，其封吉為殷紹嘉侯。」[1]《漢書·外戚恩澤表》載：「殷紹嘉侯孔何齊，以殷後孔子世吉適（嫡）子侯。……元始二年，更為宋公。」[2]當指其事。而由此可知，孔吉、孔何齊為孔鮒子魚之後。又〈家語後序〉載：「子魚……生元路一字元生，名育，後名隨。」[3]《闕里志》云：「孔鮒，子隨，字元路。四傳至吉，生何齊，皆承殷後為宋公。」[4]《孔氏南宗考》亦排曰：「九世曰鮒……十世曰隨，字元路。四傳至吉，承殷統為宋公。」可知孔鮒有子名隨。吉為隨四世孫，吉子名何齊。又《漢書·王莽傳》載：「（莽始建國元年）殷後宋公孔弘運轉次移，更封為章昭侯。」[5]前文已言，元始二年（西元2年），更封孔何齊為宋公。王莽始建國元年為西元9年，相去僅七年。所以，孔弘當為何齊之子。那麼至西漢末年子順長子一支可考的世系，就可排列為：

孔鮒→孔隨→？ →？ →？ →孔吉→孔何齊→孔弘

3. 子順中子子襄之後

關於子順中子子襄之後，《史記·孔子世家》載：

子襄生忠，年五十七。忠生武，武生延年及安國。安國為今皇帝博士，至臨淮太守，早卒。安國生卬，卬生驩。[6]

---

1 《漢書》卷十，北京：中華書局，1962年，第328頁。
2 《漢書》卷十八，北京：中華書局，1962年，第709頁。
3 《孔子家語》卷十，《四庫全書》第695冊，上海：上海古籍出版社，1987年影印本，第109頁。
4 《闕里志》卷七，《孔子文化大全》本，濟南：山東友誼出版社，1989年影印，第293頁。
5 《漢書》卷九十九，北京：中華書局，1962年，第4105頁。
6 《史記》卷四十七，北京：中華書局，1982年，第1947頁。

《漢書・孔光傳》載：

襄生忠，忠生武及安國。武生延年。延年生霸，字次儒。霸生
光焉。[1]

二者的不同在於：《史記》以武與安國為父子，而《漢書》則
以二人為兄弟。孰是孰非？我們曾經指出，以理而言，太史公時代
相近，不致有誤，但班氏也更無改是為錯之由。究竟何者為是？考
《史記・儒林傳》集解引徐廣曰：「孔鮒之弟子襄為惠帝博士，遷
為長沙太傅，生忠，忠生武及安國。」[2]與《漢書》同。所以我們
毋寧相信《漢書》。至於《史記》之誤，近見吉林大學張固也先生
〈西漢孔子世系與孔壁古文之真偽〉一文，謂「《史記》『武生延
年』四字很可能在『蚤卒』二字前，今本偶有錯簡[3]」。就是說，
《史記》原文本作「忠生武及安國。安國為今皇帝博士，至臨淮太
守。武生延年，蚤卒」。如此，則二者完全一致，無矛盾。事實上
《史記》集解引徐廣曰同《漢書》，本身也說明徐廣之時《史記》
尚未誤，張說當可信。那麼，孔忠以下，就有孔武及孔安國兩支。
下面先看孔武一支：

《漢書・孔光傳》載：「武生延年，延年生霸。霸四子：長子
福、次子捷、捷弟喜，光最少。」[4]又載霸長子孔福一支：「始，光
父霸以初元元年為關內侯食邑。霸上書求奉孔子祭祀，元帝下詔曰：
『其令師褒成君關內侯霸以所食邑八百戶祀孔子焉。』霸薨，子福
嗣。福薨，子房嗣。房薨，子莽嗣。元始元年，莽更封為褒成侯，後

1　《漢書》卷八十一，北京：中華書局，1962年，第3352頁。
2　《史記》卷一二一，北京：中華書局，1982年，第3122頁。
3　張固也〈西漢孔子世系與孔壁古文之真偽〉，《史學集刊》2008年第2期，第15頁。
4　《漢書》卷八十一，北京：中華書局，1962年，第3352～3353頁。

避王莽，更名均。」[1] 由此可知，西漢時期孔武長孫、孔霸長子孔福一支世系為：

孔福→孔房→孔莽（均）

孔霸次子孔捷一支，《連叢子‧左氏傳義詁序》載：奇為「褒成君次孺（孔霸字）第二子之後也。……兄君魚少從劉子駿（劉歆）受《春秋左氏傳》。」[2]《後漢書‧孔奮傳》云：「孔奮字君魚……曾祖霸。……奮少從劉歆受《春秋左氏傳》。……弟奇……博通經典，作《春秋左氏刪》。……奮晚有子嘉……作《左氏說》。」[3] 可知奮、奇為兄弟，奮有子嘉。《漢書‧孔光傳》又載：「莽篡位後，以光兄子永為大司馬。」[4]《孔子世家譜》亦以奮、奇為永之子[5]。由此，孔霸次子孔捷一支世系可排為：

孔捷→孔永→孔奮、孔奇→孔嘉

孔霸三子孔喜之後世子孫，正史及各孔氏家譜均無片言記載，不可考。

孔霸四子孔光一支，《孔光傳》載光子名放。又《漢書‧王莽傳》載：居攝六年十二月，「莽白太后下詔曰：……封……光孫壽為合意侯。」[6] 壽當為放子，可知孔光一支可列為：

1 《漢書》卷八十一，北京：中華書局，1962年，第3364頁。
2 《孔叢子》卷七，《四部叢刊初編》本，第55頁。
3 《後漢書》卷三十一，北京：中華書局，1965年，第1098～1099頁。
4 《漢書》卷八十一，北京：中華書局，1962年，第3364頁。
5 《孔子世家譜》卷一，《孔子文化大全》本，濟南：山東友誼出版社，1990年影印，第74～75頁。
6 《漢書》卷九十九上，北京：中華書局，1962年，第4086～4087頁。

孔光→孔放→孔壽

再看孔安國一支：孔安國之後，《史記‧孔子世家》敘到「安國生卬，卬生驩[1]」。同時《連叢子‧敘世》也云：「臧子琳……琳子黃……黃弟茂。茂子子國，生子卬……子卬生仲驩。……仲驩生子立，善《詩》、《書》。少遊京師，與劉歆友善。……子立生子元，以郎校書。……子元生子建。」[2]這裡的子國、子卬、仲驩，無疑就是《孔子世家》所載的安國、卬、驩。所以我們曾經指出《敘世》以安國為臧孫茂之子屬於誤排。至於孔驩以下的世系，《敘世》敘作子立→子元→子建→仁→子豐→子和→長彥、季彥，與《後漢書‧孔僖傳》等處的記載一致，當屬可信。又據〈家語後序〉「孝成皇帝詔光祿大夫劉向校訂群書……子國孫衍為博士上書辯與曰：『臣祖故臨淮太守安國逮仕於孝武皇帝之世』」云[3]，可知安國還有一孫名衍。孔驩又稱仲驩，則衍當為兄，驩當為弟。或疑孔衍即子立，恐未可信。故安國一支在西漢的世系可排為：

孔安國→孔卬→孔衍、孔驩→孔子立→孔子元→孔子建

4. 子順小子子文一支

《連叢子‧敘書》提到：「小子之後彥以將士高祖有功封蓼侯，其子臧嗣。」[4]《史記‧高祖功臣侯者列表》載：「孔聚以執盾元年從起碭，以司馬為將軍……於高祖受封為蓼侯。文帝九年，其子臧嗣

---

1 《史記》卷四十七，北京：中華書局，1982年，第1947頁。
2 《孔叢子》卷七，《四部叢刊初編》本，第52頁。
3 《孔子家語》卷十，《四庫全書》第695冊，上海：上海古籍出版社，1987年影印本，第110頁。
4 《孔叢子》卷七，《四部叢刊初編》本，第45頁。

爵。」[1] 可知孔蕗與彥（產）應為一人。《連叢子・敘世》又云：「臧子琳……琳子黃，其德不修失侯爵，大司徒光以其祖有功德而邑土廢絕，分所食邑三百戶封黃弟茂為內侯。」[2] 又《漢書・高惠高后文功臣表》載：「元康四年，聚（蕗）玄孫長安公士宣詔復家。」[3] 元康四年即宣帝時（西元前62年），據時間推算，宣當為黃子。宣子孫史籍未載，無從考。故小子一支可排為：

孔子文→孔蕗（子產）→孔臧→孔琳→孔黃、孔茂→孔宣

5. 孔忠、孔安國身世考辨

以上考排，尤其是關於中子、小子之後的世系，基本上全是根據《史記》、《漢書》的材料。然而畢竟《連叢子・敘世》有云「臧子琳……琳子黃……黃弟茂，茂子子國」，以安國為孔臧曾孫，出小子子文。同樣，〈家語後序〉亦載：

子文生蕗（蕗）字子產，子產後從高祖，以左司馬將軍從韓信破楚於垓下，以功封蓼侯，年五十三而卒，謚曰夷侯。長子滅（臧）嗣，官至太常；次子襄字子士，後名讓，為孝惠皇帝博士，遷長沙王太傅，年五十七而卒。生季中名員，年五十七而卒。生武及子國。[4]

可見又以武及安國為孔臧之弟子襄之孫，雖長一輩，而同為小子子文之後，則又與《連叢子・敘世》一致。究竟何說為是？

---

1 《史記》卷十八，北京：中華書局，1982年，第898頁。
2 《孔叢子》卷七，《四部叢刊初編》本，第52頁。
3 《漢書》卷十六，北京：中華書局，1962年，第551頁。
4 《孔子家語》卷十，《四庫全書》第695冊，上海：上海古籍出版社，1987年影印本，第109頁。

　　首先，關於子文生蕺（即襄）字子產封蓼侯，見《史記・高祖功臣侯者年表》，沒有疑問。其次，孔臧為孔蕺（即襄）字子產之子，也沒有疑問。根據〈高祖功臣侯者年表〉及〈家語後序〉，孔襄年五十三卒於文帝九年（西元前171年），那麼當惠帝之時（西元前194—188年），孔襄年齡不過三十餘歲。顯然，即使他真有次子，也不可能為博士。而中子子襄年五十七嘗為惠帝博士，則完全可能。因此，子文次子襄為孝惠皇帝博士，是根本不可能之事。然而所謂孔襄生季中名員（疑是「貞」誤），員生武及子國，似又非無中所能生出之言，何況《連叢子・敍世》亦有「茂子子國」的說法。所以，關於子國的身世，還需再作考辨。

　　《後漢書・孔僖傳》載：「孔僖字仲和……自安國以下世傳《古文尚書》、《毛詩》。曾祖父子建……[1]」與《敍世》子國五世孫為子建、八世孫為子和說一致，說明《敍世》之子國、子卬、仲驩即《史記》、《漢書》之安國、卬、驩。然而《敍世》卻以子國為臧孫茂之子，反成了在《史記》、《漢書》為同輩兄弟的曾孫。可見比《家語》又多出一代。那麼安國究竟屬中子之後還是小子之後？抑或究竟屬於第幾代？

　　張固也先生相信〈家語後序〉，認為「西漢私人編撰家譜的風氣尚未興起，司馬遷可能只是從孔子後人採訪其世系，不慎將子襄騰、子士襄誤合為一人。而孔衍序所述是今存最早的西漢孔子後人記載的世系，其以子襄騰、子士襄為二人，應更可信[2]。」

　　我們知道，以《史》、《漢》，安國為子順中子子襄之孫，孔臧為子順小子子文之孫，二人同輩次；《連叢子・與侍中從弟安國書》孔臧亦呼安國為從弟，與《史》、《漢》一致。然而據《史記・高祖功

1　《後漢書》卷七十九上，北京：中華書局，1965年，第2569頁。
2　張固也〈西漢孔子世系與孔壁古文之真偽〉，《史學集刊》2008年第2期，第13頁。

臣侯者列表》，孔臧之父孔蕆卒於文帝九年（西元前171年），其年據〈家語後序〉為五十三歲，那麼其生年就應為西元前223年。以古代男子正常二十餘歲生子計，孔臧之生年就應在西元前200年左右，長安國（西元前149年生）約五十歲。長五十歲為祖孫自有可能，為曾祖孫則不可能。所以《敍世》所言首先可以排除。就是說安國不可能為茂子。那麼有沒有可能為孔臧之弟孔襄之孫？孔臧既長安國約五十歲，那麼其弟也有可能長安國五十歲左右，所以其為祖孫不無可能。而為從兄弟，則絕不可能。因為以《史》、《漢》，孔臧為子順小子之孫，安國為子順中子之孫，未有小弟之孫長兄長之孫五十歲者。所以，我們毋寧相信〈家語後序〉，張固也之說誠是。當然，至於其致誤的原因，我們也可以認為是司馬遷當年既將子順中子子襄與子士襄後名讓者誤成了一個人，又將子襄之子孔忠與孔臧次子襄字子士之子孔員（貞）季中（子忠）誤成了一個人：父子兩代的名字均相同或相近，所以相誤。總之，孔武及安國當為季中（子忠）之子，屬子順小子之後。《連叢子下》記「弘農太守皇甫威明問仲淵曰：『吾聞孔氏自三父之後能傳祖之業者常在於叔祖』云云」，而孔安國無疑可以稱為能傳祖之業者。說明當時人也有孔安國為小子之後的傳說。那樣，傳統以來各家所排之孔子世系，孔安國以上就缺兩代。無獨有偶，前述《闕里志》及《孔氏南宗考》謂孔鮒之子孔隨四傳至孔吉，也不可能。因為孔鮒之子為漢高祖時人，吉既為成帝時人，高祖至成帝，孔隨一系不可能只有四代。其「四」至少應作「六」，可能是早期傳寫致誤，可見也差二代。這樣，孔吉、孔何齊也就正好與同輩次的孔子立、子元同時代。所以，安國應為第十三代、即孔子十二代孫。那麼，孔蕆、孔安國的世系就可以排為：

孔蕆→孔臧→孔琳→孔黃
　　→孔襄（子士）→孔貞（季中）→孔武
　　　　→孔安國→子卬→仲驩

第一章　西漢孔氏家學的形成和孔子後裔世系

那麼，這樣一來，中子孔襄之後，也就只能排至其子孔忠了。

綜合以上所考，從孔子到西漢末年共十六代孔氏子孫的世系，我們可以排出兩個不同的世系表。

（二）孔子世系表

A.《史記》、《漢書》等所反映的孔子世系

第一代		孔子（仲尼）	
第二代		孔鯉（伯魚）	
第三代		孔伋（子思）	
第四代		孔白（子上）	
第五代		孔求（子家）	
第六代		孔箕（子京）	
第七代		孔穿（子高）	
第八代		子慎（子順）	
第九代	孔裌（子文）	孔騰（子襄）	孔鮒（子魚）
第十代	蕘	忠　　隨	
第十一代	臧	安國　武	？
第十二代	琳	卬　　延年	？
第十三代	茂　黃	衍　雟　霸	？
第十四代	？　宣	？　子立　光　喜　捷　福　吉	
第十五代	？	子元　放　？　水　房　何齊	
第十六代		子建　壽　奇　奮　莽　弘	

（表例：橫行以右為长）

第一代　　　　　　　　　　　　　　孔子（仲尼）

第二代　　　　　　　　　　　　　　孔鯉（伯魚）

第三代　　　　　　　　　　　　　　孔伋（子思）

第四代　　　　　　　　　　　　　　孔白（子上）

第五代　　　　　　　　　　　　　　孔求（子家）

第六代　　　　　　　　　　　　　　孔箕（子京）

第七代　　　　　　　　　　　　　　孔穿（子高）

第八代　　　　　　　　　　　　　　子慎（子順）

第九代　　　　　　　　子文　子襄　子魚

第十代　　　　　　　　　蕆　忠　隨

第十一代　　　　　　襄　　臧　？　？

第十二代　　　　　員（季中、子忠）　琳　　？

第十三代　　　安國　　　武　茂　黃　？

第十四代　　　卬　　　延年　？　宣　？

第十五代　　驩　衍　　　霸　　？　？

第十六代　　子立　　光　喜　捷　福　　吉

第十七代　　子元　　放　？　水　房　　何齊

第十八代　　子建　　壽　奇　奮　莽　　弘

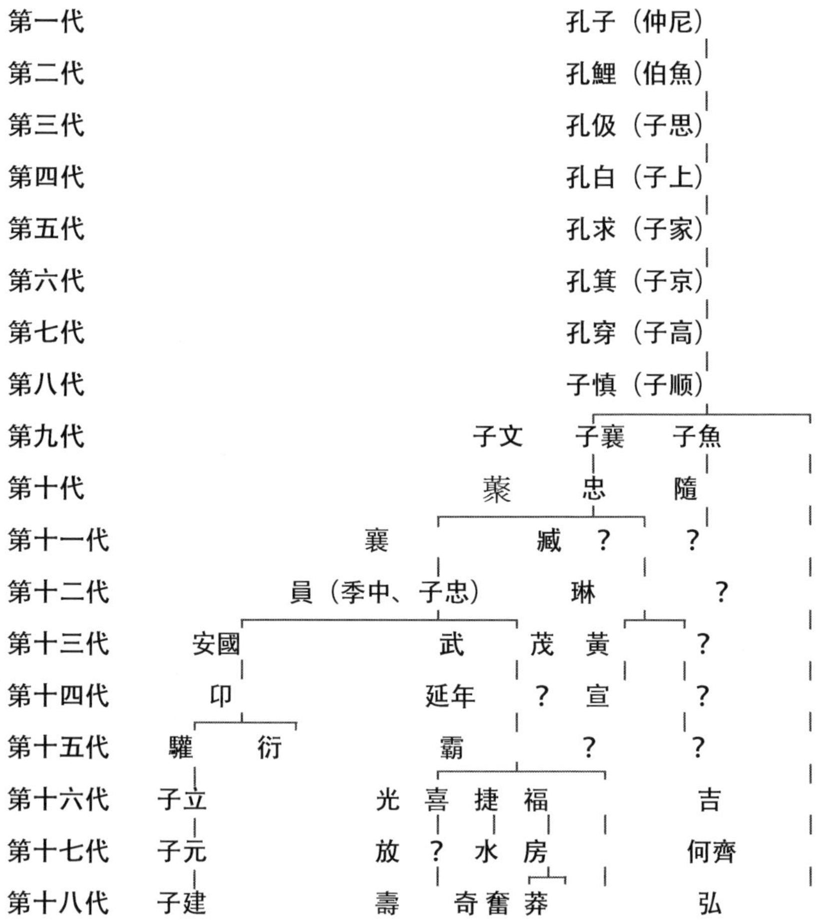

（表例：橫行以右為長）

第二章 孔安國與孔氏家學

一、孔安國的生平

孔安國是西漢孔氏家學的奠基者，也是與諸「偽書」牽涉最多之人，所以必須對其作特別關注。以下先看其生平：

（一）生卒時間

關於孔安國的生卒時間，由於史籍載筆不詳，且有矛盾，所以長期以來眾說紛紜、莫衷一是。清人丁晏認為，其當「生於景帝初，元狩五年三十歲，將幾四十遂卒[1]。」今人胡平生先生以〈家語後序〉為主要依據，並折衷其他相關材料，列出孔安國大事年表，定其生年為西元前158年（文帝后元六年）、卒年為西元前98年（天漢三年）[2]。張固也先生則考定為景帝中元元年（西元前149年）和武帝征和三年（西元前90年）生卒[3]。由於安國生卒時間涉及到其學術活動如獻書、作傳等問題的真偽，所以必須先予辨明。

考與安國生卒時間有關的材料，《史記‧孔子世家》僅云：

---

1 丁晏《論語孔注證偽》卷下，《續修四庫全書》本，上海：上海古籍出版社，2002年，第340頁。

2 胡平生〈阜陽雙古堆漢簡與《孔子家語》〉，《國學研究》第七卷，第526～527頁。

3 張固也〈西漢孔子世系與孔壁古文之真偽〉，《史學集刊》2008年第2期，第17頁。

「安國為今皇帝博士,至臨淮太守,早卒。」[1]而〈家語後序〉則云:「孔安國字子國,孔子十二世孫,少學《詩》於申公……年四十為諫議大夫,遷侍中、博士。……子國由博士為臨淮太守,在官六年,以病免,年六十卒於家。」[2]關於司馬遷之「早卒」說,學界大致又有四種不同理解:其一,「早卒」是相對於《史記・孔子世家》所述安國祖上之年齡而言。《世家》中安國祖輩年齡最小者為子家四十五歲,則安國卒齡必小於四十五歲。閻若璩、丁晏及今張長勝等人主此說。其二,「早卒」一詞是相對於作《史記》而言,《史記・太史公自序》云「余述歷黃帝以來,至太初而訖[3]」,則安國必卒於太初之前。陳夢家主此說。其三,「早卒」一詞並非表示短壽,而是用來表示對逝者事業未竟而身先逝的一種惋惜,表示「功業未終」,安國未必早死。清人吳光耀在《古文尚書正解》、今人離揚在論文〈尚書輯佚辯證〉中皆持此說。其四,錯簡。張固也說:「(班固)所見《史記》『武生延年』四字很可能在『早卒』二字前,今本偶有錯簡。」[4]

前文已經論定,張固也之說為可信。為了更加明確,這裡不妨再作討論。我們認為,欲明何謂「早卒」,需要結合其行事及生卒年進行。首先我們知道,《史記》所言「今皇帝」,指武帝。據《漢書・武帝紀》,武帝建元五年(西元前136年)春始置五經博士。那麼安國為博士,自不早於此。又〈家語後序〉云「年四十,為諫議大夫」,而《漢書・百官公卿表》云「武帝元狩五年(西元前118年),初置諫大夫」。那麼,孔安國為諫議大夫,自當不早於元狩五年。即以元狩五年計,〈家語後序〉謂「年四十為諫議大夫」,那麼安國生年最早

1　《史記》卷四十七,北京:中華書局,1982年,第1946～1947頁。

2　《孔子家語》卷十,《四庫全書》第695冊,上海:上海古籍出版社,1987年影印本,第109～110頁。

3　《史記》卷一三〇,北京:中華書局,1982年,第3321頁。

4　張固也〈西漢孔子世系與孔壁古文之真偽〉,《史學集刊》2008年第2期,第15頁。

當為西元前157年即景帝元年，因為他未必初置其官即任之。既然是為諫議大夫以後始遷博士，那麼其為博士之年又當在元狩五年（西元前118年）置諫議大夫之後。然而《漢書・兒寬傳》載：「兒寬……以郡國選詣博士，受業孔安國。……以射策為掌故，功次補廷尉文學卒史。……時張湯為廷尉。」[1]《歐陽生傳》亦云：「寬又受業孔安國。」[2]說明兒寬受業孔安國，安國為博士在寬補廷尉文學卒史、張湯為廷尉之前，至少不能在其後。張湯為廷尉的時間，考《百官公卿表》，元朔三年（前126），「中大夫張湯為廷尉，五年（前124年）遷。」那麼，安國為博士的時間，最晚也當在張湯為廷尉最後一年即元朔五年（前124年）。可見又與〈家語後序〉「為諫議大夫。遷侍中、博士」之說矛盾。所以，安國為博士當在其為諫大夫之前，〈家語後序〉當誤，應作「為諫大夫、博士，遷侍中」。諫大夫兼博士，漢代多有，如《史記・三王世家》有「諫大夫博士臣安」，《漢書・元帝紀》有「諫大夫博士賞」，《魏相列傳》云「遣諫大夫博士巡行天下」等。看來王國維〈太史公行年考〉「安國為博士，當在元光、元朔間[3]」的說法，比較可信。那麼就是說，安國為博士當在西元前134至西元前124年之間。取其中，就應在西元前128年左右。西元前128年，即漢武帝元朔元年。看來較為合理。那麼，即以二十歲為博士計，安國生年亦不得晚於西元前148年。關於卒年，唯一比較具體的線索，是孔安國〈尚書序〉所云：「承詔為五十九篇作傳……既畢，會國有巫蠱事。」[4]若可信，則說明其卒於巫蠱事件之後。巫蠱事件，《漢書・武帝紀》載：「征和元年……冬十一月，發三輔騎士大搜上

1 《漢書》卷五十八，北京：中華書局，1962年，第2628頁。
2 《漢書》卷八十八，北京：中華書局，1962年，第3603頁。
3 王國維《觀堂集林》卷十一，北京：中華書局，1959年，第488頁。
4 《尚書正義》卷一，上海：上海古籍出版社，2007年，第20頁。

林，閉長安城門索，十一日乃解。巫蠱起。」[1]《漢書‧五行志中之上》亦載：「征和元年夏，大旱。是歲，發三輔騎士閉長安城門，大搜，始治巫蠱。明年，衛皇后、太子敗。」[2] 可見在征和元年至二年（西元前92—91年）。所以，孔安國卒年必不早於征和二年（西元前91年）。生年不晚於西元前148年，卒年不早於西元前91年，說明其享年在五十八歲以上。可見〈家語後序〉「年六十」之說並不虛妄。既年六十，自不可謂之早卒。所以，張固也「錯簡」之說當為可信。年六十而卒既不早於征和二年（西元前91年），那麼其生年也就不能早於西元前150年即景帝七年。漢世博士年齡，據《漢書‧賈誼傳》「文帝召以為博士。是時，誼年二十餘，最為少」的記載[3]，說明必在二十餘歲以上。安國生不早於西元前150年，西元前128年為博士，正好在此年齡範圍之內。看來張固也定安國生卒為景帝中元元年（西元前149年）至武帝征和三年（西元前90年），也是較為可信的結論。安國既卒於征和間，「天漢之後」獻書說自然也就沒有問題。閻若璩於《尚書古文疏證》第十七「言安國古文學源流真偽」條按語中曰：「荀悅《漢紀‧武帝紀》云『魯恭王壞孔子宅，得古文《尚書》，多十六篇。武帝時安國家獻之，會巫蠱事，未列於學官』，於安國下增一『家』字，益足補《漢書》之漏。」[4] 王鳴盛《尚書後案》亦謂：「宋本《文選》劉歆《移書》亦有『家』字。」[5] 看來也沒有必要。總之，孔安國當生於景帝中元元年（西元前149年），卒於武帝征和三年（西元前90年）。

---

1 《漢書》卷六，北京：中華書局，1962年，第208頁。
2 《漢書》卷二十七，北京：中華書局，1962年，第1393頁。
3 《漢書》卷四十八，北京：中華書局，1962年，第2221頁。
4 閻若璩《尚書古文疏證》，上海：上海古籍出版社，1987年，第141頁。
5 王鳴盛《尚書後案》，《續修四庫全書》第45冊，上海：上海古籍出版社，2002年影印本，第308頁。

（二）生平事蹟

孔安國生平事蹟之見於文獻者，主要有以下一些：

《史記·孔子世家》：

安國為今皇帝博士，至臨淮太守。[1]

《漢書·孔光傳》：

安國、延年皆以治《尚書》為武帝博士。安國至臨淮太守。[2]

《漢書·藝文志》：

武帝末，魯共王壞孔子宅，欲以廣其宮。而得古文《尚書》及《禮記》、《論語》、《孝經》凡數十篇，皆古字也。共王往入其宅，聞鼓琴瑟鐘磬之音，於是懼，乃止不壞。孔安國者，孔子後也，悉得其書，以考二十九篇，得多十六篇。安國獻之，遭巫蠱事，未列於學官。[3]

《漢書·兒寬傳》：

兒寬……治《尚書》，事歐陽生，以郡國選詣博士，受業孔安國。[4]

1 《史記》卷四十七，北京：中華書局，1982年，第1947頁。
2 《漢書》卷八十一，北京：中華書局，1962年，第3352頁。
3 《漢書》卷三十，北京：中華書局，1962年，第1706頁。
4 《漢書》卷五十八，北京：中華書局，1962年，第2628頁。

《漢書·孔安國傳》：

孔氏有古文《尚書》，孔安國以今文字讀之，因以起其家。逸書得十餘篇，蓋《尚書》茲多於是矣。遭巫蠱，未立於學官。安國為諫大夫，授都尉朝。而司馬遷亦從安國問故。遷書載《堯典》、《禹貢》、《洪範》、《微子》、《金縢》諸篇，多古文說。都尉朝授膠東庸生。庸生授清河胡常少子，以明《穀梁春秋》為博士、部刺史，又傳《左氏》。常授虢徐敖。敖為右扶風掾，又傳《毛詩》，授王璜平陵塗惲子真。子真授河南桑欽君長。王莽時諸學皆立，劉歆為國師，璜、惲等皆貴顯。[1]

《漢書·申公傳》：

申公，魯人也。少與楚元王交，俱事齊人浮丘伯受《詩》。漢興，高祖過魯，申公以弟子從師入見於魯南宮。……申公愧之，歸魯，退居家教，終身不出門，複謝賓客。……弟子自遠方至受業者千餘人，申公獨以《詩經》為訓故以教。……弟子為博士十餘人，孔安國至臨淮太守。[2]

又〈家語後序〉：

子國少學《詩》於申公，受《尚書》於伏生。長則博覽經傳，問無常師，年四十為諫議大夫，遷侍中博士。天漢後，魯恭王壞夫子故宅得壁中《詩》、《書》悉以歸子國。子國乃考論古今文字，撰

---

1 《漢書》卷八十八，北京：中華書局，1962年，第3607頁。
2 《漢書》卷八十八，北京：中華書局，1962年，第3608頁。

眾師之義，為古文《論語訓》十一篇、《孝經傳》二篇、《尚書傳》五十八篇，皆所得壁中科斗本也。又集錄《孔氏家語》為四十四篇。既成，會值巫蠱事，寢不施行。子國由博士為臨淮太守，在官六年，以病免，年六十卒於家。[1]

〈尚書序〉：

至魯恭王，好治宮室，壞孔子舊宅以廣其居，於壁中得先人所藏古文虞、夏、尚、周之《書》及傳、《論語》、《孝經》，皆科斗文字。王又升孔子堂，聞金石絲竹之音，乃不壞宅，悉以書還孔氏。科斗書久廢，時人無能知。以伏生之書考論文義，定其可知者為隸古定，更以竹簡寫之。[2]

以上史料之中，固有未可信者。如前考〈家語後序〉謂為諫議大夫而後始遷博士，即屬誤記。又謂子國少受《尚書》於伏生，也不可能。因為伏生於文帝時已年九十，不可能活至安國生。除此之外，尚無理由懷疑其不真。子國雖未親受《尚書》於伏生，但其知今文《尚書》則為事實，因為其所為博士即今文《尚書》博士。所以，其今文《尚書》當受於伏生後學。可見孔安國一生學宦兩成，而學術活動則主要集中在四十歲以後。其學術成績，主要是作《古文論語訓》、《古文孝經傳》、《古文尚書傳》和集錄《孔氏家語》。

（三）大事年表

結合以上生卒年之考定，參照張固也所排，孔安國生平大事大致可以排列如下：

---

1 《孔子家語》卷十，《四庫全書》第695冊，上海：上海古籍出版社，1987年影印本，第109～110頁。
2 《尚書正義》卷一，上海：上海古籍出版社，2007年，第16～17頁。

景帝中元元年（西元前149年），安國生。

武帝建元（西元前140年—西元前135年）前後，八—十八歲，學《詩》於申公，又受今文《尚書》。

建元二年（西元前139年）至元朔元年（西元前128年），十一—二十歲，魯恭王壞孔壁得古文書。

元朔三年（前126年）—元狩元年（前122年），二十四—二十八歲，始為博士，兒寬從受業。

元封元年（西元前110年），四十歲，為諫大夫、博士，後遷侍中。

元封間（西元前110—105年），四十一—四十五歲，募求副本，撰集《孔子家語》。

天漢（西元前100—97年）以後，五十一—五十三歲後，悉得孔壁書，為作訓傳，司馬遷從問故。

天漢四年（西元前97年），五十三歲，出為臨淮太守。

征和元年（西元前92年），五十八歲，獻古文書於朝，值巫蠱事。

征和二年（西元前91年），五十九歲，以病免官。

征和三年（西元前90年），六十歲，卒於家。

當然，安國一生的活動並不止此，具體如其與古文《尚書》、古文《論語》、古文《孝經》、《孔子家語》的關係，以下分別進行考述。

二、孔安國與古文《尚書》

關於孔安國與古文《尚書》的關係，古往今來研究者所關注和討

論的，不外下面幾個方面：一、是否整理、隸古定；二、是否獻書；三、是否以此傳授起家；四、是否作傳。下面我們一一重作探析。

（一）整理、寫定

前面我們已經論定，孔壁出書是真有其事，時間在漢武帝建元二年（西元前139年）至元朔元年（西元前128年）之間，值安國十一——二十歲。又《漢書·藝文志》云：

古文《尚書》者，出孔子壁中。……孔安國者，孔子後也，悉得其書。[1]

說明孔壁書確曾到過孔安國之手。那麼孔安國到底有沒有整理、隸定古文《尚書》？

首先，孔安國整理寫定古文《尚書》，明見於史籍。如《史記·儒林傳》云：

孔氏有古文《尚書》，而安國以今文讀之，因以起其家。逸書得十餘篇，蓋《尚書》茲多於是矣。[2]

司馬遷嘗從安國問故，親見孔安國，其《儒林傳》的記載應當不會有假。所謂「孔氏有古文《尚書》」，無疑是指孔壁所出之書，而不可能是所謂孔氏家傳本。因為孔家此時不可能再有家傳本古文，即使有也不可能等到孔安國再以今文讀之。而所謂「以今文字讀之」，就是用當時通行的文字釋讀之。既釋讀之，自然會另行寫定。當時通行的文字是隸書，以之寫定古文，所以又稱之為「隸古定」。孔安國

1 《漢書》卷三十，北京：中華書局，1962年，第1706頁。
2 《史記》卷一二一，北京：中華書局，1982年，第3125頁。

第二章 孔安國與孔氏家學

〈尚書序〉亦曰：

（魯恭王）悉以書還孔氏。科斗書久廢，時人無能知。以伏生之書考論文義，定其可知者為隸古定，更以竹簡寫之，增多伏生二十五篇。伏生又以《舜典》合於《堯典》、《益稷》合於《皋陶謨》、《盤庚》三篇合為一、《康王之誥》合於《顧命》，複出此篇並序，凡五十九篇，為四十六卷。其餘錯亂摩滅，弗可複知。[1]

「定其可知者為隸古定，更以竹簡寫之」，當是「隸古定」說的最早出處。孔穎達解釋曰：「言隸古者，正謂就古文體而從隸定之。存古為可慕，以隸為可識，故曰隸古。」[2]通俗地講，就是孔安國根據自己的理解識讀，用當時通行的文字隸書，把本來用古文即戰國文字書寫的《尚書》重新摹寫了一遍。「複出此篇並序，凡五十九篇，為四十六卷，其餘錯亂摩滅，弗可複知」，正所謂整理。另〈家語後序〉所附安國之孫孔衍上奏成帝書亦云：

臣祖故臨淮太守安國逮仕於孝武皇帝之世，以經學為名，以儒雅為官，讚明道義，見稱前朝。時魯恭王壞孔子故宅得古文科斗《尚書》、《孝經》、《論語》，世人莫有能言者，安國為之今文讀而訓傳其義，又撰《孔子家語》。既畢，會值巫蠱事起，遂各廢不行於時。[3]

「為之今文讀」，亦即隸古定。

1　《尚書正義》卷一，上海：上海古籍出版社，2007年，第16～17頁。
2　《尚書正義》卷一，上海：上海古籍出版社，2007年，第18頁。
3　《孔子家語》卷十，《四庫全書》第695冊，上海：上海古籍出版社，1987年影印本，第110頁。

其次，孔安國本人，具備隸定古文的能力。因為孔安國既為《尚書》博士，必然精通今文《尚書》；而據《漢舊儀》，當時為博士的條件之一，即「曉古文《爾雅》[1]」。所以，他也必定認識古文字。這樣，無疑就具備了以今文釋讀古文的條件。

第三，孔安國既為《尚書》博士，對新出古文《尚書》必定有濃厚興趣。

第四，所得古文《尚書》為祖上遺物，傳承祖業是其責無旁貸的義務。

第五，孔安國為《尚書》博士，且「曉古文《爾雅》」，必定有家學的淵源（詳後），而家學的傳統，也必然促使他對古文《尚書》進行整理。

第六，《漢書‧藝文志‧書類》第一家即「《尚書古文經》四十六卷」，注：「為五十七篇。」師古注引鄭玄《敘贊》云：「『後又亡其一篇。』故五十七。」[2] 即〈尚書序〉所云「凡五十九篇（定為五十八篇），為四十六卷」之書。看來孔安國〈尚書序〉未始不可信。

總上數條，孔安國曾整理、隸古定孔壁古文《尚書》當無疑問。

（二）獻書

前面我們已經知道，孔壁書最終被藏於秘府。《漢書‧藝文志》亦云：「迄孝武世，書缺簡脫、禮壞樂崩，聖上喟然而稱曰：『朕甚閔焉。』於是建藏書之策，置寫書之官，下及諸子傳說，皆充秘府。」[3] 而《漢書‧劉歆傳》云：「及魯恭王壞孔子宅，欲以為宮，而得古文於壞壁之中，《逸禮》有三十九篇，《書》十六篇。天漢之後孔安國獻之，遭巫蠱倉卒之難未及施行。及《春秋》左氏丘明所修，皆古文舊書，多者二十餘通，藏於秘府，伏而未發。孝成皇帝閔

1 《漢官六種》，〔清〕孫星衍等輯、周天游點校，北京：中華書局，1990年，第89頁。
2 《漢書》卷三十，北京：中華書局，1962年，第1705～1706頁。
3 《漢書》卷三十，北京：中華書局，1962年，第1701頁。

第二章 孔安國與孔氏家學

學殘文缺，稍離其真，乃陳發秘臧，校理舊文，得此三事。」[1] 可見成帝發秘府得古文《尚書》。既得之，說明先必有藏；既藏之，說明必先有獻。而獻書者，世歸孔安國。如《漢書‧藝文志》載：

魯共王壞孔子宅欲以廣其宮，而得古文《尚書》及《禮記》、《論語》、《孝經》凡數十篇，皆古字也。……孔安國者，孔子後也，悉得其書，以考二十九篇，得多十六篇。安國獻之，遭巫蠱事，未列於學官。[2]

又《劉歆傳》載劉歆〈移讓太常博士書〉云：

及魯恭王壞孔子宅，欲以為宮，而得古文於壞壁之中，《逸禮》有三十九篇、《書》十六篇。天漢之後，孔安國獻之，遭巫蠱倉卒之難，未及施行。[3]

《尚書序》亦云：

凡五十九篇，為四十六卷。其餘錯亂摩滅，弗可複知，悉上送官，藏於書府，以待能者。[4]

所云「悉上送官」，自然包括五十九篇之書。可見全部吻合。所以，孔安國獻書亦當無疑問。而時間在「天漢之後」之巫蠱事發以前，也無疑問。荀悅《前漢記》所云「孔安國家獻之」，「家」字自

---

1 《漢書》卷三十六，北京：中華書局，1962年，第1969頁。
2 《漢書》卷三十，北京：中華書局，1962年，第1706頁。
3 《漢書》卷三十六，北京：中華書局，1962年，第1969頁。
4 《尚書正義》卷一，上海：上海古籍出版社，2007年，第17頁。

不當有。王國維主家獻之說，認為：「安國雖讀古文以今文，未必別為好寫藏之而後獻諸朝，其遲之已久而始獻者，亦未必不因寫書之故。」[1] 意思是孔安國本人未獻，與作傳有關。看來也未必。

（三）傳授起家

關於孔安國傳授古文《尚書》的問題，學者們多有爭議。如劉起釪先生認為，「孔安國所傳是今文《尚書》，一生從來沒有傳授過古文[2]。」然而以下的證據，似足以證明孔安國確曾傳授過古文：

（1）《史記・儒林傳》載：

孔氏有古文《尚書》，安國以今文字讀之，因以起其家。[3]

「家」，就是「成一家之言」之「家」，與《漢書・藝文志》「《易》有數家之傳」、「凡《書》九家」、「凡《詩》六家」之「家」基本相同。所謂「起其家」，就是興起並成就了他的古文《尚書》一家之言。王引之解釋說：「起者……興起也；家，家法也。漢世《尚書》，多用今文，自孔氏之古文經，讀之說之、傳以教人，其後遂有古文家，是古文家法自孔氏興起也。」[4] 這樣的解釋，應該是合理的。那麼既成為家法，就必然有所傳授。

（2）《漢書・儒林傳》明確記載西漢時期孔安國古文《尚書》傳授譜系：

孔氏有古文《尚書》，孔安國以今文字讀之，因以起其家。……安國為諫大夫，授都尉朝，而司馬遷亦從安國問故。遷書載《堯

1 王國維《觀堂集林》第二冊，北京：中華書局，1959年，第378頁。
2 劉起釪《尚書學史》，北京：中華書局，1989年，第119頁。
3 《史記》卷一二一，北京：中華書局，1982年，第3125頁。
4 王念孫《讀書雜誌》，北京：中國書店1985年，第44頁。

典》、《禹貢》、《洪範》、《微子》、《金縢》諸篇，多古文說。都尉朝授膠東庸生。庸生授清河胡常少子……常授號徐敖。[1]

所列傳授弟子都尉朝、庸生、胡常等人皆有史料可證[2]，此傳授譜系必不是虛托。而《史記》引《書》多古文說，亦可證孔安國確曾傳授古文說於司馬遷。

（3）《後漢書・儒林傳》云：

（孔僖家）自安國以下，世傳《古文尚書》、《毛詩》。[3]

可證其傳《古文尚書》於後子孫。

（4）東漢時期的《尚書》古文大師們也都把孔安國作為《古文尚書》學派的鼻祖。如鄭玄《書贊》云：「我先師棘下生安國，亦好此學。」[4]

（5）《漢書・藝文志》所列「凡《書》九家」，包括「《尚書古文經》四十六卷」一家，而《尚書古文經》，非孔安國無所出。

（6）〈尚書序〉云：

更以竹簡寫之，增多伏生二十五篇……複出此篇及序，凡五十八篇，為四十六卷。……承詔為五十九篇作傳，於是遂研精覃思，博考經籍，採摭群言，以立訓傳。約文申義，敷暢厥旨，庶幾有補於將來。……既畢，會國有巫蠱事，經籍道息，用不復以聞，傳之子孫，

---

1 《漢書》卷八十八，北京：中華書局，1962年，第3607頁。
2 蔣善國《尚書綜述・第四編》，上海古籍出版社，1988年，第82～83頁。
3 《後漢書》卷七十九上，北京：中華書局，1965年，第2560頁。
4 《尚書正義》卷二，上海：上海古籍出版社，2007年，第30頁。

以貽後代。若好古博雅君子，與我同志，亦所不隱也。[1]

　　既然為立訓傳（詳下節），必然形成其家法。既言傳之子孫，又云亦所不隱，說明確有傳授。

　　綜上可知，孔安國不僅傳授《古文尚書》，開創了《古文尚書》學派，而且在孔家子孫和弟子中形成了兩支傳授系統與譜系。如果依據《漢書》的記載以及我們後文對孔家學者學術活動的考察，孔安國的《古文尚書》的傳授譜系可以列表如下：

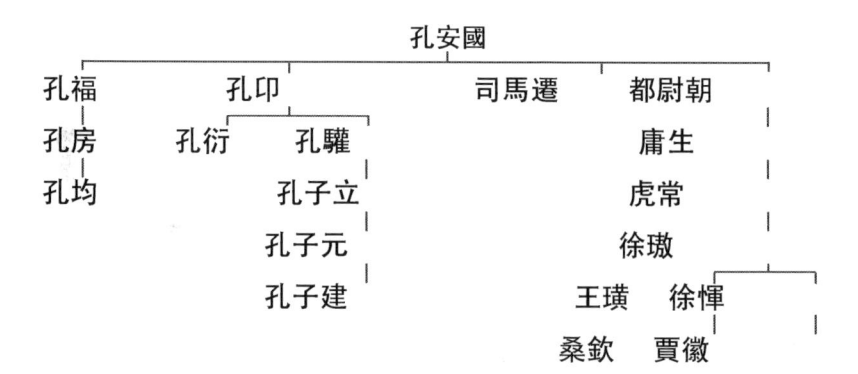

（四）作《書傳》

　　孔安國是否曾訓解《古文尚書》而為之作傳、今傳本《尚書孔傳》的真偽問題，是學界聚訟千年、懸而未決的重大學術公案。這裡，我們在前輩學者研究的基礎上，對之再作系統分析。

　　1.《尚書孔傳》的來歷

　　所謂《尚書孔傳》，就是傳世《古文尚書》所附題為孔安國所作的傳注。最早記載孔安國給《古文尚書》作傳注的材料，是〈家語後序〉。當然，也有見冠於傳世《古文尚書》卷端、以孔安國口吻所撰

1 《尚書正義》卷一，上海：上海古籍出版社，2007年，第17、20、21頁。

的〈尚書序〉。〈家語後序〉曰：

> 子國乃考論古今文字，撰眾師之義，為……《尚書傳》五十八篇。[1]

〈家語後序〉所附孔衍奏言亦云：

> 臣祖故臨淮太守安國，逮仕於孝武皇帝之世，以經學為名，以儒雅為官，贊明道義，見稱前朝。時魯恭王壞孔子故宅，得古文科斗《尚書》、《孝經》、《論語》，世人莫有能言者。安國為之今文讀而訓傳其義，又撰《孔子家語》。既畢，會值巫蠱事起，遂各廢，不行於時。[2]

孔安國〈尚書序〉曰：

> 承詔為五十九篇作傳，於是遂研精覃思，博考經籍，採摭群言，以立訓傳；約文申義，敷暢厥旨，庶幾有補於將來。[3]

而一般認為時代更早的文獻如《史記》、《漢書》，卻隻字未提安國曾作《書傳》。所以，〈家語後序〉及〈尚書序〉所言為世所疑。那麼今傳本《尚書書傳》究竟由何而來？

《隋書・經籍志》載：

1　《孔子家語》卷十，《四庫全書》第695冊，上海：上海古籍出版社，1987年影印本，第109頁。
2　《孔子家語》卷十，《四庫全書》第695冊，上海：上海古籍出版社，1987年影印本，第110頁。
3　《尚書正義》卷一，上海：上海古籍出版社，2007年，第20頁。

至東晉，豫章內史梅賾（頤）始得安國之傳，奏之。[1]

是今傳本《尚書書傳》最早的明確出處。關於梅賾（頤）書之來歷，孔穎達《尚書正義》引《晉書》云：

晉太保公鄭沖以古文授扶風蘇愉，愉字休預。預授天水梁柳，字洪季，即謐之外弟也。季授城陽臧曹，字彥始。始授郡守子汝南梅賾（頤），字仲真。又為豫章內史，遂於前晉奏上其書而施行焉。」[2]

可見《孔傳》在梅賾（頤）以前的傳流統緒比較清晰，可以追溯到鄭沖。《尚書正義》又引《晉書・皇甫謐傳》云：

姑子外弟梁柳邊得《古文尚書》，故皇甫謐作《帝王世紀》，往往載孔傳五十八篇之書。[3]

今本《晉書》無此兩段記載，所以一般認為《正義》所引來歷不明。事實上《晉書》舊有多家，今本只是其中之一。孔引《晉書》所記，必有依據。李學勤先生考證認為，「《正義》的引文，最可能是出自臧榮緒《晉書》[4]」，應該是可信的。

又考今《晉書・文帝紀》載：魏元帝咸熙元年（西元264年）「秋七月，帝奏司空荀顗定禮儀，中護軍賈充正法律，尚書僕射裴秀議官制，太保鄭沖總而裁焉。[5]」《晉書・職官志》載：「太宰、太傅、太

1 《隋書》卷三十二，北京：中華書局，1973年，第915頁。
2 《尚書正義》卷二，上海：上海古籍出版社，2007年，第30頁。
3 《尚書正義》卷二，上海：上海古籍出版社，2007年，第30頁。
4 李學勤〈《尚書孔傳》的出現時間〉，《古籍整理研究學刊》2002年第1期。
5 《晉書》卷二，北京：中華書局，1974年，第44頁。

第二章 孔安國與孔氏家學

保，周之三公官也。魏初唯置太傅，以鍾繇為之，末年又置太保，以鄭沖為之。」[1] 是鄭沖本為魏太保。稱晉太保雖不確，但事實基本不誤，關鍵是鄭沖確知《尚書》。今《晉書》本傳載：

　　鄭沖字文和，滎陽開封人也。起自寒微，卓爾立操，清恬寡欲，耽玩經史，遂博究儒術及百家之言。……及高貴鄉公講《尚書》，沖執經親授，與侍中鄭小同俱被賞賜。[2]

　　又今《晉書・文帝紀》載：景元四年（西元263年）十月，「司空鄭沖率群官勸進曰：『……昔伊尹，有莘氏之媵臣耳，一佐成湯，遂荷阿衡之號』云。[3]」所云「伊尹」、「成湯」、「阿衡」，即皆出於《書》。又咸熙二年十一月下載：

　　是時晉德既洽，四海宅心。於是天子知歷數有在，乃使太保鄭沖奉策曰：「諮爾晉王：我皇祖有虞氏誕膺靈運，受終於陶唐，亦以命於有夏。惟三後陟配於天，而咸用光敷聖德。自茲厥後，天又輯大命於漢。火德既衰，乃眷命我高祖。方軌虞夏四代之明顯，我不敢知。惟王乃祖乃父，服膺明哲，輔亮我皇家，勳德光於四海。格爾上下神祇，罔不克順，地平天成，萬邦以乂。應受上帝之命，協皇極之中。肆予一人，祇承天序，以敬授爾位，歷數實在爾躬。允執其中，天祿永終。於戲！王其欽順天命。率循訓典，底綏四國，用保天休」云。[4]

　　辭語幾乎盡出於《書》。而其中「地平天成」為〈大禹謨〉

1　《晉書》卷二十四，北京：中華書局，1974年，第4724頁。

2　《晉書》卷三十三，北京：中華書局，1974年，第991～992頁。

3　《晉書》卷二，北京：中華書局，1974年，第42頁。

4　《晉書》卷三，北京：中華書局，1974年，第50頁。

文；「率循訓典」由〈畢命〉「弗率訓典」而變。〈大禹謨〉與〈畢命〉，皆屬古文。可見鄭沖不僅精通《尚書》，而且所知為《古文尚書》。而鄭沖所處，正與皇甫謐基本同時。另據李學勤先生研究，《帝王世紀》確實多處引用了《孔傳》[1]。可見「皇甫謐作《帝王世紀》，往往載孔傳五十八篇之書」，也是事實。所以，孔引《晉書》所記必當可信。那麼就是說，東晉豫章內史梅賾（頤）所獻之《孔傳》，至少可以追溯到魏元帝太保鄭沖所傳。李學勤先生謂「《尚書孔傳》的出現是在魏晉間，不像很多學者所說是在東晉[2]」，無疑是正確的。

2. 前人關於《尚書孔傳》真偽的討論

關於今本《尚書孔傳》的真偽問題，學界不外乎真、偽兩說。

（1）偽書說　即認為今傳本《孔傳》非安國所作，為後人偽造。主此說者為數眾多，代表人物有宋代吳棫、朱熹、陳振孫，元代吳澄，明代鄭瑗、梅鷟，及清代的顧炎武、朱彝尊、姚際恒、胡渭等。閻若璩集各家之大成，撰成《尚書古文疏證》，定下了《古文尚書》經傳皆偽的「鐵案」。其後惠棟、戴震、崔述、丁晏、皮錫瑞等人相承把證偽推向終極，更強化了「偽書」定論。當代學者陳夢家、馬雍、劉起釪、蔣善國等，也在各自專著中力辨《孔傳》之偽。

歸納上述辨偽一派的論據，大致可有以下幾點：

①《史記》、《漢書》未言孔安國為《古文尚書》作傳，《漢志》亦未著錄此書，兩漢經師也未有引孔傳者。如楊椿於《孔安國書傳辨》曰：「兩漢經師，《毛詩》，鄒、夾《春秋》，費、高之《易》，雖未立博士，然皆列之史傳，《孔傳》則未有及至之者」；「《後漢書·孔僖傳》云自安國以下世傳《古文尚書》，已不言有

1　李學勤：《古文獻叢論》，上海遠東出版社，1996年，第291～293頁。
2　李學勤〈《尚書孔傳》的出現時間〉，《古籍整理研究學刊》2002年第1期。

傳。[1]」

　　②《孔傳》文風、體例不合孔安國所處時代特徵。如朱熹云：「《尚書》決非孔安國所注，蓋文字困善，不是西漢人文章，安國漢武帝時，文章豈如此？」[2] 閻若璩亦攻其就經為注的體例，為漢武帝安國時代所未有。

　　③《孔傳》釋經所列地名，有在孔安國身後者。如《四庫提要》舉梅鷟攻其注《禹貢》「瀍水出河南北山」、「積石山在金城西南羌中」兩條，地名皆在安國後。朱彝尊攻其注《書序》「東海駒驪、扶餘、馯貊之屬」一條，謂駒驪王朱蒙至漢元帝建昭二年始建國。安國武帝時人，亦不及見[3]。

　　④《尚書孔傳》與孔安國《論語注》釋經不一致。如閻若璩云：「安國於《論語》『周親』、『仁人』之文，則引管、蔡、微、箕以釋之，而周之才不如商；於《尚書》『周親』、『仁人』之文，則解釋曰：『周，至也。言紂至親雖多，不如周家之少仁人。』而商之才又不如周，其相懸絕如是，是豈有一人之筆乎？」[4]

　　⑤《孔傳》訓注精審詳明，當為晚出作品。如蔣善國先生說：「由於《孔傳》是晉人偽託，在鄭玄以後，因而訓注精審，得矯正鄭玄錯誤，經是愈古愈存真相，傳是愈晚愈顯精審。」[5]

　　⑥《孔傳》不通官制，與安國大儒身分不合。如閻若璩攻擊《顧命》孔傳中所解釋「三公六卿」有誤，可知作孔傳者不甚通古代官制[6]。

　　⑦《孔傳》內容與其他偽書相似。朱熹「嘗疑今《孔傳》並序

1　轉引自蔣善國《尚書綜述》，上海：上海古籍出版社，1988年，第292頁。
2　《朱子語類》卷七十八，北京：中華書局，1986年，第1984頁。
3　永瑢等《四庫全書總目》卷十一，北京：中華書局，1965年，第89頁。
4　閻若璩《尚書古文疏證》卷二，上海：上海古籍出版社，1987年，第164頁。
5　蔣善國《尚書綜述》，上海：上海古籍出版社，1988年，第307頁。
6　閻若璩《尚書古文疏證》卷四，上海：上海古籍出版社，1987年，第346頁。

皆不類西京文字氣象，未必真安國所作，只與《孔叢子》同是一手偽書。蓋其言多相裡表。而訓詁亦出《小爾雅》也。[1]」

（2）真書說　即認為今傳本《古文尚書》經傳皆真，《孔傳》為西漢孔安國所作。這一派的代表人物主要有清代學者毛奇齡、吳光耀，當代學者張岩、離揚等。他們對《孔傳》的證真，多是通過對辨偽派證據的反駁辨析來實現的。如張岩先生作〈審核古文《尚書》案〉，對閻氏《疏證》進行了深入分析論證，特別對於閻氏所列《孔傳》偽據中的金城、孟津、駒驪等問題都一一給予反駁推翻，認為閻氏《疏證》實是偽證。離揚先生在其論文〈《尚書》輯佚辯證〉中通過辨《尚書》孔序為真，得出孔安國曾作《孔傳》，《古文尚書》並非偽書的結論。

3.《孔傳》的真偽與成書

偽書說的論據與觀點能否成立？我們不妨逐條予以辨析：

第一，關於文獻無載。一般認為，司馬遷曾親從安國問《尚書》，如果安國果真作傳，《史記》當不會僅言「孔安國以今文字讀之、逸書得十餘篇」而遺漏不載。其次，《漢書·藝文志》、〈移讓太常博士書〉、《儒林傳》對古文《尚書》的來源、歸宿、整理、傳授等情況記載詳細，卻隻字未提安國作書傳一事。而以劉歆對古文經學的熱情，當時若有孔安國《古文尚書傳》，〈七略〉必當著錄。未著錄，說明確未見及。同時，兩漢經師未有引《孔傳》者，也是事實。但是我們說，《史記》、《漢書》未載其事，不等於無有其事；劉歆未見、《漢志》未著錄其書、兩漢經師未引，不等於孔安國未作或無有其書。因為：即使是承詔而作，若未完成，自可以不載入史冊；即使作有而不公諸於世，外人自莫得見，且無從引。何況〈尚

1　《晦庵朱文公集·記尚書三義》，《朱子大全》卷七十一，《四部備要》本，北京：中華書局，1989年，第1266頁。

書序〉明言「既畢，會國有巫蠱事，經籍道息，用不復以聞；傳之子孫，以貽後代」，也正好回答了這個問題。《後漢書‧孔僖傳》云自安國以下「世傳《古文尚書》」，雖不言有《書傳》，但恰恰透露出孔安國有作傳的可能。因為既言「世傳」，必不能單純傳其經文。

第二，關於文風、體例問題。今本《孔傳》，文風確有不似西漢人文章處，朱子之言不無道理。關於漢代經注的體例，孔穎達《毛詩正義》述之曰：「漢初為傳，訓者皆與經別行，三傳之文不與經連，故石經書《公羊傳》皆無經文。《藝文志》云『《毛詩經》二十九卷，《毛詩故訓傳》三十卷。』是毛為《詁訓》，亦與經別也。及馬融為《周禮》之注，乃云：『欲省學者兩讀，故具載本文。』然則後漢以來，始就經為注。」[1] 說明西漢時期和東漢前期的釋經的傳、說、訓詁都是獨立成書，不與經書合編，更不與經文相間雜。或言《孔傳》原是單行，由後人雜以附經，遂成今傳本之貌，但無確鑿的史料證據，所以也未可信。總之今《孔傳》體例確當不與西漢同。但是，文風、體例不合，也不能說明孔安國不曾有「傳」。因為所謂「傳」，本來就是傳（chuán）的意思。就是說後世定型的《傳》，不必是始傳者本人親作。眾所周知的例子，如《公羊傳》與《穀梁傳》，就是在口耳相傳數代以後始著於竹帛。當然，《孔傳》最初未必就是口耳相傳，但後人在其始作基礎上不斷加工完善，無疑是完全可能的。既如此，文風、體例，自然也會發生變化。

第三，關於《孔傳》中有孔安國身後始有的地名或國名，如金城、孟津、駒驪之類，誠不能完全否定。但是，這同樣不能證明孔安國不曾作「傳」，而只能證明今本中有後人手筆，最終成書較晚。

第四，關於《孔傳》與孔安國《論語注》釋經不一致的問題。以閻氏所舉之證為例，《泰誓中》「雖有周親，不如仁人」，孔傳曰：

1　《毛詩正義》，《十三經注疏》（標點本），北京：北京大學出版社，1999年，第4頁。

「周，至也。言紂至親雖多，不如周家之少仁人。」《論語・堯曰》同語集解引孔曰：「親而不賢不忠則誅之，管、蔡是也。仁人，謂箕子、微子，來則用之。」可見確相懸絕。但這也同樣不能證明更不能完全否定孔安國不曾作傳，因為畢竟只是「傳」，既然只是「傳」，就不能排除後人的增益改造。何況一人之書，不必處處雷同，有所修正與變動，也在情理之中。何況前作之書，後時未必全部記憶，或者一時別有理解，也完全可能。所以，釋經不一致，也未必就不出一人之筆。

第五，關於《孔傳》的釋經品質，學者們確實是給了較高的評價。如孔穎達在〈尚書正義序〉中說：「其辭富而備，其義弘而雅，故複而不厭，久而愈亮。」[1]清代學者焦循，也說《孔傳》解經優於鄭注，並在〈尚書補疏序〉中羅列了《孔傳》七善。當代學者劉起釪先生也稱：「《孔傳》能對每章每句都加以梳理、條析，用簡潔的文字做到了每句都有解釋，幾乎達到了當時『今譯』的地步，這在《尚書》學史上是一個超越以前一切著述的最優異的成就，因此為人們所樂於接受。」[2]蔣善國先生也評價曰：「今傳本《孔傳》，不但逐字解經，並有『重言』、『互注』、『重義』等目，來比證各篇經文的同異，真算得詳明。」[3]可見是公認其精審詳明。但是我們說：首先，精審詳明，不一定就晚；其次，「傳愈晚於顯精審」的規律，只適用於遞相承襲的傳注，而《孔傳》由孔氏家學內傳，鄭玄等人並不曾見，所以無從逾越；最後，《孔傳》經孔安國子孫世代傳承加工，所謂「百煉成鋼」，必然愈傳愈精。

第六，所謂不通官制，更不能作為其偽之證。安國雖大儒，但非「聖人」，不可能無所不知。何況於「三公六卿」之注，亦不無出其

1 《尚書正義》卷一，上海：上海古籍出版社，2007年，第1～2頁。
2 劉起釪《尚書學史》，北京：中華書局，1989年，第198頁。
3 蔣善國《尚書綜述》，上海：上海古籍出版社，1988年，第316頁。

傳人之手的可能，不能全記在孔安國頭上。

第七，所謂「不類西京文字氣象」，亦只說明其成書較晚，而不能證明其始作不早。而「與《孔叢子》同是一手偽書」，「其言多相裡表」，正說明其同出孔氏子孫。所謂「訓詁亦出《小爾雅》」，則只能相反。因為我們知道，任何訓詁之書，如《爾雅》、《廣雅》之類，皆是在總結前人訓詁成果的基礎上做成，而不是相反。至於與《小爾雅》的關係，下文將有專門討論。

看來真書說對偽書說的部分反駁與揭露，確有道理，但欲將之全面否定，亦恐難以做到。

以上可見，偽書說雖然不完全合理，但也確有能夠證明今本《孔傳》晚出的證據。就是說，今本《孔傳》確非孔安國所寫定。可是，非孔安國所寫定，不等於孔安國不曾有作，或者說今本《孔傳》與孔安國無關。今本《孔傳》到底與孔安國有無關聯？以下我們再看兩個方面的佐證：

（1）《史記》與《孔傳》 前面我們知道，《漢書・儒林傳》有云：「司馬遷亦從安國問故。遷書載《堯典》、《禹貢》、《洪範》、《微子》、《金縢》諸篇，多古文說。」「遷書」，即《史記》。那麼《史記》與今《孔傳》有沒有關係？下面我們以《五帝本紀》為例，列表對照其異同（《堯典》原文和《孔傳》文據《尚書正義》本，《史記》據中華書局本）：

《堯典》原文	《孔傳》文	《史記》文
克明俊德	克，能。	能明馴德
協和萬邦	協，合。	合和萬國
欽若昊天	使敬順昊天。	敬順昊天
寅賓日出	寅，敬；賓，導。	敬道（導）日出
宅嵎夷	宅，居。	居郁夷
厥民析	厥，其也。	其民析
宵中星虛	宵，夜。	夜中星虛

《堯典》原文	《孔傳》文	《史記》文
以殷仲秋	以正三秋	以正中秋
允釐百工	允，信；釐，治；工，官。	信飭百官
庶績咸熙	咸，皆；熙，廣也。	眾功皆興
疇諮若時	誰能順此事者。	誰可順此事
共工方鳩僝功	鳩，聚；僝，見。	共工旁聚布功
象恭滔天	若漫天，言不可用。	似恭漫天，不可。
有能俾乂	俾，使；乂，治。	有能使治者
僉曰	僉，皆。	皆曰
方命圮族	圮，毀。	負命毀族
績用不弗	功用不成。	功用不成
師錫帝曰	師，眾；錫，與也。	眾皆言於帝曰
帝曰俞	俞，然。	堯曰然
象傲	象，舜弟之字。	弟傲
克諧以孝	諧，和。	能和以孝
不格奸	格，至。	不至奸
釐降二女於媯汭	降，下。	飭下二女於媯汭
嬪於虞	嬪，婦也。	如婦禮

可以看出，《五帝本紀》以訓詁代經文，而訓詁多同《孔傳》。同樣的現象，在《夏本紀》、《殷本紀》、《周本紀》等篇也大量存在。如此多的雷同，不可能全屬巧合。所以，《史記》與《孔傳》必有關聯。這種關聯，似乎只有從司馬遷曾從孔安國問故的角度去考慮，才能得到合理的解釋。就是說《史記》中與《孔傳》相同的訓詁，是司馬遷得自孔安國之所傳。如果顛倒過來，說《孔傳》本於《史記》，則是完全不可能的。因為《史記》中的訓詁，畢竟有限。所以，只能以司馬遷得孔安國之傳作解釋。這就說明，孔安國確實有「傳」。但是我們又發現，《史記》訓詁，與《孔傳》並不完全相同，比如「共工方鳩僝功」之「僝」，《孔傳》訓「見」，而《史記》作「布」；「方命圮族」之「方」，《孔傳》訓「比方」，而《史記》讀為「負」等等。出現這種現象的原因，不外兩種：一、司

馬遷未從孔說；二、當時《孔傳》尚不成熟。如果結合前面今本《孔傳》有晚出之嫌的其他佐證，後一種可能無疑更大。所以我們可以認為，孔安國確曾有「傳」，但不如今本成熟。看來〈尚書序〉所言「既畢……傳之子孫，以貽後代」，《後漢書・孔僖傳》所云自安國以下「世傳《古文尚書》」，〈家語後序〉所言「孔安國以今文讀而訓傳其義」之類，並非虛言。所以，今本《孔傳》自應是其後人在其舊本基礎上陸續加工完善而成，是孔氏家學的產物。蔣善國先生謂「孔安國用今文讀《古文尚書》，只傳庸生一系，原無家學[1]」，實失之考。

（2）《小爾雅》與《孔傳》 《小爾雅》現存《孔叢子》之中，為其第十一篇。關於《小爾雅》的作者，我們曾經有過考證，發現其當為孔安國之孫孔驩和他的兒子孔子立[2]。今檢《小爾雅》（《四部叢刊》初編本），與《孔傳》（《尚書正義》本）相同者極多，比如：

1）《堯典》「曰若稽古」《孔傳》：「稽，考也。」
  《小爾雅・廣言》：「稽，考也。」
2）《堯典》「宅西曰昧谷」《孔傳》：「昧，冥也。」
  《小爾雅・廣詁》：「昧，冥也。」
3）《堯典》「胤子朱啟明」《孔傳》：「啟，開也。」
  《小爾雅・廣詁》：「啟，開也。」
4）《堯典》「允釐百工」《孔傳》：「工，官。」
  《小爾雅・廣言》：「工，官也。」
5）《堯典》「明明揚側陋」《孔傳》：「明舉明人在側陋者。」
  《小爾雅・廣言》：「揚，舉也。」
6）《堯典》「克諧以孝」《孔傳》：「諧，和也。」

---

1 蔣善國《尚書綜述》，上海：上海古籍出版社，1988年，第339頁。
2 詳黃懷信〈《小爾雅》的源流〉，《古籍整理與研究》第六輯；《小爾雅匯校集釋》前言，西安：三秦出版社，2003年，第1～60頁。

《小爾雅·廣言》：「諧，和也。」

7）《舜典》「封十有二山浚川」《孔傳》：「封，大也。」
《小爾雅·廣詁》：「封，大也。」

8）《舜典》「敷奏以言」《孔傳》：「奏，進也。」
《小爾雅·廣詁》：「奏，進也。」

9）《舜典》「乃言底可績」《孔傳》：「乃，汝也。」
《小爾雅·廣詁》：「乃，汝也。」

10）《舜典》「熙帝之載」《孔傳》：「載，事也。」
《小爾雅·廣詁》：「載，事也。」

11）《舜典》「如五器，卒乃複」《孔傳》：「複，還也。」
《小爾雅·廣言》：「複，還也。」

12）《舜典》「蠻夷猾夏」《孔傳》：「猾，亂也。」
《小爾雅·廣言》：「滑，亂也。」

13）《舜典》「肆類於上帝」《孔傳》：「肆，遂也。」
《小爾雅·廣言》：「肆，遂也。」

14）《舜典》「眚災肆赦」《孔傳》：「肆，緩也。」
《小爾雅·廣言》：「肆，緩也。」

15）《大禹謨》「茲用不犯於有司」《孔傳》：「司，主也。」
《小爾雅·廣言》：「司，主也。」

16）《大禹謨》「惟先蔽志」《孔傳》：「蔽，斷也。」
《小爾雅·廣言》：「蔽，斷也。」

17）《皋陶謨》「載采采」《孔傳》：「載，行也。」
《小爾雅·廣言》：「載，行也。」

18）《皋陶謨》「允迪厥德」《孔傳》：「迪，蹈也。」
《小爾雅·廣言》：「迪，蹈也。」

19）《皋陶謨》「願而恭」《孔傳》：「謹願而恭愨。」
《小爾雅·廣言》：「願，謹也。」

20)《益稷》「臣哉鄰哉」《孔傳》：「鄰，近也。」
　　《小爾雅・廣詁》：「鄰，近也。」

21)《益稷》「乃賡載歌曰」《孔傳》：「載，成也。」
　　《小爾雅・廣詁》：「載，成也。」

22)《益稷》「外薄四海」《孔傳》：「薄，迫也。」
　　《小爾雅・廣言》：「薄，迫也。」

23)《禹貢》「二百里蔡」《孔傳》：「蔡，法也。」
　　《小爾雅・廣詁》：「蔡，法也。」

24)《禹貢》「海物惟錯」《孔傳》：「錯，雜也、非一種。」
　　《小爾雅・廣訓》：「海物惟錯，錯，雜也。」

25)《禹貢》：「文命敷於四海」《孔傳》：「禹文教布於四
海。」
　　《小爾雅・廣詁》：「敷，布也。」

26)《禹貢》「厥篚玄纖縞」《孔傳》：「玄，黑也。」
　　《小爾雅・廣詁》：「玄，黑也。」

27)《禹貢》「庶土交正」《孔傳》：「交，俱也。」
　　《小爾雅・廣言》：「交，俱也。」

28)《禹貢》「厥篚玄纖縞」《孔傳》：「縞，白繒。」
　　《小爾雅・廣服》：「繒之精白者曰縞。」

29)《禹貢》「厥篚織貝」《孔傳》：「織，細繒。」
　　《小爾雅・廣服》：「治絲曰織，織，繒也。」

30)《禹貢》「厥貢鹽、絺」《孔傳》：「絺，細葛。」
　　《小爾雅・廣服》：「葛之精者曰絺。」

31)《禹貢》「厥篚纖纊」《孔傳》：「纊，細綿。」
　　《小爾雅・廣服》：「纊，綿也。絮之細者曰纊。」

32)《禹貢》「涇屬渭汭」《孔傳》：「水之北為汭。」
　　《小爾雅・廣器》：「水之北謂之汭。」

33）《禹貢》「既修太原至於岳陽」《孔傳》：「高平曰太原。」

　　《小爾雅・廣器》：「高平謂之太原。」

34）《禹貢》「涇屬渭汭」《孔傳》：「屬，逮也。」

　　《小爾雅・廣義》：「屬，逮也。」

35）《禹貢》「二百里納銍」《孔傳》：「銍，刈。謂禾穗。」

　　《小爾雅・廣物》：「禾穗謂之穎，截穎謂之銍。」

36）《禹貢》「陽鳥攸居」《孔傳》：「陽鳥，隨陽之鳥，鴻雁之屬。」

　　《小爾雅・廣鳥》：「去陰就陽者謂之陽鳥，鴻雁是也。」

37）《甘誓》「天用剿絕其命」《孔傳》：「剿,截也。」

　　《小爾雅・廣言》：「剿，截也。」

38）《甘誓》「左不攻於左，汝不恭命」《孔傳》：「攻，治也。」

　　《小爾雅・廣詁》：「攻，治也。」

39）《甘誓》「予則孥戮汝」《孔傳》：「孥，子也。」

　　《小爾雅・廣言》：「孥，子也。」

40）《五子之歌》「御其母以從」《孔傳》：「御，侍也。」

　　《小爾雅・廣言》：「御，侍也。」

41）《仲虺之誥》「商受命用爽厥師」《孔傳》：「爽，明也。」

　　《小爾雅・廣詁》：「爽，明也。」

42）《盤庚上》「率籲眾戚出矢言」《孔傳》：「籲，和也。」

　　《小爾雅・廣言》：「籲，和也。」

43）《盤庚上》「汝有戕則在乃心」《孔傳》：「戕，殘也。」

　　《小爾雅・廣言》：「戕，殘也。」

44）《說命》「王曰旨哉」《孔傳》：「旨，美也。」

　　《小爾雅・廣詁》：「旨，美也。」

45）《高宗肜日》「典祀無豐於昵」《孔傳》：「昵，近也。」

第二章　孔安國與孔氏家學

《小爾雅‧廣詁》：「昵，近也。」

46）《咸有一德》「克享天心」《孔傳》：「享，當也。」

《小爾雅‧廣言》：「享，當也。」

47）《君牙》「冬祁寒」《孔傳》：「祁，大也。」

《小爾雅‧廣詁》：「祁，大也。」

48）《酒誥》「矧曰其敢崇飲」《孔傳》：「崇，聚也。」

《小爾雅‧廣詁》：「崇，聚也。」

49）《周官》「詰姦慝」《孔傳》：「辦治姦匿。」

《小爾雅‧廣詁》：「詰，治也。」

50）《多士》「俊民甸四方」《孔傳》：「用賢人治四方。」

《小爾雅‧廣詁》：「甸，治也。」

51）《立政》「用勱相我國家」《孔傳》：「用勉治我國家。」

《小爾雅‧廣詁》：「相，治也。」

52）《金滕》「未可以戚我先王」《孔傳》：「戚，近也。」

《小爾雅‧廣詁》：「戚，近也。」

53）《多方》「爾罔不克臬」《孔傳》：「臬，法也。」

《小爾雅‧廣詁》：「臬，法也。」

54）《多方》「克閱於乃邑」《孔傳》：「閱，具也。」

《小爾雅‧廣詁》：「閱，具也。」

55）《多方》「惟爾多方探天之威」《孔傳》：「自取天之威。」

《小爾雅‧廣詁》：「探，取也。」

56）《顧命》「既彌留」《孔傳》：「彌，久也。」

《小爾雅‧廣詁》：「彌，久也。」

57）《洪範》「而康而色」《孔傳》：「汝當安汝顏色。」

《小爾雅‧廣詁》：「而，汝也。」

58）《微子之命》「德垂後裔」《孔傳》：「裔，末也。」

《小爾雅‧廣言》：「裔，末也。」

59)《文侯之命》「彤弓一彤矢百」《孔傳》:「彤,赤也。」

　　《小爾雅・廣詁》:「彤,赤也。」

60)《洪範》「汩陳其五行」《孔傳》:「汩,亂也。」

　　《小爾雅・廣言》:「汩,亂也。」

61)《泰誓上》「予曷敢有越厥志」《孔傳》:「越,遠也。」

　　《小爾雅・廣言》:「越,遠也。」

62)《立政》「用勱相我國家」《孔傳》:「用勉治我國家。」

　　《小爾雅・廣言》:「勱,勉也。」

63)《酒誥》「勿辨乃司」《孔傳》:「辨,使也。」

　　《小爾雅・廣言》:「辨,使也。」

64)《梓材》「至於敬寡,至於屬婦」《孔傳》:「屬婦,妾婦。」

　　《小爾雅・廣義》:「妾婦之賤者謂之屬婦。」

65)《金縢》「未可以戚我先王」《孔傳》:「周公言未可以死近我先王,周公乃請命為己事。」

　　《小爾雅・廣名》:「請天子命曰未可以戚先王。」

66)《牧誓》「王左杖,黃鉞」《孔傳》:「鉞,以黃金飾斧。」

　　《小爾雅・廣器》「鉞,斧也。」

67)《牧誓》「稱爾戈,比爾干」《孔傳》:「戈,戟;干,楯也。」

　　《小爾雅・廣器》:「干,盾也;戈,句子戟也。」

68)《歸禾》序「唐叔得禾,異母同穎」《孔傳》:「穎,穗也。」

　　《小爾雅・廣物》:「禾穗謂之穎。」

69)《費誓》「杜乃擭」《孔傳》:「杜,塞也。」

　　《小爾雅・廣詁》:「杜,塞也。」

第二章　孔安國與孔氏家學

　　毫無疑問，《小爾雅》與《孔傳》有關。可是，這裡無疑又存在誰先誰後的問題。前面已知，朱熹以為《孔傳》本於《小爾雅》。而我們則認為，《孔傳》在先，《小爾雅》在後。這是因為：凡訓詁辭書，最早都是總結前人的訓詁成果而作，是對前人訓詁成果的歸納與提煉。比如《爾雅》，就不可能是一個人一次性地將所有訓詁都發明出來，特別是像《釋詁》篇那樣的訓詁，幾十個互無關聯的詞語同訓一個意思，不可能是憑空想像出來。即以《小爾雅·廣詁》為例，第一條「封、巨、莫、莽、艾、祈，大也」，其「封」、「巨」、「莫」、「莽」、「艾」、「祈」，都是來自具體文獻的具體詞，「大也」，也只是各自的具體義。如果沒有實際的文獻訓詁材料，一個人怎麼可能設想出來？而事實上我們從以上所舉的例子中也可發現，《小爾雅》的部分訓詁比《孔傳》更加準確。如《孔傳》曰「銍，刈。謂禾穗」，《小爾雅·廣物》作「禾穗謂之穎，截穎謂之銍」；《孔傳》曰「纊，細綿」，《小爾雅·廣服》作「纊，綿也。絮之細者曰纊」；《孔傳》曰「周公言未可以死近我先王，周公乃請命為己事」，《小爾雅·廣名》作「請天子命曰未可以戚先王」，可見《小爾雅》是有所提煉。所以，《小爾雅》必不早於《孔傳》。這就說明，在《小爾雅》作者孔鮒父子之時，已有《孔傳》。而且孔鮒父子所見，確為《古文尚書》本，比如其中包括〈大禹謨〉、《五子之歌》、《說命》等篇。當然，《小爾雅》見著於《漢書·藝文志》，而《孔傳》無著。這是因為，當時《孔傳》可能因為尚不完善而只作家學傳承，沒有公諸於世。而《小爾雅》，則因為篇幅較小而成熟，且其作者子立與劉歆友善，而得著錄。總之，無著錄不等於無其書。

　　綜上可知，西漢孔安國確當對《古文尚書》作過訓解，並形成了一定的古文師法，為司馬遷所遵述；今傳本《孔傳》之中，確有孔安國的手筆。

　　至此，孔安國與古文《尚書》及《孔傳》的關係已經明確：古文

《尚書》初出孔壁，孔安國對之進行了整理與隸古定的工作，又對所整理好的《古文尚書》進行訓解，傳授子孫及生徒，開創了《古文尚書》學派，並有了《孔傳》的雛形。

三、孔安國與古文《論語》

古文《論語》，即出於孔壁之《論語》。《漢書・藝文志》載：

武帝末，魯共王壞孔子宅，欲以廣其宮，而得古文《尚書》及《禮記》、《論語》、《孝經》，凡數十篇，皆古字也。……孔安國者，孔子後也，悉得其書。[1]

孔安國〈尚書序〉亦曰：

（魯恭王）於壁中得先人所藏古文虞、夏、商、周之《書》及傳，《論語》、《孝經》，皆科斗文字。[2]

可知孔壁確出古文《論語》，而且最終為孔安國所得。有關古文《論語》的具體情況，《漢書・藝文志》著錄：「《論語》古二十一篇」，自注曰：「出孔子壁中，兩〈子張〉。如淳注曰：『分《堯曰》篇後「子張問何如可以從政」已下為篇，名曰《從政》。』」[3]《隋書・經籍志》云：「又有《古論語》與古文《尚書》同出，章句煩省，與〈魯論〉不異，唯分〈子張〉為二篇，故

1 《漢書》卷三十，北京：中華書局，1962年，第1706頁。
2 《尚書正義》卷一，上海：上海古籍出版社，2007年，第16頁。
3 《漢書》卷三十，北京：中華書局，1962年，第1716～1717頁。

有二十一篇。」[1] 古文《論語》失傳已久，但據二志可知，《古論》的最突出特點是共二十一篇、有兩〈子張〉篇。另外在篇次、文字方面，與今文齊、魯兩本也有差別。如篇次方面，皇侃《論語義疏·序》云：「《古論》分〈堯曰〉下章〈子張問〉更為一篇，合二十一篇，篇次以〈鄉黨〉為第二篇，〈雍也〉為第三篇，內倒錯不可具說。」[2] 文字方面，桓譚《新論·正經》篇說「《古論語》二十一卷，與齊、魯文異六百四十餘字。[3]」

關於孔安國與《古論》的關係，特別是孔安國是否訓解《古論》的問題，一直以來都是學術界爭論不休，迄無定論的問題。綜觀既往的研究，孔安國與《古論》的關係也不外以下四個方面：（1）整理、寫定；（2）獻書；（3）傳授起家；（4）作訓解（注）。以下就四個方面分別進行辨析。

（一）整理、寫定

前面我們知道孔安國確曾對孔壁所出古文《尚書》進行了整理與隸古定。既對古文《尚書》進行整理與隸古定，那麼就沒有不對古文《論語》進行整理與隸古定的道理，因為《論語》對於孔家意義更大而難度更小。且《漢書·藝文志》明明有「《論語》古二十一篇，出孔子壁中」之著錄，說明《古論》確經整理隸定，而這個整理者自非孔安國莫屬。再則如果孔安國確有《古文論語訓》，那麼他也必先有整理隸定。前引〈家語後序〉所附孔衍上奏成帝書所謂「安國為之今文讀而訓傳其義」者，即包括《論語》。上書皇帝，內容必無虛謬之理。而所謂「為之今文讀」，無疑包括整理與隸定。另王充《論衡·正說》亦云：

1 《隋書》卷三十二，北京：中華書局，1973年，第939頁。
2 《論語集解義疏》卷首，《四庫全書》本，上海：上海古籍出版社，1987年影印本，第336頁。
3 桓譚《新論》卷九，上海：上海人民出版社，1977年，第35頁。

夫《論語》者，弟子共記孔子之言行。……至武帝發取孔子壁中古文，得二十一篇。……至昭帝女讀二十一篇，宣帝下太常博士。時尚稱書難曉，名之曰《傳》，後更隸寫以傳誦。初孔子孫孔安國以教魯人扶卿，官至荊州刺史，始曰《論語》。[1]

所言「始曰《論語》」，自然是無稽之談，因為《禮記・坊記》中已有「《論語》曰」，而《坊記》與屢見於戰國竹簡的《緇衣》皆為《子思子》的組成部分，成書於先秦時期，說明《論語》一名在先秦早有，而非安國始定名。但所言「以教魯人扶卿」，則未必無據，因為他畢竟官至荊州刺史，不為虛構之人。可見孔安國確與《論語》有關。所以，孔安國必當對古文《論語》作過整理、隸古定的工作，而不必待宣帝以後，因為誠如皮錫瑞所說：「孔氏與伏生藏書，亦必是古文。漢初發藏以授生徒，乃便學者誦習，必改為通行之今文。」[2]

（二）獻書

當與獻古文《尚書》（詳上節）同。

（三）傳授起家

前文已知，孔安國傳授《古文尚書》，並創立了《古文尚書》家法。對於《古論》，孔安國是否也傳授起其家？前引《論衡・正說》云「孔子孫孔安國以教魯人扶卿」，說明孔安國對《論語》確有傳授。又《漢書・張禹傳》載：

初，禹為師，以上難數對己問經，為《論語章句》獻之。始魯扶卿及夏侯勝、王陽、蕭望之、韋玄成皆說《論語》，篇弟或異。禹先事王陽，後從庸生，採獲所安，最後出而尊貴。諸儒為之語曰：「欲不為

1　《論衡》卷二十八，上海：上海人民出版社，1974年，第429頁。
2　皮錫瑞《經學歷史》，北京：中華書局，2004年，第88頁。

《論》，念張文。」[1]

可見扶卿確以《論語》名家。而《漢書・藝文志》則載：

傳《魯論語》者，常山都尉龔奮、長信少府夏侯勝、丞相韋賢、魯扶卿、前將軍蕭望之、安昌侯張禹，皆名家。[2]

說明扶卿賴以名家者乃是〈魯論〉。然而即使以〈魯論〉名家，也不等於不曾學習《古論》。所以，《論衡・正說》所云亦可以不疑。

除扶卿外，孔安國還嘗傳《古論》於司馬遷。《漢書・儒林傳》載：

孔氏有古文《尚書》，安國以今文字讀之，因以起其家。……安國為諫大夫，授都尉朝，而司馬遷亦從孔安國問故。遷書載《堯典》、《禹貢》、《洪範》、《微子》、《金縢》諸篇，多古文說。[3]

說的雖是古文《尚書》，但《史記》中所徵引的大量《論語》文句與出〈魯論〉系統的今本文句或有異同，無疑也應出於《古論》。且《史記・仲尼弟子列傳》記太史公曰：

學者多稱七十子之徒，譽者或過其實，毀者或損其真，鈞之未睹厥容貌，則論言弟子籍出孔氏古文近是。餘以弟子名姓，文字悉取《論語》弟子問並次為篇，疑者闕焉。[4]

---

1 《漢書》卷八十一，北京：中華書局，1962年，第3352頁。
2 《漢書》卷三十，北京：中華書局，1962年，第1717頁。
3 《漢書》卷八十八，北京：中華書局，1962年，第3607頁。
4 《史記》卷六十七，北京：中華書局，1982年，第2226頁。

明言據用《論語》，而又以為「出孔氏古文近是」，可見其確習《古論》。所以馬國翰於所輯《古論語‧學而》「陳子禽問子貢曰孔子適是國」章下案亦曰：「遷從孔安國問，凡《史記》引《論語》皆古文。」[1]而司馬遷之所學，自當與嘗從問故於孔安國有關，因為當時《古論》文本就在孔安國手中。可見孔安國確曾傳授《古論》於弟子。或以為「習《古論》者西漢時期僅為孔安國及其後人[2]」，看來並不全面。〈家語後序〉附孔衍奏言曰：

時魯恭王壞孔子宅，得古文科斗《尚書》、《孝經》、《論語》，世人莫有能言者，安國為改今文，讀而訓傳其義……光祿大夫向以其為時所未施之，故《尚書》則不記於《別錄》，《論語》則不使名家也，臣竊惜之。[3]

孔衍云「《論語》則不使名家也，臣竊惜之」，可見至少在孔衍看來，安國之《論語》學當屬一家。安國傳《古論》於諸弟子，無疑可以證明這一點。

孔家後人是否傳習《古論》，文獻無明確記載。唯《孔子世家譜》言其安國之子孔卬「傳家學[4]」，自應包括《古論》。《後漢書‧孔僖傳》僅言安國以下世傳《古文尚書》、《毛詩》，沒有提及《古論》。但是，《古論》既經孔安國整理並隸古定，子孫必無不傳之理。何況西漢時期《論語》之學本來就家傳戶誦，人人必讀。王國維曾說：

1　馬國翰輯《玉函山房輯佚書》四，揚州：江蘇廣陵古籍刻印社，1990年，第204頁。

2　單承彬《論語源流考述》，長春：吉林人民出版社，2001年，第136頁。

3　《孔子家語》卷十，《四庫全書》第695冊，上海：上海古籍出版社，1987年影印本，第109頁。

4　《孔子世家譜》卷一，《孔子文化大全》本，濟南：山東友誼出版社，1990年影印，第74頁。

《論語》、《孝經》、《孟子》、《爾雅》雖同時並罷，其罷之之意則不同，《孟子》以其為諸子而罷之也，至《論語》、《孝經》則以受經與不受經者皆誦習之，不宜限於博士而罷之者也。……六藝（《易》、《書》、《詩》、《禮》、《樂》、《春秋》）與此三者（《論語》、《孝經》、《爾雅》）皆漢時學校誦習之書。以後世之制明之，小學諸書者，漢小學之科目；《論語》、《孝經》者，漢中學之科目；而六藝則大學之科目也。[1]

由此可知，在漢代對於一般的學者來說，首先必須掌握《論語》、《孝經》，然後才有可能去研習《五經》。從當時的普及程度來看，只能有受《論語》、《孝經》及小學而不受《五經》或一經者，而不會有受《五經》或一經而不先受《論語》、《孝經》及小學者。另外，漢代重視《論語》、《孝經》之例，屢見於載籍。如《漢書・宣帝紀》載霍光議奏：「孝武皇帝曾孫病已（宣帝），有詔掖庭養視……師受《詩》、《論語》、《孝經》。」[2]《漢書・疏廣傳》載：「皇太子年十二，通《論語》、《孝經》。」[3]崔寔《四民月令》（輯本）記有「冬十一月……命幼童入小學，讀《孝經》、《論語》篇章[4]」。又漢《博士舉就書》規定了充任經學博士的基本條件，要求：「生事愛敬，喪歿如禮，通《易》、《尚書》、《孝經》、《論語》，兼綜載籍，窮微闡奧。」[5]在此《論語》學興盛並受統治者重視的時代背景之下，《古語》既出孔子舊宅，又為安國所整理，其後人無有不傳習之理。

---

1 王國維《觀堂集林》第一冊，北京：中華書局，1959年，第178～179頁。

2 《漢書》卷八，北京：中華書局，1962年，第238頁。

3 《漢書》卷七十一，北京：中華書局，1962年，第3039頁。

4 崔寔《四民月令》，嚴可均《全上古三代秦漢六朝文》第一冊《全後漢文》第四十七卷，北京：中華書局，1958年，第732頁。

5 應劭《漢官儀》，《漢官六種》本，北京：北京：中華書局，1990年，第128頁。

又許慎《說文解字‧後敘》云:「其稱《易》,孟氏;《書》,孔氏;《詩》,毛氏;《禮》,《周官》;《春秋》,左氏;《論語》、《孝經》,皆古文也。」[1]許慎為東漢人,與孔安國時代相隔近二百年,而論者多認為其所言「《論語》古文」即孔安國所傳之本。說明在兩漢時期《古論》雖未立為學官,但民間傳習亦較普及。

《古論》別於《魯論》、《齊論》,自為一家。孔安國既整理傳授《古論》,亦自是一家。所以,自可謂之「起家」。且《漢書‧藝文志》明以「《論語》古二十一篇,出孔子壁中」者為《論語》十二家之一。從這個意義上說,孔安國確亦開創了《古論》家法。〈家語後序〉引孔衍奏言云「《尚書》則不記於《別錄》,《論語》則不使名家,臣竊惜之」,即惜其未署孔安國之名。

(四)作訓解(傳注)

孔安國究竟有沒有給《古論》作過訓解或傳注,《論語集解》所引「孔氏曰」是否真為西漢孔安國解語,亦是迄今尚未解決的學術難題。以下,我們從三個方面進行考論:

1. 文獻記載

有關孔安國曾經為古文《論語》作訓解的記載,文獻凡有以下數見:

〈家語後序〉:

魯恭王壞夫子故宅,得壁中詩書,悉以歸子國(即安國)。子國乃考論古今文字,撰眾師之義,為古文《論語訓》十一篇、《孝經傳》二篇、《尚書傳》五十八篇,皆所得壁中科斗本也。[2]

---

1 《說文解字》卷一五上,北京:中華書局,1963年影印本,第316頁;〈《說文》前敘稱經說〉,《古文獻叢論》,上海:上海遠東出版社,1996年,第282頁。
2 《孔子家語》卷十,《四庫全書》第695冊,上海:上海古籍出版社,1987年影印本,第109頁。

何晏《論語集解·敘》：

《古論》唯博士孔安國為之訓解，而世不傳。[1]

皇侃《論語義疏·序》：

《古論》為孔安國所注，無傳其學者。[2]

《隋書·經籍志》：

又有《古論語》，與古文《尚書》同出，章句煩省與《魯論》不異，唯分〈子張〉為二篇，故有二十一篇，孔安國為之傳。[3]

陸德明《經典釋文·序錄》：

《古論語》者，出自孔氏壁中，凡二十一篇，有兩〈子張〉，篇次不與齊、魯論同。孔安國為傳，後漢馬融亦注之。[4]

可見文獻確有孔安國為《古論》作傳之說。又傳世何晏《論語集解》引「孔氏（安國）曰」四百餘條，似亦可以作為佐證。然而諸文獻時代均較晚，所以人們對其記載皆存疑問；對於何晏《論語集解》所引，亦不敢遽信為真。事實究竟如何？以下先看前人之說。

1　《論語集解》，《四部要籍注疏叢刊》本，北京：中華書局，1998年，第691頁。
2　《論語義疏》，《四部要籍注疏叢刊》本，北京：中華書局，1998年，第156頁。
3　《隋書》卷三十二，北京：中華書局，1973年，第939頁。
4　陸德明《經典釋文》卷一，北京：中華書局，1983年，第15頁。

2. 前人偽書說

前人的研究，多認為《論語集解》所引「孔氏曰」係偽作。如清代學者段玉裁、劉台拱、陳鱣、沈濤、丁晏等人，均主此說。尤其是沈濤、丁晏二人，更是以專著形式——《論語孔注辨偽》和《論語孔注證偽》，力辨其偽，並分別推論其偽作者為何晏與王肅。各家之證據，歸納起來不外以下六條：

(1) 《漢志》未著錄，兩漢諸儒皆不言；
(2) 不避漢諱；
(3) 與《尚書孔傳》、《孔子家語》、《孔叢子》之說多相似；
(4) 經下為注，體例非西漢所有；
(5) 舉言西漢所不行之《左傳》；
(6) 文字細弱淺易、文風淺陋，與安國大儒身分不符。

對於這些證據，我們也不妨一一予以辨析：（1）《漢志》未著錄，不等於無有其書，因為其書完全有可能與《尚書孔傳》一樣只作家學傳承，而未公之於世。如此，則諸儒自不得言。何晏《論語集解敘》云「《古論》唯博士孔安國為之訓解，而世不傳」，正說明了這樣的事實。（2）避諱只限當代，孔注既經引入《集解》，自不得保留原諱。（3）與《尚書孔傳》、《孔子家語》、《孔叢子》之說多相似，正說明其與孔安國及孔氏家學有關。（4）經下為注固非西漢所有，但今所見只是何晏《集解》體例，並非孔氏原貌。（5）既作家學傳承，不排除子孫後輩增益補充的可能，舉言《左傳》，不足為怪。（6）孔注文字，並非完全細弱，文風亦非淺陋；而其淺易，則或其特點所在。安國雖大儒，未必即「聖人」，加之其書既經家學傳承，即不能排除附有後人手筆。可見諸證雖或能證明《集解》所收非孔安國親作，而不能證明孔安國未作。

至於其不可能為何晏或王肅偽作，王志平、張長勝等人已經作了深入辨析[1]，茲不贅言。

3. 《古文論語訓解》的真偽與成書

以上通過對前人觀點的辨析已知，孔安國確有曾給《古論》作訓注的可能，而何晏《論語集解》所收孔注亦不全偽。如果加上何晏《論語集解》明收孔注的事實，說明孔安國確當作過《古論訓解》，今《論語集解》所見孔注中確有孔安國手筆。當然，這也只是推論。為了進一步落實，這裡我們再具體將《論語集解》所引孔注與《尚書孔傳》及《小爾雅》進行對比，以明二者之間的關係。先看相同者：

《論語集解》所引孔注，與《尚書孔傳》相同者凡23條，分別是：

1) 《論語·學而第一》「敏於事而慎於言」孔注：「敏，疾也。」

《尚書·大禹謨》「黎民敏德」《孔傳》：「敏，疾也。」

2) 《論語·為政第二》「君子周而不比」孔注：「忠信為周。」

《尚書·太甲上》「自周有終」《孔傳》：「周，忠信也。」

3) 《論語·八佾第三》「周監於二代」孔注：「監，視也。」

《尚書·太甲上》「天監厥德」《孔傳》：「監，視也。」

4) 《論語·公冶長第五》「吾黨之小子狂簡，斐然成章」孔注：「簡，大也。」

《尚書·盤庚上》「予其懋簡相爾」《孔傳》：「簡，大。」

5) 《論語·公冶長第五》「屢憎於人」孔注：「屢，數也。」

《尚書·益稷》「屢省乃成」《孔傳》：「屢，數也。」

1　參見王志平《中國學術史·三國兩晉南北朝卷》，南昌：江西教育出版社，2001年，第159～162頁；張長勝《〈論語集解〉研究·〈論語集解〉所收漢魏古注源流考》，曲阜師範大學碩士學位論文，2006年。

6）《論語‧公冶長第五》「少者懷之」孔注：「懷，歸也。」

　《尚書‧大禹謨》「黎民懷之」《孔傳》：「懷，歸也。」

7）《論語‧公冶長第五》「巧言、令色、足恭」孔注：「足恭，便僻貌。」

　《尚書‧冏命》「無以巧言令色，便辟側媚」《孔傳》：「便僻，足恭。」

8）《論語‧雍也第六》「可謂仁之方也」孔注：「方，道也。」

　《尚書‧舜典》「陟方乃死」《孔傳》：「方，道也。」

9）《論語‧泰伯第八》「戰戰兢兢」孔注：「喻己當戒慎。」

　《尚書‧皋陶謨》「兢兢業業」《孔傳》：「兢兢，戒慎。」

10）《論語‧泰伯第八》「侗而不愿」孔注：「愿，謹愿。」

　《尚書‧皋陶謨》「愿而恭」《孔傳》：「愿而恭者，謹愿而恭恪也。」即訓「愿」為謹愿。

11）《論語‧子罕第九》「河不出圖」孔注：「河圖，八卦是也。」

　《尚書‧顧命》「大玉、夷玉、天球、河圖，在東序」《孔傳》：「河圖，八卦。」

12）《論語‧子罕第九》「文王既沒，文不在茲乎」孔注：「茲，此也。」

　《尚書‧大禹謨》「釋茲在茲」《孔傳》：「茲，此也。」

13）《論語‧鄉黨第十》「變色而作」孔注：「作，起也。」

　《尚書‧大禹謨》「作我先王」《孔傳》：「作，起也。」

14）《論語‧顏淵十二》「敢問崇德修慝辯惑」孔注：「慝，惡也。」

　《尚書‧大禹謨》「負罪引慝」《孔傳》：「慝，惡也。」

15）《論語‧憲問十四》「子曰：『惠人也。』」孔注：「惠，愛也。」

《尚書・皋陶謨》「安民則惠」《孔傳》：「惠，愛也。」

16）《論語・憲問十四》「書云：『高宗諒陰，三年不言。』」
孔注：「陰，猶默也。」

《尚書・說命》「王宅憂，亮陰三祀」《孔傳》：「陰，默
也。」

17）《論語・衛靈公十五》「君子貞而不諒」孔注：「諒，信
也。」

《尚書・說命》「王宅憂，亮陰三祀」《孔傳》：「王居憂，信
默三年不言。」

18）《論語・衛靈公十五》「君子貞而不諒」孔注：「貞，正
也。」

《尚書・禹貢》「厥賦貞」《孔傳》：「貞，正也。」

19）《論語・季氏十六》「侍君子有愆」孔注：「愆，過也。」

《尚書・大禹謨》「帝德罔愆」《孔傳》：「愆，過也。」

20）《論語・季氏十六》「謀動干戈於邦內」孔注：「干，楯
也，戈，戟也。」

《尚書・牧誓》「稱爾戈，比爾干」《孔傳》：「戈，戟。
干，楯也。」

21）《論語・陽貨十七》「食旨不甘」孔注：「旨，美也。」

《尚書・說命》「王曰：『旨哉！』」《孔傳》：「旨，美
也。」

22）《論語・微子十八》「亞飯干適楚」孔注：「亞，次也。」

《尚書・牧誓》「亞旅」《孔傳》：「亞，次。」

23）《論語・子張十九》「綏之斯來」孔注：「綏，安也。」

《尚書・禹貢》「五百里綏服」《孔傳》：「綏，安也。」

如此多的相同者，無疑可以說明二者有可能出一人之手。然而

也有不同者。如《論語·堯曰》「雖有周親，不如仁人」一條，已辨於前。再如《論語·堯曰》「予小子履，敢用玄牡，敢昭告於皇皇後帝」句，《論語集解》引孔注云：「《墨子》引《湯誓》，其辭若此。」[1] 而今傳本《尚書·湯誥》則有：「肆台小子，將天命明威，不敢赦。敢用玄牡，敢昭告於上天神后」之文。此處《論語》孔注不言《湯誥》而言《墨子》，令人生疑。對此差異，王志平先生解釋說：「《論語》孔注與《尚書孔傳》的比勘，既不能證明《尚書孔傳》為偽，也不能證明《論語》孔注為真。這種比勘的結果只能證明《論語》孔注與《尚書孔傳》非出於一人之手。……《論語》孔注雖與孔安國有一定關係，但是我們更傾向於認為《論語》注為兩漢之際時人所撰，其中或有孔安國遺說。但是其中也加上了兩漢之際時人自己的見解。」[2] 說明《論語孔注》確有不出孔安國之手者。然而仔細閱讀，此條《論語·堯曰》之文作「予小子履」、「皇皇後帝」，而今傳本《尚書·湯誥》文作「肆台小子將天命明威，不敢赦」、「上天神后」，可見並非完全不相同。那麼孔注言《墨子》而云「其辭若此」，也就不足為奇。

《論語》孔注與《小爾雅》釋詞相同者，至少有以下10例：

1）《論語·陽貨十七》「食旨不甘」孔注：「旨，美也。」
《小爾雅·廣詁》：「邵、媚、旨、伐，美也。」
2）《論語·微子十八》「怨乎不以」孔注：「以，用也。」
《小爾雅·廣詁》：「尋、由、以，用也。」
3）《論語·泰伯第八》「侗而不願」孔注：「願，謹也。」
《小爾雅·廣言》：「願，謹也。」

---

1 《論語集解》卷十，《四部要籍注疏叢刊》本，北京：中華書局，1998年，第146頁。
2 王志平《中國學術史·三國兩晉南北朝卷》，南昌：江西教育出版社，2001年，第160頁。

第二章 孔安國與孔氏家學

4)《論語・公冶長第五》「願車馬衣輕裘與朋友共，敝之而無憾」孔注：「憾，恨也。」

《小爾雅・廣言》：「憾，恨也。」

5)《論語・雍也第六》「不有祝鮀之佞而有宋朝之美」孔注：「佞，口才也。」

《小爾雅・廣言》：「佞，才也。」

6)《論語・顏淵十二》「子張問崇德、辨惑」孔注：「辨，別也。」

《小爾雅・廣言》：「辨、詰、別也。」

7)《論語・學而第一》「告諸往而知來者」孔注：「諸，之也。」

《小爾雅・廣訓》：「諸，之也。」

8)《論語・鄉黨第十》「當暑，袗絺綌」孔注：「絺綌，葛也。」

《小爾雅・廣服》：「葛之精者曰絺，粗者曰綌。」

9)《論語・季氏十六》「謀動干戈於邦內」孔注：「干，楯也。」

《小爾雅・廣器》：「干，盾也。」

10)《論語・季氏十六》「謀動干戈於邦內」孔注：「戈，戟也。」

《小爾雅・廣器》：「戈,句子戟也。」

　　毫無疑問，這種相同也不可能屬於巧合。尤其是《論語・鄉党》孔注云「絺綌，葛也」，而《小爾雅・廣服》作「葛之精者曰絺，粗者曰綌」，證明《論語》孔注必不晚於《小爾雅》。所以我們說，《小爾雅》之時應當已有《論語孔注》。《小爾雅》為孔安國之孫所作，那麼《論語孔注》作於孔安國就應當沒有疑問，只是其中雜有後

人手筆，最終成於後人而已。

至此，孔安國與《古論》關係亦已清晰：孔安國是《古論》的最早整理者、研治者。他對《古論》所做的工作不僅包括整理、隸古定，同時也作訓解以教人，並傳之子孫。何晏《論語集解》所引孔氏曰，確出孔安國之《古論訓解》，《古論訓解》與《尚書孔傳》有相同的命運，最終皆為孔氏家學的產物。

四、孔安國與古文《孝經》

前文已知，古文《孝經》與古文《尚書》、古文《論語》同出於孔壁。《漢書·藝文志》著錄「《孝經古孔氏》一篇」，自注曰：「二十二章。」師古注：「劉向云古文字也。《庶人章》分為二也，《曾子敢問章》為三，又多一章，凡二十二章。」[1]《漢志》在著錄《孝經》十一家後又說：

漢興，長孫氏、博士江翁、少府後倉、諫大夫翼奉、安昌侯張禹傳之，各自名家，經文皆同，唯孔氏壁中古文為異。「父母生之，續莫大焉」，「故親生之膝下」，諸家說不安處，古文字讀皆異。[2]

由此可知，古文《孝經》共二十二章，比今文《孝經》多一章，文字句讀也有差異。

關於孔安國與古文《孝經》的關係，前人研究亦不外隸古定、獻書、傳授起家和作傳幾個方面，而主要聚焦於《孝經孔傳》的真偽問

---

1 《漢書》卷三十，北京：中華書局，1962年，第1718～1719頁。
2 《漢書》卷三十，北京：中華書局，1962年，第1719頁。

題之上。這裡我們亦在前人研究的基礎上作進一步探討，以期使其關係更加清晰明朗。

（一）關於整理、寫定

古文《孝經》既與古文《尚書》、古文《論語》同出孔壁，那麼孔安國對其所做的工作，理應與二者相同。前引〈家語後序〉所附孔衍奏言所云安國為之今文讀而訓傳其義者，亦包括《孝經》。然而，孔安國〈孝經序〉則明云：

魯三老孔子惠（忠）抱詣京師獻之天子，天子使金馬門待詔學士與博士群儒從隸字寫之，還子惠（忠）一通。[1]

子惠（忠）為安國之父。說明孔安國並未隸寫《孝經》。那麼，所謂整理恐怕也就談不上。而〈家語後序〉引孔衍奏言所謂「魯恭王壞孔子故宅，得古文科斗《尚書》、《孝經》、《論語》，世人莫有能言者，安國為之今文讀，而訓傳其義」，也不應包括《孝經》。所以，《漢書‧藝文志》所著《孝經古孔氏》雖指孔壁本，但不為孔安國所整理隸定。

（二）關於獻書

古文《孝經》為誰所獻，史有三說：一謂孔安國，一謂魯三老孔子惠（忠），一謂昭帝時魯國三老。孔安國所獻說，見《漢書‧藝文志》：

魯共王壞孔子宅，欲以廣其宮，而得古文《尚書》及《禮記》、《論語》、《孝經》凡數十篇，皆古字也。……孔安國者，孔子後

---

1 《古文孝經孔氏傳》卷一，《四庫全書》第182冊，上海：上海古籍出版社，1987年影印本，第5頁。

也，悉得其書。……安國獻之。遭巫蠱事，未列於學官。[1]

魯三老孔子惠（忠）所獻說，即前引孔安國〈孝經序〉所云「魯三老孔子惠（忠）抱詣京師獻之天子」之文。昭帝時魯國三老所獻，見許沖〈上說文解字表〉：

古文《孝經》者，孝昭帝時，魯國三老所獻。[2]

今按〈孝經序〉傳為安國親作，理應較為可信。且所云「以一通賜所幸侍中霍光，光甚好之，言為口實」，與《漢書‧霍光傳》所載無有矛盾，亦可證明其說不虛。所以，《漢書‧藝文志》所謂安國獻之，可能是與獻古文《尚書》等混而為一。而許沖〈上說文解字表〉所云孝昭帝時，恐亦一時之誤，應作孝武帝時。而所謂魯國三老，疑即孔子惠（忠）。因為「三老」，本是鄉里掌教化之人。《漢書‧百官公卿表》：「十亭一鄉，鄉有三老。」[3]作為孔子後裔，孔子惠（忠）為魯國三老完全可能。段玉裁《說文解字注》曰：「《志》於《禮》、《論語》、《孝經》下皆不言安國獻壁中文，然則安國所得雖多，而所獻者獨《尚書》一種而已。淹中所出之《禮古經》，魯國三老所獻之古文《孝經》，皆即恭王壁中所得而安國未獻者也。《孝經》至昭帝時，魯國三老乃獻之。」[4]恐亦為許沖之說所誤。目前學術界多信從「昭帝時魯國三老所獻」之說，如彭林以為：「段玉裁云：淹中所出之《禮古經》，魯國所獻之古文《孝經》，皆即恭王壁中所得，而安國未獻者也，《孝經》自昭帝時魯國三老乃獻之。是文

1 《漢書》卷三十，北京：中華書局，1962年，第1706頁。
2 《說文解字》卷十五下，北京：中華書局，1963年影印本，第320頁。
3 《漢書》卷十九上，北京：中華書局，1962年，第742頁。
4 段玉裁《說文解字注》，杭州：浙江古籍出版社，1998年，第787頁。

獻所記，彼此並不抵牾，段說至確。」[1]恐亦未必。總之，獻古文《孝經》在孔安國獻古文《尚書》等之前。獻者當為安國之父孔子惠（忠），即所謂魯國三老。

（三）傳授起家

對於古文《孝經》傳授，《史記》、《漢書》皆無明確記載，惟許沖〈上說文解字表〉曰：

慎又學《孝經》孔氏古文說。古文《孝經》者，孝昭（武）帝時魯國三老所獻。建武時，給事中議郎衛宏所校，皆口傳，官無其說，謹撰具一篇並上。[2]

可知許慎學習過孔氏古文《孝經》。而衛宏既校古文《孝經》，說明他也傳習過此書。又桓譚《新論》曰：

《古孝經》一卷，二十章，千八百七十二字，今異者四百餘字。[3]

桓譚既能對古文《孝經》的字數都有精確統計，他必定仔細地研讀學習過《古文孝經》。可見許慎、衛宏、桓譚三人，均傳習過古文《孝經》。

桓譚為間跨兩漢之人，《後漢書》有傳。許慎為東漢中期的人，與孔安國相去近二百年。今二人均傳習之，說明古文《孝經》雖「官無其說」，而民間傳流之火並沒有熄滅。當然，此古文《孝經》，未必與孔安國有關，因為古文《孝經》畢竟由孔子惠（忠）獻之天子，

---

1 彭林〈子思作《孝經》說新論〉，《中國哲學史》2000年第3期。
2 《說文解字》卷十五下，北京：中華書局，1963年影印本，第320頁。
3 桓譚《新論》卷九，上海：上海人民出版社，1977年，第35頁。

且由金馬門待詔學士與博士群儒隸定之。

至於孔安國後人是否傳習《古文孝經》，史書與《世家譜》均無明確記載，唯〈家語後序〉所附安國孫孔衍奏言中最早提到安國曾為《孝經》作訓解。安國既作訓解，在當時的社會背景下，孔安國後人自無不傳之理。前文已知，《論語》、《孝經》在漢代社會有重要地位。據《漢書・平帝紀》記載，當時各鄉專門設有《孝經》師。《漢書・平帝紀》：「郡國曰學，縣、道、邑、侯國曰校。校、學置經師一人。鄉曰庠，聚曰序。序、庠置《孝經》師一人。」[1]《後漢書・范升傳》言范升「九歲通《論語》、《孝經》[2]」。由此，當時《孝經》的教育與普及不難想像。漢代社會的突出特點，是重視孝道（如漢代諸帝的諡號均附「孝」字），所以《孝經》在漢代受到了空前的重視，正如張舜徽先生所言：「漢代社會強調宗法、重視孝道，此書（《孝經》）文簡義淺，篇幅不長，人人可通，所以定為一般人的普通讀物。」[3] 漢代博士保舉狀（見前文所列），也要求通《孝經》。而孔安國之孫孔驩、孔衍為成帝博士，兒子孔卬、玄孫子立、五代孫子元等亦皆博學之士。在這種重視孝道和《孝經》的社會環境下，他們對自家先人所傳《古文孝經》，必亦世代傳習。史籍未載，也可能正是因為屬於家傳的原因。

（四）作傳

1. 《古文孝經孔傳》的流傳與研究

題名西漢孔安國撰的《古文孝經傳》的真偽，一直以來就是學術界紛爭不休的問題。這裡我們試從其流傳與研究入手加以解決。首先，有關孔安國為《古文孝經》作傳的史料記載，主要有以下一些：

《古文孝經孔傳・孔安國序》云：

---

1 見《漢書》卷十二，北京：中華書局，1962年，第355頁。
2 《後漢書》卷三十六，北京：中華書局，1965年，第1226頁。
3 張舜徽《鄭學叢著》，濟南：齊魯書社，1978年，第25頁。

古文《孝經》初出於孔氏，而今文十八章諸儒各任意巧說，分為數家之誼。淺學者以當六經，其大車載不勝，反云孔氏無古文《孝經》，欲蒙時人。度其為說，誣亦甚矣。吾潛其如此，發憤精思，為之訓傳，悉載本文，萬有餘言，朱以發經，墨以起傳，庶後學者睹正誼之有在也。[1]

《家語後序》云：

子國乃考論古今文字，撰眾師之義，為古文《論語訓》十一篇、《孝經傳》二篇、《尚書傳》五十八篇，皆所得壁中科斗本也。[2]

陸德明《經典釋文‧序錄》云：

（《孝經》）又有古文，出於孔氏壁中，別有〈閨門〉一章，自余分析十八章，總為二十二章，孔安國作傳。[3]

《隋書‧經籍志》著錄「《古文孝經》一卷」，注曰：「孔安國傳。梁末亡逸，今疑非古本。」[4]小序述其源流曰：

又有古文《孝經》，與古文《尚書》同出，而長孫有〈閨門〉一章，其餘經文大較相似，篇簡缺解，又有衍出三章，並前合為二十二章，孔安國為之傳。至劉向典校經籍，以顏本比古文，除其繁惑，以

---

1 《古文孝經孔氏傳》，《四庫全書》第182冊，上海：上海古籍出版社，1987年影印本，第5頁。
2 《孔子家語》卷十，《四庫全書》第695冊，上海：上海古籍出版社，1987年影印本，第109頁。
3 《經典釋文》卷一，北京：中華書局，1983年，第15頁。
4 《隋書》第三十二卷，北京：中華書局，1973年，第933頁。

十八章為定。鄭眾、馬融並為之注。又有鄭氏注，相傳或云鄭玄，其立義與玄所注餘書不同，故疑之。梁代安國及鄭氏二家並立國學，而安國之本亡於梁亂。陳及周、齊，唯傳鄭氏。至隋，秘書監王劭於京師訪得孔傳，送至河間劉炫。炫因序其得喪，述其議疏，講於人間，漸聞朝廷，後遂著令與鄭氏並立。儒者喧喧，皆云炫自作之，非孔舊本，而秘府又先無其書。[1]

國內現存《古文孝經孔傳》，出清雍正十年、日本享保十七年（1732年）日本人太宰純所刊刻之本。該書初由清人汪翼蒼自長崎訪得，攜回國內，鮑廷博收入《知不足齋叢書》，後又被收入《四庫全書》。由於此書傳自日本，來歷不清，所以國內學者率多疑之。如《四庫總目提要》說：

其傳文雖證以《論衡》、《經典釋文》、《唐會要》所引亦頗相合，然淺陋冗漫，不類漢儒釋經之體，並不類唐宋元以前人語，殆市舶流通，頗得中國書籍，有桀黠知文義者，摭諸書所引孔傳影附為之，以自誇圖籍之富歟。[2]

鄭珍在〈辨日本國《古文孝經》孔氏傳之偽〉一文中臚列了十條證據，全面論證日本古文《孝經孔傳》經傳俱偽[3]。這一觀點影響深遠，後世學者大多認同此說。如王正己即言：「鄭辨之甚明，無容疑義。」[4]因此，日本《古文孝經孔傳》即被鐵定為「偽書」。

由上可知，《古文孝經孔傳》的流傳情況大致為：最早記載於

---

1 《隋書》第三十二卷，北京：中華書局，1973年，第935頁。
2 永瑢等《四庫全書總目》卷三十二，北京：中華書局，1965年，第263頁。
3 鄭珍《巢經巢文集》卷一，《四部備要》第九十冊，第8～9頁。
4 見羅根澤主編《古史辨》第四冊，上海：上海古籍出版社，1982年，第158頁。

〈家語後序〉；南朝梁時，曾與鄭注今文《孝經》同列學官；梁末失傳；隋時復出，但未取得世人的認同；清雍正時經日本回傳中土。而學術界一般認為，孔安國的《孝經傳》早已失傳，隋劉炫宣佈的《孔氏傳》是劉炫自己偽造，日本所來的古文《孝經孔氏傳》更是偽中之偽。

胡平生先生利用日本學者的研究成果，並根據國內發現的出土文字資料——吐魯番文書「和平二年康豐國」寫本的《孝經》殘卷（簡稱「康本」），對日本《古文孝經孔傳》的真偽問題進行了清理性研究，最後得出如下的結論：（一）日本古抄系統的古文《孝經》係自我國傳去，時代約在隋唐。清人與近人指責日本古文《孝經》為近世日本人所偽造，是完全錯誤的。（二）「劉炫」本的古文《孝經》經文，現在已經找到了文字的根據（「康本」），可以證明非劉炫偽撰。（三）通過對日本發現的《孝經述議》的研究，可以斷定劉炫決不是古文《孝經孔傳》的偽造者[1]。這一系列結論目前已得到了學界諸多學者的贊同。李學勤先生也說：「1983年膽澤城遺址漆紙文書古文《孝經》及孔安國傳的殘片，經專家鑒定是西元八世紀中期至後半期的寫本，這說明《孔傳》本古文《孝經》是有來歷的，再次證明日本傳流的《孔傳》本古文《孝經》不偽。」[2]顯然，日本《古文孝經》及孔安國傳偽書說已經破產。

日本《古文孝經孔傳》既是在隋唐之際由中土傳去，那麼就只能是隋代秘書監王劭訪得、劉炫所倡立之《古文孝經孔傳》。所以我們認為，此書應就是漢、梁時期與鄭玄本並立的《古文孝經孔傳》，也即王肅所說的「孔安國傳」本。那麼孔安國是否曾作《孝經孔傳》，

1　胡平生〈日本《古文孝經》孔傳的真偽問題〉，《文史》第二十三輯，第297頁，北京：中華書局，1984年。

2　李學勤〈日本膽澤誠遺址出土古文《孝經》論介〉，《走出疑古時代》，瀋陽：遼寧大學出版社，1997年，第307頁。

今所傳日本《古文孝經孔傳》是否真為安國所作？

2. 《古文孝經孔傳》的真偽與成書

關於今本《古文孝經孔傳》的作者，自清代以來就有學者討論，主要有兩種觀點：

（1）王肅偽作說。清人丁晏在《孝經徵文》列五條證據，認為作偽者是王肅。這一觀點長期以來深有影響，為人們所執信不疑。胡平生先生通過詳細的對比考證，推翻了這一結論。他認為：「王肅偽造《古文孝經孔傳》的說法沒有堅實的證據，不能相信。至於孔、王釋經之有相同者或相似者，當是王氏解源於《孔傳》的可能性更大一點。」[1]

（2）許慎作傳說。蔣善國先生持此說，依據是許慎遣子所上《說文解字表》中說：「慎又學《孝經》孔氏古文說。古文《孝經》者，孝昭帝時魯國三老所獻。建武時，給事中議郎衛宏所校，皆口傳，官無其說，謹撰具一篇並上。」蔣先生認為「撰具一篇」，當是許慎所撰《古文孝經說》；「魏晉所傳孔安國《古文孝經傳》，也可能就是許慎作的那篇。不然的話，就是後人把它誤當作孔安國作的。[2]」此說明顯屬於推論，未可從信。許慎冒孔安國之名而作《古文孝經傳》，完全沒有必要，且沖所云「謹撰具一篇並上」，明顯是指衛宏所校《古文孝經》原文。看來《古文孝經》當時在社會上確實流傳較少，而《古文孝經孔傳》，看來當時也許只在孔氏家族內部傳承，而為諸儒所未見。正與《古文尚書孔傳》之流傳相同。

胡平生先生雖考證出劉炫、王肅不是作偽者，但是他也說：「當然，古文《孝經孔傳》的文體、文氣能不能早到西漢確有問題。這是

<hr />

1　胡平生〈日本《古文孝經》孔傳的真偽問題〉，《文史》第二十三輯，第298頁；北京：中華書局，1984年。

2　蔣善國《尚書綜述》，上海：上海古籍出版社，1988年，第128頁。

需要進一步深入研究的。」[1]我們認為解決這一問題，亦不外於從外證和內證入手，外證即文獻史料的著錄記載，內證即對文本內容的考辨。以下我們分別進行考察：

從史料記載看，《史記》、《漢書》確皆未有孔安國作《孝經傳》的記載，《漢志》也未著錄有《古文孝經孔氏傳》一書。前文已言漢代社會尤其重視孝道、推崇《孝經》，孔安國若有《古文孝經傳》傳世，《漢志》不會不著錄。而以劉歆好古的熱情和對古文經學的推崇，也必定會在《七略》中著錄。然而《七略》、《漢志》不著錄，與前論《古文尚書》等一樣，也只能證明當時無有孔安國《古文孝經傳》傳世。但是，無傳世，不等於未作或無有。因為作為家學傳承，也是完全可能之事；或者當時尚不成熟，也有可能，因為它本身就是「傳」。許沖〈上說文解字表〉中言「慎又學《孝經》孔氏古文說」，說明許慎之時有孔氏古文《孝經》說，這個「說」，無疑與「傳」有關。所以，〈孝經序〉所謂「吾潛其如此，發憤精思，為之訓傳」，未必不是實事。且此言與〈尚書序〉「於是遂研精覃思……以立訓傳」亦極相似，可證其有可能為一人之手筆。

從文體看，今傳本《孝經孔傳》當屬於釋經體裁中的章句一類，因為它比較符合章句的兩個特徵：「一是分章析句釋義；二是以傳附經而行」[2]。關於第一個特徵，我們從孔傳內容中可以明顯看到，《古文孝經》分為二十二章，孔傳逐章逐句逐字釋義，解經詳細而繁瑣。如第一章《開宗明誼》首句作「仲尼閒居，曾子侍坐」，傳云：「仲尼者，孔子字也。凡名有五品：有信、有誼、有象、有假、有類。以名生為信，以德名為誼，以類名為象，取物為假，取父為類。仲尼首上汙似尼丘山，故名曰丘，而字仲尼。孔子者，男子之通稱也。仲尼

1　胡平生〈日本《古文孝經》孔傳的真偽問題〉，《文史》第二十三輯，第298頁；北京：中華書局，1984年。

2　楊權〈論章句與章句之學〉，《中山大學學報》（哲學社會科學版）2002年第4期。

之兄伯尼。閒居者，靜而思道也。曾子者，名參，其父曾點，亦孔子弟子也。侍坐，承事左右，問道訓也。」[1]可見解釋之詳。關於第二個特徵，我們知道，今傳本《孝經孔傳》與《尚書孔傳》、《論語孔注》注釋方式，雖都是經傳一體，但《尚書孔傳》、《論語孔注》還存有後人以傳附經的可能，而《孝經孔傳》則不同。今本《古文孝經傳孔氏傳·孔安國序》云：「吾潛其如此，發憤精思，為之訓傳，悉載本文，萬有餘言。朱以發經，墨以起傳，庶後學者觀正誼之有在也。」[2]從「朱以發經，墨以起傳」可知，今本《孝經孔傳》在成書時就是經傳合體，而且字有朱、墨之分。雖然人們懷疑這種體例出現較晚，但也缺乏實證證明它不為孔安國所作。

眾所周知，西漢初期之今文經學大師繼承先秦諸子遺風，以經邦濟世為己任，以宣揚孔子的微言大義為主旨，注重思想理論的建設，不拘泥於經文的訓詁考訂。學術界一般認為，章句是產生於西漢宣帝時期的一種著作形式。《漢書·夏侯勝傳》於宣帝四年下，記載了一段關於章句問題的爭論：「勝從父子建字長卿，自師事勝及歐陽高，左右採獲，又從五經諸儒問與《尚書》相出入者，牽引以次章句，具文飾說。勝非之曰：『建所謂章句小儒，破碎大道。』建亦非勝為學疏略，難以應敵。」[3]所以一般認為，夏侯建是歷史上最早的章句製作者。然而我們仔細閱讀就會發現，此說非是：夏侯勝言「建所謂章句小儒破碎大道」，說明夏侯勝前此已見過章句類的著作。所以，章句之始有，不必在宣帝時期。何況《漢志》、《易》類明有「《章句》施、孟、梁丘氏各二篇」，《書》類明有「《歐陽章句》三十一卷，《大、小夏侯章句》各二十九卷」，而各家未必皆宣帝以後之人，如歐陽氏，即漢初伏生之徒。所以，今《孝經孔傳》為章句體，

1 《古文孝經孔氏傳》，《四庫全書》第182冊，上海：上海古籍出版社，1987年影印本，第7頁。
2 《古文孝經孔氏傳》，《四庫全書》第182冊，上海：上海古籍出版社，1987年影印本，第5頁。
3 《漢書》卷七十五，北京：中華書局，1962年，第3159頁。

第二章 孔安國與孔氏家學

未必不為孔安國所作。

從文風看：對於今傳本《孝經孔傳》，前輩學者多認為其文風淺陋冗慢、釋經繁瑣、詞義重複，與言簡意賅的《尚書孔傳》、《論語孔注》形成了鮮明對照。日本學者太宰純在今傳本《古文孝經》序中對此作過解釋，他認為：「傳《尚書》者為學士大夫也，故不盡其說使讀者思；而傳《孝經》者為凡人也，故叮嚀其言以告諭之，此其所以不同也。」[1] 這種解釋是立足於服務物件而言，有一定的道理。但是我們認為要辨其真偽，更重要的是看它的文風是否符合所處的時代特徵。關於漢代的文風，學者們多有評述。如柳詒徵曰：「漢之文章，初承戰國之風。有縱橫之餘風，以後提倡經術，其文章爾雅深厚。如《漢書‧儒林傳‧序》『詔書律令下者，明天人分際，通古今之誼，文章爾雅、訓辭深厚。』」[2] 而今本淺陋冗慢、釋經繁瑣的《孔傳》，顯然在文風上不大符合西漢時期的時代特徵。但是我們說，既是「傳」，也就不排除後人加工完善之可能，所以也不能否定其中確有孔安國手筆。

綜上所考，知今本《古文孝經孔傳》最早不無出孔安國的可能，只是在流傳過程中，文字可能經過了後人改造。或者說孔安國可能對古文《孝經》作過訓解注說，子孫傳之，在其遺作基礎上進行了加工完善。因為是孔安國所傳，所以稱之為孔安國《傳》。所以，今傳本《古文孝經孔傳》同樣應是孔氏家學的產物。

至此，孔安國與古文《孝經》的關係亦已明確：安國雖未整理、隸古定古文《孝經》，但確曾為之作過傳注，並傳授之。今傳《古文孝經孔傳》有可能原出孔安國，只是在傳承過程中其後世子孫有所加工。

1　《古文孝經孔傳》，《四庫全書》第182冊，上海：上海古籍出版社，1987年影印本，第5頁。

2　柳詒徵《中國文化史》，上海：中國大百科全書出版社，1988年，第326頁。

五、孔安國與《孔子家語》

《孔子家語》，又簡稱《家語》，是一部記錄孔子及孔門弟子言行的書。《漢書・藝文志》在《論語》類著錄其書二十七卷，未言撰著者。今傳本皆出魏王肅所注，分十卷四十四篇，並附有前序即王肅序和兩篇後序。據後序，知其書為孔安國撰集，而後人率多疑之。孔安國與《家語》究竟是何關係？解決這個問題，首先須辨明其後序的真偽。

（一）〈家語後序〉的真偽

最早把孔安國和《孔子家語》直接聯繫起來的材料，是其後序。而後序，又明顯可分為兩個部分：第一部分以孔安國口氣撰寫，介紹《家語》的產生及流傳，可姑且稱之為〈孔安國序〉；第二部分無撰人，內容之前段敘述安國以前的孔家世系及安國生平事蹟，後段主要是孔安國之孫孔衍上成帝論《家語》宜記錄別見的奏言，可權稱為〈孔衍序〉。對於孔安國與《家語》的關係，古往今來，已有眾多學者作過探討，但一直是眾說紛紜、莫衷一是。爭論的焦點，首先是其後序的真偽，特別是其中〈孔安國序〉的真偽。綜觀前人關於此序真偽及安國與《家語》關係的研究情況，不外以下兩種觀點：

第一種觀點認為：〈家語後序〉全偽，《家語》一書為王肅所造，與西漢孔安國毫無關係。這種觀點，古已有之。唐孔穎達《禮記正義・樂記疏》曰：「馬昭云：『《家語》，王肅所增加，非鄭所見。』」[1]《舊唐書・元行沖傳》載沖《釋疑》曰：「子雍規玄數十百件，守鄭學者時有中郎馬昭，上書以為肅繆。」[2] 知馬昭與王肅同時。自宋代「疑古」以來，此說一度占上風，幾成定論。宋代王

---

1 《禮記正義》卷三八，《十三經注疏》本，北京：中華書局，1980年，第1534頁。
2 《舊唐書》卷一〇二，北京：中華書局，1975年，第3180頁。

柏、明代何孟春、清代范家相、孫志祖、四庫館臣、姚際恒、崔述等人皆持此說。如《四庫提要》引用宋王柏《家語考》的論斷，以為傳世本《家語》係王肅自取《左傳》、《國語》、《孟》、《荀》、二戴《記》割裂織成。王柏說：「反復考證，其出於肅手無疑。特其流傳已久，且遺文軼事往往多見於其中，故自唐以來知其偽而不能廢也。」[1]

歸納這一觀點的立論依據，主要有五點：一、《家語》棄精取粗，文字冗弱淺陋，安國水準不會這麼低；二、安國是整理孔子壁中書的學者，其功不會反出二戴之下；三、從序言文字風格看，其文淺語誇，又恰是經師說經語氣；四、《序》云「以意增損其言」，則為王肅明白供吐；五、《序》言成書四十四篇，與《漢志》著錄不一致。

對於這些論據，當代學者們已多有辯駁，如關於第一點之「棄精取粗」，張岩反駁說：「這與《家語》體裁特點有關，《家語》不是一本像《論語》那樣言簡意賅的語錄，而是一種資料彙編性質的書，或者說更像一種記事本末體的歷史書。所謂『粗而不精』，大概是站在《論語》本位的立場來評價的也未可知。」[2]我們認為，所謂「棄精取粗」，事實並不存在。《家語》體裁，每篇皆圍繞篇名所代表的主題而輯，與主題無關者，自在不取。而對於所謂「文辭冗弱淺陋」，反倒是有學者專門考證《家語》用詞古雅。如宋代學者史繩祖經考證認定，《家語》用詞古、本子好。事實上我們只要把《家語》與《荀子》、《禮記》等相對照就會發現，《家語》文辭並非不古，亦不淺陋（詳後文）。關於第二點安國之功反出於二戴之下，這與《家語》本身的性質與內容有關。關於第三點，張岩博士認為：「從文氣

1　見《四庫全書總目》卷九十一，北京：中華書局，1965年，第769頁。
2　張岩《孔子家語研究綜述》，未刊稿。

來判斷文本，有時候是見仁見智的。」平心而論，我們認為〈孔安國序〉文確非西漢所宜有。但是，文風不古，並不等於沒有依據。因為序文所述之事，並無扞格，比如所言四十四篇，確實可以較為合理地區分為二十七卷[1]。這就說明，孔安國不無編集《家語》的可能。所以我們毋寧認為，今之序文有可能為其後人在安國基礎上加工而成，或者說其文字經過了後人加工改造。關於第四點，張岩認為：「說『以意增損』是王肅招供有點牽強。這句話在文中是講《家語》在呂后之後景帝末年之前的一段遭遇，是漢代的事。」今考其原文曰：「及呂氏專權，取歸藏之，其後被誅亡，而《孔子家語》乃散在人間，好事者或各以意增損其言，故使同一事而輒異辭。」可見與王肅略無關係，張說甚是。關於第五點，明顯不能成立，因為《序》所言為篇，《漢志》所著為卷。可見以〈孔安國序〉為偽作證據不足。

第二種觀點認為，〈孔安國序〉為真，由序知孔安國曾整理、集錄《家語》，《家語》的成書與漢魏孔氏家學密切相關。主此說的主要有明代陸治、黃魯曾，清代朱彝尊，以及當代李學勤先生和胡平生、王志平、廖名春、張岩、鄒新民等。其中張岩博士在〈《孔子家語》研究綜述〉一文中從內證和外證（內證即《家語》本身，外證即其他材料記載和其他學者的研究）兩方面詳細論證了〈孔安國序〉的可靠性。胡平生先生在〈阜陽雙古堆漢簡與《孔子家語》〉一文中，根據出土阜陽雙古堆墓木牘和《說類》簡的材料，討論了《家語》的真偽與成書等一系列問題，認為：孔序不是偽序，《家語》不是偽書，《家語》的編集者當是孔安國。黃魯曾、李學勤師、廖名春先生等皆把《家語》與孔氏家學聯繫起來，認為：《家語》成書於孔安國、孔僖、孔長彥與孔季彥等孔氏學者之手。他們的主要論據包括：一、〈孔安國序〉敘事詳細，符合史實，只有當事人才能說明白，難

---

1 張固也、趙燦良〈《孔子家語》分卷變遷考〉，《孔子研究》2008年2期，第56～67頁。

以杜撰偽造；二、《家語》書名已隱含了孔氏後人所編集而成的意思，其所編集有特定時代背景，安國是與時代相吻合之人；三、地下出土的文獻與孔序所述暗合，至少是毫無扞格，要從古書成書規律用流動的眼光看《家語》成書。我們認為，這些論據與觀點基本上是合理可信的。所以，正如胡平生先生所言：「過去說王肅偽造孔序，恐是不對的。前已說明，在古先秦有無成書上，王序與孔序不全一致，假如王肅偽造孔序，為何他不將兩序統一口徑，彼此呼應，偏偏自相矛盾？另外，王肅可以根據孔氏後人提供的資料寫出孔氏的家世譜系和安國的生卒，可是大概很難編造孔序所述的『孔子之言及諸國事、七十二弟子之言凡百餘篇』簡書入秦、歸漢的流傳經過。且《孔序》所言先秦漢初，竹簡雜亂，雜相傳抄流傳的情況，也已被近年來地下出土文獻如阜陽雙古堆漢簡所證明。」[1] 所以，〈孔安國序〉確應與孔安國有關。

胡文還分析了《家語》成書有其特殊時代背景，認為「《家語》之所以能夠編成，自然與孔子和孔學地位的提高相關，因此其成書應在儒家學說定於一尊、孔子的事蹟和言論受到特別重視之後，即漢武帝『黜黃老、刑名百家之言，延文學儒者以百數，而公孫弘以治《春秋》為丞相封侯，天下學士靡然向風』的元朔五年（西元前124年）以後。而與這一時代相吻合的孔氏後人，非孔安國莫屬。[2]」誠有道理。因為根據前文所排西漢時期孔家後裔世系表可知，與時代相吻合的孔氏後裔學者雖可有孔子忠、孔武等人，但史籍中並無他們與《家語》有關的任何資訊，而安國在學術上為諸人之冠，《序》所言元封之時仕京師，也與《史記》、《漢書》的記載相吻合。所以，編集《家語》者為安國當無疑問，〈孔安國序〉理當不偽。對照兩種觀點

1　胡平生〈阜陽雙古堆漢簡與《孔子家語》〉，《國學研究》第七卷，第528頁。
2　胡平生〈阜陽雙古堆漢簡與《孔子家語》〉，《國學研究》第七卷，第526頁。

的論據，第二種觀點無疑更加充分。所以我們認為〈孔安國序〉基本上為真。

至於〈孔衍序〉，宋代學者王柏、清代學者范家相亦皆認為是王肅偽作，但沒有切實依據。張岩認為：「其作者最早不過是孔安國孫孔衍的同輩或後一輩，因為孔衍是漢成帝時人，而此序作者提到成帝時是稱諡號『孝成』皇帝的。而作者離孔衍又不會太遠，因為孔衍上書只提到劉向，而上書後也沒有補述劉歆或者班固對《家語》的看法。」[1] 張固也先生認為：「從《家語》一書的分卷情況來看，兩序在漢代二十七卷本中就與末篇〈公西赤問〉合編在一卷，不可能出於東漢以後人之手。後一序當是劉歆校書是據孔衍奏略加改寫而成」[2]。我們認為，以序文所敘孔氏世系及孔安國生平之詳觀，其不僅不可能為王肅憑空所造，恐怕劉歆也未必能知。所以，該序必出哀帝時與孔衍有關的孔家人物之手，或者是孔衍親撰也未可知。只是如此則無法解釋其在《漢志》之書，因為據張固也研究，傳世四十四篇本就是《漢志》所著二十七卷本，該序本在末卷之中。所以，謂是劉歆改寫，也有可能，只是所據恐非純是孔衍奏言。

（二）孔安國與《孔子家語》的關係

〈家語後序〉既然為真，那麼孔安國與《家語》的關係就比較清楚。具體地說，應該體現在以下兩個方面：

1. 編集整理，分篇命名

〈孔安國序〉詳細敘述了《家語》的撰集過程。序曰：

始皇之世，李斯焚書，而《孔子家語》與諸子同列，故不見滅。高祖克秦，悉斂得之，皆載於二尺竹簡，多有古文字。及呂氏專權，

---

1 張岩〈孔子家語研究綜述〉，未刊稿。
2 張固也〈西漢孔子世系與孔壁古文之真偽〉，《史學集刊》2008年第2期，第12頁。

取歸藏之。其後被誅亡，而《孔子家語》乃散在人間。好事者或各以意增損其言，故使同是一事，而輒異辭。孝景皇帝末年，募求天下遺書，於時京師士大夫皆送官，得呂氏之所傳《孔子家語》，而與諸國事及七十子之辭妄相雜錯，不可得知。以付掌書，與《曲禮》眾篇亂簡合而藏之秘府。元封之時，吾仕京師，竊懼先人之典辭將遂泯沒，於是因諸公卿大夫，私以人事募求其副，悉得之。乃以事類相次，撰集為四十四篇。[1]

可見四十四篇之書，也就是《漢志》二十七卷之書，為安國通過募求副本而撰集。而所謂「以事類相次」，就是對副本材料進行整理分篇，做到以類相從。顯然，這與今本各篇所記皆以事類相從的現象是吻合的。這就說明，孔安國確對《家語》原材料進行了分篇整理，今之篇名，無疑亦為其所定，因為篇名就是事類的名稱。如果我們去看安徽阜陽雙古堆漢墓所出土的1號木牘，就會清楚地知道在西漢初年，類似《家語》的材料既不分篇，也不以類相次，說明〈孔安國序〉中的說法是可信的。所以，《家語》必由安國撰集編次。

2. 確定書名、作序

〈孔安國序〉曰：

《孔子家語》者，皆當時公卿士大夫及七十二弟子之所諮訪交相對問言語者。既而，諸弟子各自記其所問焉，與《論語》、《孝經》並時，弟子取其正實而切事者別出為《論語》，其餘則都集錄，名之曰《孔子家語》。[2]

---

1 《孔子家語》卷十，《四庫全書》第695冊，上海：上海古籍出版社，1987年影印本，第109頁。
2 《孔子家語》卷十，《四庫全書》第695冊，上海：上海古籍出版社，1987年影印本，第108頁。

觀此，似乎《孔子家語》書名早已有之。然而我們在先秦文獻及出土文獻中，並沒有看到有「孔子家語」之名。而且事實上，如果將「家」理解為家族、孔家之家，先秦有《孔子家語》也不大可能。因為既名「孔子家語」，必孔家之人所作，外人不得也不可能代庖。蒙文通以為《家語》為大夫家史，猶諸侯國史之稱《國語》，也不可信。首先《家語》不是史書，與《國語》性質不同。其次古大夫眾多，不可以獨指孔子。而如果按照〈孔安國序〉的說法，將《家語》與《論語》對應起來，那麼「家」就應理解為「一家之言」之家。《論語》所記是經過眾弟子討論的語錄，所以名為「論語」；《家語》所記未經討論，為各家所自記，所以名為「家語」。如此理解《家語》之名，無疑更為合理。但是，至少迄今為止，尚未發現先秦有「家語」稱謂。所以可以認為，孔序所言，無非是為了說明其材料出之有自。且觀其「悉斂得之」、「而《孔子家語》乃散在人間」、「呂氏之所傳《孔子家語》，而與諸國事及七十子之辭妄相雜錯」等語，說明其所謂《孔子家語》，在當時並不為一專書，而只是一類材料。這一論斷，無疑可以從出土文獻得到證明：河北定縣八角廊漢墓所出《儒家者言》雖被稱為「竹簡《家語》」，但原簡並無「家語」二字；安徽阜陽雙古堆1號木牘所書四十多個章題雖有近二分之一見於《家語》或與《家語》接近，亦無「家語」二字；上博簡中雖有與《家語》相同的篇章，也無「家語」二字：說明先秦確無《家語》。而且序文所言「弟子取其正實切事者別出為《論語》，其餘則都集錄之，名之曰《孔子家語》」，本身就有問題：既取其「正實切事者」別出為《論語》，則其餘豈非皆「不正實切事」？所以，原「《孔子家語》者」至「與《論語》、《孝經》並時」一段作者之意，其「孔子家語」只是代表與其所編《孔子家語》類似的一種材料。因為自己所編者既名為《孔子家語》，那麼其先與之相類似的材料自然也可以以之相代。所以，《孔子家語》之名必當為孔安國所定。至於「弟子

取其正實切事者別出為《論語》，其餘則都集錄之，名之曰《孔子家語》」一段，則完全可能是後人增出之語。胡平生也認為《家語》應該是個後起的書名，而且極有可能出於孔安國之手。他的論證大致是：大量出土文獻資料證明，漢初傳抄的一些記敘先秦故事的簡冊，往往只有篇（卷）名，沒有書名或者書名混亂，這是因為許多書在當時尚未編輯定型的緣故。比如馬王堆漢墓出土帛書《戰國縱橫家書》與《戰國策》的關係。在孔序裡原未標書名，所言「孔子之言及諸國事、七十二弟子之言」和「孔子家語」其實指的是同一材料。孔序用「孔子家語」這個後起的書名，表述有關孔子與弟子言行及諸國事的簡冊當然不太準確，但也許是為了突出這批材料的性質，為渲染自己整理這批材料的意義才這樣說的[1]。無疑很有道理。

孔安國對《家語》所做的另一工作，就是作序，以介紹其成書原委。

綜上所述，孔安國與《家語》的關係為：從當時諸公卿大夫手中募得「言及孔子之語」及「公卿大夫及七十二弟子之所諮訪交相問對言語」原簡的副本，按照以類相次的原則，整理出四十四篇，各立篇名，撰集成書，定名曰《孔子家語》，又特作書序，附於書後。

1　胡平生〈阜陽雙古堆漢簡與《孔子家語》〉，《國學研究》第七卷，第528頁。

第三章 西漢其他孔家學者的學術活動和貢獻

一、西漢其他孔家學者的學術活動與家學傳承

在西漢時期，除孔安國外，孔氏家族裡尚有諸多博學聞達之士，他們或學優而仕、位高權貴；或堅守家業、純粹治學；或著書立說、教化鄉里。在學術上較有成就者，還有孔臧、孔延年、孔卬、孔霸、孔驩、孔光、孔子立、孔子元等人。下面根據其支系脈絡，一一考證他們的學術活動，以求對西漢時期的孔氏家學有較全面的認識。

（一）子魚後裔的可考事蹟

前文已言孔子世系「一世相承，至九世相魏居大梁。長子之後……中子之後……小子之後……」（《孔叢子·敘書》），至九世分為三支。關於長子孔鮒子魚一支，子魚之子孔隨事蹟史籍未載無從考，隨後數代亦失考。四（六）傳至吉，其子何齊。《漢書·成帝紀》僅言孔吉「詔封為殷紹嘉侯」，後「進爵為公」[1]。《外戚恩澤侯表》又載孔何齊「以孔子世吉嫡子侯……元始二年，更為宋公。[2]」除此寥寥數語之外，史書、家譜、地方志均未記載其他事蹟。可知孔鮒

---

1 《漢書》卷十，北京：中華書局，1962年，第328頁。
2 《漢書》卷十八，北京：中華書局，1962年，第709頁。

長子一支的活動，主要是世代以孔子嫡系身分嗣侯襲爵。但是，作為孔子嫡系後裔，他們理應繼承孔子思想並傳承孔氏家學，不然，將與他們的身分地位不相稱，朝廷也不可能封賞他們。至於具體如何傳承家學，因文獻闕如，不能詳知。

（二）子襄後裔的可考事蹟

前文我們已經知道，子順中子孔騰子襄曾為惠帝博士，有子孔忠。《漢書》、《史記》僅言忠之代系，未列事蹟。而《孔氏祖庭廣記》載：「十代貞，字子忠，該習古今，有高尚之志，徵為博士，封褒成侯，年五十七。生武。」[1]言生武，顯然也是將之與十二代子忠誤成了一人。而《連叢子·敘世》篇云中子之後奉夫子祀為褒成侯，看來當有所據。又《闕里志》、《闕里文獻考》及《孔子世家譜》均言：「忠，漢文帝時博士。」[2]結合孔騰曾為惠帝博士的事實，忠為文帝博士亦甚有可能。所以，其「該習古今」亦當可信。若然，則其有家學可知。

（三）子文後裔的學術活動與家學傳承

小子子文後裔，包括孔藂嫡傳一支和次子孔襄之長孫孔武一支與仲孫孔安國一支。

1. 孔藂嫡傳一支

（1）孔藂　孔藂（古叢字）字子產（或誤子彥），子順小子子文之子，孔子九代孫（不數孔子一代，後同）。《史記·高祖功臣侯者年表》載：「孔藂以執盾前元年（前209年）從起碭，以左司馬入漢為將軍，三以都尉擊項羽之功，於高祖六年（前201年）受封為蓼侯，文帝

1　《孔氏祖庭廣記》卷一，《孔子文化大全》本，濟南：山東友誼出版社，1989年影印，第63頁。

2　《闕里文獻考》卷五，《孔子文化大全》本，濟南：山東友誼出版社，1989年影印，第139頁；《闕里志》卷七，《孔子文化大全》本，濟南：山東友誼出版社，1989年影印，第293頁；《孔子世家譜》卷一，《孔子文化大全》本，濟南：山東友誼出版社，1990年影印，第73頁。

九年（前171年）其子臧嗣爵。」¹《漢書‧高惠高后文功臣表》略同。可知孔藂從劉邦起兵反秦，入漢為將軍，以軍功封蓼侯。學術事蹟不明。不過以其子孔臧後來之學識觀，孔藂不可能一點文化沒有，或傳家學，也未可知。然或謂《孔叢子》書名是「孔臧以其父名題書²」，則不可能。因為《孔叢子》一書不僅從內容看與孔藂沒有任何關係，從編撰看與孔臧也沒有關係。比如《連叢子》雖收有題名孔臧的四賦二書，但《敘書》篇則明云臧「在官數年，著書十篇而卒。先時嘗為賦二十四篇，四篇別不在集，似其幼時之作也。又為書與從弟及戒子，皆有義，故列之於左」之語，說明書非孔臧所編，且不論所謂與從弟及戒子之書等，實際上皆出後人偽託（詳後）。書非孔臧所編，自然也就不可能以其父之名為書題名。

（2）孔臧　字子武，孔藂之子，孔子第十代孫。關於孔臧的生卒年，譚正璧所編《中國文學大辭典》分別定為西元前201年與西元前123年。韓暉推定為西元前180年與西元前123年³。以孔藂年五十三卒於文帝九年（前171年）觀，譚說似較可信。孔臧事蹟，散見於《史記》、《漢書》之中。

《史記‧儒林傳》載公孫弘奏請「『丞相御史言……』，謹與太常臧、博士平等議」，《漢書》大同，知臧官太常。又《史記‧高祖功臣侯者年表》載孝文「九年，侯臧元年」，「元朔三年，侯臧坐為太常，南陵橋壞，衣冠車不得度，國除」⁴。《漢書‧高惠高后文功臣表》亦載：「孝文九年，侯臧嗣。四十五年，元朔三年，坐為太常衣冠道橋壞不得度，免。」⁵《漢書‧藝文志》儒家類有「太常蓼

1　《史記》卷十八，北京：中華書局，1982年，第899頁。
2　李零《簡帛古書與學術源流》，北京：三聯書店，2004年。
3　韓暉〈漢賦的先驅孔臧及其賦考說〉，《文史哲》1998年第1期。
4　《史記》卷十八，北京：中華書局，1982年，第899～900頁。
5　《漢書》卷十六，北京：中華書局，1962年，第551頁。

侯孔臧十篇[1]」、詩賦類有「太常蓼侯孔臧賦二十篇[2]」。又《連叢子·敘書》載「……小子之後以將事高祖有功封蓼侯，其子臧嗣焉，歷位九卿。遷御史大夫，辭曰：『臣世以經學為業……乞為太常，典臣家業，與安國紀綱古訓，使永垂來嗣。』孝武皇帝重違其意，遂拜太常，其禮賜如三公。在官數年，著書十篇而卒。先時嘗為賦二十四篇，四篇別不在集，似其幼時之作也，又為書與從弟及戒子。皆有義，故列之於左。」[3] 其下即列其四賦二書：〈諫格虎賦〉、〈楊柳賦〉、〈鴞賦〉、〈蓼蟲賦〉、〈與從弟書〉、〈與子琳書〉。

然而《連叢子·敘書》所記孔臧〈乞為太常書〉及所附〈與從弟書〉、〈與子琳書〉二書（以下合稱三書），世以為偽。如朱熹曰：「《孔叢子》所載孔臧兄弟往來書疏，正類《西京雜記》中偽造漢人文章，皆甚可笑，所言不肯為三公等事，以前史考之，並無其實，而《通鑒》皆誤信之。」[4] 加之三書所提及的孔安國事蹟多與現存《尚書》孔序相呼應，學界迄今多認定三書為偽作。

陳夢家先生在其《尚書通論》中，有一節專門論「東晉孔安國可能是古文《尚書》作者」，認為《敘書》與孔臧時代有刺謬之處，應是東晉孔愉之事，「係編者因看到孝武皇帝，以為是西漢的孝武皇帝；看到安國，便以為是前漢的孔安國，因此一切易以西漢的人物[5]」。所謂刺謬之處，舉有四點：（1）封殷後和奉夫子祀都在漢武帝之後；（2）史書無西漢孔安國為侍中的記載；（3）安國與臧雖同時，不知是否為兄弟；（4）〈與從弟書〉言「舊章潛於壁室，正於紛擾之際」，與武帝時不合。今按陳說不全是：首先，《敘書》關於

---

1 《漢書》卷三十，北京：中華書局，1962年，第1726頁。
2 《漢書》卷三十，北京：中華書局，1962年，第1747頁。
3 《孔叢子》卷七，《四部叢刊初編》本，第45～46頁。
4 《晦庵先生朱文公集·答孫季和》，《朱子大全》卷五十四，《四部備要》第57冊，北京：中華書局，1989年，第932頁。
5 陳夢家《尚書通論·第二部·古文尚書作者考》，北京：中華書局，2005年，第123頁。

封殷後、奉夫子祀之事，皆《敘書》作者之言，與孔臧無關。其次，關於史無西漢孔安國為侍中的記載，恐亦未必。東漢應劭《漢官儀》云：「侍中，左蟬右貂，本秦丞相史，往來殿中，故謂之侍中。分掌乘輿服物，下至褻器虎子之屬。武帝時，孔安國為侍中，以其儒者，特聽掌御唾壺，朝廷榮之。至東京時，屬少府，亦無員。駕出，則一人負傳國璽，操斬蛇劍乘。」[1] 即使此載不可信，稱孔安國為「侍中」也不足怪，因為「侍中」，本來就是加官，可以泛指。《漢書·百官公卿表》云：「侍中、左右曹諸吏、散騎、中常侍，皆加官。」注引應劭曰：「入侍天子，故曰侍中。」[2] 孔安國為博士，「備顧問」，自得入侍天子，所以可以稱為侍中。只是從前考世系可知，孔安國與孔臧不可能從兄弟，是確定無疑的。所以，可以肯定三書皆當是後人偽託，但其安國也必不為能為東晉孔安國。

陳先生又說，以孔愉事重讀《敘書》、〈與從弟書〉，時、地、人合者亦四點：（1）《敘書》云：先世「相魏，居大梁」，《孔愉傳》云「其先居梁國」；（2）《敘書》云：「始有三子焉」云云，《孔愉傳》云「三子：闇、汪、安國，闇嗣爵⋯⋯闇子靜⋯⋯」，《晉書·孝武帝紀》曰：「太元十一年八月庚午封孔靖之子為奉聖亭侯，奉宣尼祀。」（3）《敘書》孔汪拜太常在孝武帝時，時安國為侍中，與《宋書·禮志》孔汪為侍中、安國為侍中皆在孝武帝太元中相合。（4）《隋書·經籍志》「梁有太常孔汪集十卷」，與《敘書》「著書十篇」相合[3]。

今按：（1）「梁國」非「大梁」；（2）「始有三子焉」，與「三子某、某、某」筆法不同；《晉書·孝武帝紀》所封為奉聖亭侯，與《敘書》所言「承殷統為宋公」不同；（3）孝武帝時雖同，但

1 應劭《漢官儀》卷上，《漢官六種》本，北京：中華書局，1990年，第137頁。
2 《漢書》卷十九上，北京：中華書局，1962年，第739頁。
3 陳夢家《尚書通論·第二部·古文尚書作者考》，北京：中華書局，2005年，第124頁。

畢竟為孔汪之事；（4）「孔汪集十卷」與「著書十篇」不同：可見不可謂為相合。當然，《敘書》三書或經後人改造亦有可能，但絕非東晉孔安國以後之事。

蔣善國先生對三書的真偽亦有詳盡考辨 [1]，下篇論《連叢子》，我們將有專論。

《敘書》所附四賦，也被疑為偽書。近年龔克昌通過對其體制、風格、內容、用韻、思想傾向等方面作深入研究，認為：「四賦非偽作，從其體似漢初賦家、篇幅短小、文字淺顯易懂、情節簡單、常用四言以及所顯示的幼稚痕跡，可見一斑」；「四賦表現出來的儒家思想傾向，正與《漢志》把孔臧列入儒家學者流相一致，是四賦為孔臧所作的又一例證。」[2] 又班固〈兩都賦序〉敘述武宣之世賦的創作盛況時言：「而公卿大臣御史大夫兒寬、太常孔臧、太中大夫董仲舒、宗正劉德、太子太傅蕭望之等，時時間作，或以抒下情而通諷諭，或以宣上德而盡忠孝。」[3] 可知孔臧確實為愛好作賦之人。如此，則四賦確有可能為孔臧作品。所以可以認為，《漢志》所著錄的孔臧賦二十篇，可能是孔臧成人以後的作品。而此四篇，則或如《敘書》所言，為其幼時之作，略顯幼稚，故孔臧不願意編入二十篇的詩賦集中。其能流傳，實得力於子孫們的細心珍存，並編入孔家學案《孔叢子》書中。

另外韓暉還對現存四賦給予高度評價，認為：「孔臧之〈諫格虎賦〉對漢大賦的發展起了很大作用，為漢大賦體制的形成提供了可行的發展模式⋯⋯孔臧是這種模式的啟範者。」[4] 又《儒家類》孔臧

1　見蔣善國《尚書綜述》，上海：上海古籍出版社，1988年，第338～341頁。
2　龔克昌〈孔臧其人及其賦〉，《漢賦研究》，濟南：山東文藝出版社，1990年，第150～153頁。
3　班固〈兩都賦序〉，《文選》卷一，北京：中華書局，1987年影印本，第24～25頁。
4　韓暉〈漢賦的先驅孔臧及其賦考說〉，《文史哲》1998年第1期。

十篇現已全佚，其內容不得而知，但其既歸於《儒家類》，當是孔臧為闡釋、弘揚孔子學說和儒家思想所作。又其為太常時，曾與公孫弘共上書請為博士置弟子員：「勸學興禮，崇化歷賢，以風四方……為博士官置弟子五十人……自此以來，公卿大夫士吏，彬彬多文學之士矣！」[1]可見孔臧為弘揚儒學、提高朝野文化素質作過努力。

綜上可知，孔臧不僅愛好文學，是漢賦的先驅者，而且提倡儒學，為闡釋儒家思想著書立說，是孔氏家族中文儒雙棲的傑出學者。其作品主要有《漢志》所著錄的儒家類「孔臧十篇」、詩賦類「孔臧二十篇賦」，以及現僅存《連叢子·敘書》所收的四賦等。顯然，孔臧之學術，應當有家學的淵源。

（3）孔琳 孔臧之子，孔子第十一代孫。《連叢子·敘世》載：「臧子琳，位至諸吏，亦傳學問。」[2]又《孔子世家譜》言其「博學問，嗣蓼侯，歷位諸吏。[3]」可知孔琳博學問，傳承孔氏家學。

（4）孔黃、孔茂 孔琳二子，孔子第十二代孫。《連叢子·敘世》載：「臧子琳……琳子黃，其德不修失侯爵。大司徒光以其祖有功德而邑土廢絕，分所食邑三百戶封黃弟茂為關內侯。」[4]「光」指孔光。孔光為孔子十五代孫，孔茂雖為第十二代，但出長房，二人同時代亦有可能，此載或可信。《史記》、《漢書》於黃、茂二人皆無記載。後世所修譜牒亦唯《孔子世家譜》載：「黃嗣蓼侯，歷豫州，從事無德失侯，無傳；茂由大司徒封關內侯，子一宣。」[5]可知二人皆曾為官，嗣侯封爵，學術活動無從考。

1 《漢書》卷八十八，北京：中華書局，1962年，第3594～3596頁。
2 《孔叢子》卷七，《四部叢刊初編》本，第52頁。
3 《孔子世家譜》卷一，《孔子文化大全》本，濟南：山東友誼出版社，1990年影印，第74頁。
4 《孔叢子》卷七，《四部叢刊初編》本，第52頁。
5 《孔子世家譜》卷一，《孔子文化大全》本，濟南：山東友誼出版社，1990年影印，第74頁。

（5）孔宣　孔黃之子，孔子第十三代孫。《漢書‧高惠高后文功臣表》載：「元康四年，霸玄孫長安公士宣詔復家。」[1] 知宣曾為長安公士。故《孔子世家譜》亦云：「宣，長安公士，漢宣帝時以蓼侯聚元孫詔復其家，無傳。」[2] 蓼侯，謂孔臧。元孫，即玄孫。複其家，蓋因如《孔叢子‧敘世》所言，「黃，其德不修失侯爵」。其他事蹟皆失考。然既得「復其家」，則其人必有可稱之德學。

由此可知，小子一系之孔霸嫡傳一支，多世襲「蓼侯」、在朝為官，傳家學並學有所成者，只有孔臧、孔琳父子二人。

2. 孔武一支

據前表可知，孔霸次子孔襄，有子孔員（貞），字季中，又作「子忠」。孔員（貞）子忠以下，又分兩支，即長子孔武一支和次子安國一支。孔襄、孔員（貞）學術事蹟不詳，唯孔安國〈孝經序〉所云「魯三老孔子惠抱（古文《孝經》）詣京師獻之天子」之孔子惠，疑即子忠。以下先言其長子孔武一支：

（1）孔武　孔員（貞）季中（子忠）長子，孔子十二代孫。《孔氏祖庭廣記》云：「（武）為武帝博士，至臨淮太守，早卒。生子延年及安國。」[3] 而《闕里志》、《闕里文獻考》、《孔子世家譜》均作：「文帝博士，生子延年。」[4] 前文已知今《史記》「武生延年及安國」之「武生延年」四字為錯簡衍文，當在「早卒」之前。《祖庭廣記》之言，顯然是誤據《史記》，而又將《史記》言安國「為今皇帝博士，至臨淮太守，早卒」的話誤冠在了孔武頭上。《闕里志》

1　《漢書》卷十六，北京：中華書局，1962年，第551頁。

2　《孔子世家譜》卷一，《孔子文化大全》本，濟南：山東友誼出版社，1990年影印，第74頁。

3　《孔氏祖庭廣記》卷一，《孔子文化大全》本，濟南：山東友誼出版社，1989年影印，第63頁。

4　分見《闕里志》卷七，《孔子文化大全》本，濟南：山東友誼出版社，1989年影印，第293頁；《闕里文獻考》卷五，濟南：山東友誼出版社，1989年影印，第139頁；《孔子世家譜》卷一，《孔子文化大全》本，濟南：山東友誼出版社，1990年影印，第73頁。

等所言「文帝博士」雖不知所出，但為博士於理不無可能，因為其祖上皆為博士，其子孔延年亦為博士（詳下），只是為文帝博士不大可能，以時代當為武帝博士，《孔氏祖庭廣記》又不誤。

（2）孔延年　孔武子，孔子十三代孫。據《漢書・孔光傳》載：「安國、延年皆以治《尚書》為武帝博士。」[1] 延年雖為安國之侄但出於長房，年齡不會相差過大，而武帝在位時間又長，二人同為武帝博士完全可能，所以此載當屬可信。考西漢武帝時所立皆今文經博士，可知安國、延年皆精通今文《尚書》，為今文《尚書》學博士。又《孔氏祖庭廣記》載：「延年博覽群書，無所不備。武帝時為博士，轉少傅，遷大將軍，年七十一，葬祖墓北，生霸。」[2] 所謂「轉少傅，遷大將軍，年七十一」不知所出，恐未可信。因為如前所說，《史記》「早卒」者當為延年。

（3）孔霸　孔延年子，孔子十四代孫。《漢書・孔光傳》附霸傳載：「延年生霸，字次儒。霸亦治《尚書》，事太傅夏侯勝，昭帝末年為博士。宣帝時為太中大夫，以選授皇太子經，遷詹事、高密相。是時，諸侯王相在郡守上。元帝即位，徵霸，以師賜爵關內侯，號褒成君。……霸為人謙退，不好權勢，常稱爵位泰過，何德以堪之。……及霸薨，上素服臨吊者再，至賜東園秘器錢帛，策贈以列侯禮，諡曰烈君。」[3] 又《漢書・夏侯勝傳》亦載有孔霸事，曰：「周堪與孔霸俱事大夏侯勝，霸為博士。……孔霸以太中大夫授太子及元帝，堪為光祿大夫。……博士霸以帝師賜爵號褒成君，傳子光，亦事牟卿，自有傳。由是大夏侯有孔許之學。」[4] 二載基本一致，無疑可以據信。由此可知，孔霸繼承父

1　《漢書》卷八十一，北京：中華書局，1962年，第3352頁。
2　《孔氏祖庭廣記》卷一，《孔子文化大全》本，濟南：山東友誼出版社，1989年影印，第63頁。
3　《漢書》卷八十一，北京：中華書局，1962年，第3352～3353頁。
4　《漢書》卷八十八，北京：中華書局，1962年，第3604頁。

第三章　西漢其他孔家學者的學術活動和貢獻

業亦治今文《尚書》，又師從夏侯勝，昭帝末年為博士，宣帝時為皇太子即漢元帝師，封關內侯，號褒成君。同時又承祖上家學傳統，傳今文《尚書》學於第四子孔光，開大夏侯學派中的「孔氏之學」，對孔家今文《書》學的傳承功不可沒。號褒成君，無疑與其祖上受封褒成侯有關。可見其確有繼承家學之志。

孔霸四子：福、捷、喜、光，為孔子十五代孫。據《漢書·孔光傳》載：「長子福，嗣關內侯；次子捷，捷弟喜，皆列校尉諸曹；光，最少子也，經學尤明，年未二十，舉為議郎。」[1]以下分別考之：

（4）孔福 孔霸長子。據《孔光傳》：「始，光父霸以初元元年為關內侯食邑。霸上書求奉孔子祭祀，元帝下詔曰：『其令師褒成君關內侯霸以所食邑八百戶祀孔子焉。』故霸還長子福名數於魯，奉夫子祀。霸薨，子福嗣。福薨，子房嗣。房薨，子莽嗣。元始元年，封周公、孔子後為列侯，食邑各二千戶，莽更封為褒成侯，後避王莽，更名均。」[2]可知孔福一支的活動主要是居魯奉夫子祀，以孔霸嫡系身分襲侯位。

《孔氏祖庭廣記》、《闕里志》、《闕里文獻考》於孔福、孔房僅言「襲封關內侯[3]」，而於孔均則載：「字長平，敦篤好學，恬淡有大才，為尚書郎，言辭清辯，奏對成章，元始二年封魯國褒成君。」[4]可知福、房父子學術事蹟均無考，而孔均則恬淡有大才，為好學之士。當然，福、房既襲封關內侯，亦必不為白丁。唐晏《兩漢三國學

---

1 《漢書》卷八十一，北京：中華書局，1962年，第3353頁。
2 《漢書》卷八十一，北京：中華書局，1962年，第3365頁。
3 分見《孔氏祖庭廣記》卷一，《孔子文化大全》本，濟南：山東友誼出版社，1989年影印，第64頁；《闕里志》卷七，《孔子文化大全》本，濟南：山東友誼出版社，1989年影印，第295頁；《闕里文獻考》卷五，第140頁。
4 《孔氏祖庭廣記》卷一，《孔子文化大全》本，濟南：山東友誼出版社，1989年影印，第64頁。

案·書類》列這一支系之孔霸、孔福、孔房、孔均等人為古文《尚書》學派[1]，不知所據。

（5）孔捷、孔喜　孔霸次子、三子。《漢書·孔光傳》謂二人「皆列校尉諸曹」。考校尉地位僅次於將軍，屬武官，可見二人皆任軍職。又捷子孔永，《孔光傳》言「王莽以光兄子永為大司馬[2]」，也屬武官。其餘事蹟無考。

（6）孔光　孔霸第四子，《漢書》有傳。其生卒年據其本傳所云「年七十，元始五年薨[3]」，知其生於漢宣帝元康元年（西元前65年），卒於漢平帝元始五年（西元5年）。本傳載其生平曰：

> 孔光字子夏……經學尤明，年未二十，舉為議郎。光祿勳匡衡舉光方正，為諫大夫。坐議有不合，左遷虹長，自免歸教授。成帝初即位，舉為博士，數使錄冤獄，行風俗，振贍流民，奉使稱旨，由是知名。……光以高弟為尚書，觀故事品式，數歲明習漢制及法令。上甚信任之，轉為僕射，尚書令。……上於是召丞相翟方進、御史大夫光、右將軍廉褒、後將軍朱博，皆引入禁中，議中山、定陶王誰宜為嗣者……光獨以為禮立嗣以親，中山王先帝之子，帝親弟也，以《尚書·盤庚》殷之及王為比。……光凡為御史大夫、丞相各再，一為大司徒、太傅、太師，歷三世，居公輔位前後十七年。……光年七十，元始五年薨。莽白太后，使九卿策贈乙太師博山侯印綬……起墳如大將軍王鳳制度。諡曰「簡烈侯」。[4]

可知其博通經典，亦為博士，而且三世官居高位，生榮死哀，是

1　唐晏《兩漢三國學案》，北京：中華書局，1986年，第101頁。
2　《漢書》卷八十一，北京：中華書局，1962年，第3364頁。
3　《漢書》卷八十一，北京：中華書局，1962年，第3364頁。
4　《漢書》卷八十一，北京：中華書局，1962年，第3352～3364頁。

第三章　西漢其他孔家學者的學術活動和貢獻

漢末政壇上的常青樹，更是西漢時期孔氏家族的官位顯赫者。又《夏侯勝傳》言其父孔霸學今文《尚書》於大夏侯，並傳子於光，「光亦事牟卿」。可知孔光在學術上是師從其父孔霸、牟卿學大夏侯氏今文《尚書》，精通《書》學。又《漢書·霍光金日磾傳》載：「帝年幼，選置師友，大司徒孔光以明經高行為孔氏師。」[1] 可知孔霸、孔光父子皆傳今文《尚書》，並以明經高行皆曾為帝師，可謂是父業子承，家學有成。本傳又載「光自為尚書，止不教授，後為卿，時會門下大生講問疑難，舉大義云。其弟子多成就為博士大夫者。[2]」可知孔光還曾聚徒講學，以儒家典籍傳教世人，為朝廷培養出不少人才。唐晏《兩漢三國學案·書類》列孔霸、孔光父子為今文《尚書》大夏侯氏派，《漢書》明載此事，故當可信。而唐書同時又列二人為古文《尚書》學派，似未可信，因為《漢書》無載孔霸、孔光父子曾學古文《尚書》之事，而《儒林傳》記劉歆為立古文經學曾「數見丞相孔光，為言《左氏》以求助，光卒不肯[3]」。可見當時孔光對古文經學態度冷漠。如果孔光傳孔安國古文《尚書》家學，豈能不欣然相助？又其本傳述光所言《書》曰，亦無出今文之外者。由此可知，孔光學術上僅是附時尚學今文，未涉及孔壁古書。又王葆玹認為：「孔家人物中，孔安國、孔延年是漢武帝時的《尚書》專經博士，孔霸是漢昭帝時的《尚書》博士。孔光是漢哀帝時的丞相，在奏疏中多引《尚書》，也是《尚書》學者，《漢書》本傳說他在漢成帝時『舉為博士』，應當也是《尚書》博士。孔氏延年、安國、霸、光四人所治的《尚書》學，不屬於伏生的《尚書》學系統，當孔氏家學所特有。」[4] 王所言雖注意到孔家學者在《尚書》學上的傳承特色，但謂其「不屬

1　《漢書》卷六十八，北京：中華書局，1962年，第2964頁。
2　《漢書》卷八十一，北京：中華書局，1962年，第3364頁。
3　《漢書》卷八十八，北京：中華書局，1962年，第3619頁。
4　王葆玹〈郭店楚簡的時代及其與子思學派的關係〉，武漢大學中國文化研究院編《郭店楚簡國際學術研討會論文集》，武漢：湖北人民出版社，2000年，第648頁。

於伏生的《尚書》學系統」，恐是誤解。安國、延年、霸、光皆為朝廷《書》學博士，此《書》學即伏生系統的今文《尚書》學。又《漢書》明言孔霸、孔光的孔氏書學本源於「大夏侯氏書學」，而大夏侯氏書學明是伏生系統今文《尚書》的分支。所以，孔延年、孔霸、孔光祖孫三代當皆治今文《尚書》。

又本傳載光對公車問日蝕事之語，除數引《書》外，又數引《詩》曰，知其亦通《詩》學。又本傳言其「獨以為禮立嗣以親」，則其亦通《禮》學。可見所謂「經學尤明」，並非虛語。顯然，這與其家學傳統有關。

孔光的作品，嚴可均《全上古三代秦漢三國六朝文》輯有《孔光集》一卷，內容包括〈上書對問日蝕事〉、〈舉成公敞封事〉、〈奏罷誠樂人員〉、〈條奏限名田奴婢〉、〈奏請議毀廟〉等十五篇政論奏章。另有《孔光奏章》一卷，已佚。周洪才說：「此書未見他目著錄，前條《孔光集》所列條奏，或即書中文。」[1] 當是。

（7）孔放　孔光子，孔子十六代孫，嗣爵博山侯。《孔光傳》載「成帝有詔光周密謹慎，未嘗有過，加諸吏官，以子男放為侍郎，給事黃門。[2]」別無考。

綜上可知：孔忠長子孔武一支四代為博士，而延年、霸、光三代皆治今文《尚書》學，開創西漢孔家今文《書》學。

3. 孔安國一支

（1）孔安國　已詳前。

（2）孔卬　安國子，孔子第十三代孫。《連叢子‧敘世》云：「子國生子卬，為諸生，特善《詩》、《禮》而傳之。」[3]《孔子世家

1　周洪才《孔子故里著述考》，濟南：齊魯書社，2004年，第402頁。
2　《漢書》卷八十一，北京：中華書局，1962年，第3353頁。
3　《孔叢子》卷七，《四部叢刊初編》本，第52頁。

第三章　西漢其他孔家學者的學術活動和貢獻

譜》言其「傳家學[1]」。《後漢書・孔僖傳》載：「自安國以下，世傳《古文尚書》、《毛詩》。」可知《敘書》所稱印「特善《詩》、《禮》」之《詩》應指孔家世傳的《毛詩》。又前文已知孔安國確曾整理、隸古定孔壁所出古文《尚書》、《論語》、《孝經》，並訓解其義而傳之。孔印既傳家學，必當研習之。又孔安國精通今文《尚書》，為今文《尚書》博士，孔印也當有所傳授。又《孔子家語》一書既為其父孔安國所撰集，「傳家學」之孔印亦自當有所傳知。

（3）孔衍　孔印長子，孔子第十四代孫。舒大剛先生謂其生活於「漢昭、宣、元、成帝時期（西元前86年—前32年）[2]」。考西元前32年為成帝即位第一年即建始元年。據〈家語後序〉及《闕里志》等，孔衍為成帝博士。然則必不能卒於成帝建始元年。孔衍事蹟，最早記載於〈家語後序〉，云：「孝成皇帝詔光祿大夫劉向校訂眾書，都記錄古今文書，《論語》別錄，子國孫衍為博士上書辯之。」[3]並完整錄其奏言。《闕里文獻考》亦載：「（子國）孫驩、衍……孔驩成帝博士，衍亦成帝博士。成帝詔劉向校定秘書，不錄古文《尚書》、《論語》別錄，衍於是上書曰……帝許之，會帝崩，向又病之，不果行。」[4]當本〈家語後序〉。〈家語後序〉所錄孔衍奏言的原文作：

臣聞明王不掩人之功，大聖不遺人小善，所以能其明聖也。陛下發明詔，諮群儒集天下書籍，無言不悉。命通才大夫校定其義，使遺載之文以大著於今日，立言之士垂於不朽。此則蹈明王之軌，遵大聖之風

1　《孔子世家譜》卷一，《孔子文化大全》本，濟南：山東友誼出版社，1990年影印，第74頁。

2　舒大剛〈論宋代的古文《孝經》學〉，《四川大學學報》2004年第3期。

3　《孔子家語》卷十，《四庫全書》第695冊，上海：上海古籍出版社，1987年影印本，第110頁。

4　《闕里文獻考》卷七十八，《孔子文化大全》本，濟南：山東友誼出版社，1989年影印，第1612頁。

者也。雖唐帝之煥然，周王之彧彧，未若斯之極也。故述作之士，莫不樂測大倫焉。臣祖故臨淮太守安國逮仕於孝武皇帝之世，以經學為名，以儒雅為官，贊明道義，見稱前朝。時魯恭王壞孔子故宅，得古文科斗《尚書》、《孝經》、《論語》，世人莫有能言者。安國為之今文讀而訓傳其義，又撰次《孔子家語》。既畢，會值巫蠱事起，遂各廢，不行於時。然其典雅正實，與世所傳者不同日而論也。光祿大夫向以為其時所未施之，故《尚書》則不記於《別錄》，《論語》則不使名家也。臣竊惜之。且百家章句無不畢記，況《孔子家語》古文正實而疑之哉？又戴聖近世小儒，以《曲禮》不足，而乃取《孔子家語》雜亂者及子思、孟軻、孫卿之書以裨益之，總名曰《禮記》，今尚見。其已在《禮記》者則便除《家語》之本篇，是滅其原而存其末，不亦難乎？臣之愚，以為宜如此為例，皆記錄別見，故敢冒昧以聞。[1]

　　對此奏言，學界素以為偽。清人范家相在其《孔子家語證偽》一書中力辨其為王肅偽作，其證據可歸納為：一、孔衍之奏不見於他書，《漢志》未記載有此奏事；二、孔衍不可能見劉向《別錄》；三、《家語》未除《禮記》已見之篇[2]。事實上，不見他書、《漢志》不載，不等於本無其事其言，何況此奏言明在〈家語後序〉之中，而《漢志》又明著《家語》一書。所言第二點，涉及劉向《別錄》的成書。范氏認為《別錄》成書於劉向卒後，故有此說。今考《漢志·敘》云：「至成帝時，以書頗散亡，使謁者陳農求遺書於天下，詔光祿大夫劉向校經傳諸子詩賦……每一書已，向輒條其篇目，撮其指意，錄而奏之。」[3] 又梁阮孝緒〈七錄序〉載：「昔劉向校書，輒

1　《孔子家語》卷十，《四庫全書》第695冊，上海：上海古籍出版社，1987年影印本，第110頁。
2　范家相《孔子家語證偽》，光緒十五年會稽徐氏鑄學齋刊稿本。
3　《漢書》卷三十，北京：中華書局，1962年，第1701頁。

為一錄，論其指歸，辯其訛謬，隨竟奏上。旨載在本書，時又別集眾錄，謂之《別錄》，即今之《別錄》是也。」[1] 可知《別錄》雖是劉向上奏各書敘錄之彙編，但當初乃各書別上。孔衍與劉向同時而為博士，完全有機會看到所奏上之錄。第三點涉及到《禮記》與《家語》的關係。對此問題，已有多位學者作過研究。如陳劍、黃海烈通過校勘《家語》與《禮記》的相同篇章，檢視了二者關係的三種可能性：1.《家語》抄襲《禮記》；2.《禮記》抄襲《家語》；3.《禮記》本身流傳有本。最後認為：「《禮記》與《家語》二者都流傳有本。但材料來源相似，都來自孔子原始弟子的筆記。對這些原始材料的編撰形成單篇的儒家文獻，這些單篇的文獻分合不定，不同的人據以編定成不同的集子。」[2] 所言大體不差。該文又指出：「《家語》的某些篇章成書很早，當在《禮記》還沒有定本的時代。《禮記》中的文章長期單篇流行，《家語》的編撰者完全可能看到，二者發生一些關係也是很正常。」亦基本正確。事實上眾多考古材料已經證明，先秦時期有關孔子言行的單篇文字大量存在。《禮記》與《家語》各有所取，所以互有重複。孔衍不知，看到《禮記》中有相似或相同篇章，遂誤認為是《禮記》襲自《家語》，自屬正常。而奏言所謂「其已在《禮記》者則便除《家語》之本篇，是滅其原而存其末」，是就當時疑《家語》而欲刪之者說，並非指今本言。可見范氏諸證不能成立。所以，孔衍奏言當不偽。

孔衍奏言，無疑透露出關於孔安國學術活動的兩條資訊：一、孔安國曾整理孔壁所出古文《尚書》、《論語》、《孝經》，以今文讀而初步訓傳其義；二、《孔子家語》也為安國所編集，傳於後人。這兩條資訊，與前文所分析的安國學術活動正相吻合。另外，奏言言

1　阮孝緒《七錄》，嚴可均輯《全上古三代秦漢三國六朝文》第四冊，北京：中華書局，1999年，第3346頁。

2　陳劍、黃海烈〈論《禮記》與《孔子家語》的關係〉，《古籍整理研究學刊》2005年第4期。

辭懇切而含激憤，還透露出對安國所傳孔家學術的珍視與厚愛，以及對劉向《別錄》不著錄古文《尚書》，於《論語》不署安國之名，疑《孔子家語》，及對戴聖剽竊《家語》的義憤與不滿。孔衍在奏言中還對孔安國及其所傳之學作了高度的褒揚，認為「其典雅正實，與世所傳者，不可同日而語也」。可見其對安國所傳學術十分了解。而作為孔安國之嫡長孫，傳祖父之學也自在情理之中。《後漢書》言孔家自安國下世傳《古文尚書》、《毛詩》，而上文又言印特善《詩》、《禮》而傳之。衍作為印子，必得親傳。所以，孔衍也當傳習古文《尚書》、《毛詩》及《禮》。奏言三次提到《家語》，則其於《家語》必有研習。所以，孔衍之學術至少當包括傳習安國所遺《古文尚書》、《古文論語》、《古文孝經》、《毛詩》和《孔子家語》。

（4）孔驩 字子仲，又作仲驩，孔印次子、孔衍之弟，孔子第十四代孫，漢元、成時代人，生卒不可考。《連叢子・敘世》載：「子印生仲驩，為博士、弘農太守，善《春秋》三傳，《公羊》、《穀梁》訓諸生。」[1]《闕里文獻考》所載大同：「驩，舉博士，官至弘農太守，精《春秋》三傳，著《公羊、穀梁訓詁》。」[2]前文已知，《後漢書》言孔家自安國下世傳《古文尚書》、《毛詩》，而上文又言其父印善《詩》、《禮》而傳之。仲驩作為印子，自當有所傳授。

孔驩的著作，據《連叢子》，自當有《公羊、穀梁訓詁》，所以姚振宗《漢志拾補》錄其《春秋公羊傳訓詁》、《春秋穀梁傳訓詁》二書。另外，孔驩及其子孔子立還合著《小爾雅》一書。此書是其父子二人為「訓諸生」和「教闕里」而編，是他們相繼纂集先人及自己的訓詁成果而編成的蒙訓課本[3]。該書是我國第二部

---

1 《孔叢子》卷七，《四部叢刊初編》本，第52頁。

2 《闕里文獻考》卷七十八，《孔子文化大全》本，山東友誼出版社，1989年影印，第1612頁。

3 黃懷信〈小爾雅的源流〉，《古文獻與古史考論》，濟南：齊魯書社，2003年，第50頁。

第三章 西漢其他孔家學者的學術活動和貢獻

訓詁專著，孔鮒既能著之，說明他通曉訓詁。另據我們統計，《小爾雅》所收釋的詞語，有百分之四十以上可釋於三《禮》，百分之三十左右可釋於《左傳》，近百分之二十可釋或屬於《毛詩》中語，百分之十左右為《古文尚書》中詞語。可見其作者必對三《禮》、《左傳》、《毛詩》、《古文尚書》等書有專門修治。前面說過，凡訓詁書皆是在總結歸納訓詁成果的基礎上作成，今《小爾雅》有這些內容，恰好證明《後漢書·孔僖傳》「孔家自安國下世傳《古文尚書》、《毛詩》」之說不虛，也證明孔卬確曾研治《古文尚書》及《詩》、《禮》。另外《小爾雅》釋及《公羊》、《穀梁》二傳中特有字詞，有的還屬直接取二傳之文立說。例如〈廣言〉「躋，升也。」躋字在《毛詩》等書作「隮」，唯《公羊》作躋。〈廣名〉：「宰，塚也。」《公羊傳》僖公三十三年云「宰上之木拱矣」，《穀梁傳》作「塚木拱矣」，《左傳》則作「墓木拱矣」，可見「宰，塚」之訓是通釋《公》、《穀》。〈廣名〉：「饋死者謂之賵，衣服謂之襚。」《公羊傳》隱公元年：「喪事有賵，衣被曰襚。」《穀梁傳》同年云「衣衾曰襚」，三年云「歸死者曰賵」。這些顯然是《小爾雅》此條立說之所本。〈廣言〉：「戕，殘也。」《穀梁傳》宣公十八年云：「戕，猶殘也。」〈廣詁〉：「功，事也」，亦為《穀梁傳》文公十二年文。說明其書之作必與二傳有關。可見《連叢子》所謂仲鮒「善《春秋》三傳，《公羊》、《穀梁》訓諸生」，並非虛言。所以，孔鮒的學術活動可總結為：承父業，研習《古文尚書》、《古文論語》、《毛詩》、《禮》，又善《春秋》三傳；明訓詁，訓諸生，教闕里；著《小爾雅》、《春秋公羊傳訓詁》、《春秋穀梁傳訓詁》等。

（5）孔子立　孔鮒子，孔子第十五代孫，漢成帝時代人，生卒不可考。《連叢子·敘世》云：「仲鮒生子立，善《詩》、《書》，少遊京師，與劉歆友善，嘗以清論譏貶史丹，史丹諸子並用事，為是不

仕，以《詩》、《書》教於闕里數百人。」[1]可知孔子立不同其祖上安國、驩、衍等人皆曾為博士或官仕太守，終生未仕，為清純儒者。言其「善《詩》、《書》」，正與《後漢書·孔僖傳》所言安國以下「世傳《古文尚書》、《毛詩》」相吻合。又言其與劉歆友善，劉歆《漢書》有傳，言其「少通《詩》、《書》，能屬文。後歆與父向領校秘書，見《春秋左氏傳》，歆大好之」，「歆亦湛靖有謀，父子俱好古，博見強志。」[2]劉歆欲立《左氏春秋》及《毛詩》、《逸禮》、《古文尚書》於學官，遭到當時五經今文博士反對，故義憤之下寫下聞名於世的〈移讓太常博士書〉。子立與劉歆友善，正當出於二人皆好古文經學，可謂志同道合。所以，子立為學亦必研習安國所傳《古文尚書》、《論語》、《孝經》等書。又前文已言孔驩、子立合作《小爾雅》，知子立也治諸經、明訓詁。另外我們知道，《小爾雅》中有專釋《周禮》和本《周禮》立說的文字。《周禮》藏秘府世人莫得見，至成帝發秘府始為人知。《小爾雅》釋之，亦必子立所為。因為子立既與劉歆相友善，必得近水樓臺之便。所以，子立亦當兼習《周禮》。故此可知，孔子立好古文經學，習《古文尚書》、《論語》、《孝經》、《毛詩》、《周禮》，與父合著《小爾雅》，聚徒講學，教化闕里，可謂善承家學。

（6）孔子元　孔子立之子，孔子第十六代孫。《連叢子·敘世》載：「子立生子元，以郎校書。時劉歆大用事，而子元校書七年而官不益，或譏以為不恤於進取，唯揚子云善之。」[3]《孔子世家譜》所記大同，云：「元字子元，為校書郎，時劉歆用事，七年官不益，或譏其不恤於進取，唯揚子云善之。子一健。」[4]子元既為郎而校書七年，必能博

1　《孔叢子》卷七，《四部叢刊初編》本，第52頁。
2　《漢書》卷三十六，北京：中華書局，1962年，第1967頁。
3　《孔叢子》卷七，《四部叢刊初編》本，第52頁。
4　《孔子世家譜》卷一，《孔子文化大全》本，濟南：山東友誼出版社，1990年影印，第74頁。

覽群書；「而官不益，不恤於進取」，說明其潔身自好，不趨富貴，不務功名。如此而揚雄善之，必有與揚雄人品學問相似者。《漢書・揚雄傳》載：「雄少而好學，不為章句，訓詁通而已，博覽無所不見。為人簡易佚蕩……少耆欲，不汲汲於富貴，不戚戚於貧賤，不修廉隅以徼名當世……非聖哲之書不好也；非其意，雖富貴不事也。」[1] 可見確有相似之處。尤其是「不為章句，訓詁通而已」的古文經學學風，蓋正是揚雄之所稱譽子元處。所以，子元於孔家所世傳之古文經學必有修治。也就是說，子元亦必習《古文尚書》、《論語》、《孝經》、《毛詩》等。關於子元的著述，史料未載。我們曾經提出，《孔叢子》一書，可能由子元最初編定而行世，《敍書》篇為是其當時所撰書序，並由他把《小爾雅》編入了《孔叢子》之中[2]。

可以看出，此一支世業相承，而以古文為主，是傳承和弘揚孔氏家學的主力軍。

（四）西漢時期孔家學者學術活動及家學傳承表

至此，西漢時期孔家眾學者的學術活動及家學傳承已經基本明晰，以下謹列表以示：

學者	治學與傳承	學術地位或成就	所屬代次	支系
子襄	傳家學	惠帝博士，續《孔叢子》	第九代	子襄一支
孔忠	傳家學、習古今	文帝博士	第十代	
孔臧	傳家學、習古文經書	儒家十篇、詩賦二十四篇	第十一代	孔臧一支
孔琳	博學問、傳家學		第十二代	
孔襄	傳家學、治《今文尚書》		第十一代	孔襄一支
孔子惠（忠）	傳家學	魯三老，獻古文《孝經》	第十二代	

1　《漢書》卷八十七上，北京：中華書局，1962年，第3514頁。

2　黃懷信〈《孔叢子》與孔子世系〉，《西北大學學報》（哲學社會科學版）1997年第1期。

學者	治學與傳承	學術地位或成就	所屬代次	支系
孔武	傳家學	武帝博士	第十三代	孔武一支
孔延年	治《今文尚書》	武帝博士	第十四代	
孔霸	治《今文尚書》	昭帝博士	第十五代	
孔福	習《古文尚書》	（奉夫子祀）	第十六代	
孔光	治《今文尚書》	成帝博士，《孔光集》	第十六代	
孔房	習《古文尚書》		第十七代	
孔安國	少學《魯詩》，治今古文《尚書》、《古文論語》、《古文孝經》、《毛詩》。	武帝博士，訓解《古文尚書》、《古文論語》、《古文孝經》，編集《孔子家語》。	第十三代	孔安國一支
孔卬	特善《詩》、《禮》而傳之，兼習今古文《尚書》、《古文論語》、《古文孝經》、《毛詩》，傳《孔子家語》。		第十四代	
孔衍	習今古文《尚書》、《古文論語》、《古文孝經》、《孔子家語》。	成帝《尚書》博士	第十五代	
孔驩	精《春秋》三傳，兼習今古文《尚書》、《古文論語》、《古文孝經》、《毛詩》、《周禮》。	成帝《尚書》博士著《小爾雅》、《春秋公羊傳訓詁》、《春秋穀梁傳訓詁》	第十五代	
孔子立	習《古文尚書》、《古文論語》、《古文孝經》、《毛詩》、《周禮》。	與父合著《小爾雅》	第十六代	
孔子元	習《古文尚書》、《古文論語》、《古文孝經》、《毛詩》。	編二十一篇《孔叢子》	第十七代	

二、西漢孔氏家學的學術貢獻與特點

（一）學術貢獻

西漢時期的孔家學者承襲先祖遺風、繼承家學傳統，治五經、述祖業，代代相傳，使孔門成為經學世家，對漢代儒學乃至中國學術的

發展都產生了重要影響。歸納這一時期孔氏家學的學術貢獻，主要有以下幾點：

1. 整理、保存古代典籍

西漢時期的孔家學者整理、保存古代典籍，為後世提供了彌足珍貴的文獻資料。這一貢獻，具體體現在兩個方面：

（1）對孔壁所出古書的整理。前文已言，孔壁出書是中國文化史上具有重大意義的事件。因為它發生於西漢初年「書缺簡佚」、經書遺失的文化蕭條局面之下，孔壁古書的出現，點燃了文化復興的希望之火。由於這批古書是用先秦文字所寫，當時社會上已基本是莫能識讀，其價值也難以發揮。孔安國以當世大儒、孔子後裔的身分擔當了整理、釋讀這批古書的光榮使命。他憑其通曉古文字的才能，對孔壁所出的古文《尚書》、古文《論語》等一一作了整理、隸古定的工作，而後又將原本上獻朝廷。對於這批古書的整理、釋讀，是一項具有非凡學術意義的工程。首先，孔壁古書整理、隸古定的完成，使之成為時人能夠誦讀學習的文獻，豐富了漢代學者研究的資料，緩解了當時書缺簡佚的困境，推動了文化學術的發展。其次，安國所整理的孔壁古書，與當時口耳相傳成書的今文經書相比，版本較早、資料可靠，對當時的今文經書有匡謬補缺的功用，為研究者提供了經文相對完備、準確的儒家典籍。再次，孔安國所上獻朝廷的古本藏於秘府，亦為後世學者的研究學習保存了彌足珍貴的原始文獻資料，同時也具有重要的版本校勘價值。如漢成帝時劉向校書，即以中秘《尚書》校今文各家的脫佚情況。「劉向以中古文校歐陽、大小夏侯三家經文，《酒誥》脫簡一，《召誥》脫簡二。率簡二十五字者，脫亦二十五字，簡二十二字者，脫亦二十二字，文字異者七百有餘，脫字數十。」[1]

---

1 《漢書》卷三十，北京：中華書局，1962年，第1706頁。按：筆者以為，劉向所見中秘《尚書》，即孔壁所出、安國所獻者。

說明當時已經發揮作用。

（2）《孔子家語》的編集和傳承。前文已知，《孔子家語》是孔安國「懼先人之典辭泯沒」，而根據漢初流傳的、由諸弟子各自所記「當時公卿士大夫及七十二弟子之所諮訪交相對問言語」的原簡副本而整理編集的。全書四十四篇，包括與孔子有關的各類小故事數百個、孔子語錄數百條，是現存紀錄孔子事蹟與言論最多的文獻。儘管或如孔安國〈家語後序〉所云，其非「正實而切事者」，而且「屬文下辭往往或有浮說」，不可以與《論語》相提並論，但畢竟皆傳自先秦，出之有自，有較高的可信度。所以，此書的編集，為後世研究孔子思想和儒家學說保存了豐富而寶貴的參考資料。王承略先生高度評價了《家語》的文獻價值，認為「首先，《家語》保存了某些獨一無二的文獻資料，是研究孔子、孔子弟子及先秦兩漢文化典籍的重要依據。其次，《家語》保存了比較準確可靠的文獻資料，可以對傳世的其他典籍匡謬補缺，具有足資參考利用的史料價值。復次，《家語》保存了一大批比較原始的文獻資料，有許多地方明顯地勝於其他相關古籍，具有重要的版本、校勘價值[1]。」此言或許有點誇大，但《家語》的文獻價值確實不可以忽視。如果我們能夠正確對待，必定能對孔子儒學及其弟子思想研究起到重要的輔助作用。

2. 創發古文經學

孔安國整理研究古文經典以起其家，開創了古文經學。其子孫世代傳習，對漢代古文經學的發展功不可沒，對漢代儒學的發展有顯著影響。

西漢一代，今文經學一直佔據著學術的壟斷地位，學人多為功名利祿而苦讀今文經書。但是自古文經書陸續現世以來，亦有不少學

1　王承略〈論《孔子家語》的真偽及其文獻價值〉，《煙臺師範學院學報》（哲社版），2001年第3期。

者自甘寂寞，以推動學術發展為己任，解讀研習古文經書。孔安國及其後人，就是這批學者中的傑出代表。孔壁古書現世後，孔安國便與它們結下了不解之緣。他不僅憑其通古文的才能對之進行整理、識讀，同時也對之進行基本的訓解，以傳授生徒及子孫，從而弘揚和傳承其先祖孔子的學說。其中對《古文尚書》的傳授影響最大，在西漢一代形成了明確的傳授譜系，開創了《古文尚書》學派。安國卒後，他的嫡系後裔孔卬、孔衍、孔驩等人繼其遺學，世代傳習《古文尚書》、《古文論語》、《古文孝經》、《毛詩》等古文經書，同時又不斷擴大研習範圍，兼及《春秋》三傳與《周禮》。並且在總結訓詁經驗的基礎上撰成了訓詁專著《小爾雅》，推動了後世訓詁學及經學的發展。正是由於以孔家學者為主的眾多好古學者對古文經書的不斷研讀、訓釋，古文師法逐步形成，古文經學在西漢末期才正式興起，並登上學術的舞臺，而與今文經學抗衡。從一定意義上說，孔氏家學可謂是古文經學產生的重要源頭之一。古文經學產生後，其樸實的學風、實事求是的研究方法，得以矯正今文經學繁瑣與神秘化的缺點，推動漢代學術及儒學積極地向前發展。

3. 奠定後世古文經典的研究基礎

前文已知，西漢時期孔家學者自孔安國整理訓解古文《尚書》、古文《論語》及古文《孝經》而傳之，以下世代傳習。在世代傳習的過程中，逐漸形成和完善成為後世所傳的《古文尚書孔傳》、《古文論語訓解》、《古文孝經孔傳》。而正是這三部書，成為後世研習《尚書》、《論語》、《孝經》三部經典的最重要參考文獻。《古文尚書孔傳》被保留在《尚書正義》及《十三經注疏》之中，迄今被人珍愛。《古文論語訓解》原本雖佚，而何晏《論語集解》收其四百餘條，占全書約三分之一，幾近其餘七家（除何晏）之總合，足見其對《論語》研治有重要價值。《古文孝經傳》被收在《四庫全書》之中，也是迄今治《孝經》不可廢之作。可見三書是研治三經的奠基之

作，在中國經學史上有重要的地位。

另外，由孔卬、孔子立父子所編撰的《小爾雅》一書，作為我國第二部訓詁專書，是一本具有較高訓詁價值和文獻價值的古典辭書。該書對研究語言、研讀古文獻、考據典制名物、資訂其他典籍或傳注的錯誤，都十分有用。同時，在中國語文史和辭書史上也具有相當高的地位，並且產生了深遠的影響。因為它是繼《爾雅》之後，對漢語詞彙進行的又一次較為系統的整理和總結，補充輯錄了《爾雅》未收或在其之後出現的詞彙，對於繼承前代文化遺產和發展後世文化都有重要意義。在中國辭書史上，《小爾雅》它是一部繼往開來的著作，因為它第一次擺脫了《爾雅》原書而另起爐灶，並從方法上啟導了後世辭書尤其是諸雅的撰集，比如張揖的《廣雅》，就是直接受其影響。其對詞義的訓釋，也往往為後世辭書編撰所借鑒或述錄。

（二）治學特點

1. 兼治今古文

儒家經典是中國歷史文化與孔子思想和儒家學說的載體。在西漢「儒學定為一尊」後，諸多儒學大師各自從不同角度、層次，闡發釋讀儒家經典，使儒學進一步充實、豐富和發展。而這一時期的孔家學者們肩負著傳承家學、弘揚祖業的光榮使命，研習、釋讀儒家典籍更是他們責無旁貸的首要任務。在當時普遍只治今文、且專攻一經的學風與學術環境下，孔氏家學卻呈現出今古文兼治、並同時研習多部經書的鮮明特點。這一特點，集中體現在孔安國及其後人身上。首先，孔安國本人精通今文《尚書》，為《書》學博士，又從申公學習《魯詩》。同時，他又整理傳授古文《尚書》、古文《論語》及古文《孝經》，還向弟子及子孫傳授《毛詩》，成為當時兼通今古文經學的一代大儒。安國後人孔卬、孔衍、孔驩、孔子立等人繼承安國遺學，治學亦涉獵廣泛。所治之書，包括《尚書》、《禮》、《詩》、《春

秋》三傳、《論語》、《孝經》，幾乎涵蓋了除《易》之外的全部儒家經典。這與當時的其他經學世家形成鮮明的對照。如當時聞名於世的歐陽家學，自漢初歐陽生事伏生習今文《尚書》，以後其家族即以《尚書》歐陽學代相授受，傳至八世孫歐陽歙，仍專治《尚書》一經。相形之下，即可以看出孔氏後人之學的特色，他們不僅僅只為功名利祿而治今文經學，更重要的是他們相容並包、廣泛涉獵，以求通過對儒家經典的全面研習來傳承和發展祖先之業。

2. 以《書》學、《詩》學為傳承主線

孔氏家學雖有涉獵廣泛、兼通五經、相容並包的特點，但也有其一以貫之的主線，即世代傳承不斷並以之為最主要研治對象的經典。前文已知，孔家學者自孔騰為惠帝博士，以下孔忠為文帝博士，孔武及延年、安國為武帝博士，孔霸為昭帝博士，孔光、孔驩、孔衍為成帝博士，皆治《尚書》。又自孔安國以下，世代兼習《毛詩》。可見《詩》、《書》是孔家學者傳承的主線，《書》學、《詩》學在孔氏家學中占有特殊而重要的地位。這一特色，明顯是繼承了孔子重《詩》、《書》的遺教。眾所周知，《尚書》中蘊含著豐富的教化思想，孔子整理《尚書》，將之作為孔門教學的教科書。《詩》雖未必由孔子刪定，但孔子重《詩》則是人所共知的事實。《論語》等文獻中孔子與人語，動輒言「《書》曰」、「《詩》云」，就是明證。再如《論語・述而》載「子所雅言，《詩》、《書》」，《孔子家語・弟子行》記衛將軍文子問於子貢曰「聞孔子之施教也，先以《詩》、《書》」[1]，《孔叢子・雜訓》言「故夫子之教，必始於《詩》、《書》」[2]。《韓詩外傳》卷七載：「孔子困於陳蔡之間，即三經之席，七日不食，藜羹不糝，弟子有饑色，讀《詩》、《書》，

---

1 《孔子家語》卷三，《四庫全書》第695冊，上海：上海古籍出版社，1987年影印本，第28頁。
2 《孔叢子》卷二，《四部叢刊初編》本，第34頁。

習禮、樂不休。」[1]另外《孔叢子》有〈論書〉篇，〈記義〉篇有論《詩》，內容皆孔子關於《詩》、《書》的言論，足見孔子對《詩》、《書》的重視。孔家學者世代研治《尚書》、《毛詩》，無疑是秉承了孔子的傳統。特別值得一提的是，孔家學者對《尚書》是既治古文，也治今文。如孔延年、孔霸、孔光祖孫三人皆傳大夏侯今文《尚書》，而孔安國、孔卬、孔衍等人世代傳習孔壁古文《尚書》，兼治今文《尚書》。這無疑為後世今古文《尚書》的合璧創造了條件。傳世孔傳本五十八篇《尚書》，無疑相容了今古文的精華。

3. 支系傳承各有特色

從上文對孔家學者學術活動的考述中可知，在西漢時期，孔氏家學的傳承主要集中在小子（舊誤中子）之後孔武、孔安國二支，二支又明顯各具特色。

孔武一支，學者主要有孔延年、孔霸、孔光三人。他們同時又是朝廷權臣，官位顯赫。所以，在治學上也頗隨時尚，其家學以立於官學的今文《尚書》為主，而對於孔壁古書幾乎沒有涉及。孔安國一支學者眾多，其中安國、孔卬、孔衍、孔驩等雖為朝廷博士，但並未仕為權臣，而以治學為主，所以他們涉及範圍廣泛，而且以古文經學為主。如孔卬特善《詩》、《禮》，孔驩精《春秋》三傳，子立善《詩》、《書》。他們數代傳承、研習不絕的是孔安國所傳承的《古文尚書》、《古文論語》、《古文孝經》和《毛詩》等古文經書，偏重於古文經學。或許正是由於他們重古文經學，所以才未得為權臣；而孔武一支正由於重今文經學，所以才得為權臣。總之孔武、孔安國兩支雖同是孔氏後裔而傳承家學，但在具體的傳承上又存在明顯的區別。這種區別既有對今文或古文治學旨趣的不同，又有治學範圍大小的差異。由此不難看出，西漢孔氏家學呈現著以支系為脈絡的傳承特徵。

---

1 《韓詩外傳集釋》卷七，北京：中華書局，1980年，第242頁。

結語

通過本篇考述我們知道：孔子當年，對兒子孔鯉和孫子子思都有家教，是後世孔氏家學的源頭。自子思以下，孔家子孫就有傳承祖業，弘揚經典的習慣。在傳承和弘揚經典的同時，他們，包括子思、子高、子順、子魚等人，還著書立說，傳遺後人。他們的著述，或者繼承發展孔子的儒學思想，或者彙集祖輩特別是孔子的「嘉言懿行」。在撰著之中，他們還注重維護祖宗的聲譽與形象。並且「世業不替」，樹立了孔氏家學世代相承的傳統，成為西漢孔氏家學興起的歷史淵源。

西漢時期，尊崇儒學的社會環境和經學興盛的學術氛圍，為孔氏家學的復興提供了有利的社會條件和精神動力。孔子十二代孫孔安國，正是在這種環境之下，「懼先人之典辭將遂泯沒」，於元封年間首先撰集了四十四篇本的《孔子家語》。

關於孔安國的身世，可以確定他是子順小子子文之後，而非《史》、《漢》所記為中子子襄之後；孔臧為安國祖父孔襄之兄，而非《孔叢子》等所謂為安國之從兄。一個過硬的證據，就是孔臧長孔安國五十餘歲。安國若為中子子襄之孫，孔臧若為小子之孫，必不能有此現象。這樣一來，傳統以來所排列的孔子世系，也就完全改變了面貌。

發生於建元二年（西元前139年）至元朔元年（西元前128年）間的孔壁出書，又為西漢孔氏家學的復興創造提供了書籍條件。孔安國於天漢（西元前100—97年）以後悉得孔壁之書，並分別對其中的《尚書》、《論語》進行了整理、隸古定和訓解。《史記》和《小爾雅》的材料，真實地證明了孔安國當年確曾作有《尚書孔傳》之初本。而《尚書孔傳》與《論語孔注》的雷同訓詁，以及《小爾雅》的材料，同樣證明孔安國當年確曾作了《論語孔注》。其中偶有不同，又說明

今本之中確有後人手筆。而《小爾雅》的材料本身又說明，孔安國子孫孔驩、孔子立等人，確曾傳知《尚書孔傳》及《論語孔注》，可見確成家學。而且今本《尚書孔傳》及《論語孔注》之中，應當不無他們的手筆。

孔安國雖對古文《孝經》不曾整理隸定，但同樣也作過訓解。只是在流傳過程之中，其文字也經過了後人改造。一個「傳」字，也恰好說明了這一點。

總之，西漢時期孔家學者眾多、成就顯著。其中孔安國一支，既是傳承孔氏家學的主力軍，更是古文經學的創發與直接傳承者。他們不僅整理、保存古代典籍，創發了古文經學，而且奠定了後世古文經典的研究基礎。他們以兼治今古文而尤重古文為治學特點，而且始終以《書》、《詩》之學為傳承主線，正秉承了孔子以來的儒教傳統。

中：東漢篇

緒言

　　自孔子創立儒家學說之後，儒學開始沿著兩條線索向前發展，一條由眾多弟子及後儒將之推向社會，發展到漢代武帝時，一躍而為官學，成為封建社會的主流意識形態。這是2500年來儒學發展的一條主線。另一條，就是由孔子後裔世代相承的孔氏家學。孔氏家學對儒學發展的主線起著輔助和支撐作用,在中國學術史上具有重要意義。由於受《孔叢子》、《孔子家語》和《尚書孔傳》「偽書」公案及疑古思想的影響，長期以來人們對孔氏家學尤其是東漢時期的孔氏家學缺乏深入研究。

　　20世紀70年代以來，隨著出土文獻的不斷湧現，逐漸改變了人們對「偽書」的認識。1987年李學勤先生發表〈竹簡《家語》與漢魏孔氏家學〉一文，提出了「《孔叢子》一書可以說是孔氏家學的學案」的論斷，認為「《孔叢子》很可能陸續成於孔安國、孔僖、孔季彥、孔猛等孔氏學者之手，有著很長的編纂、改動、增補的過程,是漢魏孔氏家學的產物」，並率先使用「漢魏孔氏家學」之名 [1]。同年稍早，

1　李學勤〈竹簡《家語》與漢魏孔氏家學〉，《孔子研究》1987年第2期。

筆者發表〈《孔叢子》的時代與作者〉一文，文中逐篇分析了《孔叢子》的材料來源，論證《孔叢子》為孔子後裔數代人的作品，而非王肅偽造，並認定孔扶（孔仲淵）是今傳本《孔叢子》的最後編訂者，將最終編訂時間推定在「東漢桓帝永康元年（西元167年）至靈帝建寧元年（西元168年）之間[1]」。開始了對東漢孔氏家學的實質性研究。自此，人們對孔氏家學的研究逐漸升溫，對《孔叢子》的研究也有新的進展。1991年，筆者發表〈《小爾雅》的源流〉一文，論定今作為《孔叢子》第十一篇的《小爾雅》為孔安國之孫孔驩及其子孔子立二人相繼完成，確為孔家作品[2]。上博楚簡材料面世後，為《孔叢子》研究提供了新的資料，李存山先生根據上博簡中的《孔子論詩》與《孔叢子·記義》中孔子論詩的材料，通過比勘認為《孔叢子》六卷當出自漢魏孔氏家學[3]。這些論著，可以說為東漢孔氏家學研究奠定了基礎。

東漢時期的孔氏家學，淵源有自。《漢書·孔安國傳》載：「孔氏有古文《尚書》，孔安國以今文字讀之，因以起其家。」《後漢書·孔僖傳》載：「自安國以下，世傳《古文尚書》、《毛詩》。……僖二子長彥、季彥，長彥好章句學，季彥守其家業。」《後漢書·孔昱傳》載：「孔昱字元世，魯國魯人也……少習家學。」《孔叢子·連叢子下》載：「長彥、季彥家有先人遺書，兄弟相勉，諷誦不倦。長彥頗隨時為今學，季彥壹守家業，兼修《史》、《漢》，不好諸家之書。」[4] 這些都是研究東漢孔氏家學的重要依據。本篇將以之為線索，結合其他文獻記載及石碑和出土文獻，對東漢時期的孔氏家學及《孔叢子》一書真偽問題進行全面清理。當然，首先還是要從孔子後裔的世系開始。

---

1 黃懷信〈《孔叢子》的時代與作者〉，《西北大學學報》（哲學社會科學版）1987年第1期。
2 黃懷信〈《小爾雅》的源流〉，《古籍整理與研究》第六輯，北京：中華書局，1992年。
3 李存山〈《孔叢子》中的「孔子詩論」〉，《孔子研究》2003年第3期。
4 《孔叢子》卷七，《四部叢刊初編》本，第52頁。

第四章 東漢時期的孔氏家學

一、東漢時期的孔子後裔世系

既然是研究東漢的孔氏家學，必然先要理清東漢孔子世系中的人物及人物關係，然後方可能明確他們的學術傳承。

有關東漢孔子世系的材料，除上篇所提各種書籍文獻之外，還有洪適《隸釋》、《隸續》所錄存的部分漢碑，以及今山東曲阜所存的部分漢碑。今參酌各書與漢碑資料，對東漢孔子世系即孔子第十八代至第二十二代後裔的世次重新進行考排，仍以子順三子為序，以承接西漢孔子世系。

（一）子魚之後

孔鮒子魚的後裔，上篇排至孔弘，為孔家第十八代。據《漢書・王莽傳》：王莽始建國元年，「殷後宋公孔弘運轉次移，更封為章昭侯[1]」。《後漢書・光武帝紀》載：建武五年二月壬申，「封殷後孔安為殷紹嘉公」[2]。同為「殷後」，則孔安必為孔弘後人。王莽始建國元年（西元9年）去建武五年（西元29年）20年。所以，孔安當為孔弘

---

1 《漢書》卷九十九中，北京：中華書局，1962年，第4105頁。
2 《後漢書》卷一上，北京：中華書局，1965年，第38頁。

之子。安之後裔不可考。然則長子孔鮒一支在東漢的世系，就只能排到第十九代孔安。《孔子世家譜》將孔安列為十六代孫，當非。

（二）子襄之後

上篇已知，前人自司馬遷，將子順中子孔騰子襄與〈家語後序〉所載之孔箕次子名襄字子士後名讓者誤成一人，又將孔騰子襄之子孔忠與孔箕次子孔襄之子子忠誤成一人，遂使實為小子子文之後的孔武與孔安國兩支均成了中子子襄之後。所以一直以來，孔武與孔安國兩支在東漢的後裔也均列為中子之後。如果將此錯誤糾正過來，中子之後實際上自孔忠以下就已無考。

（三）子文之後

小子子文長孫孔臧一支，到西漢孔子十三代孫孔宣以後，世系已不可考。《闕里文獻考》記：「宙字季將，先聖十九代孫，六世祖黃，見《太常蓼侯臧傳》。黃子及孫失考。其曾孫尚為巨鹿太守，生疇。」[1]潘相《乾隆曲阜縣志》也載孔尚為孔黃曾孫。今考孔黃為孔子十二代孫，其曾孫則是十五代孫。《三國志·崔琰傳》裴注云：「融，孔子二十世（不數孔子實二十一世）孫也，高祖父尚，巨鹿太守。」[2]孔融既為二十一代孫，其高祖父尚自然就是十八代孫。此兩處所記載的「巨鹿太守」應該是同一個人，《後漢書·孔融傳》已明言孔融「七世祖霸」，則孔尚自當為孔霸的後裔，而非孔黃的後裔。《闕里文獻考》及《乾隆曲阜縣志》當誤。

又《連叢子·敘世》篇云：「臧子琳……琳子黃，其德不修失侯爵，大司徒光以其祖有功德而邑土廢絕，分所食邑三百戶封黃弟茂關內侯。茂子子國生子卬……子卬生仲驩……仲驩生子立，善《詩》、《書》。少遊京師，與劉歆友善……子元生子建，與崔義幼相善，長

1　《闕里文獻考》卷八十九，《孔子文化大全》本，濟南：山東友誼出版社，1989年影印，第1787頁。

2　《三國志》卷十二，北京：中華書局，1982年，第379頁。

相親也。義仕王莽為建新大尹，數以世利勸子建仕。子建答曰『吾有布衣之心，子有袞冕之志，各從所好，不亦善乎！』」[1]此處提及的子國，很明顯就是孔安國。因而我們在〈《孔叢子》與孔子世系〉一文中曾指出：「孔臧之孫孔茂既與孔光同時，則已是劉歆同時人，而下云茂四代孫子立與劉歆友善，已經是不可能之事，再下又記子立之孫子建不仕於莽，祖孫七代均與王莽同時，顯然是荒唐的。」[2]這足以證明，《敘世》篇將子國敘為孔茂之子是錯誤的。根據以上的分析，孔臧一支在第五代就已失載，因而東漢時此支世系亦不可考。

那麼，子文之後，就只剩下孔襄之後，即孔武和孔安國二支。而孔武一支，到三代孫孔霸又有四子，分為四支。《漢書·孔光傳》載：「霸四子，長子福，嗣關內侯；次子捷、捷弟喜，皆列校尉諸曹；光，最少子也。」[3]孔光、孔喜後裔文獻無載，世系不可考，可考者唯長子孔福、次子孔捷二支。以下分別考之：

1. 孔霸長子孔福一支

孔福一支，上篇已序至第十八代孔房之子孔莽。《漢書·孔光傳》載：「元始元年，莽更封為褒成侯，後避王莽，更名均。」[4]《後漢書·光武帝紀》載，建武十四年「夏四月辛巳，封孔子後志為褒成侯。[5]」建武十四年（西元38年）去元始元年（西元1年）三十八年，則孔志當為孔均即孔莽之子。《後漢書·孔僖傳》亦載：「初，平帝時王莽秉政，乃封孔子後孔均為褒成侯，追諡孔子為褒成宣尼。及莽敗，失國。建武十三年，世祖復封均子志為褒成侯。」[6]可見基本一致。〈孔僖傳〉又載：「志卒，子損嗣，徙封褒亭侯。損卒，子曜

1 《孔叢子》卷七，《四部叢刊初編》本，第52～53頁。
2 黃懷信〈《孔叢子》的時代與作者〉，《西北大學學報》（哲學社會科學版）1987年第1期。
3 《漢書》卷八十一，北京：中華書局，1962年，第3353頁。
4 《漢書》卷八十一，北京：中華書局，1962年，第3365頁。
5 《後漢書》卷一下，北京：中華書局，1965年，第63頁。
6 《後漢書》卷七十九上，北京：中華書局，1965年，第2563頁。

嗣。曜卒，子完嗣。世世相傳，至獻帝初，國絕。」[1]然則本支在東漢一代的世系當為：

志→損→曜→完

分別為第十九代至第二十二代。

又《世家譜》云：「（志）子三，損、澍、恢。」[2]知孔志有三子。孔澍、孔恢，又見《魯相韓勅造孔廟禮器碑》，該碑陰捐貲者題名有「守廟百石魯孔恢聖文」、「故從事魯孔樹（澍）君德」[3]，可見確有其人，《世家譜》之文當有所據。

又《孔廟置守廟百石孔龢碑》有「孔子十九世孫孔麟廉請置百石卒史一人[4]」，知孔澍有子麟廉，為孔子十九代（實第二十代）孫。故《世家譜》亦云：「澍，字君德……子一，麟廉。」又《世家譜》所排此支十九代孫尚有孔欣、孔旭等人，不知所出。

又《世家譜》記：孔曜「字君曜，漢安帝延光三年嗣襃亭侯，年六十四卒。子三：完、贊、文。」[5]《孔氏祖庭廣記》記：「耀襲封襃亭侯，食邑一千戶。生完。」[6]此處「孔耀」即《後漢書·孔僖傳》之「孔曜」。知孔曜有三子：完、贊、文，為孔子第二十一代孫。

孔完為孔曜之子見於《後漢書·孔僖傳》，沒有疑問。《孔氏祖庭廣記》又記：「完襲封襃亭侯，食邑一千戶。早亡，無嗣。」[7]既

---

1 《後漢書》卷七十九上，北京：中華書局，1965年，第2563頁。

2 《孔子世家譜》卷一，《孔子文化大全》本，濟南：山東友誼出版社，1990年影印，第75頁。

3 《隸釋》卷一，北京：中華書局《隸釋、隸續》本，1986年，第19頁。

4 《隸釋》卷一，北京：中華書局《隸釋、隸續》本，1986年，第18頁。

5 《孔子世家譜》卷一，《孔子文化大全》本，濟南：山東友誼出版社，1990年影印，第75頁。

6 《孔氏祖庭廣記》卷一，《孔子文化大全》本，濟南：山東友誼出版社，1989年影印，第65頁。

7 《孔氏祖庭廣記》卷一，《孔子文化大全》本，濟南：山東友誼出版社，1989年影印，第65頁。

襲封，則其為長子可知。孔贊又見於《史晨饗孔廟後碑》，稱「守廟百石孔贊、副掾孔綱、故尚書孔立元世、河東太守孔彪元上、處士孔褒文禮[1]」。可見《世家譜》完、贊、文為兄弟的記載是可信的。

綜合以上所考，孔福一支在東漢的可考世系當為：

孔志→孔損→孔曜→孔完、孔贊、孔文

　　→孔樹→孔麟廉

　　→孔恢

又《孔子世家譜》載：「（孔福）漢成帝時嗣關內侯，年六十三卒，葬祖墓北。子二，房、某。」[2]又：「某，子一，尚。」知孔福另有一子孔某，生尚。以輩次，孔尚當為孔子十七代孫。《三國志·崔琰傳》裴注云：「融，孔子二十（實二十一）世孫也，高祖父尚，巨鹿太守。」[3]二十一世孫之高祖，即十七代，與上孔尚為第十七代正合，所以，《世家譜》之載當可信。可知孔尚之四代孫有孔融。

又《後漢書·孔融傳》載：「孔融字文舉，魯國人，孔子二十（實二十一）世孫也，七世祖霸……父宙，太山都尉。」[4]知孔融為孔宙之子，孔霸七世孫。

又《博陵太守孔彪碑》記：「君諱彪，字元上，孔子十九（實二十）世之孫，穎川君之元子也。」[5]可知孔彪為孔宙之兄，同為孔子二十代孫。《闕里文獻考》記：「宙字季將，先聖十九（實二十）代孫，六世祖黃，見《太常蓼侯臧傳》。黃子及孫失考。其曾孫尚為

1　《隸釋》卷一，北京：中華書局《隸釋、隸續》本，1986年，第24頁。
2　《孔子世家譜》卷一，《孔子文化大全》本，濟南：山東友誼出版社，1990年影印，第74頁。
3　《三國志》卷十二，北京：中華書局，1982年，第370頁。
4　《後漢書》卷七十，北京：中華書局，1965年，第2261頁。
5　《隸釋》卷八，北京：中華書局《隸釋、隸續》本，1986年，第96頁。

巨鹿太守，生疇，疇為陳相，生賢，賢生三子。長即宙。次翊，字元世。次彪，字元上。」[1]巨鹿太守，即孔尚。而這裡的「黃」，顯然應是「某」子之誤。因為孔黃為孔琳之子、孔臧之孫，為第十三代。「某」與「黃」字形相似，故相誤。《闕里文獻考》不知，誤將孔宙排為孔黃之後，又誤以孔彪為孔宙之弟。排除此誤，則孔福次子孔某至孔宙已經清楚：某生尚，尚生疇，疇生賢，賢生三子彪、宙、翊。就是說此支中孔子二十代孫有孔彪、孔宙、孔翊，十九代孫為孔賢，十八代孫為孔疇。

又《三國志‧倉慈傳》有「濟南相魯國孔乂」，裴松之注曰：「案《孔氏譜》，孔乂字元儁，孔子之後。曾祖疇，字元矩，陳相。漢桓帝立老子廟於苦縣之賴鄉，畫孔子像於壁；疇為陳相，立孔子碑於像前，今見存。乂父、祖皆二千石，乂為散騎常侍，上疏規諫，語在《三少帝紀》。至大鴻臚。子恂，字士信，晉平東將軍、衛尉也。」[2]知孔乂和孔融的曾祖同為孔疇，則孔乂當為孔子二十一世孫；《乾隆曲阜縣志》云「彪子乂」，當可信。而乂子孔恂，時已屬晉。

關於孔宙之後，《漢故豫州從事孔褒碑》載：「君諱褒，字文禮，孔子二十世（實二十一世）之孫，泰山都尉之元子也。」[3]泰山都尉即孔宙，知孔褒為孔宙之長子。《孔子世家譜》等書將孔褒列為孔宙第三子，當誤。又《孔謙碣》載：「孔謙字德讓者，宣尼公廿世孫都尉君之子也。」[4]知孔謙亦為孔宙之子。又引《孔融別傳》記：「宙有七子，融之次第六。」[5]《乾隆曲阜縣志》又云：「宙子七人，

---

1 《闕里文獻考》卷八十九，《孔子文化大全》本，濟南：山東友誼出版社，1989年影印，第1787頁。

2 《三國志》卷十六，北京：中華書局，1982年，第513、514、515頁。

3 駱承烈《石頭上的儒家文獻》，濟南：齊魯書社，2001年，第45頁。

4 《隸釋》卷六，北京：中華書局《隸釋、隸續》本，1986年，第76頁。

5 《隸釋》卷六，北京：中華書局《隸釋、隸續》本，1986年，第76頁。

傳者五：曰晨、曰謙、曰褒、曰昱、曰融。」[1]結合上《漢故豫州從事孔褒碑》所載，孔宙可知之五子的長幼次序實應是：孔褒、孔晨、孔謙、孔昱、孔融。五人為孔子二十一世孫、孔家第二十二代。

孔翊之後無考。

據上可知，孔福次子一支在東漢世系為：

孔尚→孔疇→孔賢→→孔彪→孔乂

　　　→孔宙→孔褒、孔晨、孔謙、孔昱、孔融

　　　→孔翊

2. 孔霸次子孔捷一支

《連叢子・敘世》篇云：「（孔）奇為褒成君次儒（孔霸）第二子（孔捷）之後。」[2]知孔奇為孔捷之後。上篇已知孔捷之子為孔永。以時代，孔奇當是孔捷之孫。又《後漢書・孔奮傳》載：「孔奮字君魚，扶風茂陵人也。曾祖霸，元帝時為侍中。」又云：「弟奇，遊學洛陽。……奇博通經典，作《春秋左氏刪》。奮晚有子嘉，官至城門校尉，作《左氏說》云。」[3]知孔奮有子孔嘉。孔奮與孔奇為兄弟，均孔霸曾孫，可見確當為孔捷之孫。如此，則孔嘉為第十九代。

孔嘉以下，《孔子世家譜》列孔龢、孔扶（仲淵）。《乾隆曲阜縣志》亦云：「孔龢，嘉之子也……子扶。」[4]均以孔龢、孔扶為父子，分別為第十八代和第十九代。考洪適《隸續》卷十一有《司空孔扶碑》，碑文載：「〔扶，孔〕子十九世之孫。公始即位……疾病卒

1　《乾隆曲阜縣志》卷七十六，《中國地方誌集成・山東府縣專輯》本，南京：鳳凰出版社，2004年影印，第460頁。
2　《孔叢子》卷七，《四部叢刊初編》本，第55頁。
3　《後漢書》卷三十一，北京：中華書局，1965年，第1098～1099頁。
4　《孔子世家譜》卷七十五，《孔子文化大全》本，濟南：山東友誼出版社，1990年影印，第459頁。

官，有子男二人（闕）。」注曰：「碑云孔子十九世孫，則泰山都尉宙、河東太守彪、臨晉令僖之從昆弟也。」[1] 碑文明言孔扶為孔子十九世（實第二十代）之孫，所以洪注謂為宙、彪、僖之從昆弟。如此，則孔龢為十八代（實第十九代）孫似亦不誤。

至於《連叢子·敘世》所載「（孔奇）雅好儒術，淡忽榮祿……著書未畢，而早世不永。宗人子通痛其不遂」之宗人子通，嚴可均《全後漢文》謂為「太師孔光族曾孫[2]」，以代系當不誤，然不知所出。

如此，孔捷一支到東漢的世系也就只能排至：

孔奮→孔嘉→孔龢→孔扶

3. 孔安國一支

孔安國一支，上篇已序至第十八代子建。又《連叢子·敘世》載：

光武中興……是時闕里無故荊棘叢生……府君大驚，謂子建曰……子建生仁，以文學為議郎博士，南海太守。生子豐。……子豐生子和。[3]

《連叢子下》載：

（子和）二子長曰長彥……次曰季彥。季彥……年四十有九，延光三年十一月丁丑卒。[4]

---

1 《隸續》卷十一，北京：中華書局《隸釋、隸續》本，1986年，第392頁
2 嚴可均《全後漢文》卷二十九，第635頁。
3 《孔叢子》卷七，《四部叢刊初編》本，第53～54頁。
4 《孔叢子》卷七，《四部叢刊初編》本，第59～68頁。

子和即 《後漢書》 之孔僖。如此，孔安國一支在東漢的世系即可排為：

子建→子仁→子豐→子和→長彥、季彥

（四）東漢孔子後裔世系表

上節考排，可以列為下表。為了明確所自，特從第十六代排起：

	孔安國之後	孔武、孔霸之後	子魚之後
第十六代	子立　捷	福	吉
第十七代	子元　永	某　　房	何齊
第十八代	子建　奇　奮	尚　　莽	弘
第十九代	子仁　？　嘉	疇　　志	安
第二十代	子豐　穌	賢　　恢澍損	？
第二十一代	僖　扶　翊	宙　　彪	鱗廉曜
第二十二代	季彥　長彥　？　？	融昱謙晨襃　乂	文贊完

二、東漢時期的孔氏家學

（一）知名學者及其學術傳承與貢獻

上篇已知，孔子後裔到第八代始有三子：長子孔鮒、中子孔騰、小子孔衻，分為三支。至東漢，長子一支雖有人物可考，但無學術活動。中子一支，實際上亦不可考。故此，東漢孔氏家學和學術傳承的研究，只能限於小子子文一支。而本支自孔臧之弟孔襄之孫又分為孔武與孔安國兩個分支。其中孔武一支兩傳至霸有四子，霸長子福又有二子：長子三傳又有三子，次子四傳有三子，其中子宙又有五子。所

以情況較為複雜。以下先分別考察孔霸之四子及其後裔之學術活動。

1. 孔霸長子孔福之後

孔福長子孔房一支世奉夫子祀，學術活動無多，傳承亦不可考。可考者為次子孔某之後，包括孔尚、孔疇、孔賢、孔彪、孔宙、孔翊、孔褒、孔謙、孔昱、孔融、孔乂共五代十一人。以下分別考之。

（1）孔尚 孔福之孫、孔疇之父，孔子十七代孫，曾任巨鹿太守（見前引《三國志‧崔琰傳》裴注）。學術事蹟雖無考，然既為郡太守，則必為有學之士。其子孔疇尊崇孔子（詳下），必受其影響。所以，孔尚必有家學。其父孔某事蹟雖無傳，但其曾祖孔霸治今文《尚書》為昭帝博士，祖父孔福亦承之。如此，則孔尚家學亦當有今文《尚書》之學。

（2）孔疇 字元矩，孔福曾孫、孔尚之子，孔子十八代孫。事蹟唯見前述裴松之《三國志注》所引《孔氏譜》，言「漢桓帝立老子廟於苦縣之賴鄉，畫孔子像於壁；疇為陳相，立孔子碑於像前」。如此尊崇孔子，必於孔學有所修治。而為相本身，也說明其必為有學之士。所以，其亦當傳家學，治經典。

（3）孔賢 孔福玄孫、孔疇之子，孔彪、孔宙之父，孔子十九代孫。《博陵太守孔彪碑》言彪為「潁川君之元子[1]」，則其或任潁川郡守之職。《泰山都尉孔宙碑》（今存曲阜孔廟東廡）言孔宙「少習家訓，治《嚴氏春秋》[2]」，則其有家學可知，而且至少應治《嚴氏春秋》。《嚴氏春秋》，指宣帝時博士嚴彭祖所傳《公羊春秋》，所以又稱《嚴氏公羊春秋》，屬今文學。

（4）孔彪 孔賢長子，孔子二十代孫。《博陵太守孔彪碑》載：「君諱彪，字元上，孔子十九世（實第二十世）之孫，潁川君之元子

---

1 《隸釋》卷八，北京：中華書局《隸釋、隸續》本，1986年，第96頁。

2 《隸釋》卷七，北京：中華書局《隸釋、隸續》本，1986年，第81頁。

也。君少履天姿自然之正，帥禮不爽，好惡不愆，孝忠度忠，修身踐言，龍德而學，不至於穀，浮游塵埃之外。……郡將嘉其所履，前後聘召，蓋不得已，乃翻爾束帶，弘論窮理：直道事人，仁必有勇，可以託六；授命如毛，諾則不宿，美之至也，莫不歸服。舉孝廉，除郎中博昌長……拜尚書侍郎……拜治書御史，膺皋陶之廉恕。（缺）博陵太守……遷下邳相、河東太守。……四十九，建寧四年（西元171年）七月辛未〔卒〕。」[1]《闕里文獻考》卷八十九略同，當本之。可知其本浮游塵外之學士，不得已而為官。碑文雖未明言其治何經，但載其所論道，則皆出《論語》。又碑文「膺皋陶之廉恕」以下，又言「五教以傳」、「消四凶」、「尚桓桓」等，皆出《尚書》，雖出門生故吏筆下，但必與彪有關。據此，則其必精《論語》、治《尚書》。此無疑亦與其父孔賢之「家訓」有關，可見是傳家學。建寧四年為西元171年，既享年四十九，則生年當為西元123年，即安帝延光二年。

（5）孔宙　孔賢中子、孔融之父，孔子二十代孫。事蹟主要見於有名的《泰山都尉孔宙碑》（今存曲阜孔廟東廡）。碑云：「君諱宙，字季將，孔子十九世（實第二十世）之孫也，天姿醇嘏，齊聖達道，少習家訓，治《嚴氏春秋》。……德音孔昭，遂舉孝廉，除郎中、都昌長……遷元城令……年六十一，延熹六年正月乙未〔卒〕。……於是故吏門人乃共陟名山，采嘉石，勒銘示後云。」[2]《孔子世家譜》大同，當本之。該碑陰、碑側記門生故吏名，凡有門生42人，門童1人，弟子10人，故吏8人，故民1人，總62人之多。知其終身仕宦，多有門生、故吏。洪適自注曰：「親受業則曰弟子，以久次相傳授則曰門生。未冠則曰門童，總而稱之亦曰門生。舊所治官府，其掾屬則曰故吏，占籍者則曰故民，非吏非民則曰處士。」[3]說明孔宙是當時的著

1　《隸釋》卷八，北京：中華書局《隸釋、隸續》本，1986年，第96～97頁。
2　《隸釋》卷七，北京：中華書局《隸釋、隸續》本，1986年，第81～82頁。
3　《隸釋》卷七，北京：中華書局《隸釋、隸續》本，1986年，第83頁。

第四章 東漢時期的孔氏家學

名學者，在經學傳授方面有不少弟子，這無疑也與家學深厚有關。延熹六年為西元163年，既享年六十一，則其生年當為西元103年，即和帝永元三年。

（6）孔翊　孔賢第三子、孔宙之弟，孔子二十代孫。《闕里文獻考》卷八十九載：「孔翊，字元世，舉孝廉，為御史，中牟令，拜尚書。」[1] 知孔翊字元世。又《魯相韓勅造孔廟禮器碑》有「御史孔翊元世[2]」。而《史晨饗孔廟後碑》又有「故尚書孔立元世[3]」。此二碑分別立於永壽二年（西元156年）和建寧元年（西元167年），相去僅十一年，孔家不會有兩個同字元世之人。所以，「御史孔翊」應當就是「故尚書孔立」，可見《闕里文獻考》謂孔翊為御史、拜尚書的記載是可信的。又《乾隆曲阜縣志》記：「翊舉孝廉，為御史中牟令，拜尚書史郎，轉治書御史。出為博陵太守，遷下邳相，河東太守。」[4] 顯然是誤以孔彪事蹟冠之於孔翊（據《博陵太守孔彪碑》可知）。

（7）孔褒　孔宙長子，孔子二十一代孫。事蹟主要見於《漢故豫州從事孔褒碑》，言：「君諱褒，字文禮，孔子二十世（實第二十一世）之孫，泰山都尉之元子也。……治家業《春秋經》，綜核墳典，篇籍靡遺。眾琦幼眇，為淵為林。博學多識，□□匪勞。是以□□之徒，自遠方來。」[5] 見其為博學之士。前知其祖上世治《嚴氏春秋》，而此言「治家業《春秋經》」，則祖上亦當治《春秋經》，而褒亦當治《嚴氏春秋》。《史晨饗孔廟後碑》有「處士孔褒文禮」，稱「處士」，則未仕可知。

（8）孔謙　孔褒弟，孔子二十一代孫。《孔謙碣》載：「孔謙字德

1　《闕里文獻考》卷八十九，《孔子文化大全》本，山東友誼出版社，1989年影印，第1787頁。

2　《隸釋》卷一，北京：中華書局《隸釋、隸續》本，1986年，第19頁。

3　《隸釋》卷一，北京：中華書局《隸釋、隸續》本，1986年，第24頁。

4　《乾隆曲阜縣志》卷七十六，《中國地方誌集成・山東府縣專輯》本，第460頁。

5　駱承烈《石頭上的儒家文獻》，濟南：齊魯書社，2001年，第45頁。

讓者，宣尼公廿世孫，都尉君之子也。幼體蘭石自然之姿，長膺青妙孝友之行。祖述家業，修《春秋經》，升堂講誦，深究聖指。弱冠而仕，歷郡諸曹史，年二十四，永興二年七月遭疾不祿。」[1]知其傳家學，修《嚴氏春秋》。永興二年為西元154年，年二十四，則其生於西元131年，即順帝永建六年。

（9）孔昱　字世元，孔子二十一代孫，孔謙之弟，《後漢書》有傳，稱：「孔昱字元世，魯國魯人也。七世祖霸，成帝時歷九卿，封褒成侯。自霸至昱，爵位相系，其卿相牧守五十三人，列侯七人。昱少習家學，大將軍梁冀辟，不應。太尉舉方正，對策不合，乃辭病去。後遭黨事禁錮。靈帝即位，公車徵拜議郎，補洛陽令，以師喪棄官，卒於家。」[2]作「字元世」，而唐晏《兩漢三國學案·書類》「孔昱」條則云：「字世元，洛陽令。時人為之語曰：『海內才珍孔世元。』」[3]上文述《魯相韓勑造孔廟禮器碑》與《史晨饗孔廟後碑》皆云「孔翊字元世」，孔翊是孔昱的叔父，叔侄二人不可能同字。因而，《後漢書》「元世」當誤。

所謂「少習家學」，李賢注曰：「家學，《尚書》。」[4]唐晏《兩漢三國學案·書類》將其列為《古文尚書》學派。《山東省志·孔子故里志》記其著作有《尚書傳》[5]。若然，則孔昱當少習《古文尚書》。《古文尚書》既為家學，則其父孔宙自當傳習之。

另《孔叢子·連叢子下》載「孔大夫」謂季彥曰：「今朝廷以下，四海之內，皆為章句內學，而君獨治古義。治古義則不能不非章句內學，非章句內學則危身之道也。獨善固不容於世，今古義雖善，

1　《隸釋》卷六，北京：中華書局《隸釋、隸續》本，1986年，第76頁。
2　《後漢書》卷六十七，北京：中華書局，1965年，第2213頁。
3　唐晏《兩漢三國學案》卷四，北京：中華書局，1986年，第167頁。
4　《後漢書》卷六十七，北京：中華書局，1965年，第2214頁。
5　山東省地方史志編纂委員會《山東省志·孔子故里志》，北京：中華書局，1994年，第249頁。

時世所廢也。而獨為之，必將有患，盍固已乎！」[1]「章句內學」即「今學」，「古義」即「古學」。此處的「孔大夫」反對孔季彥「獨治古義」，則其自身必治「今學」。《孔叢子》宋咸注、《乾隆曲阜縣志》和其他許多著作如錢穆《兩漢博士家法考》等，都將此「孔大夫」視為孔昱。然而上文已知，孔昱屬於《古文尚書》學派，自然治「古義」，不可能反對季彥「獨治古義」。而且《後漢書・孔僖傳》記季彥卒於安帝延光三年（西元124年）。《泰山都尉孔宙碑》又載：「（宙）會遭篤病，告困致仕，得從所好，年六十一，延熹六年正月乙未……疾。」[2]孔宙既卒於延熹六年（西元163年）而年六十一，則其生於西元103年可知。那麼季彥卒時，孔宙就只有22歲。早此之前，其子孔昱恐尚未生，何談與季彥論「古義」、「今學」？可見「孔大夫」必不能是孔昱。

（10）孔融　字文舉，孔宙少子、孔子二十一代孫。《後漢書・孔融傳》載：「（融）年十三喪父。……時年五十六，妻子皆被誅。」[3]《泰山都尉孔宙碑》載：「（宙）會遭篤病，告困致仕，年六十一，延熹六年正月乙未遂□□□卒疾。」[4]延熹六年為西元163年。孔融年十三喪父，則其當出生於西元151年，即桓帝元嘉元年。56歲被誅，則當年為西元206年，即獻帝建安十一年。或有207年或208年被殺之說，當據碑文訂正。

又《孔子世家譜》載：「融，字文舉。應大將軍何進辟，舉高第、為侍御史。出為北海相，領青州刺史。立學校、顯儒術，薦舉賢良，雖一介之士莫不加禮。獻帝建安元年，袁譚攻陷青州，帝徵融為將作大匠，遷少府，引對之際議論風生。時論欲複肉刑，融諫止之，拜太中大夫。曹

1　《孔叢子》卷七，《四部叢刊初編》本，第64～65頁。
2　《隸釋》卷七，北京：中華書局《隸釋、隸續》本，1986年，第81頁。
3　《後漢書》卷七十，北京：中華書局，1965年，第2262～2278頁。
4　《隸釋》卷七，北京：中華書局《隸釋、隸續》本，1986年，第81頁。

164

操惡其異己，誣以不法殺之，年五十六，妻子並遇害。著書二十五篇，無傳。」[1]

其著作，《隋書‧經籍志》有「《孔融集》九卷」，注稱：「梁十卷，錄一卷。」[2] 此集佚於宋代，明人輯得三十六篇，題為《孔北海集》，今有《四庫全書》本等傳世。另有明張溥輯《孔少府集》一卷，今收在《漢魏六朝百三名家集》。

孔融的學術成就，主要體現於文學方面。《後漢書‧孔融傳》載：「魏文帝深好融文辭，每歎曰：『楊、班儔也！』募天下有上融文章者，輒賞以金帛。所著詩、頌、碑文、論議、六言、策文、表、檄、教令、書記凡二十五篇。」[3] 魏文帝在其《典論‧論文》中把孔融與王粲等六位文學家相提並論，並將其列為「建安七子」之首。

經學方面，孔融於《易》學當有較深造詣。《三國志‧虞翻傳》載：「翻與少府孔融書，並示以所著《易注》。融答書曰：『聞延陵之理樂，睹吾子之治《易》，乃知東南之美者，非徒會暨之竹箭也。又觀象雲物，察應寒溫，原其禍福，與神合契，可謂探賾窮通者也。』」[4] 虞翻五世家傳孟喜《易》學，曾作《周易注》，在當時《周易》造詣最深。虞翻以其《易注》示孔融並得其讚譽，說明孔融亦深於《易》。其現存詩文中多引《易》說，亦其見證。《隋書‧經籍志》還著其《春秋雜義難》五卷。據韓格平統計，孔融詩文引用《春秋》三傳達二十二處，其中《左傳》十四處，《公羊傳》七處，《穀梁傳》一處[5]。可見其確治三傳，故能言《春秋》雜義。另外，孔融《詩》學亦當熟稔。現存詩文三十六篇中，有八篇引《毛詩》，

1 《孔子世家譜》卷一，《孔子文化大全》本，濟南：山東友誼出版社，1990年影印，第76頁。
2 《隋書》卷三十五，北京：中華書局，1973年，第1058頁。
3 《後漢書》卷七十，北京：中華書局，1965年，第2279頁。
4 《三國志》卷五十七，北京：中華書局，1982年，第1320頁。
5 韓格平《建安七子詩文集校注譯析》，長春：吉林文史出版社，1991年。

第四章 東漢時期的孔氏家學

或明引，或暗引，任意捭合，見其《詩》學之精。

（11）孔乂　孔彪子，孔子二十一代孫。據前引《三國志‧倉慈傳》知其曾為濟南相，至大鴻臚。學術事蹟雖無載，然而既為相國，必通經典；而大鴻臚掌禮儀，必當通禮經。故疑其當治《禮》學。

總結以上所考，本支在東漢一代之學術及家學傳承可如下表所示：

學者	所治經典與傳承	所任官職	所屬代次
孔尚	傳家學，治《今文尚書》	巨鹿太守	第十八代
孔疇	傳家學，治經典	陳相	第十九代
孔賢	治《嚴氏春秋》	潁川郡守	第二十代
孔彪	傳家學，治今文《尚書》、《論語》	下邳相、河東太守	第二十一代
孔宙	少習家訓，治《嚴氏春秋》、《古文尚書》	泰山都尉	第二十一代
孔褒	治家業《春秋經》，綜核墳典，篇籍靡遺	處士	第二十二代
孔謙	祖述家業，修《春秋經》	郡諸曹史	第二十二代
孔昱	習家學，治《古文尚書》	洛陽令	第二十二代
孔融	精文學，治《易》、《春秋》三傳、《毛詩》	北海相、領青州刺史	第二十二代
孔乂	傳家學，通經典，治《禮》學	濟南相、大鴻臚	第二十二代

可以看出，本支系家學早期以今文學為主，傳治《今文尚書》及《嚴氏公羊春秋》，晚期又兼習《春秋》三傳，以及《易》、《毛詩》、《古文尚書》，涉入古文。其間孔尚為巨鹿太守，孔疇為陳相；孔彪為博陵太守、下邳相；孔宙授郎中，遷元城令，做過泰山都尉；孔融為北海相、官拜少府；孔乂為濟南相。一家四世六人皆秩比兩千石，位比九卿，官爵之盛，東漢一代罕有其匹，這無疑與之有家學有關，也可見經典之學在東漢的地位與影響。

2. 孔霸次子孔捷之後

本支可考者四代六人。

（1）孔奮、孔奇　均孔永之子，孔子十七代孫。《後漢書‧孔奮傳》載：「孔奮字君魚，扶風茂陵人也。曾祖霸，元帝時為侍中。

奮少從劉歆受《春秋左氏傳》，歆稱之，謂門人曰：『吾已從君魚受道矣。』……弟奇，遊學洛陽。奮以奇經明當仕，上病去官，守約鄉閭，卒於家。奇博通經典，作《春秋左氏刪》。奮晚有子嘉，官至城門校尉，作《左氏說》云。」[1]《連叢子上·左氏傳義詁序》云：「奇字子異，其先魯人，即褒成君次孺第二子之後也。家於茂陵。以世學之門，未嘗就遠方師也。唯兄君魚（孔奮）少從劉子駿受《春秋左氏傳》，其於講業最名，精究其義。子駿曰：『自以才學弗若也。』其或訪經傳於子駿，輒曰：『幸問孔君魚，吾已還從之諮道矣。』由是大以《春秋》見稱當世……是先生（孔奇）年二十一矣。每與其兄議學，其兄謝服焉。……雅好儒術，淡忽榮祿，不願從政，遂刪撮《左氏傳》之難者，集為《義詁》，發伏闡幽，讚明聖祖之道，以祛後學。著書未畢，而早世不永。宗人子通痛其不遂，惜茲大訓不行於世，乃校其篇目，各如本第，並序答問，凡三十一卷。」[2]可知兄弟二人皆治左氏《春秋》。關於孔奇作撰《左氏傳義詁》與《春秋左氏刪》，觀〈左氏傳義詁序〉「遂刪撮《左氏傳》之難者，集為《義詁》」之語，當為一書。所以姚振宗《後漢藝文志》只著錄《春秋左氏傳義詁》。《乾隆曲阜縣志》云：「處士孔奇，撰《左氏義詁》。」《闕里文獻考》云：「十六代孫處士奇，撰《左氏義詁》。」[3]皆只言其一。周洪才《孔子故里著述考·經部》云：「清錢大昭《補續漢書藝文志》、侯康《補後漢書藝文志》皆作三十卷。……舊《志》稿又有孔奇《春秋左氏刪》一卷……《經義考》云：『孔氏奇《春秋左氏刪》二十一卷，佚。注曰：一名《左氏傳義

---

1 《後漢書》卷三十一，北京：中華書局，1965年，第1098～1099頁。
2 《孔叢子》卷七，《四部叢刊初編》本，第55～56頁。
3 《闕里文獻考》卷三十一，《孔子文化大全》本，濟南：山東友誼出版社，1989年影印，第670頁。

167

第四章 東漢時期的孔氏家學

詁》。』」[1]可見確為一書。

孔奮少從劉歆受《春秋左氏傳》，雖未有著作，但既能「大以《春秋》見稱當世」，說明也是左氏學之一代宗師。

（2）孔嘉 字山甫，孔奮之子，孔子十八代孫。《後漢書·孔奮傳》云：「奮晚有子嘉，官至城門校尉，作《左氏說》云。」[2]《左氏說》一書，《山東通志》、《經義考》、姚振宗《後漢志》等均有著錄，但皆未標卷數。《四庫全書總目提要》云：「言《左傳》者，孔奇、孔嘉之說久佚不傳，賈逵、服虔之說，亦僅偶見他書，今世所傳惟杜《注》、孔《疏》為最古。」[3]足見孔奇、孔嘉在《左傳》研究史上有一定地位。

（3）孔通 字子通，疑是孔嘉兄弟，孔子十八代孫。其事蹟見《連叢子·敘世》，云：「（孔奇）雅好儒術，淡忽榮祿……著書未畢，而早世不永。宗人子通痛其不遂，惜茲大訓不行於世，乃校其篇目，各如本第，並序答問，凡三十一卷。」[4]孔奇所著之書，即《春秋左氏刪》。孔通既然能替孔奇釐定《春秋左氏刪》三十一卷，說明他對《春秋左傳》有造詣。

（4）孔龢 孔嘉之子，孔子十九代孫。孔龢事蹟只見於《孔廟置守廟百石孔龢碑》，《乾隆曲阜縣志》本之。碑曰：「龢修《嚴氏春秋》經，通高第。事親至孝，能奉先聖之禮，為宗所歸。」[5]知其修《嚴氏春秋》。

（5）孔扶 孔龢之子，孔子二十代孫。《後漢書·順帝紀》載：「陽嘉二年，六月辛未，太常魯國孔扶為司空。」[6]陽嘉二年，即西

---

1 周洪才《孔子故里著述考》，濟南：齊魯書社，2004年，第73頁。
2 《後漢書》卷三十一，北京：中華書局，1965年，第1099頁。
3 《四庫全書總目》卷二十六，北京：中華書局，1965年，第210頁。
4 《孔叢子》卷七，《四部叢刊初編》本，第56頁。
5 《隸釋》卷一，北京：中華書局《隸釋、隸續》本，1986年，第18頁。
6 《後漢書》卷六，北京：中華書局，1965年，第262頁。

元133年。司空，三公之一。《後漢書・百官志》本注曰：「（司空）掌水土事。凡營城起邑、浚溝洫、修墳防之事，則議其利，建其功。凡四方水土功課，歲盡責奏其殿最而行賞罰。凡郊祀之事，掌掃除樂器。大喪則掌將校複土。凡國有大造大疑，諫爭，與太尉同。」[1]又《乾隆曲阜縣志》卷七十五云：「孔扶字仲淵，初徵博士，出為太守，入為太常。」[2]孔扶曾為博士，又位居三公，必有經學造詣。如眾所知，光武中興之後，沿襲西漢傳統，整個東漢的官學仍是今文經學，其間雖曾立左氏於學官，但只是曇花一現。所以，孔扶應當不是因為通《左氏春秋》或其他古文經典被徵為博士。

又《舊唐書・元行沖傳》載元行沖曰：「漢有孔季產（彥）者，專於古學；有孔扶者，隨俗浮沉。扶謂產（彥）云：『今朝廷皆為章句內學，而君獨修古義，修古義則非章句內學，非章句內學則危身之道也。獨善不容於代，必將貽患禍乎！』季彥則曰：『物極則變。比及百年外，當有明直君子，恨不與吾同代者。』」[3]顯然是本於《連叢子下》，而易其「孔大夫」為孔扶。可見元行沖認為「孔大夫」就是孔扶。然而《連叢子》中五提孔扶皆稱字作「仲淵」，不應忽稱孔大夫。所以，此「孔大夫」亦不應為孔扶。

孔扶所治不詳，參以其父孔龢所治，亦當是治今文《嚴氏春秋》之類。另外孔扶還作《連叢子》，並成為二十三篇《孔叢子》的最終編定者，詳後文。

綜合以上所述，可知本支治學以《春秋》為主。孔奮、孔奇、孔嘉以治《左氏春秋》顯名。後代隨俗浮沉，恐其威身，乃棄左氏而治《嚴氏公羊春秋》，遂使祖輩「孔奇、孔嘉之說久佚不傳」。

總上六人事蹟，可列表如下：

1　《後漢書》志第二十四，北京：中華書局，1965年，第3561～3562頁。
2　《乾隆曲阜縣志》卷七十五，《中國地方志集成・山東府縣專輯》本，第459頁。
3　《舊唐書》卷一〇二，北京：中華書局，1975年，第3181頁。

學者	所治經典與傳承	所任官職與學術成就	所屬代次
孔奮	從劉歆受《春秋左氏傳》	武都太守、關內侯, 以《春秋》見稱當世	第十八代
孔奇	博通經典, 治《左氏春秋》	著《左氏傳義詁》	第十八代
孔嘉	傳家學, 治《左氏春秋》	城門校尉, 作《左氏說》	第十九代
孔通	治《左氏春秋》	釐定《左氏傳義詁》	第十九代
孔龢	修《嚴氏春秋》	孔廟守廟, 通高第	第二十代
孔扶	治今文, 習《嚴氏春秋》	司空, 作《連叢子》	第二十一代

3. 孔安國之後

本支自孔安國五代孫孔建（王莽時）以下，可考者六代七人。

（1） 孔建 字子建，孔子十七代孫。其事蹟略見《後漢書·孔僖傳》，云：「孔僖字仲和，魯國魯人也，自安國以下世傳《古文尚書》、《毛詩》。曾祖父子建，少遊長安，與崔篆友善。及篆仕王莽為建新大尹，嘗勸子建仕，對曰：『吾有布衣之心，子有袞冕之志，各從所好，不亦善乎？道即乖矣，請從此辭。』遂歸，終於家。」[1] 孔建為孔安國五代孫，既自安國以下世傳《古文尚書》、《毛詩》，則無疑包括孔建，然則孔建當傳《古文尚書》與《毛詩》。又《連叢子上·敘世》亦云：「子建與崔義幼相善，長相親也。義仕王莽為建新大尹，數以世利勸子建仕。子建答曰：『吾有布衣之心，子有袞冕之志，各從所好，不亦善乎』云。」[2] 所記基本一致，「崔義」應與「崔篆」同人，可見崔篆確嘗勸子建仕莽。崔篆勸孔建仕莽，必當與其治古文有關。因為王莽好古文，立古文經《左氏春秋》、《毛詩》、《逸禮》、《古文尚書》於學官。可證《後漢書·孔僖傳》「自安國以下世傳《古文尚書》、《毛詩》」的記載可信，子建傳治《古文尚書》、《毛詩》可以不疑。子建既治古文，與王莽

---

1 《後漢書》卷七十九上，北京：中華書局，1965年，第2560頁。
2 《孔叢子》卷七，《四部叢刊初編》本，第52～53頁。

之意合，故崔篆勸其仕。

（2）孔仁　字子仁，孔建之子，孔子十八代孫。《漢書・王莽傳》地皇三年下載：「是時下江兵盛……莽遣司命大將軍孔仁部豫州，納言大將軍嚴尤、秩宗大將軍陳茂擊荊州。」[1] 知孔仁在新莽時期做過司命大將軍。又《連叢子・敘世》篇載：「子建生仁，以文學為議郎博士，南海太守。」[2]《乾隆曲阜縣志》卷七十一、《闕里文獻考》卷九十五、《孔子世家譜》卷一皆略同。若然，則其為博士亦必在新莽時期。所以，孔仁當治古文經典，且自應包括世傳之《古文尚書》與《毛詩》。亦可證《後漢書・孔僖傳》所謂「自安國以下世傳《古文尚書》、《毛詩》」之說不妄。

（3）孔豐　字子豐，孔子十九代孫。《乾隆曲阜縣志》云：「（豐）少以學行聞三輔……善經學，不好諸家書。與太中大夫鮑彥辯難，彥不能屈。」[3] 本出《連叢子・敘世》篇。《連叢子・敘世》又載；「子豐以學行聞三府，交命委質司空，拜高第御史。建初元歲大旱，天子憂之，問群臣政教得失，子豐乃上疏曰（略）。天子納其言而從之，三日雨即降。轉拜黃門侍郎，典東觀事。[4]」《孔子世家譜》亦云：「子豐以學行聞，明帝時辟司空府，章帝時為御史。建初元年大旱，帝聞群臣政教得失，豐上疏曰……帝從之，三日大雨。」[5] 知子豐學行突出，官至黃門侍郎而典東觀事。東觀為東漢朝廷聚藏圖書之所，典東觀事，則意味著他熟悉經典。具體所善何經，史無明文。以「世傳《古文尚書》、《毛詩》」之說推之，子豐亦必治古文之人。而據《後漢書・賈逵傳》：「肅宗（章帝）立，降意儒術，特

1　《漢書》卷九十九下，北京：中華書局，1962年，第4176頁。
2　《孔叢子》卷七，《四部叢刊初編》本，第52頁。
3　《乾隆曲阜縣志》卷七十一，《中國地方志集成・山東府縣專輯》本，第452頁。
4　《孔叢子》卷七，《四部叢刊初編》本，第52頁。
5　《孔子世家譜》卷一，《孔子文化大全》本，濟南：山東友誼出版社，1990年影印，第75頁。

第四章 東漢時期的孔氏家學

好《古文尚書》、《左氏傳》。建初元年，詔逵入講北宮白虎觀、南宮雲臺。」[1] 可知章帝好古文。看來以子豐典東觀事，並非無因。又《後漢書・鮑永傳》言鮑永「少有志操，習歐陽《尚書》[2]」，《連叢子・敘世》篇云「子豐善於經學，不好諸家書，鮑彥（永）與子豐名齊而業殊」。鮑彥（永）習今文歐陽《尚書》，而與子豐「業殊」，則子豐治《古文尚書》亦可知。可見子豐確治《古文尚書》，亦可證《後漢書・孔僖傳》「自安國以下世傳《古文尚書》、《毛詩》」的記載可信。

（4）孔僖　字子和、仲和，孔子二十代孫。生年不詳，卒於章和二年（西元88年）。歷官蘭臺令史、臨晉令。孔僖事蹟，主要見載於《後漢書》本傳和《孔叢子・連叢子下》。本傳曰：「孔僖，字仲和，魯國魯人也。自安國以下，世傳《古文尚書》、《毛詩》。曾祖父子建，少遊長安，與崔篆友善……僖與崔篆孫駰複相友善，同遊太學，習《春秋》。」[3]

於僖傳而言「自安國以下，世傳《古文尚書》、《毛詩》」，則自兼僖而言。《連叢子下》載元和二年三月孝章皇帝東巡，過魯幸闕里，召諸孔丈夫年二十以上者六十三人臨賜酒飯，子和自陳曰：「臣草莽所蔽，才非干時，行非絕倫，托備先聖遺嗣，世名學家。」詔曰：「治何經？」對曰：「為《詩》、《書》，頗涉《禮》、《傳》。」[4] 可見子和確傳《詩》、《書》、《禮》、《傳》。所謂《傳》，自指《春秋傳》。本傳下文另有一則故事：

因讀吳王夫差時事，僖廢書歎曰：「若是，所謂畫龍不成反為

1　《後漢書》卷三十六，北京：中華書局，1965年，第1236頁。

2　《後漢書》卷二十九，北京：中華書局，1965年，第1017頁。

3　《後漢書》卷七十九上，北京：中華書局，1965年，第2560頁。

4　《孔叢子》卷七，《四部叢刊初編》本，第58頁。

狗者。」駰曰：「然。昔孝武皇帝始為天子，年方十八，崇信聖道，師則先王，五六年間，號勝文、景。」及後恣己，忘其前之為善。僖曰：「書傳若此多矣！」鄰房生梁鬱讒和之曰：「如此，武帝亦是狗邪？」僖、駰默然不對。鬱怒恨之。陰上書告駰、僖誹謗先帝，刺譏當世。事下有司，駰詣吏受訊。僖以吏捕方至，恐誅，乃上書肅宗自訟曰……帝始亦無罪僖等意，及書奏，立詔勿問，拜僖蘭臺令史。[1]

考吳王夫差之事，《春秋經》無載，唯詳《左傳》，故知其所習之《春秋》指《春秋左氏傳》。

又《孔叢子·連叢子下》載：「元和二年三月，孝章皇帝東巡過魯，幸闕里……召諸孔丈夫年二十以上者六十三人臨賜酒飯，子和自陳曰：『臣草莽所蔽，才非干時，行非絕倫，托備先聖遺嗣，世名學家，陛下誤加拔擢微臣蘭臺令史，會值車駕東巡，先禮聖師猥以餘福惠及臣宗，誠非碎首所能報謝。』（按：以上之事亦見《後漢書》本傳，子和之語作「僖因自陳謝」。）詔曰：『為《詩》、《書》，頗涉《禮》、《傳》。』」[2]據本傳，此所言《詩》、《書》無疑就是《毛詩》與《古文尚書》，《傳》自應是《春秋左氏傳》，《禮》自應是《逸禮》：皆古文。《連叢子下》載：「楊太尉問季彥曰：『吾聞臨晉君（孔僖）異才博聞，周洽群籍，而世不歸大儒，何也？』答曰『不為祿學故也。』」[3]「祿學」，即今文經學。「不為祿學」，說明其所為屬古文經學。而「不歸大儒」，原因在於不為今文經學。

又考蘭臺，漢宮中藏書之室；令史，掌其圖籍，負責典校。據《漢官儀》，「能通《蒼頡》、《史籀篇》，補蘭臺令史。[4]」可見蘭臺令

---

1 《後漢書》卷七十九上，北京：中華書局，1965年，第2560～2561頁。
2 《後漢書》卷七十九上，北京：中華書局，1965年，第2562頁。
3 《孔叢子》卷七，《四部叢刊初編》本，第65頁。
4 《漢官儀》，《漢官六種》本，北京：中華書局，1990年，第142頁。

第四章 東漢時期的孔氏家學

史必通古文。班固於明帝永平五年（西元62年）任蘭臺令史,奉詔撰《世祖本紀》及諸傳記。與班固同為蘭臺令史奉詔修史者還有睢陽令陳宗、長陵令尹敏、司隸從事孟異等。此後, 劉復、楊終、傅毅、賈逵、李尤等都曾任蘭臺令史, 皆當時著名的學者。孔僖得拜蘭臺令史, 其在當時之學術影響可知。

總上可知, 孔僖既治世傳之《古文尚書》與《毛詩》, 又習《春秋左氏傳》及《逸禮》, 兼通《蒼頡》、《史籀篇》, 為一代大儒。今《尚書孔傳》中, 或有他的手筆也未可知 [1]。不為無據。

（5）孔長彥、孔季彥 孔僖二子, 孔子二十一代孫。據《連叢子·敍世》, 孔僖卒時季彥年十一, 長彥年十二, 兄弟倆遵從遺囑, 將父葬於臨晉。二人嘗從其父生前好友姚進受學。服滿之後, 兄弟二人苦身勞力, 自給衣食, 並找出其先人的遺書, 刻苦攻讀, 甘貧味道, 研精墳典。十餘年間, 成為遠近聞名的學者。時人為他們編歌謠說: 「魯國孔氏好讀經, 兄弟講誦皆可聽。學士來者有聲名, 不過孔氏那得成。」[2] 關於二人所治之學, 《後漢書·孔僖傳》載: 「長彥好章句學。季彥守其家業, 門徒數百人。延光元年, 河西大雨雹, 大者如斗。安帝詔有道術之士極陳變眚, 乃召季彥見於德陽殿。帝親問其故。……舉孝廉, 不就。三年, 年四十七（九）, 終於家。」[3]《連叢子·敍世》亦曰: 「長彥頗隨時, 為今學; 季彥一其家業, 兼修《史》、《漢》, 不好諸家之書。」[4]「章句」之學, 指今文經學, 即博士立官各家有師說之學。長彥好章句學, 說明其治今文經學。季彥守其家業, 無疑是守自孔安國以來所世傳的古文經學。這在章句之

---

1 《山東省志·孔子故里志》記其著作有《古文尚書傳》、《毛詩傳》、《春秋傳》, 《山東省志》, 上海: 上海古籍出版社, 1991年, 第249頁。
2 《孔叢子》卷七, 《四部叢刊初編》本, 第61頁。
3 《後漢書》卷七十九上, 北京: 中華書局, 1965年, 第2563頁。
4 《孔叢子》卷七, 《四部叢刊初編》本, 第61頁。

學盛行的年代，是不為時世所容的行為，所以「孔大夫」曾勸他說：「今朝廷以下，四海之內，皆為章句內學，而君獨治古義。治古義則不能不非章句內學，非章句內學則危身之道也。獨善故不容於世，今古義雖善，時世所廢也。而獨為之，必將有患，盍固已乎！」[1]對此忠告，季彥不以為然，他回答說：「吾學不要祿，貴得正義爾。複以此受患，猶甘心焉。先聖遺訓，壁出古文，臨淮傳義，可謂妙矣。而不在科策之例，世人固莫識其奇矣。斯業之所以不泯，賴吾家世世獨修之也。今君猶為祿利之故，欲廢先君之道，此殆非所望也。若從君言，是為先君正義滅於今日，將使來世達人見今文俗說，因嗤笑前聖。吾之力此，蓋為先人也。」[2]可見其以匡扶其先君孔子之道，繼承祖宗之業為己任，雖「異才博聞，周洽群籍」，卻終身不仕，辨經說義，不媚世俗，終生堅持古文學派的學術傳統，即使因此而遭受禍害，亦心甘情願。反映了對家傳古學的執著。

《乾隆曲阜縣志‧孔僖附孔季彥傳》載：「僖二子：長彥、季彥，並十餘歲，從父友西洛姚進受學，殫研先人遺書，窮日夜不輟。……長彥頗好章句學，而季彥守其家業，兼修《史》、《漢》，不好諸家之書。」[3]悉本《連叢子》。

又其父孔僖既然傳習《古文尚書》和《毛詩》，通訓詁，而季彥既「守其家業」，自當傳治《古文尚書》和《毛詩》。所謂「臨淮傳義，可謂妙矣，賴吾家世世獨修之」，「臨淮」即指西漢武帝時的臨淮太守孔安國，「傳義」即指作「書傳」；「吾家世世獨修之」，也正與〈孔僖傳〉「自安國以下世傳《古文尚書》」之說相合。

除了守其家業之外，季彥還有其他著作存世。《全後漢文》輯有「彥撰《孔季彥集》一卷（存）」。另外據《連叢子下》記載，孔季

<hr />

1 《孔叢子》卷七，《四部叢刊初編》本，第64頁。
2 《孔叢子》卷七，《四部叢刊初編》本，第64～65頁。
3 《乾隆曲阜縣志》卷七十一，《中國地方志集成‧山東府縣專輯》本，第453頁。

彥不僅守其家業，還兼修《史》、《漢》，則說明他在史學研究方面亦有造詣。

可見季彥生平習其先人遺書，守家業，治《古文尚書》、《毛詩》，兼修《史》、《漢》，今有《孔季彥集》一卷存世。

（6）孔喬　疑是季彥之子，孔子二十二代孫。《後漢書・樊英傳》載：「安帝初，（樊英）徵為博士。至建光元年，複詔公車賜策書，徵英及同郡孔喬。」注引《謝承書》曰：「喬字子松，宛人也。學《古文尚書》、《春秋左氏傳》。常幽居修志，銳意典籍，至乃歷年身不出門，鄉里莫得瞻見。公車徵不行，卒於家。」[1] 孔喬是否為孔子後裔，據現有資料不得確知。不過樊英據其本傳為「南陽魯陽人」，孔喬既為同郡，自亦南陽魯陽人。《謝承書》謂為宛人，宛即南陽，其說不誤。所以，其「學《古文尚書》、《春秋左氏傳》」之說當可信。而《古文尚書》、《春秋左氏傳》，正是孔家自孔僖、季彥以來所傳治的學問。唐晏《兩漢三國學案》將其列為《古文尚書》學派，當不誤。又所謂「常幽居修志，銳意典籍，至乃歷年身不出門，鄉里莫得瞻見，公車徵不行」，亦與季彥有類似的品行。而安帝建光（西元122年）之時，正與季彥（年四十七卒於延光三年—西元124年）時代相當。所以，孔喬極有可能為季彥之子，只是籍貫尚有疑問。蔣善國《尚書綜述》注中說：「東漢孔裔傳《古文尚書》的，有孔僖、孔長彥、孔季彥和孔喬四人。」[2] 直將孔喬列為孔子的後裔，大致亦可以從信。

總上，本支之學術傳承可列表示之如下：

1　《後漢書》卷八十二上，北京：中華書局，1965年，第2722頁。
2　見蔣善國《尚書綜述》，上海：上海古籍出版社，1988年，第81頁。

學者	所治經典與傳承	所任官職	所屬代次
孔建	傳治《古文尚書》、《毛詩》	崔篆勸仕王莽，辭	第十八代
孔仁	傳治《古文尚書》、《毛詩》	議郎博士，南海太守司命大將軍	第十九代
孔豐	善於經學，不好諸家書，傳治《古文尚書》、《毛詩》	高第御史、黃門侍郎，典東觀事	第二十代
孔僖	傳治《古文尚書》、《毛詩》，習《春秋左氏傳》及《逸禮》	蘭臺令史、臨晉令	第二十一代
孔長彥	好今文「章句」之學	處士	第二十二代
孔季彥	一其家業，習古文，兼修《史》、《漢》	舉孝廉，不就	第二十二代
孔喬	《古文尚書》、《春秋左氏傳》	徵公車，不行	第二十三代

可見孔僖以上確是世傳《古文尚書》、《毛詩》。而孔僖又習《春秋左氏傳》，為季彥、孔喬兩代所傳承。

（二）學術傳承與貢獻圖表

總結前考，整個東漢時孔氏家族學者的學術傳承與貢獻可以表示如下：

學者	代表著作	學術傳承	所屬代系	所屬支系
孔尚、孔疇、孔賢	？	《嚴氏春秋》	第十八代——第二十代	孔福次子後裔
孔彪、孔宙、孔翊	？	《嚴氏春秋》	第二十一代	孔福次子後裔
孔融	《春秋雜義難》《孔融集》	精《易》、《毛詩》、《左傳》	第二十二代	孔福次子後裔
孔昱	《尚書傳》	《古文尚書》	第二十二代	孔福次子後裔
孔奮		《春秋左傳》	第十八代	孔捷後裔
孔奇	《春秋左氏刪》	《春秋左傳》	第十八代	孔捷後裔
孔嘉	《左氏說》	《春秋左傳》	第十八代	孔捷後裔
孔通	釐定《春秋左氏刪》	《春秋左傳》	第十九代	孔捷後裔
孔穌	？	《嚴氏春秋》	第二十代	孔捷後裔
孔扶	？	治今文，習《嚴氏春秋》	第二十一代	孔捷後裔

续表				
學者	代表著作	學術傳承	所屬代系	所屬支系
孔壽	？	《左氏春秋》	第十八代	孔光後裔
孔建	？	《古文尚書》、《毛詩》、《易》、《春秋》	第十八代	孔安國後裔
孔仁	？	《古文尚書》、《毛詩》	第十九代	
孔豐	《孔豐集》	《古文尚書》、《毛詩》	第二十代	
孔僖	《孔僖集》、《古文尚書傳》、《毛詩傳》、《春秋傳》	治古文學	第二十一代	
孔長彥	？	治今文學	第二十二代	
孔季彥	《孔季彥集》	治古文學		
孔喬		《古文尚書》、《春秋左氏傳》	第二十三代	

三、東漢孔氏家學的特點與學術貢獻

（一）治學特點

1. 支系傳承各有千秋

據上可知，東漢一代孔氏家學可考者有四個支系：孔霸長子孔福之後，即孔融所出一支；次子孔捷之後，即孔奮、孔嘉一支；少子孔光之後，即孔壽、孔通一支；和孔安國後裔，即孔長彥、季彥所出一支。我們看到，雖然自孔壁出書、孔安國開創了古文學派，但孔氏家學在東漢並沒有按統一的方向發展，而是各支系傳承互異。首先，孔安國後裔一支，在傳承家學方面可以說是矢志不渝。他們秉承古文學派追求學術的傳統，始終以孔壁所出之古文經典為主要傳治對象。孔捷之後即孔奮、孔嘉支系早期治學古文《左氏春秋》，而到孔穌、孔

扶輩又轉治今文《嚴氏春秋》。就中原因，正如孔扶反對季彥學「古義」所指出的，當時「四海之內，皆為章句內學」，「非章句內學則危身之道」，「古義雖善，時世所廢也，而獨為之，必將有患」，乃時勢所迫。當然，也有利祿的因素。孔融所出一支，其父孔宙「少習家訓，治《嚴氏春秋》」、其兄孔褒「治家業《春秋經》」、孔謙「祖述家業，修《春秋經》，升堂講誦，深究聖旨」，數代傳今文《嚴氏春秋》，並各在仕途上有所成就，而至孔融、孔昱，則又分別以《左氏春秋》、《古文尚書》聞達，回歸古文，在學術上有所成就，可見是各有千秋。

2. 固守儒學

東漢末年，天下分崩，人懷苟且。綱紀既衰，儒道尤甚。不少儒者及經學家面對道德危機和經學衰落，開始逾越儒家的禮教，打破師法家法的束縛，注意研究儒家以外的各家學說。兩漢以來逐漸形成的家學傳統，內涵也由儒學轉化為文學，乃至佛、老之學。經學大師馬融，不僅以義理解經，而且還訓注《老子》、《淮南子》等道家著作；經學集大成者鄭玄，曾為袁紹賓客，「紹客多豪俊，並有才說，見玄儒者，未以通人許之，競設異端，百家乎起。玄依方辯對，咸出問表，皆得所未聞[1]」。反映了當時學界對儒學經典已不甚重視。特別是自道教在順帝時期創立以來，由民間信仰轉化為上層統治者所接受的宗教組織。世家大族中，如琅琊王氏、清河崔氏、泰山羊氏等都信奉此教。而此時期的孔家學者，卻未受此風氣的影響，以世傳家業為主，潛心治學，諳熟《詩》、《書》，研習《孔》學，保持了儒學的純潔性。

3. 追求學術

兩漢時期形成的家學傳統，一般是家守一經，家族學術累世相

1 《後漢書》卷三十五，北京：中華書局，1965年，第1211頁。

傳而極少變化。如汝南袁氏世傳孟氏《易》、弘農楊氏世傳歐陽《尚書》、士孫張學梁丘《易》，「家世傳業」；伏理游君學齊《詩》於匡衡，從此「家世傳業」；徐良遊卿學《大戴禮》，「家世傳業」；橋仁季卿學《小戴禮》，「家世傳業」；王中學公羊《春秋》，「家世傳業」（並見《漢書‧儒林傳》）。雖然東漢時期經學家崇尚博通，但家學內容依然狹窄，受經學「家法」的影響較大，後學者只是一種自覺的繼承。並且家學傳承的目的，大多是為了通經致仕、作為晉升之階。受此影響，當時的世家學者沒有足夠的精力和動力去兼通諸藝，只能專守一經。而孔家學者則大都兼通今古文，並且諸經並治。他們治學的目的，也只是作為學術之追求，而非為了通經致仕。然而孔氏後裔雖世傳家學，成為兩漢以來延綿最久、聲聞最著的經學世家和文化家族，但自孔安國以後到孔融三百多年時間裡，卻未出現過特別有名的經學大師和學者，相對於同時代經學大家的層出不窮，不能不說是一個非常大的遺憾。

（二）學術貢獻

1. 傳播並發展了古文經學

兩漢時期受統治階級尊崇的是今文經學，西漢末年古文經學雖然一度興起，但一直受到今文經學的壓抑，未能立為學官，僅在民間以私學的形式傳授。在此情況下，大部分儒生熱衷於功名利祿，追求今文經學，來達到通經致仕的目的。但也有不少學者傾心學術、不為功名所誘惑。孔安國求立古文經於官學不果，而傳學於後人。自安國以下，子孫世傳《古文尚書》和《毛詩》。從「子建不仕王莽」、「子豐善於經學，不好諸家書」，到季彥「一其家業，兼修《史》、《漢》，不好諸家之書」，孔家學者為維護學術的自尊，始終沒有趨炎附勢，放棄自己的學術追求。這種學術的追求，是自安國開創古文經學派以來的重要傳統，也是「斯經不絕，是道不墜」的重要原因。特別是歷代受襲封的嫡系一支均傳古學，傳人世世顯貴，對古文傳播

無疑起了重要作用。

東漢很多經學大師如衛宏、徐巡，特別是馬融、鄭玄等都從事古文經學的研究，形成《後漢書・儒林傳》所云「古文雖不合時務，然願諸生無悔所學 [1]」的局面。這種局面的形成，孔氏家學所發揮的影響是不可低估的。

而《古文尚書》自西漢孔安國整理成書後，一直主要在孔家內部由其子孫後裔傳習，東漢時期之傳承更是明確載於史籍。這不僅為後世《古文尚書》之興盛奠定了基礎，而且創造了條件。沒有東漢孔氏家學的傳承，《古文尚書》或許已經歸於湮滅。當然，東漢孔家學者不僅治古學，而且治今學。比如孔尚、孔疇、孔賢及孔彪、孔宙、孔翊等多輩傳治《嚴氏春秋》，所以也對今文經學的發展作出了貢獻。

2. 保存和傳播了孔子及孔氏家學資料

這一方面的突出證據，一是保存和傳播了《孔子家語》，二是續修和保存《孔叢子》。《孔叢子》是孔氏家學的學案，相繼有多次增補附益。東漢時的附益主要是孔扶編附《連叢子》上下篇，記述了孔家子立、子元、子建、子豐、孔僖及長彥、季彥幾代的事蹟及學術活動，為研究東漢孔氏家學提供了資料。關鍵是通過編附《連叢子》，《孔叢子》一書也得到了較好的保存和傳播。因而，客觀上也起到保存和傳播其材料的作用。而這些材料，很多為其他史籍所不見，有較高的研究價值和學術價值。比如《連叢子上》之〈與從弟書〉云：「舊章潛於壁室，正於紛擾之際，欻爾而見，俗儒結舌，古訓複申，豈非聖祖之靈欲令仁弟贊明其道以闡其業者哉！……知以今讎古，以隸篆推科斗，已定五十餘篇，並為之傳。云其餘錯亂，文字磨滅，不可分了，欲垂待後賢，誠合先君闕疑之義。」[2] 這雖非真「孔臧」

1 《後漢書》卷三十五，北京：中華書局，1965年，第64頁。
2 《孔叢子》卷七，《四部叢刊初編》本，第50頁。

手筆，但也是孔安國隸定整理《古文尚書》並為之傳注的真實寫照。《連叢子下》載季彥云「先聖遺訓，壁出古文。臨淮傳義，可謂妙矣！而不在科策之例，世人固莫識其奇異。斯業之所以不泯，賴吾家世世獨修之也[1]。」道出了《尚書孔傳》的傳承與淵源，對研究《古文尚書》的真偽有重要參考價值。而長期以來由於受偽書公案和疑古思潮的影響，人們對其認識有失偏頗，對其資料疑而不用，甚至完全加以否定和批判。這無疑嚴重影響孔氏家學以及整個中國學術史的研究。

另外，東漢孔氏家學學術活動本身，也透露和提供了有關《古文尚書》流傳的痕跡。正如李學勤先生所云，「東漢時好多學者的作品能找到至少可能來自今傳《古文尚書》的文句，這難道是巧合嗎？一種合理的解釋是，東漢中晚期這種《尚書》本子逐漸傳播流行。這和當時孔僖、孔季彥等人的活動，在時間上便合拍了。」所以他又說：「從學術思想史的角度深入探究孔氏家學，也許是解開《尚書》傳流疑謎的一把鑰匙。」[2]

---

1 《孔叢子》卷七，《四部叢刊初編》本，第6頁。
2 李學勤〈竹簡《家語》與漢魏孔氏家學〉，《孔子研究》1987年第2期。

第五章　《孔叢子》與孔氏家學

　　《孔叢子》是一部叢記孔家歷代人物言行與著述的書，堪稱是孔氏家學的學案。尤其是其書後所附的《連叢子》部分，不僅對判定《孔叢子》本書之成書及解決《孔叢子》公案有重要意義，而且是直接反映東漢孔氏家學的重要素材。所以，我們將之放在東漢部分一併探討。

　　眾所周知，《孔叢子》自宋代以來被疑為偽書。近年來隨著出土文獻的湧現，學界開始對之有了新的認識，本篇緒言對此已經有所交代。我們雖也曾經有過專門研究，但很多方面並沒有完全展開，而且部分觀點現在看來還需修正，所以這裡重作討論，進一步解決問題。

一、《孔叢子》公案的形成

（一）《孔叢子》的內容與結構

　　今傳本《孔叢子》或作三卷、或作七卷，實際內容均是本書二十一篇，附加《連叢子》上、下篇，共二十三篇。二十三篇本書分別是：

　　〈嘉言〉第一

〈論書〉第二

〈記義〉第三

〈刑論〉第四：主要記孔子言行

〈記問〉第五

〈雜訓〉第六

〈居衛〉第七

〈巡守〉第八

〈公儀〉第九

〈抗志〉第十：主要記子思言行，涉及子上

〈小爾雅〉第十一：為訓詁作品

〈公孫龍〉第十二

〈儒服〉第十三

〈對魏王〉第十四：主要記子高言行

〈陳士義〉第十五

〈論勢〉第十六

〈執節〉第十七：主要記子順言行

〈詰墨〉第十八：孔鮒所作

〈獨治〉第十九

〈問軍禮〉第二十

〈答問〉第二十一：記孔鮒言行

《連叢子上》第二十二，共九篇：

〈敘書〉，相當於前書之敘

〈諫格虎賦〉

〈楊柳賦〉

〈鴞賦〉

〈蓼蟲賦〉

〈與侍中從弟書〉

〈與子琳書〉：均「孔臧」作品

《敘世》：主要敘子國以下世系，重點記子建、子仁、子豐事蹟

〈左氏傳義詁序〉：「宗人子通」為孔奇書所作

《連叢子下》第二十三：通記子和、長彥、季彥事蹟

可見完全是一部專門叢記孔家人物言行、萃集孔家人物作品的書，所以名為「孔叢子」。

（二）《孔叢子》的著錄與流傳

《孔叢子》一書，最早著錄於《隋書・經籍志》。該志《論語》家有「《孔叢》七卷」，注曰：「陳勝博士孔鮒撰。」其序錄云：「《孔叢》、《家語》，並孔氏所傳仲尼之旨。」[1]其後，《舊唐書》等著錄《孔叢子》，亦皆歸《論語》類。關於孔鮒，上篇我們已知其為孔子八代長孫，字子魚。關於孔鮒為陳博士，《史記・孔子世家》有明文，並云：「死於陳下。」《漢書・孔光傳》亦云「鮒為陳勝博士，死陳下」，當本之。考《史記・陳涉世家》於秦二世元年臘月下載：「秦左右校復攻陳，下之。」[2]則其死於漢興以前。

又《孔叢子・獨治》載：「子魚名鮒甲，陳人或謂之子鮒，或稱孔甲。」[3]《漢書・儒林傳》亦云：「孔甲為涉博士，卒與俱死。」[4]可見也稱孔甲。而孔甲之名，又見《漢書・藝文志》。該志《諸子略・雜家》有「《孔甲盤盂》二十六篇」，班固自注：「孔甲，黃帝

1 《隋書》卷三十二，北京：中華書局，1973年，第937、739頁。
2 《史記》卷四十八，北京：中華書局，1982年，第1960頁。
3 《孔叢子》卷六，《四部叢刊初編》本，第33頁。
4 《漢書》卷八十五，北京：中華書局，1962年，第3592頁。

之史，或曰夏帝孔甲，似皆非。」[1]晁公武《郡齋讀書志》曰：

> 《邯鄲書目》云：「一名《盤盂》，取事雜也。至漢，孔臧又以其所著賦與書謂之《連叢》，附於卷末十一篇。嘉祐中，宋咸為之注。」按《漢志》無《孔叢子》，而儒家有「《孔臧》十篇」，雜家有「《孔甲盤盂》二十六篇」，其注謂「孔甲，黃帝史。或曰夏帝，疑皆非。」今此書一名《盤盂》，《獨治篇》又云鮒或稱孔甲，《連叢》又出孔臧，意者《孔叢子》即《漢志》、《孔甲盤盂》書，而亡六篇；《連叢》即《漢志》、《孔臧》書。[2]

宋人洪邁亦有類似觀點[3]。可見不僅視此孔甲為彼孔甲，而且認定《孔叢子》就是《漢志》之《孔甲盤盂》，《連叢子》就是《漢志》之《孔臧》。這種說法是否可信？《四庫總目提要》曰：「案《漢書‧藝文志》顏師古注謂『孔甲，黃帝之史，或云夏後孔甲，似皆非』，則《孔叢》非《盤盂》。又志於儒家《孔臧》十篇外，詩賦家別出《孔臧賦》二十篇。今《連叢》有賦，則亦非儒家之《孔臧》，公武未免附會。」[4]其說未免簡單化。今按黃帝之史或夏帝孔甲著書，自然不大可能，所以班固疑之。但是正如〈七略〉所云：「《盤盂》書者，其傳言孔甲為之。孔甲，黃帝史也。書盤、盂中為誡法。或於鼎，名曰銘。」[5]就是說，古書而託名黃帝之史或夏帝孔甲，也完全可能，關鍵要看《盤盂》是什麼書。顧名思義，《盤盂》當如〈七略〉所云，是可為法戒的盤、盂銘文性質的文字。《漢書‧

---

1 《漢書》卷三十一，北京：中華書局，1962年，第1740頁。
2 轉引自張心澂《偽書通考》，上海：上海書店出版社影印本，1998年，第622頁。
3 見《容齋隨筆》卷十，北京：京華出版社，2004年，第608頁。
4 《四庫全書總目》卷九一，北京：中華書局，1965年，第770頁。
5 據顧實《漢書藝文志講疏》，上海：上海古籍出版社，1987年，第151頁。

田蚡傳》載：「蚡……辯有口，學《盤盂》諸書。」應劭曰：「書盤盂中，所以為法戒也。」孟康曰：「雜家書兼儒墨名法者也。」[1] 可見確是為法戒之書，而內容兼儒墨名法。今《孔叢子》非為法戒之書，內容亦不兼墨名法，更不可能歸諸雜家。《孔叢子》雖有〈詰墨〉篇，但文如其名，完全是孔鮒詰責墨家之言，不能算作墨家。再說若真是《孔叢子》，班固也不可能稱「似皆非」。而且田蚡善辯，也不可能學《孔叢子》，因為《孔叢子》畢竟只記孔家人物的言行。所以，《漢志》雜家《孔甲盤盂》必不能是《孔叢子》，此孔甲必不能是彼孔甲。至於《漢志》之《孔臧》，也不可能為今之《連叢》，因為今題孔臧所作的四賦二書，只是《連叢》上篇中之一部分。顧實《漢書藝文志講疏》於「《太常蓼侯孔臧》十篇」下亦曰：「今《孔叢子》末附《連叢》，未必出臧書。」[2] 其說得之。

　　《孔叢子》於目錄書雖最早著錄於《隋書‧經籍志》，但其書在《隋志》之前則早已出現並流傳。《太平御覽‧人事部四》引王肅《聖證論》曰：「學者不知孟軻字，按《子思》書及《孔叢子》有孟子居，即是軻也。軻少居坎軻，故名軻字子居也。」[3] 今《孔叢子‧雜訓》正有「孟子車（音居）」。可見當時確有《孔叢子》。其後，西晉皇甫謐作《帝王世紀》，亦多次引及《孔叢》書。如云：「太甲反位，又不怨，故更尊伊尹曰保衡，即《春秋傳》所謂伊尹放太甲，卒為明王是也。太甲修政，殷道中興，號曰太宗，《孔叢》所謂『憂思三年，追悔前愆，起而即政，謂之明王』者也。」[4] 北魏酈道元在其《水經注》，亦引「《孔叢子》曰：『夫子墓塋方一里，在魯城北六里泗水上，諸孔氏封五十餘所，人名昭穆不可複識，有銘碑

1　《漢書》卷五十二，北京：中華書局，1962年，第2377、2378頁。
2　《漢書藝文志講疏》，上海：上海古籍出版社，1987年，第106頁。
3　《太平御覽》卷三六二，北京：中華書局，1985年，第1617頁。
4　《太平御覽》卷八三，北京：中華書局，1985年，第399頁。

三所，獸碣具存』[1]」。《藝文類聚》早於《隋志》之修，其菜部亦引「《孔叢子》曰：『菜謂之疏』[2]」，正見今本第十一篇《小爾雅·廣物》。

以上可見，《孔叢子》（《小爾雅》篇除外）書雖與《漢志》之書無關，但自魏晉以來確已流傳。只是皇甫謐、酈道元二家所引之文不見今本，說明所見本與今本有異。而《隋志》所著，或是經過重新整理之本也未可知。

宋代太平興國二年（西元977年）到太平興國八年（西元984年）編纂的《太平御覽》，大量引用《孔叢子》原文。司馬光《資治通鑒》（西元1066年—1085年編），也多次採用《孔叢子》中的內容，多見今本。

宋嘉祐三年（西元1059年），宋咸再次對《孔叢子》進行了整理。他在其《注孔叢子序》中稱：

《孔叢子》者，乃孔子八世孫鮒字子魚，仕陳勝為博士，以言不見用，託目疾而退，論集先君仲尼、子思、子上、子高、子順之言及己之事，凡二十一篇，為六卷，名之曰《孔叢子》，蓋言有善而叢聚之也。至漢孝武朝，太常孔臧又以所著賦與書謂之《連叢》上下篇為一卷，附之於末。然士大夫號藏書者，所得本皆豕亥魚魯，不堪其讀。臣凡百購求，以損益補竄，近始完集。然有語或淺固，弗極於道，疑後人增益，乃悉誅去；義例繁猥，隨亦刪定。[3]

可見對舊本確有刪削。儘管已有「語或淺固、弗極於道」之見，但只疑其為後人增益，而不言原書之偽。

1　《水經注》卷二十五，成都：巴蜀書社，1985年，第418頁。
2　《藝文類聚》卷八十二，北京：中華書局，1982年，第415頁。
3　《孔叢子》序，《續修四庫全書》本，上海：上海古籍出版社，1995年，第704頁。

懷疑《孔叢子》之偽，實肇始於南宋初期，成熟於朱熹以後，定論於古史辨派。以下即可見之。

（三）關於《孔叢子》偽書公案

孔鮒既是漢以前人，其若有書，自應著於《漢志》。今《漢志》未著，而《隋志》突然出現，自然招致懷疑，以至形成公案。要想了結此公案，自然還需從前人的觀點言起。

1. 前人疑偽的觀點與論據

據張心澂《偽書通考》之所輯錄及《四庫全書總目提要》等，南宋以來疑《孔叢子》之偽的學者及其論點論據，大致有以下一些：

洪邁《容齋隨筆》云：

《孔叢子》一書《漢書·藝文志》不載，蓋劉向父子所未見。……唐以前，不為人所稱。至嘉祐四年，宋咸始注釋以進，遂傳於世。今讀其文，略無楚漢間氣骨，豈非齊梁以來好事者所作乎？

朱熹《朱子語錄》曰：

《孔從子》說話多類東漢人，其文氣軟弱，全不似西漢文字。

又曰：

《孔叢子》乃其所注之人偽作，讀其首幾章皆法《左傳》句，已疑之。及讀其後序，乃謂「渠好《左傳》」，便可見。

又曰：

《孔叢子》敘事至東漢，然辭氣甚卑近，亦非東漢人所作書。孔

臧禮賜如三公等事皆無其實，而《通鑒》誤信之。所載臧兄弟往還書疏，正類《西京雜記》偽造西漢人文章，皆甚可笑。

高似孫《子略》曰：

〈記問〉篇敘子思與孔子問答，如此，則孔子時子思其已長矣。然《孔子家語後序》及《孔子世家》皆言子思年止六十二。孟子以子思在魯穆公時固常師之，是為的然矣。按孔子沒於哀公十六年，後十六年哀公卒。又悼公立三十七年，元公立二十一年。穆公既立，距孔子之沒七十年矣。當是時子思猶未生，則問答之事安得有之耶？此又出後人綴集之言，何其無據若此！

陳振孫《直齋書錄解題》云：

孔氏子孫雜記其先世系言行之書也……《連叢》所記迄於延光三年季彥之卒，則又安得以為鮒撰？

宋濂於《諸子辨》曰：

此偽書也。偽之者，其宋咸歟！王士元偽作《亢倉子》而又自為之注，抑此類歟！

李燦〈孔叢子序〉曰：

《漢志》無《孔叢子》而儒家有《孔臧》十篇，雜家有《孔甲盤盂書》二十六篇。宋晁氏為《孔叢子》即《漢志》所謂《孔甲盤盂》者也。然考顏監注云：「甲，黃帝史，或曰夏帝孔甲，疑皆非。」又史

190

稱田蚡學《盤盂書》，注云：「黃帝史。」謂鮒著《盤盂》，豈信證乎？……愚謂（《孔叢子》）或子豐、季彥輩集先世遺文而成之，故其書東京始行。

姚際恒《古今偽書考》云：

（《孔叢子》）稱漢孔鮒撰，漢、隋、唐《志》皆無，宋《中興書目》始有。……李燆以為東漢末季彥輩為之。朱仲晦以為即注者偽作，其說近是。若為東漢人，隋、唐《志》豈應無乎？[1]

《四庫總目提要》曰：

《孔光傳》「孔子八世孫鮒，魏相順之子，為陳涉博士，死陳下」，則固不得為漢人。而其書記鮒之沒，則又安得以為鮒撰？……《隋書‧經籍志》、《論語》家有《孔叢》七卷，注曰：「陳勝博士孔鮒撰。」其序錄稱「《孔叢》、《家語》，並孔氏所傳仲尼之旨」，則其書出於唐以前。然《家語》出王肅依託，《隋志》既誤以為真，則所云《孔叢》出孔氏所傳者亦未為確證。朱子所疑，蓋非無見。即如「《舜典》禋於六宗，何謂也？子曰：所宗者六，皆潔祀之也。埋少牢於泰昭，所以祭時也；祖迎於坎壇，所以祭寒暑也；主於郊宮，所以祭日也；夜明，所以祭月也；幽禜，所以祭星也；雩禜，所以祭水旱也。禋於六宗，此之謂也。」其說與《偽孔傳》、《偽家語》並同，是亦晚出之明證也。」[2]

1　以上前人觀點，皆轉引自張心澂《偽書通考》，上海：上海書店出版社影印本，1998年，第623～627頁。

2　《四庫全書總目》卷九一，北京：中華書局，1965年，第770頁。

第五章　《孔叢子》與孔氏家學

顧實《重考古今偽書考》曰：

《孔叢子》、《孔子家語》二書，並出王肅依託。清儒多謂《偽孔傳》、《偽家語》並同，此即王肅偽造《孔叢》之證也。[1]

羅根澤於《古史辨》第四冊之〈《孔叢子》探源〉一文舉《孔叢子》之偽證四：

（1）如為鮒撰，則劉向、班固及漢代學者應見之，為何《漢志》不錄，亦無一漢人徵引論述？

（2）書中有孟子親見子思之問答。孔子卒於西曆紀元前四百七十九年，孟子生於西曆紀元前三百七十二年左右，距孔子之卒約一百餘年，焉能親受業子思之門？子思享年六十二，既下教孟子，又上與孔子討論政治，是不可能的。又尹文子當齊宣王之世，其時子思墓木已拱，書中尚有尹文子告子思之言。

（3）〈獨治〉篇云「子思生於戰國之末……」，又云「子魚名鮒甲，陳人，或謂之子鮒，或稱孔甲。陳勝既立為王，其妻之父兄往焉……」，不類自述口吻，且自己之名，何能二三其詞不能決定，是乃做偽者有意附會《漢志》之雜家《孔甲盤盂》。

（4）〈答問〉篇云：「博士（孔鮒）凡仕六旬，老於陳。將沒，戒其弟襄……」將死，猶能著書耶？明為後人偽作。

舉《連叢子》之偽證三：

（1）〈敘書〉篇云：「彥以將事高祖有功，封蓼侯。其子（臧）

嗣焉，歷位九卿。前御史大夫……孝武皇帝重違其意，遂拜太常，其禮賜如三公，在官三年，著書十篇而卒……」，焉能為孔臧之語？

（2）〈敘世〉篇敘臧之後世至子建在王莽光武時，又敘孔魚從劉子駿受《春秋左氏傳》，皆臧以後之事。至下篇所敘及之人更晚。敘至季彥於安帝延光三年卒，故作此書者最早在安帝以後。

（3）下篇皇甫威問仲淵有「今觀《連叢子》所記」，在《連叢子》內論及《連叢子》，益露其偽。

由此斷定此書之著作年代：

（1）始徵引此書者為王肅《聖證論》云……肅因欲推翻鄭康成，故先造《家語》、《孔叢子》諸書，然後據以為證佐，反駁鄭說。孟軻之字，《史記》本傳、《漢志》與《風俗通・窮通論》皆不著，趙岐《孟子題詞》謂「字則未聞」，是必王肅所造。

（2）《四庫提要》謂「禋於六宗」之說與《偽孔傳》、《偽家語》並同，是晚出之明證。《偽孔傳》出晉人梅賾（頤），肅生於漢獻帝興平二年，卒於魏高貴鄉公甘露元年，當是《偽孔傳》鈔此書。

（3）此書《隋志》已著錄，其產生當在唐臣撰《隋書》以前。酈道元《水經注》曾引此書，酈為北魏人，則此書當在北魏以前。書內言及季彥之卒於延光元年，亦非如李燾所言季彥輩為之。延光三年為安帝最末第二年，後經順、沖、桓、靈四帝即獻帝，即王肅所生長之時。此書既上不過安帝、下不至北魏，正在曹魏之時，又與此時作偽之王肅有關，故疑為肅造。[1]

---

1 羅根澤《〈孔叢子〉探源》，《古史辨》第四冊，上海：上海古籍出版社，1982年，第194頁。

第五章 《孔叢子》與孔氏家學

至此，《孔叢子》「偽書」之案已定，而且歸諸王肅。然而至陳夢家，則又進一步提出，《連叢子・敘書》所述是東晉孔愉的事，認為書中的安國為東晉孔安國，武帝為晉武帝，後人誤認為是西漢孔安國和漢武帝，故有所改竄（具體證據詳後）。蔣善國從信其說，並且斷言：「《孔叢子》本書（即前六卷）託名孔鮒的，大部分以《孔臧》十篇為底本，小部分是孔季彥偽作」，「《連叢子》的作者是東晉以後的人 [1]」。可謂波瀾又起。

2. 我們的觀點與思路

首先我們認為，《孔叢子》書名——「叢」，聚也——本身告訴我們，這是一部雜叢的書，構成本書的材料有不同來源，作者與編者有不同人選。比如書中有關孔子、子思、子順等人的記載，必不能為一人一時所作。其或據前代典籍，或據口頭傳說，應當是多人、多時、多地積累而成。再加上早期材料編成以後，後人根據自己見到的其他材料或自己的理解、觀念對之進行改造，也不是沒有可能。所以，我們不宜簡單地以所題作者與事實或年代不符而斷定其為偽書。

即就其成書時代而言，既然王肅在《聖證論》中已經徵引《孔叢子》，說明王肅之前，《孔叢子》已經成書並傳之於世。所以，僅此一例，就足以證明成書於魏晉以後的說法難以成立。

而且事實上，最早引用《孔叢子》的，或許應是孔融而不是王肅。例如《孔叢子・儒服》篇載：「平原君與子高飲，強子高酒，曰：『昔有遺諺，堯舜千鍾，孔子百觚，子路嗑嗑，尚飲十榼。古之聖賢無不能飲也，吾子何辭焉？』」[2]《後漢書・孔融傳》載：「時年饑興兵，操表制酒禁，融頻書爭之，多侮慢之辭。」注曰：「《融集・與曹書》云：『酒之為德久矣。古先哲王，類帝禋宗，和神定

1　蔣善國《尚書綜述》，上海：上海古籍出版社，1988年，第338、341頁。
2　《孔叢子》卷四，《四部叢刊初編》本，第22頁。

194

人，以濟萬國，非酒莫以也。故天垂酒星之耀，地列酒泉之郡，人著旨酒之德。堯不千鍾，無以建太平；孔非百觚，無以堪上聖。』」[1] 顯然，融書之「堯不千鍾……孔非百觚」，與《孔叢子・儒服》有關，當本之，而不會相反。因為融書之文是作否定之否定，必非始出。這就說明，東漢末年孔融有可能已見到與《孔叢子・儒服》相同的文字。

又上博楚簡《詩論》中，有與《孔叢子・記義》所記孔子論詩之言相似的文句。如〈記義〉曰：

孔子讀《詩》，及〈小雅〉，喟然而歎曰：「吾於〈周南〉、〈召南〉，見周道之所以盛也；於〈柏舟〉，見匹婦執志之不可易也；於〈淇澳〉，見學之可以為君子也；於〈考槃〉，見遁世之士而不悶也；於〈木瓜〉，見苞苴之禮行也；於〈緇衣〉，見好賢之心至也；於〈雞鳴〉，見古之君子不忘其敬也；於〈伐檀〉，見賢者之先事後食也；於〈蟋蟀〉，見陶唐儉德之大也；於〈下泉〉，見亂世之思明君也；於〈七月〉，見豳公之所造周也；於〈東山〉，見周公之先公而後私也；於〈狼跋〉，見周公之遠志所以為聖也；於〈鹿鳴〉，見君臣之有禮也；於〈彤弓〉，見有功之必報也；於〈羔羊〉，見善政之有應也；於〈節南山〉，見忠臣之憂世也；於〈蓼莪〉，見孝子之思養也；於〈楚茨〉，見孝子之思祭也；於〈裳裳者華〉，見古之賢者世保其祿也；於〈采菽〉，見古之明王所以敬諸侯也。」[2]

上博楚簡《詩論》第二章云：

1 《後漢書》卷七十，北京：中華書局，1965年，第2273頁。
2 《孔叢子》卷一，《四部叢刊初編》本，第22～23頁。

孔子曰：「吾以（於）〈葛覃〉，得氏初之詩（志）。……吾以（於）〈甘棠〉，得宗廟之敬。……〔吾以（於）〈木瓜〉，得〕幣帛之不可去也。……吾以（於）〈杕杜〉，得雀（爵）〔服之〕……」[1]

可見句式完全相同，說明《孔叢子‧記義》非王肅或後人所偽造。

以上兩例，自能使王肅偽造說不攻自破。亦可證明其最後成書不可能是在魏晉及其以後的時間。至於王氏後學偽造說、宋咸偽造說，自然也就不值一駁。

各家判定《孔叢子》偽書的另一重要依據，是《漢書‧藝文志》不見著錄。事實上，目錄書不著錄，不等於世無其書，因為著錄者未必盡見世上所有之書。比如近年出土的戰國竹書中，就有不少不見於《漢書‧藝文志》。其次，《孔叢子》雖題孔鮒撰，實際上只是就其未經後人附益的部分而言。而這一部分，孔鮒當時或確實未公之於世。而孔鮒本人未公之於世，不等於其不曾編書著書，更不等於其後人未傳其書。所以，《漢書‧藝文志》不見著錄，最多只能證明其或晚出，而不能證明其偽；題孔鮒撰，也不說明其全偽。

正因為如此，所以關於《孔叢子》的材料來源及成書，必須逐人、逐篇進行考察。余嘉錫在其《古書通例》中說：「古人著書，本無專集，往往隨作數篇，即以行世……迨及暮年或其身後，乃聚而編次之。其編次也，或出於手定，或出於門弟子及其子孫，甚至遲至數十百年，乃由後人收拾叢殘為之定著。」[2]正是我們觀察《孔叢子》所當知曉的。

---

1 黃懷信《上海博物館藏戰國楚竹簡《詩論》解義》第二章，北京：社會科學文獻出版社，2004年，第51～61頁。

2 劉夢溪主編《中國現代學術經典‧余嘉錫楊樹達卷》，石家莊：河北教育出版社，1996年，第227頁。

二、《孔叢子》的成書年代

（一）今本《孔叢子》各篇的材料來源與撰作編集者

《孔叢子》本書二十一篇除〈小爾雅〉外，明顯可以區分為記孔子、記子思、記子高、記子順、記孔鮒或與孔鮒有關幾個部分。以下分別進行考察。

1. 記孔子各篇的材料來源

《孔叢子》前四篇記孔子之事，相同或相似的材料，或見於先秦及秦漢典籍。如《戰國策》、《韓非子》、《尚書大傳》、《韓詩外傳》、《呂氏春秋》、《淮南子》、《說苑》等書之中，就有不少與之相類似的記載。我們曾經對〈記義〉篇所載公父文伯之母言孔子一段與《戰國策·趙策》，〈論書〉篇所載子張問一段與《尚書大傳》，分別作過比勘，發現二篇之文不晚於二書，證明其所記之事的原始材料在先漢或先秦已有流傳[1]。這裡我們再作兩段比勘，以進一步明確《孔叢子》記孔子之事的材料來源與時代。

《孔叢子·論書》篇載：

> 子夏讀《書》既畢，而見於夫子。夫子謂曰：「子何為於《書》？」子夏對曰：「《書》之論事也，昭昭然若日月之代明，離離然若星辰之錯行；上有堯舜之道，下有三王之義。凡商之所受《書》於夫子者，志之於心弗敢忘也。雖退而窮居河濟之間、深山之中，作壞室、編蓬戶，常於此彈琴以歌先王之道，則可以發憤慷喟忘己貧賤，故有人亦樂之，無人亦樂之。上見堯舜之德，下見三王之義，忽不知憂患與死也。」夫子愀然變容曰：「嘻！子殆可與言《書》矣。雖然，其亦表之而已，未睹其裡也。夫關其門而不入其室，惡睹其宗

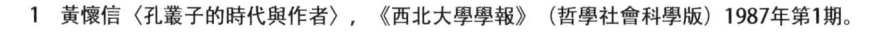

1　黃懷信〈孔叢子的時代與作者〉，《西北大學學報》（哲學社會科學版）1987年第1期。

廟之奧、百官之美乎！」[1]

《尚書大傳》載：

子夏讀《書》畢，孔子問曰：「吾子何為於《書》？」子夏曰：「《書》之論事，昭昭若日月焉。所受於夫子者，弗敢忘，退而窮居河濟之間、深山之中，壞室、蓬戶，彈琴瑟以歌先王之風，有人亦樂之，無人亦樂之。上見堯舜之道，下見三王之義，可以忘死生矣。」夫子愀然變容曰：「嘻！子殆可與言《書》矣。雖然，見其表未見其裡，闚其門未入其中。」[2]

比勘兩段文字，《大傳》之文明顯脫胎於〈論書〉文。然而《大傳》舊題伏生撰，論者多以為是「伏生所傳，其徒所撰」。伏生本為秦博士，漢文帝時年逾九十，《大傳》中的材料必其以前所掌握。而《孔叢子》在伏生時代，則尚未行世。這就說明，在漢興以前，確有與〈論書〉相類似的材料存在。可見二者有共同的來源。與之相似的文字，又見於《韓詩外傳》，作「《詩》之於事也，昭昭乎若日月之光明，燎燎乎如星辰之錯行[3]」。《書》變成了《詩》，可見又經過了改造。說明確有原始材料傳世。

蔣善國先生云：「〈論書篇〉說：『孔子曰：「高山五嶽，定其差秩，祀所視焉。』」祀五嶽是從漢文帝會諸儒議封禪引起的。在秦末，只有四嶽，沒有五嶽，只有東嶽岱宗一山，尚無其他三嶽山名，當時五嶽思想尚未發生，孔鮒怎能預言五嶽？所以就五嶽名稱看，

---

1 《孔叢子》卷一，《四部叢刊初編》本，第12頁。
2 《尚書大傳》卷五，《四部叢刊初編》本，第13、14頁。
3 《韓詩外傳》卷二，《四庫全書》本，上海：上海古籍出版社，1987年影印，第790頁。

《孔叢子·論書篇》絕非漢武帝以前的作品。」[1] 今按《舜典》已明有四嶽，則孔子之時未必沒有「五嶽」之名。且先秦若無，漢文時諸儒又何以知之？所以，至少孔鮒知「五嶽」，應該沒有疑問。

蔣氏又云：

《孔叢子·論書》篇說：「宰我曰：『敢問「禋於六宗」，何謂也？』孔子曰：『所宗者六，皆潔祀之也。埋少牢於九昭，所以祭時也；祖迎於坎壇，所以祭寒暑也；主於郊宮，所以祭時也；夜明；所以祭月也；幽榮，所以祭星也；雩榮，所以祭水旱也。禋於六宗，此之謂也。』」這個四時寒暑日月星水旱的六宗說，與王肅《書注》和偽《孔安國古文尚書傳》均相同。……許慎的《五經異義》對於六宗只引今古文六宗說，而駁今文說，從古文說；鄭玄的《駁五經異義》又駁古文說，而創星辰司中司命風師雨師的六宗說。當時如有《孔叢子》的寒暑日月星水旱的六宗說，許、鄭兩書必引它來作立論的根據。可是許、鄭兩書始終未提到《孔叢子》的六宗說，顯見當時《孔叢子》尚未出現。……《孔叢子·論書篇》這段，可能是後人據王肅《書注》所竄入。即使《孔叢子》是孔季彥所偽作，在東漢末已出現，也一定沒有論六宗這段。[2]

今按：許、鄭兩家未見孔子六宗說，甚有可能，因為《孔叢子》及《孔傳》，在當時可能尚未全面流入社會。而王肅與之同，則說明王肅已見其說。關鍵是《孔傳》與王肅之同，正說明二家有同據。再說王肅《書注》也只是說：六宗，「四時、寒暑、日、月、星、水旱也」。如何能被竄為如《書論》所記孔子之語？若謂二者有關，只能

1 蔣善國《尚書綜述》，上海：上海古籍出版社，1988年，第336頁。
2 蔣善國《尚書綜述》，上海：上海古籍出版社，1988年，第337頁。

第五章　《孔叢子》與孔氏家學

說是王肅本於〈論書〉。吳承仕《尚書傳王孔異同考》謂〈論書篇〉是後人抄王肅注竄入，也實在沒有道理[1]。

除六宗外，《孔叢子・論書》篇又載：

宰我問：「《書》云『納於大麓，烈風雷雨弗迷』，何謂也？」孔子曰：「此言人事之應乎天也。堯既得舜，歷試諸難，已而納之於尊顯之宮，使大錄萬機之政，是故陰陽清和，五星來備，烈風雷雨各以其應，不有迷錯愆伏，明舜之行合於天也。」[2]

又〈論書〉篇引「《書》曰：『茲予大享於先王，爾祖其從與享之』」、「《書》曰：『維高宗報上甲微』」、定公問「《周書》所謂『庸庸祇祇，威威顯民』」等[3]，均不見他書。而「上甲微」，則見殷墟甲骨文、《國語・周語》及清華簡《保訓》，說明非為虛造，可見必有所本。「上甲微」既有所本，則其他未必無本。

又《孔叢子・記義》載：

孔子晝息於室而鼓琴焉。閔子自外聞之，以告曾子曰：「嚮也夫子之音清澈以和，淪入至道，今也更為幽沈之聲。幽則利欲之所為發，沈則貪得之所為施。夫子何所感之若是乎？吾從子入而問焉。」曾子曰：「諾！」二子入問孔子，孔子曰：「然。女言是也，吾有之。嚮見貓方取鼠，欲其得之，故為之音也。女二人者孰識諸？」曾子對曰：「是閔子。」夫子曰：「可與聽音矣！」[4]

1　蔣善國《尚書綜述》，上海：上海古籍出版社，1988年，第335頁。
2　《孔叢子》卷一，《四部叢刊初編》本，第12〜13頁。
3　《孔叢子》卷一，《四部叢刊初編》本，第13、14頁。
4　《孔叢子》卷一，《四部叢刊初編》本，第23〜24頁。

《韓詩外傳》載：

　　昔者孔子鼓瑟，曾子、子貢側門而聽。曲終，曾子曰：「嗟乎！夫子瑟聲殆有貪狼之志，邪僻之行，何其不仁趨利之甚！」子貢以為然，不對而入。夫子望見子貢有諫過之色，應難之狀，釋瑟而待之。子貢以曾子之言告。子曰：「嗟乎！夫參，天下賢人也，其習知音矣！鄉者丘鼓瑟，有鼠出遊，貍見於屋，循梁微行，造焉而避，厭目曲脊，求而不得。丘以瑟淫其音，參以丘為貪狼邪僻，不亦宜乎！」《詩》曰：「鼓鐘於宮，聲聞於外。」[1]

　　對勘兩段文字，《外傳》之文亦顯然不早於〈記義〉。《外傳》與《大傳》時代相當，亦西漢初年的作品，所記亦必不能直接本於《孔叢子》，說明《記義》所記出漢以前，非後人所憑空捏造。

　　《尚書大傳》、《韓詩外傳》以及我們以前曾提到的《戰國策》等文獻中既有與《孔叢子》相同或相似的材料而又不直接本於《孔叢子》，說明這些材料在秦漢以前有更早的原始記載。而事實上我們也知道，先秦時代，社會上有大量關於孔子的零星記載，即所謂「傳」、「記」。所以《孔叢子》的相關記載，就只能是薈萃其原始記載「傳」、「記」或在原始記載「傳」、「記」的基礎上加工整理而成。

　　郝同輝同學對〈嘉言〉篇有專門研究，他的結論是：該篇「七章材料基本上是可信的，應有比較原始的祖本，可以成為研究孔子的材料依據[2]」。正可代表記孔子諸篇的基本面貌。

1　〈韓詩外傳〉卷七，《四庫全書》本，上海：上海古籍出版社，1987年影印本，第853～856頁。
2　郝同輝〈《孔叢子・嘉言篇》所見孔子言行考〉，曲阜師範大學碩士學位論文，2009年。

2. 記子思各篇的材料來源

現存文獻中記子思言行最詳的是《孔叢子》，而其中或有「紕謬不實」，亦是眾所周知的事實。如〈雜訓〉、〈居衛〉等篇所記子思為魯穆公師、子思見孟子車、見尹文子、答孟軻問，〈抗志〉篇記子思居衛魯穆公卒、子思見老萊子等，都被認為與人物時代不合，而成為前人定其偽書的重要依據，本身說明其中或有後人追記，非盡為當時實錄。當然，《孔叢子》所記，亦並非如前人所言，皆不可合。即有不合，亦不足怪。因為古書記事時有不實，是較為普遍的現象，不獨《孔叢子》。如《韓詩外傳》載：「孟嘗君請學於閔子，使車往迎閔子。閔子曰：『禮有來學無往教。致師而學不能學，往教則不能化君也。』」[1] 閔子是孔子的弟子，而孟嘗君則是戰國晚期人，由於二人時不相稱，所以郝懿行云：「孟嘗君、閔子不同世，相去幾二百歲，所未能詳。」沈豫云：「閔子、孟嘗君相去甚遠，此嬰未考耳。」[2]（當然，這裡也不排除「閔子」非孔子弟子閔損子騫而另有其人的可能。如此，則無紕謬。《孔叢子》之「孟子車」亦同。）《說苑・君道篇》載：「晏子沒，十有七年，景公飲諸大夫酒。」[3] 據《史記・齊世家》，晏子卒於景公四十八年，後十年景公卒，則此云晏子卒後十七年景公尚存也，可見亦有不實。所以，不能因材料或有誣妄或訛誤而輕斷其偽。重要的是，必須判明其時代及材料來源。

具體關於《孔叢子》記子思的幾篇文字，我們曾經指出：「主要出自子思書，是采輯《子思》而成。」[4] 關於《子思》，《漢書・藝文志》著錄為二十三篇，注曰：「名伋，孔子孫，為魯穆公師。」[5]

1　《韓詩外傳》卷三，《四庫全書》本，上海：上海古籍出版社，1987年影印本，第796頁。

2　韓嬰撰、許維遹校釋《韓詩外傳集釋》，北京：中華書局，1980年，第98頁。

3　向宗魯《說苑校證》卷一，北京：中華書局，1987年，第27頁。

4　黃懷信〈孔叢子的時代與作者〉，《西北大學學報》（哲學社會科學版）1987年第1期。

5　《漢書》卷三十，北京：中華書局，1962年，第1724頁。

此說能否成立，以下我們再作詳細分析。

首先，《孔叢子‧雜訓》載：

孟軻問牧民何先，子思曰：「先利之。」曰：「君子之所以教民，亦有仁義而已矣，何必曰利？」子思曰：「仁義固所以利之也。上不仁則下不得其所，上不義則下樂為亂也。此為不利大矣，故《易》曰：『利者，義之和也。』又曰：『利用安身，以崇德也。』此皆利之大者也。」[1]

此段對話，宋代馬端臨《文獻通考》卷二百八、晁公武《郡齋讀書志》卷二均引之，皆稱《子思子》曰。郭沂認為：「這就是說，它們並非引自《孔叢子》，而是引自《子思子》。其所引的這部《子思子》當屬南朝梁時以前出現的子思書重輯本，應有所據，很可能就是《漢志》所載劉向根據先秦子思著作所編的《子思》二十三篇的的佚文。」[2]不無道理。參以王肅《聖證論》所云「《子思書》及《孔叢子》有孟子居」，說明此二書確有相同的文字材料。孟子字不見於其他載籍，唯獨《子思》及《孔叢子》有載。《子思》見著於《漢書‧藝文志》，成書早於《孔叢子》，所以《孔叢子》此文當本於《子思》。可見〈雜訓〉篇與《子思》有關。

其次，《隋書‧音樂志上》引沈約曰：「《中庸》、《表記》、《坊記》、《緇衣》，皆取自《子思子》。」[3]具體證據，蔣伯潛《諸子通考》指出：「按黃以周考證，《意林》所錄《子思子》有合於《表記》者一條；《文選注》所引《子思子》有合於《表記》者一條，合於《緇衣》者一條；《太平御覽》所引《子思子》有合於《緇衣》者二

1 《孔叢子》卷二，《四部叢刊初編》本，第38～39頁。
2 郭沂〈孟子車非孟子說——思孟關係考實〉，《中國哲學史》2002年第3期。
3 《隋書》卷十三，北京：中華書局，1973年，第288頁。

條。」[1]《子思子》，即《子思》。《子思》今雖亡佚，但宋代尚有餘存。《宋史・藝文志》著錄「《子思子》七卷」。而沈約之時《子思》尚多流傳，所以其說必當有據。另外，湖北荊門郭店出土的楚簡中有《緇衣》篇，同出的還有《五行》、《六德》、《唐虞之道》及《魯穆公問子思》等，經學者們考證研究，大都認為基本上反映了子思學派的思想。可證《禮記》中的這四篇皆取於《子思子》當是事實。既然《禮記》中的四篇皆取於《子思子》，那麼《孔叢子》與《子思》相同的文字取自《子思》更當沒有疑問。只是如此，則《子思》二十三篇中當含有後人撰述，而非子思一人所親著。

第三，《孔叢子・雜訓》記子思與魯穆公答問之事，舊以二人時不相值而懷疑之。如高似孫曰：「子思與孔子問答，如此，則孔子時子思其已長矣。然《孔子家語後序》及《孔子世家》皆言子思年止六十二。孟子以子思在魯穆公時，固常師之，是為的然矣。按孔子沒於哀公十六年，後十六年哀公卒，又悼公立三十七年，元公立二十一年，穆公既立，居孔子之沒七十年矣。當是時，子思猶未生，則問答之事安得有之耶？」[2]彭林針對《漢書・藝文志》中子思曾「為魯繆（穆）公師」的記載，認為魯穆公元年係周威烈王十九年（西元前407年），上距孔子之卒已七十二年。而子思生時，孔子猶健在。《史記・孔子世家》載子思享年六十有二，故不可能為魯穆公師，從而得出「《六國年表》訛誤頗多，不可膠執」的結論[3]。不為無見。事實上我們知道，孔子之子孔鯉年五十而先孔子兩年卒，則子思之生不僅不可能在孔子卒後，而且按正常計算，孔子卒時其至少當已十餘歲。而《史記》所云「六十二」，則不可以據信不疑。而且正如前人已指出的，其「六」很可能是「八」字之訛。如此，則更沒有疑問。

---

1 蔣伯潛《諸子通考》，杭州：浙江古籍出版社，1985年，第327頁。

2 張心澂《偽書通考》，上海：上海書店出版社，1998年影印本，第623頁。

3 彭林〈郭店楚簡與《禮記》的年代〉，《中國哲學》第二十一輯，第54頁。

所以，關於子思曾「為繆（穆）公師」，未必就不是事實。何況《孟子·萬章下》亦載：「繆（穆）公亟見於子思，曰：『古千乘之國以友士，何如？』子思不悅，曰：『古之人有言曰，事之云乎，豈曰友之云乎？』子思之不悅也，豈不曰：『以位，則子，君也，我，臣也；何敢與君友也？以德，則子事我者也，奚可以與我友？』」[1] 郭店楚簡中亦有《魯穆公問子思》一篇，證明子思曾為魯穆公師，確不為《孔叢子》作者所杜撰。當然，所記子思居衛而魯穆公卒，則恐不可信。因為據《史記·魯周公世家》，穆公在位三十三年，卒時去孔子卒已一百餘年，子思不可能活至其時。當然，此「穆公」或當是「元公」亦有可能。就是說，篇中之「穆公」本作「元公」，而流傳誤改。如此，也就沒有疑問。所以，此類疑問，不無出於後人誤改，或者誤傳所致的可能。

第四，《孔叢子·公儀》云：「穆公謂子思曰：『子之書所記先子之言，或者以謂之辭。』子思曰：『臣所記臣先祖之言，或親聞之者，有聞之於人者，雖非正其辭，然猶不失其意焉。』」[2] 顯然也應是子思書中之語。

綜合以上諸點，《孔叢子》記子思之事的六篇文字，基本上是采輯《子思》而成當無疑問。其中的〈雜訓〉、〈居衛〉、〈巡守〉、〈公儀〉、〈抗志〉等主要記子思言行的諸篇，與子思學派思想密切相關，可以作為研究子思學派的參考文獻。

需要指出，篇中所記子思見孟子等事，世以為年代不合而必無。然而觀其所記，則較為具體，如〈雜訓〉篇載：

孟子車尚幼，請見子思。子思見之，甚悅其志，命子上侍坐焉。

1　楊伯峻《孟子譯注》，北京：中華書局，1960年，第248、251頁。
2　《孔叢子》卷三，《四部叢刊初編》本，第50頁。

禮敬子車甚崇，子上不願也。客退，子上請曰：「白聞士無介不見，女無媒不嫁。孟孺子無介而見，大人悅而敬之，白也未諭，敢問？」子思曰：「然！吾昔從夫子於郊，遇程子於塗，傾蓋而語，終日而別，命子路將束帛贈焉，以其道同於君子也。今孟子車孺子也，言稱堯舜，性樂仁義，世所稀有也，事之猶可，況加敬乎？非爾所及也。」[1]

　　似又不可能為憑空捏造。究竟如何，這裡略作考察：據《孟子》書，孟子主要生活在梁惠王（前370—前335年）、齊宣王（前342—前324年）時代，如果終年以西元前330年計，去孔子之卒已約150年、去子思之生約160年。子思年八十二，那麼孟子只有壽逾九十，二人方有10年相值之期。而《闕里志》恰云孟子壽「九十有七」。如此，則《孔叢》所載之事未必不可信。再則，此「孟子車」或許另有其人而非孟軻也未可知，如此，則不存在任何問題。當然，孟子壽「九十有七」之說畢竟恐難置信，就是說孟子見子思之事未必真實。儘管如此，也未必就是蓄意造假，因為戰國時人著書，多有不尊重歷史事實之習慣，其目的只是藉以表達自己的思想。同時，此「孟子車」即使真指孟軻，也不排除後人改換的可能，因為《孔叢子》書畢竟有其後人傳之並經過數次補編。總之，凡此之類不同於後世所謂偽作。

　　3. 記子高各篇的材料來源

　　記子高（孔穿）事的〈公孫龍〉、〈儒服〉、〈對魏王〉三篇，未見有背謬於史的地方，前人在研究過程中亦未提出過大的疑問。我們曾經指出，書中所記子高與公孫龍的幾次辯論、與平原君的對話、與鄒文季節的交往等細節，非局外人所能詳知或後人所能杜撰[2]。並

1　《孔叢子》卷二，《四部叢刊初編》本，第35頁。
2　黃懷信〈孔叢子的時代與作者〉，《西北大學學報》（哲學社會科學版）1987年第1期。

且三篇文字本身還流露出作者為子高本人的痕跡。如〈公孫龍〉篇記公孫龍曰：「且白馬非白馬者，乃子先君仲尼之所取也……」〈儒服〉篇記平原君謂子高曰：「吾聞子之先君，親見衛夫人南子。又云南遊遇乎阿谷而交辭於漂女，信有之乎？」均稱「子之先君」，可見是直接對話，所以有可能為子高自記。另外我們知道，《漢志》儒家類有「《讕言》十篇」，班氏自注：「不知作者，陳人君法度。」師古曰：「說者引《孔子家語》云孔穿（即子高）所造，非也。」[1]按《隋志》已不著其書，說明該書至少在唐初已佚不傳，師古「非也」之論蓋係推測，未可遽信。今考〈家語後序〉有云：「子高名穿，著儒家語十二篇，名曰《讕言》。」[2]班固謂其書內容為「陳人君法度」，而三篇中恰有符合這一命題的文字。如第十四篇所載子高答魏王「人主之所以為患」、「何如可謂大臣」，答信陵君問「古之善為國者其道何由」之類，無疑可以屬之。那麼，結合上舉敘事詳盡之條，《家語》後序之言當屬可信。既如此，三篇中含有子高《讕言》之文也可以無疑。所以，三篇基本上當出子高之手。

另外，根據〈公孫龍〉與《呂氏春秋》相似材料的對比，我們也可以發現其出不晚。如〈公孫龍〉載：

公孫龍曰：「……先生之非教龍者，似齊王之問尹文也。齊王曰：『寡人甚好士，而齊國無士。』尹文曰：『今有人於此，事君則忠，事親則孝，交友則信，處鄉則順，有此四行者，可謂士乎？』王曰：『善，是真吾所謂士者也。』尹文曰：『王得此人，肯以為臣乎？』王曰：『所願不可得也。』尹文曰：『使此人於廣庭大眾之中，見侮而不敢鬥，王將以為臣乎？』王曰：『夫士也，見侮而不敢鬥，是辱也，

1 《漢書》卷三十，北京：中華書局，1962年，第1725、1728頁。
2 《孔子家語》卷十，《四庫全書》第695冊，上海：上海古籍出版社，1987年影印本，第109頁。

第五章 《孔叢子》與孔氏家學

寡人不以為臣矣。』尹文曰：『雖見侮而不鬥，是未失所以為士也。然而王不以為臣，則鄉所謂士者，乃非士乎？夫王之令，殺人者死，傷人者刑，民有畏王令，故見侮終不敢鬥，是全王之法也。而王不以為臣，是罰之也。且王以不敢鬥為辱，必以敢鬥為榮，是王之所賞，吏之所罰也；上之所是，法之所非也。賞罰是非相與曲謬，雖十黃帝固所不能治也。』齊王無以應。」[1]

《呂氏春秋‧正名》載：

尹文見齊王，齊王謂尹文：「寡人甚好士，而齊國無士。」尹文曰：「願聞何謂士？」王未有以應。尹文曰：「今有人於此，事親則孝，事君則忠，交友則信，居鄉則悌。有此四行者，可謂士乎？」齊王曰：「此真所謂士已。」尹文曰：「王得若人，肯以為臣乎？」王曰：「所願而不能得也。」尹文曰：「使若人於廟朝中，深見侮而不鬥，王將以為臣乎？」王曰：「否，大夫見侮而不鬥，則是辱也，辱則寡人弗以為臣矣。」尹文曰：「雖見侮而不鬥，未失其四行也。未失其四行者，是未失其所以為士一矣。未失其所以為士一，而王以為臣；失其所以為士一，而王不以為臣，則嚮之所謂士者，乃士乎？」王無以應。[2]

兩相對比，〈公孫龍〉之尹文見齊王事出公孫龍之口，事有原委，而《呂氏春秋》則較單純。也就是說，由〈公孫龍〉之文可以有《呂氏春秋》之文，而由《呂氏春秋》之文不可以有〈公孫龍〉之文。

1　《孔叢子》卷四，《四部叢刊初編》本，第72～73頁。
2　《呂氏春秋集釋》卷十六，北京：中國書店，1985年，第29～30頁。

再如〈公孫龍〉之記公孫龍與子高對話，引用孔子論「楚王喪弓」的故事曰：

龍聞楚王張繁弱之弓，載忘歸之矢，以射蛟兕於雲夢之囿。反而喪其弓，左右請求之。王曰：「止也！楚人遺弓，楚人得之，又何求乎？」仲尼聞之曰：「楚王仁義而未遂，亦曰『人得之』而已矣，何必『楚』乎？」[1]

《呂氏春秋·貴公》之文作：

荊人有遺弓者而不肯索，曰：「荊人遺之，荊人得之，又何索焉？」孔子聞之曰：「去其荊而可矣。」老聃聞之曰：「去其人而可矣。」[2]

顯然，也是後者不可以早於前者。儘管前者有褒揚其先君孔子之用意，但最多也只能說明其或經過加工改造。

以上對勘說明，〈公孫龍〉不在《呂氏春秋》之後。

〈儒服〉、〈對魏王〉二篇，似更無晚出痕跡。所以，記子高事蹟的材料，很可能本出子高自撰，而後人在其基礎上又進行了加工改造。

蔣善國先生謂〈公孫龍〉篇「臧三耳」采自《呂氏春秋》「臧三牙」而誤改，高誘注《呂氏春秋》「不據《孔叢子》比證，也不據辯駁，顯見高誘未見《孔叢子》，縱使這書在漢末已成書，卻未流傳[3]」。不無道理。但我們還是說：未流傳，不等於無其書。因為如前

---

1 《孔叢子》卷四，《四部叢刊初編》本，第73～74頁。
2 《呂氏春秋集釋》卷一，北京：中國書店，1985年，第16頁。
3 蔣善國《尚書綜述》，上海：上海古籍出版社，1988年，第337頁。

篇所述，孔氏自有家學傳承。

4. 記子順各篇的材料來源

記子順事的〈陳士儀〉、〈論勢〉、〈執節〉三篇，文字超過記子高的三篇的二分之一以上，並且敘事更為詳細，說明作者對子順必有較多的了解。因而，其原材料有可能屬於撰者知見，或者新近的傳聞。三篇非自撰之文，子順也未聞有書，但篇中卻偶露自述之跡。如〈執節〉篇載子順答平原君語有「先父之所以交也」云云，答趙王語有「先祖父並稟聖人之性」云云，似乎又說明篇中運用了子順的原撰材料，或者較為原始的記錄。所以我們認為，三篇文字當是與子順較親近的人，據其知見或時代較近傳聞，綜合子順自撰的材料而作。需要指出，三篇所載內容確有與史實抵牾之處。錢穆先生《先秦諸子繫年》有〈《孔叢子》載孔子順事蹟辨〉一篇，專門辯駁其事。其文曰：

後世有《孔叢子》，詳記穿、順、鮒三世行事。《孔叢》偽書，本可無辨。顧《朱子語類》謂：「其書蓋孔氏後人集先世遺文而成。」若其記載猶有來歷，故後世多據以為說。余考其書中事實，多有大謬不然者。因知朱子之說，亦不可信。姑摘論其載子順事有關史實者以示例。如齊攻趙，圍廩丘，趙使孔青擊之，獲屍三萬，子順聘趙，勸歸齊屍。此事見《呂氏春秋》，勸歸齊屍者為寧越。證之《紀年》，其事遠在威烈王時，下距子順之世尚百七十年。《孔叢》輕為剿竊，其妄如此！又秦急攻魏，子順請以國贊嫪毐，其語疏鄙，蓋本《魏策》或人之言，妄人竊取，不悟其不足重子順也。且子順為魏相，既負隆譽，《魏策》亦不應不著其名。又季節見於子順，子順賜之酒云云。季節乃子順父執，子順如何又為季節尊長？妄人者乃並此而不知。虞卿早達，立談相趙，迨其棄趙相印，偕魏齊亡之魏。魏齊既自剄，虞卿窮愁乃著書。長平之役，虞卿復在趙用事，則略當子

高世耳。子順猶為晚進。奈何虞卿著書，魏齊誠之以謂不當稱《春秋》，而又以詢之子順？顛倒史實，抑何甚也！凡此皆其疏謬之尤易見者。《周季編略》書子順相魏於魏安釐王十七年，當秦攻趙長平之時，則據《孔叢》本書情事考之，亦覺未愜。本書稱子順相魏九月，遂寢於家，則此後必不復出。《編略》又以魏景湣元年，趙相魏相會魯柯，謂出子順之謀，一不合也。又其後一年，五國共擊秦，本書謂子順會之，不應謝事高隱之後，無端復出，二不合也。又其後二年，嫪毐封長信侯，本書謂秦急攻魏，魏王駕如孔氏，子順進以國贊嫪毐之謀，其時去謝事去相已二十餘年，其為魏國老，較之乃祖孔子之於魯，遠過之矣，恐亦無此情事，三不合也。子順既退，其語新垣固曰：「當今山東之國，弊而不振，三晉割地以求安，二周折節而入秦，燕齊宋楚已屈服矣。不出二十年，天下將盡為秦。」若當秦趙相搏長平，諸侯合從救趙之際，豈得云此？四不合也。本書又有魏王使相國子順修好鄰國，遂聯合於趙，趙王問所以求北狄。若當秦攻趙長平，趙王何來有此遐思？五不合也。今子順相魏事，既他無可考，如不得已而必據《孔叢》所載，以定其年，亦當以在信陵君既死，楚約五國伐秦之後，於嫪毐敗死之前，約當魏景湣王之三四年，差為得之。即上推之於其父穿，下推之於其子鮒，年世相及，亦略當也。[1]

錢氏之論是否可靠？今逐事重考於下：
第一，關於勸歸齊屍之事，〈論勢〉篇載之曰：

齊攻趙，圍廩丘，趙使孔青帥五萬擊之，剋齊軍，獲屍三萬。趙王詔勿歸其屍，將以困之。子順聘趙，問王曰：「不歸屍，其困何也？」曰：「其父兄子弟悲苦無已，廢其產也。」子順曰：「非所以

1 錢穆《先秦諸子系年》卷四，北京：商務印書館，2001年，第564～566頁。

困之也。死一也，歸屍與不悲苦胡異焉？以臣愚計，貧齊之術，乃宜歸屍。」王曰：「何謂？」對曰：「使其家遠來迎屍，不得事農，一費也；歸所葬，使其送死終事，二費也；二年之中，喪卒三萬，三費也。欲無困貧，不能得已！」王曰：「善！」既而，齊大夫聞其子順之謀，曰：「君子之謀，其利溥哉？」[1]

而《呂氏春秋・不廣》篇載此事則曰：

齊攻廩丘，趙使孔青將死士而救之，與齊人戰，大敗之。齊將死。得車二千，得屍三萬以為二京。寧越謂孔青曰：「惜矣，不如歸屍以內攻之。越聞之，古善戰者，莎隨賁服，卻舍延屍，車甲盡於戰，府庫盡於葬。此之謂內攻之。」孔青曰：「敵齊不屍則如何？」寧越曰：「戰而不勝，其罪一。與人出而不與人入，其罪二。與之屍而弗取，其罪三。民以此三者怨上，上無以使下，下無以事上。是之謂重攻之。」寧越可謂知用文武矣。用武則以力勝，用文則以德勝。文武盡勝，何敵之不服？[2]

可見勸歸齊屍者確為寧越。據《呂氏春秋・博志》注：「寧越，中牟之鄙人也……十五歲而周威公師之。」[3]《史記・周本紀》：「考王十五年，崩，子威烈王午立。考王封其弟於河南，是為桓公，以續周公之官職。桓公卒，子威公代立。」[4]是其確為威烈王（前425—402年在位）時人。而齊攻廩丘之事，據《史記・趙世家》，趙敬侯「三

1　《孔叢子》卷五，《四部叢刊初編》本，第15～16頁。
2　《呂氏春秋集釋》卷十五，北京：中國書店，1985年，第26～27頁。
3　《呂氏春秋集釋》卷二十四，北京：中國書店，1985年，第11頁。
4　《史記》卷四，北京：中華書局，1982年，第158頁。

年，救魏於廩丘，大敗齊人[1]」。趙敬侯三年為西元前384年，去威烈王僅十餘年，所以其勸歸齊屍當屬可信。而子順則戰國末魏安釐王、周赧王時代之人，所以絕不可能再去勸歸齊屍。可見此確為「大謬不然」。然而細觀〈論勢〉之文，與《呂覽》並不完全一致，一為聘趙而勸趙王，一為直接勸孔青，而且所言大不相同，二者之間不存在抄襲關係。而且〈論勢〉「子順」之言也絕不可以憑空捏造。所以，其為二人亦並非沒有可能。因此，據時代，疑「子順」或「子上」之誤傳，而非有意「剿竊」。

第二，關於子順請以國贊嫪毒其語疏鄙，今觀〈論勢〉原文曰：

秦急攻魏，魏王恐。或謂子順曰：「如之何？」答曰：「吾私有計，然豈能賢於執政？故無言焉。」魏王聞之，駕如孔氏親問焉，曰：「國亡矣，如之何？」對曰：「夫棄之不如用之之易也，死之不如棄之之易也。人能棄之弗能用也，能死之不能棄也。此人過也。今王亡地數百里，亡城數十而患不解，是王棄之非用之也。秦之強，天下無敵。魏之弱甚矣，而王是以質秦。此王能死不能棄之也，是重過也。若能用臣之計，則虧地不足傷國，卑體不足苦身，患除怨報矣。今秦四境之內，執政以下，固曰：「與嫪氏乎？與呂氏乎？」雖門閭之下，廊廟之上，猶皆如是。今王誠能割地賂秦以為嫪毒功，卑身尊秦以固嫪毒，王是以國贊嫪毒也，則嫪毒勝矣。於是太后之德王也，深如骨肉。王之交最為天下之上矣。孰不棄呂氏而從嫪毒？天下皆然，則王怨必報矣。[2]

似乎並不「疏鄙」。而《魏策》載或人之言曰：

1 《史記》卷四十三，北京：中華書局，1982年，第1798頁。
2 《孔叢子》卷五，《四部叢刊初編》本，第15～16頁。

　　秦攻魏急，或謂魏王曰：「棄之不如用之之易也，死之不如棄之之易也。能棄之弗能用之，能死之弗能棄之，此人之大過也。今王亡地數百里，亡城數十，而國患不解，是王棄之，非用之也。今秦之強也，天下無敵，而魏之弱也甚，而王以是質秦。王又能死而弗能棄之，此重過也。今王能用臣之計，虧地不足以傷國，卑體不足以苦身，解患而怨報。秦自四境之內，執法以下至於長輓者，故畢曰：『與嫪氏乎？與呂氏乎？』雖至於門閭之下，廊廟之上，欲之如是也。今王割地以賂秦以為嫪毐功，卑體以尊秦以因嫪毐。王以國讚嫪毐，以（則）嫪毐勝矣。王以國讚嫪氏，太后之德王也。深於骨髓，王之交最為天下上矣。秦、魏百相交也，百相欺也。今由嫪氏善秦而交為天下上，天下孰不棄呂氏而從嫪氏？天下必合（舍）呂氏而從嫪氏，則王之怨報矣。」[1]

　　可見基本上完全相同，所以必有其事，只是《魏策》未名其人。《魏策》之所以不著其名，蓋因數順當時已不為相（子順自言「然豈能賢於執政」可知）。

　　第三，關於季節見於子順，子順賜之酒之事，〈執節〉篇原文作：

　　季節見於子順，子順賜之酒，辭。問其故，對曰：「今日，家之忌日也，故不敢飲。」子順曰：「飲也！禮雖服衰麻，見於君及先生，與之梁肉無辭，所以敬尊長而不敢遂其私也。忌日方於有服，則輕矣。」[2]

---

1 《戰國策》卷二十五，上海：上海古籍出版社，1985年，第919～929頁。
2 《孔叢子》卷五，《四部叢刊初編》本，第19頁。

此「季節」是否與子高相善之鄒文季節不得而知，即是，似亦無大不妥。因為詳子順之言，子順舉服衰不辭粱肉，意在於說明忌日輕於有服，而非自居季節尊長。

第四，關於虞卿著書而魏齊詢於子順，為〈執節〉篇所載，其文曰：

虞卿著書，名曰《春秋》。魏齊曰：「子無然也。《春秋》，孔聖所以名經也。今子之書大抵談說而已，亦以為名，何？」答曰：「經者，取其事常也，可常則為經矣。且不為孔子，其無經乎？」齊問子順，子順曰：「無傷也。魯之史記曰《春秋》，經因以為名焉。又晏子之書亦曰《春秋》。吾聞泰山之上封禪者七十有二君，其見稱述，數不盈十，所謂貴賤不嫌同名也。」[1]

此事是否必無，似亦未敢遽定。因為一則虞卿著書在魏齊死後，只是《史記》一家之言；二則魏齊詢於子順，從時間上並非沒有可能。《史記‧十二諸侯年表序》明載：「趙孝成王時，其相虞卿上采《春秋》，下觀近勢，亦著八篇，為《虞氏春秋》。」[2] 趙孝成王與魏安釐王時代基本相當，而長平之役虞卿即在趙用事，正與《周季編略》所書子順相魏之時相當。可見子順非為晚進。《戰國策‧秦策四》、《韓非子‧難三》皆載秦昭王問左右「今之如耳、魏齊孰與孟嘗、芒卯之賢」之事，說明魏齊當時尚在。考昭王在位56年，而卒年相當於魏安釐王26年。子順既為安釐王時人，則不無與魏齊相值之可能。所以，〈執節〉此載未必顛倒史實。

第五，子順相魏九月而後遂寢於家，雖不復出，不等於不可以再

1 《孔叢子》卷五，《四部叢刊初編》本，第19～20頁。
2 《史記》卷十四，北京：中華書局，1982年，第510頁。

第五章 《孔叢子》與孔氏家學

出謀獻策。所以錢氏所訾一不合、二不合皆所未必。魏王駕如孔氏，亦非不合情事。至於子順相魏之事，既他無可考，更不得疑。且既在嫪毒敗死之前，則前所述其請以國贊嫪毒之事又何須疑？

總上可知，錢氏所揭並不足以證明子順事蹟之偽。而且既有與《戰國策》相同的材料，說明子順之事戰國確有所傳。當然，今本個別文句或經後人潤飾改造，亦有可能。總之其原材料必出戰國。

那麼又是誰對記子高的材料作了改造，並記錄了子順之事呢？縱觀全書我們可以知道，《孔叢子》全書既有大量有關孔子和子思的記載，也有子高和子順的記載；子上雖沒有單獨的記載，但在記載子思的事蹟中幾次出現。參以孔子世系，中間唯獨缺少子家、子京兩代。而孔子、子思、子高之所以有載，是因為各有原始材料。那麼子家、子京兩代之所以無載，原因無非就是其本人沒有著作，或者沒有相關的原始材料傳世，編書者或因年代久遠而無從知曉。子順之所以有載且詳，是因為作者對其必有較多的了解，時代較近。那麼結合《孔叢子》舊題孔鮒撰，則其為孔鮒所作合情合理，因為孔鮒是子順之子。子家、子京是孔鮒的高祖父、曾祖父，在缺乏原始材料的情況下，自不可以妄撰，只好空缺。看來對記子高的材料進行改造，又記錄子順之事者完全有可能就是孔鮒。因為如果再晚，恐怕連子高也要缺載了。

5. 〈詰墨〉篇的作者與時代

今本《孔叢子》記子順諸篇以下，為〈詰墨〉篇。該篇舉詰墨子有關孔子的不實言辭與記載凡九章，外加與曹明的相關對話一章,似專題論文。如前二章作：

墨子稱景公問晏子以孔子而不對，又問三，皆不對。公曰：「以孔子語寡人者眾矣，俱以為賢聖也。今問子而不對，何也？」晏子曰：「嬰聞孔子之荊，知白公謀而奉之以石乞，勸下亂上，教臣弑

君，非聖賢之行也。」

詰之曰：楚昭王之世，夫子應聘如荊，不用而反，周旋乎陳宋齊衛。楚昭王卒，惠王立。十年，令尹子西乃召王孫勝以為白公。是時，魯哀公十五年也，夫子自衛反魯居五年矣。白公立一年，然後乃謀作亂。亂作在哀公十六年秋也，夫子已卒十旬矣。墨子雖欲謗毀聖人，虛造妄言，奈此年世不相值何？

墨子曰：「孔子之齊見景公，公悅之，封之以尼谿。晏子曰：『不可！夫儒倨法而自順，立命而怠事，崇喪遂哀，盛用繁禮，其道不可以治國，其學不可以導家。』公曰：『善！』」

詰之曰：「即如此言，晏子為非儒惡禮，不欲崇喪遂哀也。察傳記晏子之所行，未有以異於儒焉。又景公問所以為政，晏子答以「禮云」。景公曰：「禮其可以治乎？」晏子曰：「禮於政，與天地並。」此則未有以惡於禮也。晏桓子卒，晏嬰斬衰枕草，苴絰帶杖，菅菲食粥，居於倚廬，遂哀三年。此又未有以異於儒也。若能以口非之而躬行之，晏子所弗為。[1]

考所詰九事之前六事，均見今本《墨子·非儒下》篇，而且順序一致，說明與《墨子》本書有關。但其文又不完全一致，如第一章之事在《墨子·非儒》作：

齊景公問晏子曰：「孔子為人何如？」晏子不對。公又復問，不對。景公曰：「以孔丘語寡人者眾矣，俱以賢人也。今寡人問之，而子不對，何也？」晏子對曰：「嬰不肖，不足以知賢人。雖然，嬰聞所謂賢人者，入人之國必務合其君臣之親，而弭其上下之怨。孔丘之荊，知白公之謀，而奉之以石乞，君身幾滅，而白公僇。嬰聞賢人得

---

1 《孔叢子》卷六，《四部叢刊初編》本，第24～25頁。

上不虛，得下不危，言聽於君必利人，教行不必於上，是以言明而易知也，行易而從也。行義可明乎民，謀慮可通乎君臣。[1]

可知〈詰墨〉乃舉其要點而詰之。

〈詰墨〉篇之作者，據其最末一段所記曹明問子魚曰「觀子詰墨者之辭」云云之語，知為子魚孔鮒。鮒為孔子八代孫，後世子孫維護祖宗形象，乃份內之事。所以，此篇作者為孔鮒可以不疑。

6. 記孔鮒各篇的作者

〈詰墨〉以下三篇，皆記孔鮒之事。三篇的作者，羅根澤據〈答問〉篇「博士（孔鮒）凡仕六旬，老於陳，將歿，戒其弟襄」云之文，在〈孔叢子探源〉一文提出質疑說：「將死猶能著書耶？明為後人偽作。」[2] 自然很有道理，因為舊本明題孔鮒撰。同樣主要根據〈答問〉此文，我們曾經推斷三篇為孔鮒之弟子襄即孔騰所作[3]。李新民同學不同意此說，理由為：

首先，《孔叢子·答問》篇云：「博士（孔鮒）凡仕六旬，老於陳，將末戒其弟襄……」本句話中的「其」明顯是第三者的口氣不是孔騰的自述語言。其次，《孔叢子·獨治》載：「陳餘謂子魚曰：『秦將滅先王籍，而子為書籍之主，其危矣！』子魚曰：『顧有可懼者，必或求天下之書焚之，書不出則有禍，吾將先藏之以待其求，求至無患矣。』」此處文字明言藏書，恐怕亦非漢惠帝廢除挾書律之前敢有的文字。

細察上述材料中明言「藏書」一事，無疑為我們提供了兩條重要

1　《墨子》卷九，《二十二子》本，上海：上海古籍出版社1986年，第255頁。
2　張心澂《偽書通考》，上海：上海書店出版社，1998年影印本，第627頁。
3　黃懷信〈孔叢子的時代與作者〉，《西北大學學報》（哲學社會科學版）1987年第1期，第34頁。

的資訊，或者此材料的作者早就知道藏書一事，或者只有在魯恭王壞孔子壁宅得孔壁古文後，才能知道有藏書之事。孔騰是否知道藏書一事呢？雖然《孔子家語序》中記載著孔騰藏書之事……但我們認為此記載並不準確。據《史記・孔子世家》載：「鮒弟子襄年五十七。嘗為孝惠皇帝博士，遷為長沙太守。長九尺六寸。」可知孔騰曾為孝惠帝博士。而惠帝四年即除挾書律，如果孔騰藏書於孔壁之中，當他做漢代的博士以後，他應該像伏生那樣取之，沒有必要等到魯恭王壞孔子壁宅時才發現孔壁古文。退一步說，即使漢惠帝四年不除挾書律，孔騰亦可取而出之，因為漢承秦律，秦禁書並不禁博士之書。孔騰作為博士，其所有之書自然不在被禁範圍之內。孔壁古文的後出，只能說明孔騰沒有或者不知藏書一事。那麼明言「藏書」之事，只能是在孔壁古文被發現以後。據《漢書・藝文志》載：「《古文尚書》者，出孔子壁中，武帝末，魯恭王壞孔子宅，欲以廣其宮，而得《古文尚書》及《禮記》、《論語》、《孝經》凡數十篇，皆古字也。」此處時間「武帝末」的記載有問題，劉汝霖在《漢晉學術編年》中考訂孔壁古文發現的時間應是漢景帝末年，而不是漢武帝末年，此說甚確。也就是說記載孔鮒的三則材料撰寫的時間最早當在漢景帝和漢武帝時期，當然根據材料敘事的詳盡程度亦不可能太晚。[1]

所以認定記載孔鮒的三則材料由孔臧所撰寫。又認為《漢志・儒家》「太常蓼侯孔臧十篇」中有可能包含記述孔鮒的材料。

愚謂此說恐不可信：孔臧為子順小子、孔鮒少弟之孫，其生遠在孔鮒之後，不可能詳知孔鮒在陳之事。且文字本身，看不出任何與孔臧有關的資訊。而子襄則不同：孔鮒將歿既戒之，則其當時與孔鮒同在陳可知。既同在陳，必詳知當時孔鮒之事。文中言「戒其弟襄」，

1　李新民《東漢孔氏家學與〈孔叢子〉公案》，曲阜師範大學碩士學位論文，2007年。

只是從第三者口氣述之而已。所言藏書之事固非除挾書律之前所敢有的文字，但子襄既為孝惠帝博士且遷長沙太守，則其必卒於除挾書律之後。至於其既知藏書而未出之，一則因為當時挾書律雖除，但朝廷尚無求書之舉；一則可能是只知其事而未見其藏，不明具體；也有可能是心存疑慮有所保留。當然，今本文字或經後人潤飾，也並非沒有可能。總之記孔鮒三篇的基本材料，當由子襄初撰，不必到武帝時代。

7. 除《小爾雅》外前十八篇的始撰集者

以上分析的結論，表明記孔子、子思、子高的三大部分均有原始材料，其文字基本上屬於採輯舊材料或據舊材料加工而成；記子順的三篇基本上屬於直接編撰；記孔鮒的三篇可能由其弟子襄編撰。那麼後一部分的撰者已明，前三部分的採輯編集者及第四部分的撰者又是誰呢？關於這個問題，我們也曾指出：

首先，前三部分既同屬後人的二次加工品，編撰方式基本一致，那麼就有出一人之手的可能。而且，如果沒有一個獨立的整體，單單舉出一二代遠祖之事也沒有必要，因為各自均有原書或材料存在。只有在當上下有所結合的時候，才需有性質相類的專輯。因而我們認為，不僅前三部分應出一人之手，連同第四部分也應出同一人之手。

其次，四部分所記均孔家人物的「嘉言懿行」，其「褒揚先祖」的用意十分明顯，因而其人當為孔氏子孫，屬於孔姓。

再次，從全書結構安排來看，記孔鮒的三篇前面有〈詰墨〉一篇。前文已知，該篇為孔鮒所撰。既為孔鮒所撰，為何不安排在介紹其人、敘其行事的文字之後而反置其前？這不能不是一個大的疑問。我們認為，這樣的安排，正表明〈詰墨〉以上原為一個整體，而以下記鮒的文字，出於後之附益。因而，前四部分的採輯撰集者當不會是子襄，而應是子襄以前之人。其人究竟是誰，〈詰墨〉無疑又是一個線索。

〈詰墨〉屬專題文章，為何附在記其先祖言行的文字之後？各代均只記零散言行，為何於鮒獨錄其文？恐怕只有說書出於鮒，才是最好的解釋。

另外，前論記子順一段出自與子順親近的人之手，而孔鮒為子順之子，所以其人亦有屬孔鮒的可能。

另外我們知道，孔家自子思以下的世系為：子上─子家─子京─子高─子順─子魚。《孔叢子》第十篇以上記子思事中出現過子上，而第十二篇則從子高記起，中間缺了子家、子京二代。究其原因，當與書的材料來源有關。因為《子思》書中只可能記及與子思相關的人物，二代之事不可能從中采得；同樣的道理，二代之事也不會從子高書中采得。但是，二代係子高輩之父、祖，如果書出於子高輩，對於二代、至少對其父子京必不至於無載。而且包括記子順的三篇同出於一人之手，因而不可能是子高輩所為。同樣，子京的行事對子順輩來說也不至於無聞，如果書出於子順輩，也不可能對其無載。因而，也不會是子順輩所為。

子魚輩則不然，二代於他們已是三四代以上的先祖，在缺乏文字材料的情況下，其言行是無從杜撰的，所以只能付闕：正好與今書相符。

總上幾點，知前四部分的撰集者完全有可能就是孔鮒。那麼，包括〈詰墨〉在內，今書的前十八篇除《小爾雅》外，就均應看為孔鮒手筆。由此可見，其書舊題孔鮒撰，並非屬於偽託，只不過另有後人附益，而且加進了《小爾雅》。《小爾雅》是西漢晚期的作品（詳下），而且被作為有機的一篇，說明今書是後人重新編訂過的。既經重新編訂，文字上或有部分改造，也就不無可能。因而，今書即使「文氣軟弱」（朱熹語），也不足怪 [1]。

---

1 黃懷信〈《孔叢子》的時代與作者〉，《西北大學學報》（哲學社會科學版）1987年第1期。

以上觀點，我們依然堅持。

（二）《小爾雅》的時代與作者

《小爾雅》是今《孔叢子》第十一篇。該篇仿《爾雅》而作，屬訓詁作品，分為〈廣詁〉、〈廣言〉、〈廣訓〉、〈廣義〉、〈廣名〉、〈廣服〉、〈廣器〉、〈廣物〉、〈廣鳥〉、〈廣獸〉、〈度〉、〈量〉、〈衡〉等十三篇。其中「詁」、「言」、「訓」、「器」、「鳥」、「獸」等篇目屬《爾雅》舊名，其餘均為新增或新辟。由於《小爾雅》在《漢書‧藝文志》已有著錄，所以關於本篇的源流與作者長期以來頗受爭議。對此，我們曾有過專論[1]。這裡，我們謹簡要述之：

1. 今書與《漢志》之舊

今本《小爾雅》或單行、或在《孔叢子》，其文並同。其書是否《漢志》所著之書？舊一說認為：原書已佚，今書非《漢志》之舊；一說認為：今本雖為《漢志》之舊，但有竄亂附益；一說認為：今本即《漢志》之舊。我們認為，根據書名一致、著錄一致、流傳之跡相貫、魏張揖作《廣雅》所見與今本內容相同等事實，可以肯定今本《小爾雅》就是《漢志》孝經類所著之書，非為後人掇拾偽造之品。

2. 與《孔叢子》的關係

今書既是《漢志》之舊，何以又在《隋志》始見著錄的《孔叢子》之內？

舊一說即現今流行的觀點，認為二者均後人偽造依託，同時造就。另一說，則確信《孔叢》為孔鮒所撰，《小爾雅》係原作之一篇。又一說，認為《小爾雅》先有、《孔叢子》後為，屬後代人刺取入之。我們認為，今行《小爾雅》既為《漢志》所著之書，則第一種意見已可不論。後二說共同之點，均承認《小爾雅》為《漢志》之

---

1 黃懷信〈《小爾雅》的源流〉，《古籍整理與研究》第六輯，北京：中華書局，1991年。

書。分歧在於，前者認為其書屬於孔鮒書中原有之篇，而後者則以為屬於後人偽造《孔叢》之時編入。因此，只要辨明這一分歧的是非，二者的關係就會明確。而《小爾雅》本身內容告訴我們：《小爾雅》所收釋的詞語，有百分之四十以上可釋於三《禮》，百分之三十左右可釋於《左傳》，近百分之二十可釋或屬於《詩經》中語，近百分之十為《尚書》中詞語，說明《小爾雅》作者必對《禮》、《左傳》、《詩》、《書》等書有專門修治。孔鮒未聞有治諸書之事，因此《小爾雅》不大可能為孔鮒所撰。此其一。

其二，《小爾雅》釋及《公羊》、《穀梁》二傳中特有字詞，有的還屬直接取二傳之文立說，說明其書之作必與二傳有關。而二傳在孔鮒之時尚無竹帛之書，唯有口耳之傳。孔鮒未聞有傳授二傳之事，更不可能預知二傳書中文字，所以《小爾雅》不會是孔鮒所撰。

其三，《小爾雅》所釋，有漢代始出的新字及始有的用法。如書中所釋的「映」、「艇」、「舳」、「艫」等字，不見於先秦文獻，《說文》亦未收，蓋均漢代始出。又訓索之「條」，《周禮》作「條」、《爾雅》作「綯」；訓屈之「挣」，《儀禮》作「靖」；訓易之「換」，《詩經》作「援」；訓引之「彎」，《左傳》作「關」，《禮》作「貫」；車輻之輔，《左傳》作「藩」。而諸字又不見於其他先秦文獻，可以說全是漢代的「俗」字。又「曉，明」、「淫，沒」之用始見《淮南子》；「強，益」之用始見賈誼《書賦》；「拓，開」之用始見揚雄《法言》；「翥，舉」、「略，求」、「斥，開」、「演，廣」、「獎，勸」、「舒，長」、「局，近」、「模，法」、「媚，美」等用法，亦不見於漢以前之書。因此，《小爾雅》不可能是漢以前的作品。《小爾雅》既不可能是孔鮒所撰，也非漢以前所能有的作品。那麼，它就絕不會是孔鮒書中原有之篇，而只能是後人編取的結果。

至於編取的時間，考最早以《孔叢子》之名引《小爾雅》文者，

始見於唐初歐陽詢等人所修的《藝文類聚》。該書菜部引《孔叢子》曰「菜謂之蔬」，正見其第十一篇《小爾雅・廣物》，表明當時已在其內。《類聚》之修，先於《隋志》。那麼，《隋志》之《孔叢子》中，必然已有《小爾雅》一篇。《隋志》著錄《孔從子》作七卷，與今行附《連叢子》在內的二十三篇本同。因此，編取的時間當不晚於《連叢》的編附。《連叢子》敘事止於東漢安帝延光三年，其編附必更在其後。又《連叢子》下篇載弘農太守皇甫威明問仲淵「今觀《連叢》所記」云云之事，知《連叢》在今本之前還有一個初編本。這個初編本的時間，自然不會晚於皇甫任弘農太守。考《後漢書》本傳，「皇甫規字威明……永康元年（167）徵為尚書……遷為弘農太守」。據此，《小爾雅》被編入《孔叢子》的時間，當不晚於永康元年（桓帝最末一年）。從《孔叢子》中最早抽出《小爾雅》單行本的時間，當不晚於咸平三年。至嘉祐三年宋咸表進所注《孔叢子》後，又有新的單行本從中錄出，是為今之單行書。

3. 成書時代

首先，其書既與《公》、《穀》二傳有關，則其作必不早於二傳成書的景帝時代。其次，《小爾雅》在《漢志》與《古今字》為一家之書，而「古今字」的概念出現在古文經典被發現以後，所以其書之作當不出武帝以前。第三，其書既有專釋《周禮》和本《周禮》立說的文字，則其作者必當見到過《周禮》。而《周禮》「既出於山巖屋壁，複人於秘府，五家之儒莫得見焉。至於孝成皇帝，達才通人劉向子歆校理秘書，始得列序，著於《錄》、《略》」（賈公彥《序〈周禮〉廢興》引馬融《周官傳》），其再發見在成帝發秘府之後。所以《小爾雅》當作成於成帝發秘府之後。第四，《小爾雅》不避景、武、昭、宣、哀諸帝之諱，獨元，成二帝似避，所以只有在元、成之世才能出現。從而初步斷言：《小爾雅》成書於漢成帝之世。

4. 撰著者

根據《小爾雅》本身內容及《孔叢子》之名，其作者必須具備以下五個條件：（1）治《春秋》三傳及《詩》、《禮》、《書》；（2）元成時代人；（3）見及《周禮》；（4）熟悉關西秦晉間的方言；（5）屬孔家人物。而《連叢子‧敘世》篇「子國生卬，為諸生，特善《詩》、《禮》而傳之。子卬生仲驩，為博士、弘農太守，善《春秋》三傳，《公羊》、《穀梁》訓諸生。仲驩生子立，善《詩》、《書》。少遊京師，與劉歆友善……以《詩》、《書》教於闕里數百人」之仲驩、子立，應該就是《小爾雅》的作者。因為：

首先，子卬既善《詩》、《禮》而傳之，其子仲驩必有所受，而驩又自善《春秋》三傳且以訓諸生；子立亦善《詩》、《書》且以之教闕里，可見父子二人所治之書，完全與第一條件所要求的相同。又考姚振宗《漢書藝文志拾補》，著有孔驩《春秋公羊傳訓詁》和《春秋穀梁傳訓詁》，前者下注引曲阜孔繼汾《闕里文獻考》曰：「安國孫驩為博士，官至弘農太守，精《春秋》三傳。」安國即子國、驩即仲驩，子為尊稱，仲則排行而已。仲驩既有二書之作，可見「精三傳」之說不謬。其說既有兩見，說明《敘世》之言可信。那麼，綜上所言，二人符合第一條件無疑。

其次，子立既與劉歆相友善，年歲相差不至過大。劉歆河平三年已「與父向領校秘書」，則仲驩父子也當元、成之世可以無疑：與第二條件相符。

第三，河平三年劉歆年十八、劉向年五十四，子立之父仲驩不至於已經故去。若生，其身為博士，對秘府所發之書，自有近水樓臺之便；即使已故，以子立與劉歆的關係，也必能傳知其書。總之，父子二人均有見及《周禮》的可能：與第三條件相符。

第四，仲驩既為朝廷博士，又曾官弘農太守，為治之地（今河南靈寶）正處秦晉之間，子立又嘗「少遊長安」，父子二人必定熟悉京

畿雅語：與第四條件相符。

第五，據《史記‧孔子世家》，孔子生鯉，字伯魚；伯魚生伋，字子思；子思生白，字子上；子上生求，字子家；子家生箕，字子京；子京生穿，字子高；子高生慎，慎生鮒。鮒弟子襄。子襄生忠，忠生武，武生延年及安國，安國生卬，卬生驩。是驩及子立系孔子後裔，與第五條件相符合。

可見五條均符。因此我們認為，《小爾雅》很有可能就是孔驩、孔子立父子的作品，是他們為「訓諸生」和「教闕里」而編。

以上觀點，我們依然堅持。後來編《孔叢子》而將《小爾雅》編入並作為第十一篇，因為《孔叢子》本身就是一叢編孔氏著作的書，而第十篇所記與第十二篇所記中間正好有缺環。

（三）《孔叢子》的初編者及初編時代

前文已知，《孔叢子》之前十八篇除《小爾雅》外，均出孔鮒之手。而記孔鮒三篇的基本材料，由其弟子襄所撰。《小爾雅》，又是西漢晚期的作品。《漢志》本於《七略》，二家有《小爾雅》而不著鮒書，說明鮒書至少在《七略》編成之時尚未行世。所以，今本《孔叢子》的最初編定，當在《七略》以後。那麼具體當為何時何人所編？我們曾經指出，今本《連叢子》之《敘書》篇，應該為《孔叢子》本書的後序。因為該篇曰：

家之族胤，一世相承，以至九世相魏居大梁，始有三子焉。長子之後承殷統為宋公，中子之後奉夫子祀為襃成侯，小子之後彥以將事高祖,有功封蓼侯。其子臧嗣焉,歷位九卿。遷御史大夫，辭曰：「臣世以經學為家，轉相承，作訓法，然今俗儒繁說遠本，雜以妖妄，難可以教。侍中安國受詔綴集古義，臣乞為太常，典臣家業，與安國紀綱古訓，使永垂來嗣。」孝武皇帝重違其意，遂拜太常，其禮賜如三公。在官數年,著書十篇而卒。先時嘗為賦二十四篇，四

篇別不在集，似其幼時之作也。又為書與從弟及戒子，皆有義，故列之於左。[1]

言「列之於左」，則其右書已成。而且所言「一世相承至於九世」，完全與本書相符，「長子」（即孔鮒）、「中子」（即子襄）之言也與本書相關。隻字未提子和、季彥，與《敘世》以下略無關係。而且不言「連」，只稱「列之於左」，所列也限指四賦二書，別不他與。很顯然，四賦二書只是附於本書之末，當時並無「連叢」之事。所以，只要確定了此篇的作者，就可以確定今本《孔叢子》本書的最初編定者及編定時代。

《敘書》作者為誰？首先有一點可以肯定，即其人必為孔氏子孫。因為：（1）孔鮒、子襄之書在未行世之前，只可能傳於孔家，外姓人未必見到，更不可能據為己有；（2）該《敘》開首即稱「家之族胤」，說明非外姓人言。具體為誰，以下結合撰作時間再定。

關於撰作時間：該《敘》敘及「長子之後承殷統為宋公，中子之後奉夫子祀為褒成侯」。考《漢書‧外戚恩澤侯表》，平帝元始元年六月，「封褒成侯孔均。以孔子世褒成烈君霸曾孫奉孔子祀[2]」。孔均為孔霸曾孫，孔霸為子襄玄孫。可見「中子之後奉夫子祀為褒成侯」事在元始元年（西元1年）。該《表》又有「殷紹嘉侯孔何齊」，「以殷後孔子世吉適（嫡）子侯。綏和元年（西元前8年）二月甲子封，元始二年（西元2年）更為宋公」。孔何齊為孔鮒六代孫，可見「長子之後承殷統為宋公」事在元始二年。那麼《敘書》之作必不早於元始二年（西元2年）。又據《漢書‧王莽傳》，莽始建國元年（西元9年），以「殷後宋公孔弘運轉次移，更分封章昭侯[3]」。顯

1 《孔叢子》卷七，《四部叢刊初編》本，第45～46頁。
2 《漢書》卷十八，北京：中華書局，1962年，第715～716頁。
3 《漢書》卷九十九中，北京：中華書局，1962年，第4105頁。

然，《敘書》之作應在「宋公」更封以前。據此，《孔叢子》本書的初編定時間，當在漢平帝元始二年至王莽始建國元年之間，即西元2—9年。顯然，這與前面我們所推其在〈七略〉之後是相吻合的，因為〈七略〉的編定時間，據姚振宗考證在漢哀帝之世。

陳夢家在《尚書通論‧尚書專論》第一考《古文尚書作者考》下篇指出，《漢書‧高惠高后文功臣表》、《漢書‧藝文志‧敘》、公孫弘奏「謹與太常臧、博士平等議」，又儒家有「太常蓼侯孔臧十篇」，「凡此孔臧嗣侯爵、官太常、當武帝時、著書十篇，都與《敘書》一一符合」，但又認為此篇確經後人竄改，並舉出《敘書》與孔臧時代刺謬之處四條，「進而懷疑《敘書》本身或有偽造的可能」。又說：

> 但《敘書》並不偽，是後來編輯者有所更易。《敘書》末節顯係編者案語，知其文已非原來面目。編者因看到「孝武皇帝」，以為是西漢的孝武皇帝；看到「安國」，以為是前漢的孔安國，因此一切易以西漢的人物。我們看出未改以前的遺跡，知道《敘書》所述是東晉孔愉的事。[1]

此說明顯有紕漏：既然《漢書》「凡此孔臧嗣侯爵、官太常、當武帝時、著書十篇，都與《敘書》一一符合」，怎麼又能是東晉孔愉之事？而且前面我們已經知道，不僅其所舉四處所謂「刺謬之處」均不能成立，所謂「以所改的孔愉事重讀《敘書》、〈與從弟書〉，則時、地、人三者更為合宜」的四點，也無一能夠相合。所以其說不可以從信。

蔣善國《尚書綜述》第五編第二《古文尚書的真偽》之第三

1　陳夢家《尚書通論》，北京：中華書局，2005年，第122~123頁。

章第二部分第八節對《孔叢子》和《連叢子》亦有專論，其中論《敘書》曰：

《敘書》所說「俗儒繁說遠本，雜以妖妄」，正與《論衡·正說篇》「蓋俗儒之說也」相同，是東漢人的口頭語。……又自東漢初年以來因光武好讖緯，學者都用讖緯說經，把七緯當作內學。在反對讖緯的人的眼光裡，讖緯原是妖妄。《敘書》所說的「雜以妖妄」，正指東漢用讖緯說經。[1]

並認為其中〈乞為太常書〉是晉孔安國以後人偽作，從而斷言《敘書》「大概是偽作《連叢子》的人（當然是孔裔）所收傳到東晉時的孔氏家乘[2]」。其實我們知道，「俗儒」的說法並非是東漢以後才出現。比如早在西漢初年，韓嬰就曾說過：

故有俗人者、有俗儒者、有雅儒者、有大儒者。耳不聞學，行無正義，迷迷然以富利為隆，是俗人也。逢衣博帶，略法先王，而不足於亂世，術謬學雜，其衣冠言行，為已同於世俗，而不知其惡也，言談議說，已無異於老墨，而不知分，是俗儒者也。[3]

可見當時就有「俗儒」之稱。另《漢書·元帝紀》載宣帝曰：

漢家自有制度，本以霸王道雜之，奈何純任德教，用周政乎！且俗儒不達時宜，好是古非今，使人眩於名實，不知所守，何足委任！[4]

1　蔣善國《尚書綜述》，上海：上海古籍出版社，1988年，第339頁。
2　蔣善國《尚書綜述》，上海：上海古籍出版社，1988年，第341頁。
3　許維遹《韓詩外傳集釋》，北京：中華書局，1980年，第171～173頁。
4　《漢書》卷九，北京：中華書局，1962年，第277頁。

也稱「俗儒」。可見「俗儒」並非東漢以後才有的叫法。

至於「讖緯」，也非如蔣氏所言。《敘書》篇所言「妖妄」固屬讖緯性質，但讖緯並不起於東漢。《史記・三代世表》後附褚少孫曰：「《黃帝終始傳》曰：『漢興百有餘年，有人不短不長出白燕之鄉，持天下之政，時有嬰兒主，卻行車。』」[1] 所引《黃帝終始傳》顯然屬讖緯之語，所以司馬貞《索隱》亦云：「（《黃帝終始傳》）蓋謂五行讖緯之說。」[2] 可見褚少孫之時已有讖緯書。褚少孫為西漢元成時人，既然他已引及讖緯中的「妖妄」之言，那麼「妖妄」之說就不必晚至東漢。所以也不能以光武好讖緯而推斷讖緯為東漢的產物。

當然，《敘書》中以孔臧口氣所作的〈乞為太常書〉提到「臣乞為太常，典臣家也，與安國紀綱古訓」，可以肯定非真孔臧書，但也不必晚至東晉（詳下）。所以我們還是認為，《敘書》篇作者當是漢平帝元始二年至王莽始建國元年之間在世之孔子後裔。據前考西漢孔氏家學，此一時期活躍於世的孔子後裔，孔鮒之後有孔何齊（其子已更封）、子襄之後孔霸一支有孔莽、孔奮等，孔安國一支有孔子元。數人相較，孔子元作《敘書》並編《孔叢子》的可能性最大，因為孔子元既是《小爾雅》作者孔子立之子，同時也是孔僖子和的高祖，與《連叢子》所敘有關。另外篇中提「侍中安國受詔綴集古義」，而安國正是子元之高祖。所以我們認為，《敘書》應是孔子元所作。那麼，二十一篇《孔叢子》本書的初編者，就應是孔子元，時間在漢平帝元始二年至王莽始建國元年，即西元2—9年之間。

（四）《連叢子上》各篇的作者

《連叢子》上、下篇在今本《孔叢子》被編為卷三（或卷七），而

---

[1] 《史記》卷十三，北京：中華書局，1982年，第506～507頁。

[2] 《史記》卷十三，北京：中華書局，1982年，第507頁。

且上下篇分別作為全書的第二十二篇和二十三篇，可見其最後編定者是把它們作為一個整體來處理的。但是我們又看到，《連叢子》上、下篇，並非為一人一時之所作。因為《連叢子》上篇除《敘書》外，還包括明署為孔臧所作的〈諫格虎賦〉、〈楊柳賦〉、〈鴞賦〉、〈蓼蟲賦〉、〈與從弟書〉、〈與子琳書〉等所謂四賦二書，以及《敘世》篇。《連叢子》下篇，又主要記敘孔子二十代孫孔僖、孔扶和二十一代孫長彥、季彥的事蹟。

關於《連叢子》之作，宋咸曾在〈孔叢子序〉中說：「……凡二十一篇，為六卷，名之曰《孔叢子》，蓋言有善而叢聚之也。至漢孝武朝，太常孔臧又以其所為賦與書謂之《連叢》上下篇為一卷，附之於末。」[1]正是此說，引起後人對《連叢子》的懷疑和否定。如羅根澤〈孔叢子探源〉論《連叢子》之偽曰：

（1）《敘書》篇云：「彥以將事高祖有功，封蓼侯。其子（臧）嗣焉，歷位九卿，遷御史大夫……孝武皇帝重違其意，遂拜太常，其禮賜如三公。在官數年，著書十篇而卒。」豈能為孔臧之語？

（2）《敘世》篇敘臧之後世至子建在王莽、光武時，又敘孔魚從劉子駿《春秋左氏傳》，皆臧以後之事。至下篇所敘及之人更晚，敘至季彥於安帝延光三年卒。故作此書者，最早在安帝以後。

（3）下篇皇甫威明問仲淵有「今觀《連叢子》所記」，在《連叢子》內而論《連叢子》，亦露其偽。[2]

可見以《連叢子》為一人一時所作，確實站不住腳。所以，必須具體分析各篇的作者。

1 《孔叢子》序，《續修四庫全書》本，上海：上海古籍出版社，1995年，第704頁。
2 張心澂《偽書通考》，上海：上海書店出版社，1998年影印本，第627頁。

1. 四賦二書的真偽及作者

四賦二書的作者和寫作年代，歷年來受到懷疑。蔣善國先生對之論證最詳。他說：

賦四篇、書二篇，都是東漢末季到東晉中季孔裔偽作的。《連叢子》的作者，為了便於作偽，不收全集二十篇賦，只偽造了四篇賦，又恐人看出破綻，遂說這四篇賦是幼時所作，不在集內，可是實際是拿這四篇賦來陪襯兩篇偽書。〈與從弟書〉和〈與子琳書〉。它的目的是為了加強三篇偽書的重要性。（按：除上二書外，《敘書》內載〈乞為太常書〉，故曰三篇。）[1]

此論之下，又結合《敘書》「俗儒」、「讖緯」與《敘世》載孔大夫與季彥問答詞意相同等，認為「〈乞為太常書〉和〈與從弟書〉等，當出於《敘世》所記孔大夫與孔季彥問答的作者一人之手」。又以〈與從弟書〉言「《尚書》二十八篇」、稱「科斗」等，斷言〈與從弟書〉也是魏晉以後的作品。並認為「《敘世》、《敘書》等文都是一人所作的偽書」[2]。蔣先生的結論，無疑影響我們對孔氏家學的研究，特別是對《孔叢子》的成書時間，更有直接影響。所以，有必要對其觀點進行辨析。

上篇我們已經知道，至少二書屬於依託，已可定論。但其究竟是什麼時代的作品，則需作進一步的討論。

首先我們已經知道，「俗儒」、「讖緯」說非東漢始有，不能作為晚出的證據。其次，四賦二書的作者，與《敘世》篇及以後數篇的作者不可能同為一人。因為在〈與從弟書〉中，明言孔臧與孔安國

1　蔣善國《尚書綜述》，上海：上海古籍出版社，1988年，第339頁。
2　蔣善國《尚書綜述》，上海：上海古籍出版社，1988年，第340、342頁。

是兄弟關係；而在《敘世》篇開首即言「臧子琳，位至諸吏，亦傳學問。琳子黃……封黃弟茂為關內侯。茂子子國，子國生子卬」，以孔臧與子國即安國為曾祖與從曾孫關係。

其三，關於〈與從弟書〉言「唯聞《尚書》二十八篇取象二十八宿，謂為至然也，何圖古文乃有百篇邪」，蔣氏指出：

說《尚書》是二十八篇，不是兩漢人的話。《史記》、《漢書》均說《尚書》二十九篇，沒有說二十八篇的。〈與從弟書〉竟說二十八篇，是已公認漢《泰誓》為偽，由二十九篇裡面剔出，只餘二十八篇後的統計，也就是東晉偽《孔傳》出現後的情形，在西漢時是沒有的。東漢王充《論衡》曾說：「或說《尚書》二十九篇者，法曰北斗七宿也。四七二十八篇，其一曰斗矣，故二十九。」〈與從弟書〉作者當一面見偽《孔傳》所收今文經實際是二十八篇，一面受王充七宿說的啟示，這幾句話定出於東晉初年以後。又漢成帝以後雖有〈百篇書序〉，可是當時秘府所存《古文尚書》只四十五卷，內二十九卷與今文同……自西漢末〈百篇書序〉編布以後，人們才漸說百篇《尚書》。魏晉以後，去漢已久，才泛說《古文尚書》百篇，不加詳辨。就這點說，〈與從弟書〉也是魏晉以後的作品。[1]

誠然，《史記》、《漢書》均說「二十九篇」，如《史記・儒林傳》云：「伏生求其書，亡數十篇，獨得二十九篇。」[2]《漢書・藝文志》云：「秦燔書禁學，濟南伏生獨壁藏之。漢興亡失，求得二十九篇，以教齊、魯之間。」[3]然而劉向《別錄》則稱：「武帝（西元前140—西元前87年）末，民有得《太誓》書於壁內者，獻之，與博

---

1 蔣善國《尚書綜述》，上海：上海古籍出版社，1988年，第340～341頁。
2 《史記》卷一二一，北京：中華書局，1982年，第3124頁。
3 《漢書》卷三十，北京：中華書局，1962年，第1706頁。

第五章　《孔叢子》與孔氏家學

士，使讀說之，數月，皆起傳以教人。」[1] 可見《太誓》篇後得。馬融《尚書傳・序》云：「《太誓》後得，案其文似若淺陋。」[2] 王肅亦云：「《太誓》近得，非其本經。」[3] 王充《論衡・正說》亦云：

蓋《尚書》本百篇，孔子以授也。遭秦用李斯之議，燔燒五經。濟南伏生，抱百篇藏於山中。孝景皇帝時，始存《尚書》，伏生已出山中，景帝遣晁錯往從受《尚書》二十八篇。伏生老死，書殘不竟，晁錯傳於倪寬。至孝宣皇帝之時，河內女子發老屋，得逸《易》、《禮》、《尚書》各一篇奏之。宣帝下示博士，然後《易》、《禮》、《尚書》各益一篇，而《尚書》二十九篇始定矣。[4]

可見各家均以為《太誓》後得。既為後得，必不能在伏生所傳書內。而《史記》、《漢書》之「二十九篇」，則無疑已包括《太誓》篇。這就說明，伏生所傳《尚書》，只能是二十八篇。可見〈與從弟書〉稱二十八篇，非但不能作為偽作的證據，反而更加符合事實。而所謂「百篇」，〈與從弟書〉顯然是就孔壁古文而言。孔壁古文有百篇之序，人所共知。《漢書・藝文志》「《周書》七十一篇」師古引劉向云：「周時誥誓號令也，蓋孔子所論百篇之餘也。」[5] 可見至少在劉向已有「百篇」之說。所以，「百篇」說不必等到「編布以後」，更不必到魏晉以後。當然，其非真孔臧所作是絕對的。

其四，關於「科斗」，蔣氏指出：

---

1 《尚書正義》卷一，上海：上海古籍出版社，2007年，第157頁。
2 《尚書正義》卷十，上海：上海古籍出版社，2007年，第399頁。
3 《尚書正義》卷十，上海：上海古籍出版社，2007年，第399頁。
4 《論衡》卷二十八，上海：上海人民出版社，1974年，第425頁。
5 《漢書》卷三十，北京：中華書局，1962年，第1705～1706頁。

所說「知以今𣍘古，以隸篆推科斗，已定五十餘篇，並為之傳」云，「科斗」一詞，到了東漢末鄭玄、盧植才說出。西晉中季《汲塚竹書》出土，才成了「古文」的時髦名詞。孔臧是西漢武帝時人，當時絕沒有科斗一詞。〈與從弟書〉竟說到科斗，顯是晉人作品。[1]

　　今按此說亦非。「科斗」一詞雖在正史書籍中首見於《後漢書・盧植傳》（盧植上書云：「古文科斗，近於為實，而厭抑流俗，降在小學。古文謂孔子壁中書也。形似科斗，因以為名。」[2]）但不為最早。東方朔《海內十洲記》云：「昔禹治洪水既畢，乃乘蹻車度弱水而到此山，祠上帝於北阿，歸大功於九天。又禹經諸五嶽，使工刻石，識其里數高下，其字科斗書，非漢人所書。今丈尺里數，皆禹時書也。」[3] 又《西京雜記》載：「滕公駕至東都門，馬鳴跼不肯前，以足跑地久之。滕公使士卒掘馬所跑地，入三尺所，得石槨。滕公以燭照之有銘焉，乃以水洗寫其文，文字皆古異，左右莫能知。以問叔孫通，通曰：『科斗書也，以今文寫之曰佳。』」[4] 可見「科斗」之說在西漢就有。當然，東方朔及《西京雜記》的材料未必可靠，但也不能完全沒有依據。所以，王國維謂「科斗文」一詞出東漢，恐亦未必。退一步說，今本《孔叢子》是由後人多次編訂而成，既經重新編訂，文字上或有改動，也不無可能，但不能因此而否定原作者為西漢時人。

　　以上分析說明，二書在文字上，並沒有晚至東漢的確切證據，蔣先生的觀點似不能成立。當然，我們也不是說二書就是孔臧的作品，只是說其不可能晚至東漢。

　　其五，關於〈與子琳書〉的作者，蔣氏提出：

1　蔣善國《尚書綜述》，上海：上海古籍出版社，1988年，第341頁。
2　《後漢書》卷六十四，北京：中華書局，1965年，第2116頁。
3　〔漢〕東方朔《海內十洲記》，《四庫全書》第1042冊，第280頁。
4　〔漢〕劉歆撰、〔晉〕葛洪輯《西京雜記》，上海：上海古籍出版社，1991年，第1035頁。

第五章　《孔叢子》與孔氏家學

〈與子琳書〉說：「頃來聞汝與諸友生講肄《書傳》，滋滋晝夜，衎衎不怠，善矣！……侍中子國，……遠則尼父，近則子國，於以立身，其庶幾矣乎！」更是宣揚孔安國作《書傳》事，也非到了東晉偽《孔傳》立學後不能產生這種言論。……又據《史記‧孔子世家》，漢孔安國曾做過博士和臨淮太守，並未做過侍中，只有東晉孔安國父子弟兄三人都做過侍中，裡面孔安國做侍中最顯。

所以他認為：

這三篇（〈敘書〉、〈與從弟書〉、〈與子琳書〉）的成篇，當在晉孔安國以後，似東晉孔安國以後的孔裔所作。[1]

我們已經知道，此二書確出後人偽託，但也不必晚至東晉。書中「與諸友生講肄書傳」之「書傳」即使真指孔安國所作《書傳》，其「侍中安國」也不必為東晉孔安國。因為前面我們已經知道，侍中只是加官名，而且應劭《漢官儀‧卷上》也有孔安國為侍中之說（已詳前）。所以，稱「侍中」也不能作為偽證。

其六，關於四賦，蔣先生認為是「東漢末到東晉中季孔裔偽作的」，根據是「《連叢子》的作者為了便於作偽，不收全集二十篇賦，只偽造了四篇賦，又恐人看出破綻，遂說這四篇賦是幼時所作，不在集內[2]」。而據前引龔克昌、韓暉的研究（見西漢篇），四賦並非後人偽作。至於陳夢家的觀點，前考孔臧作品已有說明，故此不贅。總之我們認為，以四賦為東晉人所作的證據均不能成立。那麼，也就暫無理由不承認其為孔臧的作品，就

1　蔣善國《尚書綜述》，上海：上海古籍出版社，1988年，第341頁。
2　蔣善國《尚書綜述》，上海：上海古籍出版社，1988年，第339頁。

是說，《敘書》之說當有所據。至於二書以及《敘書》內所附的〈乞為太常書〉之依託者，我們認為有可能就是《書敘》作者，即二十一篇《孔叢子》本書之編集者孔子元本人。子元之所以偽造三書，目的無非是為了抬高所云書傳的地位，而根本原因，還是他誤信孔安國與孔臧為從兄弟。當然，子元也可能有所本，但時代不可能太早。

2. 《敘世》篇的作者

《敘世》主要記子國以下子卬、仲驩、子立、子元、子建、子仁、子豐七代事，於子豐尤詳。首先肯定的是，其作者距離子國即孔安國的時代已經較遠，因為篇中開首即言「臧子琳……琳子黃。……黃弟茂為關內侯。茂子子國，子國生子卬」，將本屬從兄弟的孔安國、孔茂誤成了父子，說明其已不清楚安國與孔茂的代系。

上文我們已言及初編《孔叢子》之時，只稱將孔臧的四賦二書「列之於左」，並未言《連叢》一事，說明當時《孔叢子》中還未包含《連叢》。而今本《連叢子下》載「弘農太守皇甫威明問仲淵曰：『吾聞孔氏自三父之後，能傳祖之業者常在於叔祖。今觀《連叢》所記，信如所聞，然則伯季之後，弗克負荷矣』」云云，說明今《連叢子》完成之前已經有《連叢》之名。而皇甫威明問仲淵觀《連叢》所記之事，如孔氏自三父之後能傳祖之業者常在於叔祖等，無疑與《敘世》所記有關。《敘世》敘及子豐生子和，顯然又與下篇相聯繫。《敘書》所「列」未及《敘世》，而《敘世》又與下篇密不可分，足以說明《敘世》與下篇為同時所撰。因此，《連叢子》上、下篇的編訂者應當就是《敘世》及下篇的作者。結合上文所論《孔叢子》初編時無有《連叢》之事，說明被冠以《連叢》之名始於《敘世》篇之附。同時說明今《連叢子》亦非一次成書。

《敘世》篇記載人物自孔臧到子豐而止，只言「子豐生子

和」，不記子和事蹟，並且所記人物子元、子建、子仁事蹟相對簡單，而記子豐事蹟則詳細而具體，占了《敍世》篇的大部分。這說明其作者距子豐時代較近，而且熟悉子豐。具體為誰？李新民同學以為應是孔僖。孔僖是子元的五代孫，時代相去確較遠，且本人曾任蘭臺令史、郎中，是當時著名的經學大師，並以古文名家，具備這種能力，而且是子元的後人。但是從《敍世》及《連叢子下》篇文字本身，我們卻找不出與孔僖有關的證據。究竟為誰，後面將結合《連叢子》下篇的編附而作考定。

3. 〈左氏傳義詁序〉的作者

〈左氏傳義詁序〉，也屬《連叢子上》。序文曰：

先生名奇，字子異。其先魯人，即褒成君次孺第二子之後也。家於茂陵，以世學之門，未嘗就遠方師也。唯兄君魚少從劉子駿受《春秋左氏傳》，其於講業最明。精究其義，子駿自以才學不若也。其或訪經傳於子駿，輒曰：「幸問孔君魚，吾已還從之諮道矣。」由是大以《春秋》見稱當世。王莽之末，君魚避地至大河之西，依大將竇融為家，常為上賓，從容以論道為事。是時先生年二十一矣，每與其兄議學，其兄謝服焉。及世祖即阼，君魚乃仕，官至武都太守、關內侯，以清儉聞海內。先生雅好儒術，淡忽榮祿，不願從政，遂刪撮《左氏傳》之難者集為《義詁》，發伏闡幽，贊明聖祖之道，以袪後學。著書未畢，而早世不永。宗人子通痛其不遂，惜茲大訓不行於世，乃校其篇目，各如本第，並序答問凡三十一卷。將來君子倘肯游意，幸詳錄之焉。[1]

據文，其作者當為宗人子通。子通，據前考乃孔霸四子孔光曾

---

1 《孔叢子》卷七，《四部叢刊初編》本，第55～56頁。

孫，為孔子十七代孫。孔奇，乃孔霸次子孔捷之孫，為孔子第十六代孫。可見確為同宗之人，故稱宗人。

（五）《連叢子下》的作者及今本《孔叢子》的最後編訂者與成書時代

《連叢子》上、下篇承接《孔叢子》本書二十一篇，分別作其第二十二篇和第二十三篇，說明編者是將它們作為一個整體處理。所以，我們只要找出《連叢子下》的作者，就等於找出了今本《孔叢子》最後編訂者。那麼《連叢子下》的作者又是誰呢？當然，這也需要從其文字本身去發現。首先，我們看其時代：

《連叢子下》記事止於延光三年（西元124年）十一月丁丑季彥卒，其作必在其後，這是再明顯不過的。但具體後到什麼時候，以往論者只有據意推測。事實上我們細味其文，就可以有所發現。如文曰：

元和二年三月，孝章皇帝東巡過魯，幸闕里。……天子巡后土登龍門，子和請從行。[1]

又曰：

永初二年二月……上召季彥。季彥見於德陽殿……帝默然。[2]

不難看出，言永初（安帝年號）事與元和（章帝年號）事口氣不同，稱「上」言「帝」，與言「皇帝」、「天子」，迥然有別。元和下稱「孝章皇帝」，明非當朝人所書。而永初下只言「上」不

---

1 《孔叢子》卷七，《四部叢刊初編》本，第58、59頁。
2 《孔叢子》卷七，《四部叢刊初編》本，第66、67頁。

稱「孝安皇帝」，顯然是當朝人口吻。據此可知，其作者必身歷安帝之朝。

安帝終於延光四年（西元125年）三月，去季彥卒僅一百三十天，其書不可能如此速成。所以，其書之作又不會在安帝朝。

又據「弘農太守皇甫威明問仲淵曰：『吾聞孔氏自三父之後能傳祖業者常在於叔祖。今觀《連叢》所記，信如所聞』」之文，《連叢》初編本的成書，自不會晚於皇甫威明任為弘農太守。考《後漢書・皇甫規傳》，規字威明，「永康元年，徵為尚書。其夏日食，詔公卿舉賢良方正，下問得失。規對曰……。對奏，不省。遷規弘農太守，封壽成亭侯，邑二百戶。讓封不受，再轉為護羌校尉。熹平三年，以疾召還[1]。」知皇甫任弘農太守在桓帝最末一年永康元年（西元167年）後，靈帝熹平三年（西元174年）前。那麼，《連叢》初編本的時間，就可以推定在桓靈之間或稍前。至於今本的時間，下面結合作者問題同時討論。

欲求作者，最大的突破點還在「觀《連叢》」一事。讀其文字（如上引），不能不產生一個疑問：皇甫為什麼向仲淵問有關《連叢》之事？這似乎只能說是因為仲淵對《連叢》比較了解，或者與之有關。另外，仲淵在《連叢下》還出現五次。如在答皇甫問以下云：「既而，或謂仲淵曰：『以古人推之，自可如皇甫之言爾』」云云；「永初二年（西元115年），季彥如京師省宗人仲淵。是年夏，河南四縣雨雹如桼杯，大者如斗，殺禽畜雉兔，折樹木，秋苗盡。於是天子責躬省過，並令幽隱有道術之士各得假變事，亟陳厥故。季彥與仲淵說道其意狀曰：『此陰乘陽也。貴臣擅權，母后党盛，多致此異。然乃漢家之所大忌也。』於時下邳長孫子逸止，仲淵第聞是言也。心善之，因見上說焉。上召季彥，季彥見於德陽殿，陳其事如與仲淵言

1　《後漢書》卷六十五，北京：中華書局，1965年，第2136～2137頁。

也。」[1]為什麼處處提到仲淵？仲淵「第聞是言」，他人怎能知曉？「陳其事如與仲淵言也」，又是什麼口吻？顯然，其作者應與仲淵有關。永初為安帝年號，仲淵為當時之人，故稱「上」而不言「安帝」。

綜上幾方面，我們認為《連叢子下》的作者只能是仲淵。唯一可疑的，是仲淵自稱其字，但也並非完全沒有可能，如〈左氏傳義詁序〉本子通所作，文內亦稱「宗人子通」，正與此稱「宗人仲淵」相同，所以我們還是定為仲淵。

《連叢子下》的作者既是仲淵，《敘世》作者及今《連叢子》的編附者據上考自然也就是仲淵。那麼，今七卷二十三篇本《孔叢子》的最後編定者，自然也就是仲淵。

仲淵是什麼人呢？《後漢書‧順帝紀》載：陽嘉二年（西元133年）「六月辛未，太常魯國孔扶為司空[2]」。李賢注：「扶字仲淵。」若信，則仲淵就是孔扶。前考已知，扶為孔子二十代孫，出孔霸次子孔捷。洪適《隸續》卷十一有《司空孔扶碑》，洪氏注亦謂扶為孔宙、孔僖（即子和）從昆弟。那麼仲淵就是季彥的從叔父。可見同為孔氏子孫。結合書中「季彥如京師省宗人仲淵」的記載，這一關係當屬可信。

孔扶卒日不明，其碑年代據碑文當在漢靈帝建寧元年（168年）四月之後。那麼，今行七卷二十三篇本《孔叢子》的最終編定時間，就可以推定在東漢桓帝永康元年（167年）至靈帝建寧元年（168年）之間。《孔叢子》最終編定於此時，而前文言《連叢》初編本（即皇甫所觀《連叢》）的時間也在桓靈之間。這就說明，定本之作，就在皇甫威明觀後不久。

---

1 《孔叢子》卷七，《四部叢刊初編》本，第66～68頁。
2 《後漢書》卷六，北京：中華書局，1965年，第262頁。

第五章 《孔叢子》與孔氏家學

趙東栓、孫少華二位不同意我們的觀點，指出：「《後漢書・儒林傳》孔僖本傳稱季彥延光三年卒，四十七歲。則其當生於建武二年（77年）。《孔叢子》曾記季彥四十餘歲時到京師看望叔父仲淵，當時仲淵正任太常之職，二人年歲應相去不遠。到建寧元年，仲淵也當已九十歲左右，如何有精力最後編定七卷二十三篇《孔叢子》呢？另外……據陸侃如《中古文學系年》考證，皇甫規於永康元年夏之後方遷弘農太守，而永康元年次年的建寧元年三月，史晨為已死的仲淵立碑。如果仲淵為《連叢子》及其《孔叢子》的最後作者，則其必於其死之最後八九個月之內方合《連叢子》所記。」[1] 我們認為，一、仲淵、季彥雖為叔侄關係，年齡未必相仿；二、皇甫威明問「今觀《連叢》所記」云云，說明當時《連叢》已經編就，後來的工作實際只是稍有補綴而已。所以，即如二位所云，亦不必擔心八九個月之內不能完成。二位認為「孔羨當為《連叢子下》的作者及《孔叢子》全書的最後編定者」，但我們實在於《連叢子》及《孔叢子》中找不出任何與孔羨有關的證據，所以還是不能同意二位的觀點。

（六）《孔叢子》成書表

根據以上對《孔從子》全書的考察，我們可將其成書情況列如下表：

1　趙東栓、孫少華〈《孔叢子》成書舊說及其考察〉，《白城師範學院學報》2005年第4期。

所記人物或篇目	篇次	撰集者或作者	編集者	最後編定者
孔子	1-5			
子思、子上	6-10			
子高	12-14	孔鮒	子襄	
子順	15-17			
〈詰墨〉	18			
孔鮒	19-21	子襄		孔扶
《小爾雅》	11	孔驩、子立		
《敘書》	22	子元	子元	
四賦	22	孔臧		
二書	22	子元		
〈左氏傳義詁序〉	22	孔通		
《敘世》	22	孔扶	孔扶	
《連叢子下》	23			

其中孔鮒為子順長子，子襄為子順次子；孔臧為少子子文之後；孔驩、孔子立、孔子元為子襄之孫孔安國之後；而孔通、孔扶又為安國之兄孔武之後。可見今本《孔叢子》，確是孔氏家學的產物。

李新民同學不同意《連叢子下》為孔扶所作，認為應是孔猛所作。他說：

《連叢子下》的作者即《孔叢子》的最後編訂者是誰呢？首先肯定的是，作者肯定是孔氏後裔並且是孔安國的後裔，因為整篇《連叢子》所述人物子卬、子驩、子立、子元、子仁、子豐、子和、長彥、季彥都是安國的後人。同時根據《後漢書・孔僖傳》載：「（僖）在縣三年卒官，遺令即葬。二子長彥、季彥，並十餘歲。蒲阪令許君然勸令反魯。對曰：『今載柩而歸，則違父令；舍墓而去，心所不忍。遂留華陰。』」可知安國後裔長彥、季彥兄弟二人自幼居住華陰（今陝西華陰），並未回祖籍山東曲阜。能夠詳細、完備記錄長彥、季彥事蹟的《連叢子》，非孔氏他支後裔所能完成，只能是孔季彥的後裔

具備這些條件。

《連叢子下》記事止於季彥之卒，顯然不是季彥的作品，應是其身後人的作品。據王肅《孔子家語序》云：「孔子二十二世孫有孔猛者，家有其先人之書。昔相從學，頃還家，方取以來。與予所論，有若重規疊矩。」關於孔猛的資料古籍中記載不多，除王肅在《家語序》中提及之外，《孔子世家譜》卷一又云：「子逸相魯，舉季彥孝廉，不就。年四十九延光三年卒。子一猛。」按《世家譜》的記載,孔猛是孔季彥的兒子，為孔子的二十一代孫。二載必有一誤。根據《後漢書‧孔僖傳》的記載，季彥卒於延光三年（西元124年），假如按此年孔猛出生計算，則比王肅（西元195—256年）長七十一歲，及王肅成人孔猛則是近百歲之人，不可能有王肅所說的「昔相從學，頃還家」的情況。從年齡推算，王肅所說的「孔子二十二世孫有孔猛者」當為可信，亦可證明王肅從孔猛處得書事實不偽。

既然孔猛與王肅是同時代人且稍早，西元208—220年孔猛還健在。結合以上我們的考證，《連叢子下》的最後撰寫者應該是孔猛。即可認為今傳本《孔叢子》的最後編定者也是孔猛。[1]

誠然，父祖之事，理應由子孫記述。然而我們畢竟從《連叢子》本身，找不出任何與孔猛有關的證據。而且如上舉仲淵所知之事，時隔七十餘年，孔猛未必能知。所以我們還是認為，其作者應是孔扶仲淵。就是說，今書雖由孔猛傳出，但不等於就是他所作。蓋孔猛家舊傳先祖子元所編二十一篇《孔叢子》，後孔扶為作《連叢》並將之附入其中，故得有其書。

---

1 李新民《東漢孔氏家學與〈孔叢子〉公案》，曲阜師範大學碩士學位論文，2007年。

結語

通過本篇考述我們知道，東漢孔子後裔之可考者，主要是子順小子子文之後。由於代系綿遠，子孫繁衍，本支又形成了不同的分支，而且各分支均有家學。雖然各分支家學傳承不一，但總體上依然是固守儒學，以治經為主，繼承了弘揚祖業的傳統。而其中孔安國後裔一支，經學最為明晰。

特別是我們看到，包括孔安國五代孫孔建、六代孫孔仁、七代孫孔豐、八代孫孔僖，均有可能傳治《古文尚書》。而上篇已知，孔安國三代孫孔子立、四代孫孔子元，父子二人均傳知《尚書孔傳》等，所以才有《小爾雅》之作。從而證明，《後漢書‧孔僖傳》「自安國以下（至孔僖）世傳《古文尚書》」的記載，是真實的。而作為孔僖之子，季彥既「一其家業」，必亦傳治《尚書孔傳》。而且他自稱「先聖遺訓，壁出古文，臨淮傳義，可謂妙矣。而不在科策之例，世人固莫識其奇矣。斯業之所以不泯，賴吾家世世獨修之也」，正與〈孔僖傳〉之說相符。而既是世世修之，特別是像孔僖那樣的大儒，必不能無所發明。所以，今之《尚書孔傳》，極有可能雜入了孔僖等人修治的成果。那麼，即使其中出現孔安國以後之人、事、官名、地名，如閻若璩《尚書古文疏證》所揭出者，也就不足為怪了。

總之，東漢孔氏家學的最大貢獻，就是傳治《古文尚書》，傳播並發展了古文經學。東漢孔氏家學的另一貢獻，就是保存和傳播了孔子及孔氏家學資料，具體主要是承傳並賡續了《孔叢子》。

關於《孔叢子》之成書，我們看到，記孔子之各篇，薈萃其原始「傳」、「記」，或在其基礎上加工整理而成；記子思之各篇，主要出自子思書，是采輯《子思》而作；記子高各篇，很可能本出子高自撰，而後人在其基礎上又進行了加工改造；記子順各篇，當出其子

孔鮒之手。而四部分之始撰集者，很可能就是孔鮒。可見《孔叢子》
舊題孔鮒撰，確有道理，並非依託。而記孔鮒各篇，則出其弟子襄之
手，屬於賡續。總之絕非王肅所造。而書中所記雖偶有不實，但亦非
前人所論全不可信。

　　今《連叢子》中的《敘書》篇，應該是二十一篇《孔叢子》本
書之後序。其作者應為孔安國四代孫孔子元。至於《連叢子》其他各
篇，其中四賦或有可能為孔臧舊作，而二書則確為子元或他人依託。
《敘世》篇及《連叢子下》，很可能出孔扶仲淵之手，而為季彥後人
所收藏。可見今傳二十三篇本《孔叢子》之成書，確實有一個很長的
過程，而非一個「偽」字所能概括。

下：魏晉篇

緒言

魏晉時期社會動盪，政治混亂。學術文化方面，表現為經學衰微、玄學興起，各種思潮紛至遝來。這一時期，儒學雖然失去了其在意識形態中的統治地位，但並未隨即驟然沉寂。其間由於公學淪廢，學術中心下移家族，家學不僅成為這一時期世家大族的精神支柱，或隱或顯地影響著他們的文化創造，而且成了主要的學術傳承方式。孔氏家學雖由來已久，但真正引起學術界關注，卻是王肅以後。因為傳統以為，王肅偽造「五書」，即「孔安國《尚書傳》、《論語注》、《孝經注》、《孔子家語》、〈孔叢子〉[1]」。而此五書，卻正是孔氏家學的基本資料。

孔氏家學的傳承內容，不僅包括孔子及其後世子孫世代相傳的儒學經典，也包括載錄其言行事蹟的各類資料叢編。研究魏晉時期孔子後裔的家學傳承，不僅有助於我們更好地了解魏晉儒學的發展情況，而且有助於從學術史的角度解決孔氏家學與《孔子家語》等書的關係問題。

1　皮錫瑞《經學歷史》，北京：中華書局，2004年，第106頁。

　　《孔子家語》是記錄孔子及孔門弟子言行的書，今傳本十卷四十四篇，魏王肅注，附有王肅序和後序二篇，內容本來極其重要，但因長期被視為偽書，而影響了其作為思想史料的價值。事實上，《家語》一書經王肅注解後，很長一段時間裡並未被認為是王肅偽造。正式提出王肅偽造《家語》的，是宋代人王柏。之後，王肅偽造說便開始流行開來。宋以後，有不少學者對《家語》進行過研究，尤其是清代學者，對《家語》用力甚多。如范家相與孫志祖，分別撰有《家語證偽》和《家語疏證》，專門證明《家語》為王肅所造。其間雖有學者持不同意見，力辯《家語》不偽，但其聲音顯得十分微弱，並沒有引起人們足夠的重視。近年來，隨著河北定縣八角廊《儒家者言》、安徽阜陽雙古堆漢墓木牘、上海博物館戰國楚竹簡以及其他一些與《家語》有關的簡牘的相繼面世，引發了越來越多的學者對《家語》的重新認識和估價。學者們的研究，基本上是圍繞《家語》的真偽、王肅與《家語》的關係、《家語》的材料來源等問題而展開。

　　本篇將把《家語》公案與孔氏家學聯繫起來，在前人研究的基礎上，從學術思想史的角度，對之作進一步的探討，力求把與之有關的一系列問題的真實面貌客觀地揭示出來，為最終解決《家語》公案問題創造條件。之所以把《家語》放在本篇討論，主要是因為前人有王肅偽造說，而不是說《家語》就成書於這一時期。

第六章 魏晉時期的孔氏家學

一、魏晉時期的孔子後裔世系

有關魏晉時期孔子後裔的資料，主要集中在《三國志》、《晉書》等正史和後人所編的孔氏族譜，以及部分魏碑之中。總體來看，這一時期孔子後裔人物眾多，而人物之間的代系與血緣關係記載比較混亂。加之孔子後裔本身又分為嫡系和非嫡系兩支，嫡系主要生活在魯國曲阜地區，非嫡系則又分居各地。所以，情況比較複雜。另外，前篇已知，自《史記》將字「子襄」與名「襄」之祖孫二人誤為一人，傳統以來，皆使孔子世系缺失二代。又傳統所謂孔子多少代孫，實際上多是連孔子數之，與言多少代不異。比如《後漢書·孔融傳》載「孔融字文舉，魯國人，孔子二十代孫也」，所謂孔子二十代孫，實際上是第二十代，包含孔子。如果補上所缺失的二代，就是第二十二代。若加上孫字，就應是二十一代孫。也有所謂多少代，實際上又指多少代孫的。所以，對文獻中所謂多少代、多少代孫，應區別看待。這是首先應該明確的。

另外從上篇可知，東漢孔子後裔的最後世代，主要是孔子二十一代孫，即孔家第二十二代，也就是孔融一代。那麼，魏晉時期孔子後裔的第一代，自然也就是接下來的孔子二十二代孫，即孔家第二十三

代。當然，由於有長子、小子之別，其後裔代系也不可能完全同步，差一二代乃至三代，都可能是正常的。所以，我們只能根據其主體代系來排譜，這也是需要清楚的。以下先從曹魏時期開始。

（一）曹魏時期的孔子後裔

西元220年曹丕代漢稱帝建國，至西元266年司馬炎廢魏帝建立西晉政權，曹魏政權歷時四十六年。正史和家譜所載生活在這一時期的孔子後裔主要有：

1. 孔曜之後

孔曜為孔福長子孔房四代孫。孔曜之後，《三國志·魏書·文帝紀》載黃初二年詔云：

其以議郎孔羨為宗聖侯，邑百戶，奉孔子祀。[1]

《孔氏祖庭廣記》載：

二十一代羨，魏黃初元年拜奉議郎，又封崇聖侯，食邑一千戶，奉祀。葬祖墓南，生震。[2]

知二十一（三）代羨於魏初封宗聖侯，奉孔子祀。前篇已知，漢代奉孔子祀者受封褒成侯。所以《三國志·魏書·崔林傳》載魯相上言有云：

漢舊立孔子廟，褒成侯歲時奉祠，辟雍行禮，必祭先師，王家出

1 《三國志》卷二，北京：中華書局，1982年，第78頁。
2 孔元措《孔氏祖庭廣記》卷一，《孔子文化大全》本，濟南：山東友誼出版社，1989年影印，第65頁。

穀，春秋祭祀。今宗聖侯奉嗣，未有命祭之禮云。[1]

可見「奉祀」即「褒成」。所以，孔羨必上承漢代均→志→損
→曜→完一系。然而《後漢書·孔僖傳》載：「志卒，子損嗣，徙封
褒亭侯。損卒，子曜嗣。曜卒，子完嗣。世世相傳，至獻帝初，國
絕。」[2]《孔氏祖庭廣記》又載：孔完「早亡，無嗣」[3]。然則孔羨當
為孔曜次子孔贊之子。《史晨饗孔廟後碑》有「守廟百石孔贊」。既
為守廟，則其子繼奉夫子祀完全可能。又《後漢書·孔僖傳》李賢注
亦云：

獻帝後至魏，封孔子二十一葉孫羨為崇聖侯，晉封二十三葉孫震為
奉聖亭侯。[4]

又以孔羨、孔震為祖孫。考《晉書·武帝紀》載徙宗聖侯孔震為
奉聖亭侯在泰始三年（267）十二月，去黃初二年（221）46年，且孔震
初亦襲封崇聖侯，則與孔羨當為父子，李賢當誤。然則加上缺失的二
代，孔羨當為二十三代，孔震為二十四代，為孔曜之後。

2. 孔彪之後

孔彪為孔福次子孔某四代孫。孔彪之後，《三國志·魏書·倉慈
傳》載：

自太祖迄於咸熙，魏郡太守陳國吳瓘、清河太守樂安任燠、京

1 《三國志》卷二四，北京：中華書局，1982年，第681頁。
2 《後漢書》卷七十九上，北京：中華書局，1965年，第2563頁。
3 《孔氏祖庭廣記》卷一，《孔子文化大全》本，濟南：山東友誼出版社，1989年影印，
　第65頁。
4 《後漢書》卷七十九，北京：中華書局，1965年，第2563頁。

兆太守濟北顏斐、弘農太守太原令狐邵、濟南相魯國孔乂，或哀矜折獄，或推誠惠愛，或治身清白，或摘奸發伏，咸為良二千石。[1]

孔乂，即孔彪之子，孔子第二十一代孫。又《孔子世家譜》載：

二十代乂，字元儁，魏諫議大夫，子三：毓、恂、郁，二十代文，官大鴻臚。二十一代郁，子二：揚、潛。[2]

《闕里志‧聞達子孫》載：

二十代乂，字元儁，魏諫議大夫。文，魏大鴻臚。[3]

又《乾隆曲阜縣志》載：

彪子乂，魏大鴻臚，孫郁，冀州刺史，曾孫潛，太子少傅，遷會稽，子孫遂為會稽人。……孔衍，字舒元，彪之曾孫，祖乂，字元儁，魏大鴻臚，諫議大夫。[4]

《晉書》卷七十六載：

孔衍，字舒元，魯國人，孔子二十二世孫也。祖文，魏大鴻臚。[5]

---

1 《三國志》卷一六，北京：中華書局，1982年，第513頁。
2 《孔子世家譜》卷一，《孔子文化大全》本，濟南：山東友誼出版社，1990年影印本，第76頁。
3 《闕里志》卷九，《孔子文化大全》本，濟南：山東友誼出版社，1989年影印，第385頁。
4 《乾隆曲阜縣志》卷八十七，《中國地方志集成‧山東府縣專輯》本，第510頁。
5 《晉書》卷九十一，北京：中華書局，1974年，第2359頁。

這裡《孔子世家譜》與《闕里志》出現孔乂、孔文二人，《晉書》、《闕里志》和《孔子世家譜》均言孔文為魏大鴻臚；《乾隆曲阜縣志》謂孔乂為魏大鴻臚，諫議大夫。今考《三國志・魏書・倉慈傳》注引《孔氏譜》：「孔乂字元俊，孔子之後。曾祖疇，字元矩，陳相。漢桓帝立老子廟於苦縣之賴鄉，畫孔子像於壁；疇為陳相，立孔子碑於像前，今見存。乂父、祖皆二千石，乂為散騎常侍，上疏規諫。語在《三少帝紀》。至大鴻臚。子恂，字士信，晉平東將軍、衛尉也。」[1]明云孔乂官至大鴻臚。今《孔子世家譜》雖云文為魏大鴻臚，又云無傳；《縣志》言孔衍為彪之曾孫，祖乂，而《晉書》又云孔衍之祖為文。看來此孔文與孔乂應是一人，而非中篇所排孔曜之中子文。蓋「乂」與「文」字形相近，故誤。

此孔乂、孔文既是一人，那麼本支在曹魏時期之世系就應為：

二十（二）代孔乂（文）→二十一（三）代孔毓、孔恂、孔郁→二十二（四）代孔衍、孔揚、孔潛。

3. 孔褒之後

孔褒為孔宙長子。孔褒之後，《孔子世家譜》載：「二十代褒，子一蕃。」[2]

《乾隆曲阜縣志》亦云：「褒，子一曰蕃。」[3]可知孔褒有子蕃，為第二十一（三）代。

---

1 《三國志》卷十六，北京：中華書局，1982年，第514～515頁。
2 《孔子世家譜》卷一，《孔子文化大全》本，濟南：山東友誼出版社，1990年影印，第76頁。
3 《乾隆曲阜縣志》卷七十六，《中國地方志集成・山東府縣專輯》本，第460頁。

4. 孔遵之後

《孔子世家譜》載：「二十代遵，字公孫，子二穎、芝。」[1]

按：二十（二）代孫遵，東漢史籍未見，疑是孔宙七子之一，孔褒之弟。

5. 季彥之後

上篇疑孔喬極有可能為季彥之子，而前引《孔子世家譜》又謂季彥有子猛，為二十一（三）代孫。王肅《孔子家語序》則云「孔子二十二世孫有孔猛者」。孔猛不見正史，其生卒無從考，究竟屬二十一（三）代還是二十二（四）代，需從旁證明。這裡，我們不妨通過季彥和王肅的出生之年來作比較。據前引《後漢書·孔僖傳》可知，季彥卒於延光三年，年四十七。延光三年為西元122年，終年四十七，則其生年當為西元75年。

《三國志·魏書·方技傳》載：

肅年六十二，疾篤，眾醫並以為不愈，肅夫人問以遺言。[2]

又《三國志·魏書》本傳載：

甘露元年薨，門生縗絰者以百數。[3]

則肅卒於甘露元年，年六十二。考甘露元年為西元256年，則其出

---

1 《孔子世家譜》卷一，《孔子文化大全》本，濟南：山東友誼出版社，1990年影印，第76頁。
2 《三國志》卷二十九，北京：中華書局，1982年，第810頁。
3 《三國志》卷十三，北京：中華書局，1982年，第419頁。

生之年為西元195年。

王肅既生於西元195年，去季彥之卒（西元122年）已七十餘年。說明季彥之子，至少長王肅七十餘歲。而孔猛既從學於王肅，則顯然不可能為季彥之子。所以，孔猛當為季彥之孫，為孔子二十四代孫、孔家第二十五代。如此，則季彥之子確當另有其人。

王肅為魏時人，孔猛既從學於王肅，則其應生活在曹魏之時。

總上可知，生活在曹魏時期的孔子後裔有：二十（二）代孔乂、孔褒、孔遵；二十一（三）代有孔贊之子孔羨，孔乂之子孔毓、孔恂、孔郁，孔褒之子孔蕃，孔遵之子孔穎、孔芝；二十二（四）代孔乂之孫孔衍、孔揚、孔潛，季彥之孫孔猛，孔羨之子孔震等。

（二）西晉時期的孔子後裔

西晉政權自西元266年建立，至西元316年滅亡，歷時51年。正史和家譜所記生活在西晉時期的孔子後裔主要有：

1. 孔曜之後

《晉書·武帝紀》載：

泰始三年……十二月，徙宗聖侯孔震為奉聖亭侯。[1]

《孔子世家譜》載：

二十二代震，字伯起，襲封宗聖侯，晉武帝泰始三年改封奉聖亭侯，拜太常卿黃門侍郎，食邑二百戶，年七十五卒，子一嶷。[2]

是二十二（四）代震封奉聖亭侯，拜太常卿黃門侍郎，有子嶷，

[1] 《晉書》卷三，北京：中華書局，1974年，第56頁。
[2] 《孔子世家譜》卷一，《孔子文化大全》本，濟南：山東友誼出版社，1990年影印，第77頁。

255

為二十五代。

2. 孔彪之後

《闕里志·聞達子孫》載：

二十一代毓，文（乂）子，漢徵南軍司馬。[1]

《晉書·孔衍傳》載：

孔衍……祖文（乂），魏大鴻臚。父毓，徵南軍司。[2]

《孔子世家譜》載：

恂，字士信，二十一代，晉平東將軍衛尉，無傳。[3]

《闕里志·聞達子孫》載：

竺，字元慎，潛子，吳豫章太守。[4]

《孔子世家譜》載：

二十三代孔竺，字元慎，晉豫章太守，子三：恬、沖、奕。[5]

---

1 《闕里志》卷九，《孔子文化大全》本，濟南：山東友誼出版社，1989年影印，第386頁。
2 《晉書》卷九十一，北京：中華書局，1974年，第2359頁。
3 《孔子世家譜》卷一，《孔子文化大全》本，濟南：山東友誼出版社，1990年影印，第77頁。
4 《闕里志》卷九，《孔子文化大全》本，濟南：山東友誼出版社，1989年影印，第388頁。
5 《孔子世家譜》卷一，《孔子文化大全》本，濟南：山東友誼出版社，1990年影印，第77頁。

按：曾祖父孔乂既為魏大鴻臚，則孔竺自不得為吳豫章太守，而應為晉豫章太守，《闕里志》當誤。

據上可知，生活在西晉時期的孔子後裔主要有：二十一（三）代孔毓、孔恂、孔郁，二十二（四）代孔震，二十三（五）代孔竺等。

（三）東晉時期的孔子後裔

東晉自西元317年司馬睿在江南立國，至西元420年劉裕代晉稱宋，歷時103年之久。由於西晉末年有孔子後裔為躲避戰亂遷到了南方，所以這一時期的孔子後裔主要分為兩支：北方曲阜一支，南方一支。正史和家譜所載生活於東晉時期的孔子後裔主要有：

1. 孔震之後

《晉書·禮志上》載：

明帝太寧三年，詔給奉聖亭侯孔嶷四時祠孔子祭直如泰始故事。[1]

為奉聖亭侯且如泰始故事，則自為孔震之後。明帝太寧三年（325年）去武帝泰始三年（267年）六十二年，則嶷有可能為孔震之子，故《孔子世家譜》載：

二十一代羨……生震。
二十三代嶷，字成功，東晉明帝太寧三年襲封奉聖亭侯，年五十七卒，葬祖墓北，子一撫。

即以震、嶷為父子。又載：

二十四代撫，舉孝廉，辟太尉掾，拜豫章太守，襲封奉聖亭侯，子

---

1 《晉書》卷十九，北京：中華書局，1974年，第599頁。

一懿。

二十五代懿，襲封奉聖亭侯，兼從事中郎，年六十一卒，葬祖墓西，子一鮮。[1]

金代孔元措撰《孔氏祖庭廣記》、明代陳鎬撰修《闕里志》和清孔繼汾撰《闕里文獻考》，對於東晉時期魯國曲阜這一支的孔子後裔也有上述相似記載。唯《晉書·孝武帝紀》載：

（太元十一年）秋八月庚午，封孔靖之為奉聖亭侯，奉宣尼祀。[2]

又有孔靖。考太元十一年（386年）去太寧三年（325年）六十一年，所以此孔靖有可能為孔嶷之子。因此，此孔靖與孔撫當是一人，一名一字。

由上述記載可知，這一支的世系是：二十三（五）代孔嶷→二十四（六）代孔撫→二十五（七）代孔懿→二十六（八）代孔鮮。

2. 孔毓之後

《晉書·孔衍傳》載：

孔衍，字舒元，魯國人，孔子二十二世孫也……避地江東，元帝引為安東參軍……子啟，廬陵太守。[3]

《孔子世家譜》載：

---

1 《孔子世家譜》卷一，《孔子文化大全》本，濟南：山東友誼出版社，1990年影印，第77頁。
2 《晉書》卷九，北京：中華書局，1974年，第235頁。
3 《晉書》卷九十一，北京：中華書局，1974年，第2359頁。

二十二代衍，字舒元，子一啟；二十三代啟，晉盧陵太守，子一恢；二十四代恢，宋尚書祠部郎，子一粲；二十五代粲，以秘書監徵不就，子三：淳之、默之、隱之；二十六代淳之，字彥深，居會稽郯縣，子一尚；二十六代默之，好儒學，注《穀梁春秋》，宋文帝元嘉間為廣州刺史，子一熙先；二十六代隱之，宋文帝元嘉八年奉聖亭侯繼之因博塞替祀奪爵。封隱之，又以兄子熙先謀逆失爵，無傳。[1]

《宋書·孔淳之傳》載：

孔淳之，字彥深，魯郡魯人也。祖恢，尚書祠部郎。父粲，秘書監徵，不就……元嘉七年卒，時年五十九。[2]

孔衍既為元帝（東晉的第一位皇帝）時的安東參軍，則其應主要生活在東晉初年。元嘉為劉宋文帝的年號，孔淳之卒年既為元嘉七年（430年），距劉宋建國之西元420年僅十年，則孔淳之當主要生活在東晉末年。

然則東晉時期這一支系的孔子後裔主要有：二十二（四）代孔衍→二十三（五）代孔啟→二十四（六）代孔恢→二十五（七）代孔粲。粲三子淳之、默之和隱之。淳之有子尚、默之有子熙先，則皆已生活於晉以後。

3. 孔郁長子孔揚一支

這一支系的人物多無詳細記載，唯《孔子世家譜》有如下一段：

二十二代揚，字景蘇、博亭侯……子一節。

---

1 《孔子世家譜》卷一，《孔子文化大全》本，濟南：山東友誼出版社，1990年影印，第77頁。

2 《宋書》卷九十三，北京：中華書局，1974年，第2283～2284頁。

第六章　魏晉時期的孔氏家學

二十三代節，字無信，子一旻。

二十四代旻，子一紀。

二十五代紀，字元綱，子一源。

二十六代源，字紹夷，子一基。

二十七代基，字立本，子一祥。[1]

可知這一支的代系排列應是：二十一（三）代孔郁→二十二（四）代孔揚→二十三（五）代孔節→二十四（六）代孔旻→二十五（七）代孔紀→二十六（八）代孔源→二十七（九）代孔基→二十八（三十）代孔祥。

4. 孔郁次子孔潛一支

（1）潛長孫恬一支

《闕里志·聞達子孫》載：

二十四代恬，竺長子，字公默，吳侍中，選曹尚書，晉湘東太守。

二十五代愉，字敬康，恬長子。

二十六代祗，字承祖，尚節義，為郡功曹吏。

二十七代晉，闇長子，晉尚書令；靖，字季恭，闇次子；俟，汪子，江夏太守。[2]

又《闕里文獻考》載：

祗，字承祖，先聖二十五代孫，居會稽，晉餘不亭侯愉之弟也。[3]

---

1 《孔子世家譜》卷一，《孔子文化大全》本，濟南：山東友誼出版社，1990年影印，第77～78頁。

2 《闕里志》卷九，《孔子文化大全》本，濟南：山東友誼出版社，1989年影印，第388～392頁。

3 《闕里文獻考》卷九十三，《孔子文化大全》本，濟南：山東友誼出版社，1989年影印，1819頁。

《乾隆曲阜縣志・孔祇傳》載：

孔祇乃孔愉之弟。[1]

《晉書・孔愉傳》載：

愉咸康八年卒，贈車騎將軍，開府儀同三司，諡曰貞。三子：
誾、汪、安國。誾嗣爵，位至建安太守。誾子靜，字季恭，再為會稽
內史，累遷尚書左僕射，加後將軍。弟祇。[2]

按：《晉書》、《闕里文獻考》、《乾隆曲阜縣志》皆以孔祇為
孔愉之弟、先聖二十五代孫，而《闕里志》和《孔子世家譜》則以孔
祇為孔愉之子、先聖二十六代孫。根據《闕里志》的記載，孔愉為孔
恬長子，則孔恬至少有二子。如此說來，依據《晉書》等所記，孔祇
應是孔恬之次子。《闕里志》和《孔子世家譜》當誤。

由此，東晉時期潛長孫恬的代系應作：二十四（六）代孔恬→
二十五（七）代孔愉、孔祇→二十六（八）代孔誾、孔汪、孔安國→
二十七（九）代孔晉、孔靖。

（2）潛仲孫沖一支

《闕里志・聞達子孫》載：

二十四代沖，竺次子，吳尚書；二十五代侃，沖子，大司農，自
竺以來有名江左；二十六代坦，字君平，侃子，少方直有雅望，善《左
氏春秋》，晉侍中，封晉安，另加散騎常侍，遷尚書，贈光祿勳，諡曰

1 《乾隆曲阜縣志》卷八十三，《中國地方志集成・山東府縣專輯》本，第488頁。
2 《晉書》卷七十八，北京：中華書局，1974年，第2053～2053頁。

簡，有集五卷。[1]

又《闕里文獻考》載：

潛生竺，竺生沖，沖生侃，二十六代孔坦。曾祖竺，見從父愉傳。祖沖，父侃。[2]

又《晉書·孔坦傳》載：

坦，字君平，祖沖，丹陽太守，父侃，大司農。[3]

由此可知，東晉時期本支系的孔子後裔人物主要有：二十四（六）代孔沖→二十五（七）代孔侃→二十六（八）代孔坦。

（3）潛少孫奕一支

奕長子一支，《闕里志·聞達子孫》載：

二十五代倫，奕長子，晉黃門侍郎，注《儀禮》。二十六代嚴，字彭祖，倫子。[4]

《闕里文獻考》卷八十四亦載：

嚴，祖奕，父倫。

---

1 《闕里志》卷九，《孔子文化大全》本，濟南：山東友誼出版社，1989年影印，第388～390頁。
2 《闕里文獻考》卷八十四，《孔子文化大全》本，濟南：山東友誼出版社，1989年影印，1743頁。
3 《晉書》卷七十八，北京：中華書局，1974年，第2054頁。
4 《闕里志》卷九，《孔子文化大全》本，濟南：山東友誼出版社，1989年影印，第389～390頁。

《晉書・孔嚴傳》亦載：

嚴，字彭祖，祖父奕，全椒令，明察過人……父倫，黃門郎。三子：道民，宣城內史；靜民，散騎侍郎；福民，太子洗馬，皆為孫恩所害。[1]

可知東晉時期本支系的孔子後裔主要有：二十四（六）代孔奕→二十五（七）代孔倫→二十六（八）代孔嚴→二十七（九）代孔道民、孔福民、孔靜民。

奕少子一支，《闕里志・聞達子孫》載：

二十五代群，奕少子。沈字德度，群子。
二十七代廞，沈子，吳興太守、廷尉、光祿大夫。[2]

《晉書・孔群傳》載：

群，字敬林，嚴叔父也，有智局，尚不羈。[3]

又《南史》卷二十七載：

孔琳之，字彥琳，曾祖群，晉御史中丞，祖沈，丞相掾，父廞，光祿大夫。[4]

1 《晉書》卷七十八，北京：中華書局，1974年，第2059、2061頁。
2 《闕里志》卷九，《孔子文化大全》本，濟南：山東友誼出版社，1989年影印，第388～392頁。
3 《晉書》卷七十八，北京：中華書局，1974年，第2061頁。
4 《南史》卷二十七，北京：中華書局，1975年，第731頁。

第六章 魏晉時期的孔氏家學

《闕里文獻考》載：

沉，字德度，亦先聖二十六代孫，晉中丞群之子也。[1]

沉即沈。以上數載沒有矛盾，惟《孔子世家譜》載：「孔群，子一某；某，子二：沉、道隆。沉，子一廞。」[2] 誤以沉與道隆為兄弟，而又缺「某」一代。

綜上所考，東晉時期本支系孔子後裔主要人物有：二十五（七）代孔群→二十六（八）代孔沈、孔嚴→二十七（九）代孔廞、孔道隆→二十八（三十）代孔琳之。

（四）魏晉時期孔子後裔世系表

總結上節所考，魏晉時期孔子後裔世系可以表示如下。為了明白所自，特從第二十一代排起：

第二十一代	僖		宙		彪			曜			
第二十二代	季彥 長彥		遵 褒			乂			贊		
第二十三代	某 ？ 芝 潁 蕃 怐				鬱		毓		羨		
第二十四代	猛	？ ？ ？ ？ 潛				揚		衍		震	
第二十五代	？			竺		節		啟		嶷	
第二十六代	奕		沖	恬		旻		俠		撫	
第二十七代	群	倫	侃	祇		愉	紀		粲	懿	
第二十八代	沈	嚴	坦	？	安國	汪	誾	源	隱之	黙之 淳之	鮮
第二十九代	道隆 廞	靜民 福民 道民	？		？	侯 靖 晉 基			熙先	尚	？

---

1 《闕里文獻考》卷九十六，《孔子文化大全》本，濟南：山東友誼出版社，1989年影印，1852頁。

2 《孔子世家譜》卷一，《孔子文化大全》本，濟南：山東友誼出版社，1990年影印，第77頁。

二、魏晉時期孔子後裔的家學傳承與學術貢獻

魏晉時期家族制度的盛行，以及伴之而起的門第觀念之強化，構造了魏晉時期家庭教育昌盛的社會基礎和內在動因。從學門、儒族培養起來的世家大族，在日益發展的封建經濟基礎之上，通過名教之治以取得政治地位。曹氏政權推行的「九品中正制」，一方面為世家大族所操縱，反過來又促進了世家大族的興盛。同時，官學的興衰不定和儒學的衰微，使得人們形成了一種新的社會價值觀念，即以才藝取聲揚名，「垂史不朽」，並成了他們實現個體價值的標準之一。在玄思、談辯、吟詩、作文、揮弦、書法等活動中展示自我才能與風采，也為家族教育的發展奠定了雄厚的思想基礎。加之九品中正制和徵察選官制度對品學的要求，促進了世家大族對於家庭教育的重視。在這些特定的歷史條件下，魏晉南北朝家庭教育得以興盛，「雖百世小人，知讀《論語》、《孝經》者尚為人師；雖千載冠冕，不曉書記者莫不耕田養馬……若能常保數百卷書，千載終不為小人也[1]」。顯然，有才學，擁有文化優勢，才可以通過九品中正制與徵察之途入仕，才能保持和提高家族的地位。

魏晉時期的孔子後裔，基本上分為兩支：曲阜孔氏和南方孔氏。曲阜孔氏，是自先秦綿延而來的文化世族。漢末社會動盪，經學衰微，傳統儒學受到較大衝擊，但孔子在一般士人心目中仍然享有崇高的地位。自魏以降，統治者仍然以尊孔奉儒維繫其思想統治。所以魏晉時期的曲阜孔氏，其社會地位並未受到太大影響。南方孔氏，又分為由曲阜避地江東的孔衍及其後裔一支，和由梁遷居會稽的孔潛及其後裔一支。會稽孔氏是六朝時期頗為興盛的世家大族，具有較高的社

1　顏之推《顏氏家訓》，北京：中華書局，1993年，第148頁。

第六章　魏晉時期的孔氏家學

會文化和政治地位。六朝時期，在學術文化領域，會稽孔氏經、律兼修，尤重儒學，保持了漢代舊族的傳統學風，表現出了較為保守的特點。但在玄學之風占有優勢地位的歷史背景下，會稽孔氏學風也發生了變化，其人物之言行顯示出了玄學的特徵。

以下仍以時代為線索，分別考述此一時期孔家學者的家學傳承及其學術貢獻。

（一）曹魏時期

曹魏時期的孔家學人，材料所見，主要有以下數人：

1. 孔乂

孔乂，字元儁，孔彪之子，孔子二十一代孫。其生平事蹟，《三國志·魏書·三少帝紀》載：

（正始八年）冬十二月，散騎常侍、諫議大夫孔乂奏曰：「禮，天子之宮，有斲礱之制，無朱丹之飾，宜循禮復古。今天下已平，君臣之分明，陛下但當不懈於位，平公正之心，審賞罰以使之，可絕後園習騎乘馬，出必御輦乘車，天下之福，臣子之願也。」晏、乂咸因闕以進規諫。[1]

知孔乂正始間為散騎常侍、諫議大夫。這裡雖未明確提及孔乂曾習何經撰何著作，但從其強調禮，強調君臣之別，可以看出其知禮通儒。所以，孔乂至少當習《禮》學及孔子之學。

又《三國志·魏書·倉慈傳》載：

自太祖迄於咸熙，魏郡太守陳國吳瓘、清河太守樂安任燠、京兆太守濟北顏斐、弘農太守太原令狐邵、濟南相魯國孔乂，或哀矜折

---

1 《三國志》卷四，北京：中華書局，1982年，第123頁。

獄，或推誠惠愛，或治身清白，或摘奸發伏，咸為良二千石。[1]

任相國二千石之職，本身需要有較高文化修養，曉明經典。而所謂「哀矜折獄」，明與《尚書》有關；「推誠惠愛」、「治身清白」，明與孔子遺教有關。所以孔乂至少又當知《尚書》、《論語》及其他儒學經典。前知其父孔彪傳家學，治《論語》、《尚書》，看來孔乂確傳家學。

2. 孔羨

孔羨，字子餘，孔贊之子，孔子二十二代孫。

《三國志‧魏書》載：

二年春正月其以議郎孔羨為宗聖侯，邑百戶，奉孔子祀。令魯郡修起舊廟，置百戶吏卒以守衛之，又於其外廣為室屋以居學者。[2]

可知孔羨仕魏為議郎。議郎為光祿勳所屬部官之一，「掌顧問應對，無常事，唯詔令所使」[3]。孔羨既為議郎掌顧問應對，則其必通經典。而為宗聖侯奉孔子祀，亦必知禮。

3. 孔猛

孔猛，季彥之孫，孔僖曾孫。王肅《孔子家語序》云：「孔子二十二（四）世孫有孔猛者，家有其先人之書。昔相從學，頃還家，方取以來。」[4]孔猛家何以有其先人之書？中篇已知，孔僖「自安國以下世傳《古文尚書》、《毛詩》」，「僖與崔篆孫駰複相友善，同遊太學，習《春秋》」，並「拜郎中，從還京師，校

1 《三國志》卷十六，北京：中華書局，1992 年，第 513 頁。
2 《三國志》卷二，北京：中華書局，1982 年，第 78 頁。
3 臧雲浦《歷代官制、兵制、科舉制表釋》，南京：江蘇古籍出版社，1987 年，第 222 頁。
4 《孔子家語》卷一《四庫全書》第 695 冊，上海：上海古籍出版社，1987 年影印本，第 3 頁。

書東觀」[1]，為一代古文經學大師。其子「長彥頗好章句學，而季彥守其家業，兼修《史》、《漢》，不好諸家之書[2]」。所謂「守其家業」，即承傳其家學。季彥既「守其家業」，其子不可能突然失守。前知孔喬「學《古文尚書》、《春秋左氏傳》」，看來確是傳自家學。所以，孔猛家有其先人之書，完全可能。王肅〈家語後序〉之言必非虛妄。孔猛雖從王肅學，其於家學亦必不能無傳。眾所周知，自東漢末諸議盛行，世家大族突現，曹魏以九品中正制取士，士族地位得到進一步鞏固，學術更轉入以家族為中心之父子相傳。所以，孔猛必同時又傳家學。陳寅恪曾指出：「東漢以後的學術文化，其重心不在政治中心之首都，而分散於各地之名都，足以地方大族盛門乃為學術文化之所寄託，漢族之學術文化變為地方化及家門化矣，故論學術，只有家學之言，而學術文化與大族盛門常不可分離也。」[3]孔猛師從魏晉經學大師王肅，又傳其家學，在學術傳承上呈現家學與師承相結合的鮮明特色。

（二）西晉時期

西晉時期的的孔氏家學，材料所見，主要體現在孔羨子孫及孔羨之子孔震身上。

1. 孔毓

孔毓，孔羨長子，孔子二十二代孫。《晉書·孔衍傳》載：

孔衍，父毓，徵南軍司。衍少好學，年十二能通《詩》、《書》。[4]

1　《後漢書》卷七十九上，北京：中華書局，1965年，第2560、2562頁。

2　《乾隆曲阜縣志》卷七十六，《中國地方志集成·山東府縣專輯》本，第453頁。

3　萬繩楠《陳寅恪魏晉南北朝史講演錄》，合肥：黃山書社，1987年，第98頁。

4　《晉書》卷九十一，北京：中華書局，1974年，第2359頁。

衍十二能通《詩》、《書》，無疑與其家學有關。所以孔毓必知《詩》、《書》。又《闕里文獻考》載：

先聖二十二代孫晉廣陵太守衍有《左氏訓注》十三卷，《公羊集解》十四卷，《穀梁訓注》十四卷（《唐志》作十三卷）。[1]

《隋志考證》曰：「按此云《左氏訓注》十三卷，本《志》及《釋文》、《唐志》皆不載，或其家傳中有之。」[2]若如此，則《左氏訓注》十三卷應與孔衍之父孔毓有關，或者孔毓可能傳承過此書。可見其有家學，而且主要傳承《詩》、《書》和《春秋》傳。

關於孔毓的事蹟，除《晉書》載其為徵南軍司外，《晉書·傅咸傳》亦載：

咸在位多所執正，豫州大中正夏侯駿上言：魯國小中正、司空、司馬孔毓四移病所，不能接賓，求以尚書郎曹馥代毓。[3]

可見孔毓還曾任魯國小中正、司空和司馬等職。

2. 孔郁

孔郁，孔乂中子，孔子二十二代孫。

《孔子世家譜》載孔郁為冀州刺史。州刺史「官階低於郡守，掌巡察，於每年秋天分巡州內各地，以六條規定察問郡國[4]」。其他史書和家譜也僅言其為冀州刺史，無學術方面的記載。顯然，孔郁亦必通

1 孔繼汾《闕里文獻考》卷三十一，《孔子文化大全》本，濟南：山東友誼出版社，1989 年影印，第 670 頁。
2 姚振宗《隋志考證》，《續修四庫全書》第 915 冊，第 110 頁。
3 《晉書》卷四十七，北京：中華書局，1974 年，第 1324 頁。
4 臧雲浦《歷代官制、兵制、科舉制表釋》，第 240 頁。

經之士，否則不可能官刺史。所以，有可能其亦傳家學，習《禮》及《尚書》、《論語》等。

3. 孔揚

孔揚，孔郁長子，孔子二十三代孫。

《孔子世家譜》載孔揚為下博亭侯。「侯，爵名，古代五等爵之一，位在三公之下、伯之上。東漢時列侯功大者食縣，稱縣侯，功小者食鄉和亭，稱為鄉侯，晉以後複用五等爵。[1]」孔揚既封侯爵，必非白丁。所以，亦當承家學。

4. 孔潛

孔潛，孔郁次子，孔子二十三代孫。

《晉書·孔愉傳》載孔潛為太子少傅。《孔子世家譜》亦載：

潛字景微，太子少傅，漢末避地會稽，為吳侍中。[2]

可知孔潛曾仕官漢太子少傅和吳侍中兩官職。為太子少傅，必知學問。而侍中於時亦地位顯要，為實際宰相。孔潛能任太子少傅和侍中之職，說明其必有經學造詣。後文知其孫孔沖博通《詩》、《書》、《禮》、《易》、《孝經》、《論語》，則這些經典或微潛當年隨父祖南遷之時所攜去。

5. 孔竺

孔竺，字元慎，孔潛之子，孔子二十四代孫。

《晉書·孔愉傳》載：

1　臧雲浦《歷代官制、兵制、科舉制表釋》，第258頁。
2　《孔子世家譜》卷一，《孔子文化大全》本，濟南：山東友誼出版社，1990年影印，第77頁。

孔愉……祖竺，吳豫章太守。[1]

前文已知，竺父孔潛曾任太子少傅和侍中之職，有經學造詣。孔竺既任太守，亦必通經。可見其有家學。

6. 孔恂

孔恂，孔乂少子，孔子二十二代孫。

孔恂事蹟，史籍多見。《晉書‧王濟傳》載：

濟字武子……起為驍騎將軍，累遷侍中，與侍中孔恂、王恂、楊濟同列，為一時秀彥。[2]

《晉書‧應貞傳》載：

初置太子中庶子官，貞與護軍長史孔恂俱為之。[3]

可知其曾仕官侍中、太子中庶子、護軍長史等職，而且為「一時秀彥」。既如此，必為通經之士。《晉書‧劉元海傳》記載：

晉武帝欲任異族人劉元海東南之事，孔恂進諫晉武帝曰：「臣觀元海之才，當今懼無其比，陛下若輕其眾，不足以成事；若假之威權，平吳之後，恐其不復北渡也。非我族類，其心必異。任之以本部，臣竊為陛下寒心。」[4]

---

1 《晉書》卷七十八，北京：中華書局，1974年，第2051頁。
2 《晉書》卷四十一，北京：中華書局，1974年，第1205頁。
3 《晉書》卷九十一，北京：中華書局，1974年，第2371頁。
4 《晉書》卷一〇一，北京：中華書局，1974年，第2646頁。

「非我族類，其心必異」，即《左傳》中語。說明其必通《左傳》。上知孔毓、孔衍父子傳《左氏訓注》，作為孔毓之弟的孔恂亦通《左傳》，說明其父孔乂有可能也治左氏，可見是為家學。

以上可見，孔乂一支繼祖上傳統，世有家學。

7. 孔震

孔震，字伯起，孔羡之子，孔子二十三代孫。

《晉書・晉孝武帝紀》載：

（泰始三年）十二月，徙宗聖侯孔震為奉聖亭侯。[1]

《晉書・禮志上》載：

及武帝泰始三年十一月，改封宗聖侯孔震為奉聖亭侯。[2]

《孔氏祖庭廣記》亦載：

二十二（四）代震，晉武帝太始三年改封奉聖亭侯，拜太常卿黃門侍郎，食邑二千戶，年七十五。[3]

可知孔震是奉聖亭侯稱號的第一位孔子後裔。承受如此封號，必對聖人之學有所繼承。而太常卿一職「官第三品，掌禮儀祭祀、選試博士，有博士四人，協助校尉一人，又統太學諸博士、祭酒及太

1　《晉書》卷三，北京：中華書局，1974年，第56頁。

2　《晉書》卷十九，北京：中華書局，1974年，第599頁。

3　《孔氏祖庭廣記》卷一，《孔子文化大全》本，濟南：山東友誼出版社，1989年影印，第66頁。

史、太廟、太祝鼓吹、陵等令[1]」。可見並非一般文職，所以必有超人之學。

（三）東晉時期

東晉時期孔子後裔，除曲阜一支之外，尚有西晉末年避居江東的孔衍一支和所謂「漢末」已移居會稽山陰的孔潛一支，這裡分別考述。

1. 曲阜孔氏

（1）孔嶷 字成功，孔震之子，孔子二十四代孫。

《晉書・禮志上》載：

明帝太寧三年（325年）詔給奉聖亭侯孔亭四時祠孔子祭直，如泰始故事。[2]

《孔氏祖庭廣記》載：

（嶷）晉襲封奉聖亭侯，食邑二千戶。[3]

關於孔嶷的其他事蹟，史籍別無記載。不過如上所云，既襲封奉聖亭侯，必對聖人之學有所傳承。

（2）孔撫（靖） 孔嶷之子，孔子二十五代孫。《晉書・孝武帝紀》載：

---

1 臧雲浦《歷代官制、兵制、科舉制表釋》，南京：江蘇古籍出版社，1987年，第206頁。
2 《晉書》卷十九，北京：中華書局，1974年，第599頁。
3 《孔氏祖庭廣記》卷一，《孔子文化大全》本，濟南：山東友誼出版社，1989年影印，第66頁。

（太元十一年）秋八月庚午，封孔靖之為奉聖亭侯，奉宣尼祀。[1]

《孔氏祖庭廣記》載：

二十四代撫，晉舉孝廉，辟太尉掾，襲封奉聖侯，為豫章太守，食實封一千戶，生懿。[2]

舉孝廉，又奉夫子祀，且官太守，必有所學。

（3）孔懿 孔撫之子，孔子二十六代孫。《孔氏祖庭廣記》載：

二十五（七）代懿，東晉襲封奉聖侯，又徙事中郎，食邑一千戶，年六十一。[3]

既封侯又官中郎，亦必不為白丁。

綜觀東晉時期魯國曲阜孔氏一支，世代襲封宗聖侯或奉聖亭侯，負責朝廷祭祀孔子的活動。由於孔子具有崇高地位，所以朝廷對生活在魯國曲阜的孔子後裔禮愛有加，授予封爵。也可能正是由於這個原因，曲阜孔子後裔在政治舞臺上很少有所作為，其間除孔撫可能曾一度任豫章太守外，基本上只是作為一個具有舊族傳統的文化世家而存在。這一時期的曲阜孔氏很少見載於史書，而只見載於家譜，政治上無顯達之輩，學術上亦無著作傳世，但是，他們世有家學則是可以肯定的。因為否則的話，無以承奉夫子之祀。

---

1 《晉書》卷九，北京：中華書局，1974年，第235頁。
2 《孔氏祖庭廣記》卷一，《孔子文化大全》本，濟南：山東友誼出版社，1989年影印，第66頁。
3 《孔氏祖庭廣記》卷一，《孔子文化大全》本，濟南：山東友誼出版社，1989年影印，第66頁。

2. 孔衍及其後裔

（1）孔衍 字舒元，孔子二十三代孫。

孔衍本魯國曲阜人，西晉末年遷居南方。其後子孫遂世代居於南方，成為東晉時期的一個世家大族。有關孔衍的生平，正史和家譜都有記載。《晉書》本傳曰：

孔衍，字舒元，魯國人，孔子二十二（三）世孫也。衍少好學，年十二能通《詩》、《書》。弱冠，公府辟，本州舉異行直言，皆不就。避地江東，元帝引為安東參軍，專掌記室。書令殷積，而衍每以稱職見知。中興初，與庾亮俱補中書郎。明帝之在東宮，領太子中庶子。於時庶事草創，衍經學深博，又練識舊典，朝儀軌制多取正焉。由是元、明二帝並親愛之。王敦專權，衍私於太子曰：「殿下宜博延朝彥，搜揚才俊，詢謀時政，以廣聖聰。」敦聞而惡之，乃啟出衍為廣陵郡。時人為之寒心，而衍不形於色。雖郡鄰接西賊，猶教誘後進，不以戎務廢業。石勒常騎至山陽，敕其党以衍儒雅之士，不得妄入郡境。視職期月，乙太興三年卒於官，年五十三。衍雖不以文才著稱，而博覽過於賀循，凡所撰述，百餘萬言。[1]

可見其一生不僅仕官安東參軍、中書郎、太子中庶子和廣陵太守等職，而且經學深博，學術上多有貢獻。除通《詩》、《書》外，其生平著述見於記載者有：

1）《凶禮》一卷（佚）

《隋書・經籍志》著錄：「《凶禮》一卷，晉廣陵相孔衍撰。」[2]

《闕里文獻考》載：「先聖二十二代孫晉廣陵太守衍有《凶禮》一

1 《晉書》卷九十一，北京：中華書局，1974年，第2359頁。
2 《隋書》卷二十二，北京：中華書局，1973年，第921頁。

卷，今亡不可見，疑非古經也。」[1]

馬國翰《玉函山房輯佚書》有《凶禮》輯本一卷，序曰：「《隋志》載其撰《凶禮》一卷，《唐志》不著錄，佚已久。杜佑《通典》引《宗廟藏主室議》、《乖離論》、《禁招魂葬論》凡三篇，皆言喪葬事，《凶禮》之遺文也，據而錄之。」[2]

2)《琴操》三卷（佚）

《隋書・經籍志》著錄：「《琴操》三卷，晉廣陵相孔衍撰。」[3]

《舊唐志》、《乾隆曲阜縣志》、《闕里文獻考》俱作孔衍撰《琴操引》三卷。《新唐書》著此書二卷。

《隋志考證》曰：「此書宋世猶存，今未見傳本，惟《初學記》載有詩歌五曲、十二操、九引，與陳氏《周詩》五篇、《操引》二十一篇篇數悉合。」[4]

3)《左氏訓注》十三卷（佚）

《闕里文獻考》云：「先聖二十二代孫晉廣陵太守衍有《左氏訓注》十三卷。」[5]《新唐志》有「孔衍《訓注》十三卷」，無「左氏」二字，疑即此書。

4)《春秋公羊傳集解》十四卷（佚）

此書多見著錄，略有異同：

《隋書・經籍志》：「《春秋公羊傳》十四卷，孔衍集解。」[6]

《舊唐志》：「《春秋公羊經傳集解》十四卷，孔氏注。」[7]

---

1 《闕里文獻考》卷三十一，《孔子文化大全》本，濟南：山東友誼出版社，1989年影印，第671頁。

2 《玉函山房輯佚書》，上海：上海古籍出版社，1990年，第881頁。

3 《隋書》卷三十二，北京：中華書局，1973年，第926頁。

4 《隋志考證》卷五，《續修四庫全書》第915冊，上海：上海古籍出版社，2002年，第86頁。

5 《闕里文獻考》卷三十一，《孔子文化大全》本，濟南：山東友誼出版社，1989年影印，第670頁。

6 《隋書》卷三十二，北京：中華書局，1973年，第930頁。

7 《舊唐書》卷四十六，北京：中華書局，1975年，第1978頁。

《新唐志》：「孔氏《公羊集解》十四卷。」[1]

《山東通志》：「晉孔衍撰《春秋公羊傳集解》十四卷。」[2]

《兗州府志》：「《春秋公羊集解》十四卷，晉庶子魯國孔衍傳注。」[3]

《闕里文獻考》：「二十二代孫晉廣陵太守衍有《公羊集解》十四卷。」[4]

《全晉文》載：「孔衍有《公羊集解》十四卷。」[5]

5）《春秋穀梁傳訓注》十四卷（佚）

《隋書·經籍志》著錄：「孔衍撰《春秋穀梁傳》十四卷。」

《舊唐志》和《新唐志》俱作「《春秋穀梁傳訓注》十三卷」；秦榮光《補晉志》作「《集解》十四卷」；丁國鈞《補晉志》、黃逢元《補晉志》作「《傳注》十四卷」。

《山東通志》和文廷式《補晉志》均載：「晉孔衍撰《春秋穀梁傳訓注》十四卷，已亡佚。」[6]

《乾隆曲阜縣志》、《闕里文獻考》作「《穀梁訓注》十四卷」。

6）《漢春秋》十卷（佚）

《舊唐志》、《新唐志》、《通志·藝文略》、《兗州府志》、《乾隆曲阜縣志》、《闕里文獻考》俱著錄：孔衍撰《漢春秋》十卷，已亡佚。

1　《新唐書》卷五十七，北京：中華書局，1975年，第1439頁。
2　《山東通志》卷一二九，上海：上海古籍出版社，1991年，第3525頁。
3　〔明〕於慎行《兗州府志》卷三十八第4頁，濟南：齊魯書社，1985年。
4　《闕里文獻考》卷三十一，《孔子文化大全》本，濟南：山東友誼出版社，1989年影印，第670頁。
5　《全上古三代秦漢六朝文》卷一二四，第2042頁。
6　《山東通志》卷一二九，上海：上海古籍出版社，1991年，第3525頁；文廷式《補晉書藝文志》，《二十五史補編》本，北京：中華書局，1985年，第3711頁。

7）《後漢春秋》六卷（佚）

《舊唐志》、《新唐志》、《通志・藝文略》及《兗州府志》、《乾隆曲阜縣志》、《闕里文獻考》俱著錄：孔衍撰《後漢春秋》六卷，已亡佚。

8）《漢魏春秋》九卷（佚）

《全晉文》云：孔衍有《漢魏春秋》九卷。

《山東通志》、《乾隆曲阜縣志》、《闕里文獻考》亦俱著錄：晉孔衍撰《漢魏春秋》九卷，已亡佚。

9）《後魏春秋》九卷（佚）

《舊唐志》和《新唐志》均著錄：孔衍撰《後魏春秋》九卷。

10）《漢尚書》十卷（佚）和《後漢尚書》六卷（佚）

此二書《唐志》、《通志・藝文略》、《山東通志》、《兗州府志》、《乾隆曲阜縣志》、《闕里文獻考》等俱載之。

劉知幾《史通・六家》曰：「自宗周既殞，《書》體遂廢，迄乎漢魏，無能繼者。至晉，廣陵相魯國孔衍以為國史所以表言行、昭法式，至於人理常事，不足備列。乃刪漢魏諸史，取其美詞典言，足為龜鏡者，定以篇第，纂成一家。由是有《漢尚書》、《後漢尚書》、《漢魏尚書》，凡為二十六卷。」[1]

11）《魏尚書》十卷（佚）

《新唐志》著錄：孔衍《後魏尚書》十四卷。

《乾隆曲阜縣志》、《闕里文獻考》亦作「《魏尚書》十四卷」。

《隋志考證》曰：「按《隋志》注云，《魏尚書》梁十卷，合兩《漢》十六卷……《新唐志》十四卷，『四』字誤增。」[2] 認為《魏

---

1 張振珮《史通箋注》卷一，貴陽：貴州人民出版社，1985年，第5頁。
2 《隋志考證》卷十三，《續修四庫全書》第915冊，上海：上海古籍出版社，2002年，第240頁。

尚書》應為十卷，而非十四卷。

《通志·藝文略》載：「《魏尚書》八卷，孔衍撰。」《山東通志·藝文志》同。

12）《春秋時國語》十卷（佚）

《新唐志》、《通志·藝文略》、《山東通志》、《乾隆曲阜縣志》、《闕里文獻考》等均著錄此書。《舊唐志》作《春秋國語》。

劉知幾《史通·六家》載：「至孔衍，又以《戰國策》所書，未為盡善，乃引太史公所記，參其異同，刪彼二家，聚為一錄，號為《春秋後語》。……始衍撰《春秋時國語》，復撰《春秋後語》，勒成二書，各為十卷。」[1]

13）《春秋後語》十卷（殘）

《舊唐志》、《新唐志》、《山東通志》、《乾隆曲阜縣志》、《闕里文獻考》均有著錄。

14）《國志曆》五卷（佚）

《舊唐志·雜史類》著錄：《國志曆》五卷，孔衍撰。

《山東通志》、《乾隆曲阜縣志》、《闕里文獻考》、《通志·藝文略》亦載之。

15）《長曆》十四卷（佚）

《舊唐志》著錄：《長曆》十四卷。

《新唐志》著錄：孔衍《長曆》十四卷。

16）《千年曆》二卷（佚）

《舊唐志》著錄：《千年曆》二卷

《新唐志》著錄：孔衍《千年曆》二卷。

17）《兵林》六卷（佚）

《隋書·經籍志》、二《唐志》、《通志·藝文略》、《山東通

1　張振珮《史通箋注》卷一，貴陽：貴州人民出版社，1985年，第17～18頁。

志》皆著錄。

《乾隆曲阜縣志》載：晉孔衍《兵林》三卷。

《闕里文獻考》云：「兵者，所以禁暴止邪也。寓之以農，行之以義，用以克敵致果而安百姓即仁者，亦有所不廢焉。二十二代孫衍有《兵林》六卷，《乾隆曲阜縣志》此書作三卷，似為寫時之誤。」[1]

18)《在窮記》一卷（存）

文廷式《補晉志・子部》著錄：「孔衍《在窮記》，《太平御覽》四百八十六、八百十七、八百五十、九百二十四引之。」[2]

《全晉文》卷一百二十四輯錄有〈在窮記〉一文。

19)《說林》五卷（佚）

二《唐志》、《國史經籍志》、《山東通志》、《闕里文獻考》、《通志・藝文略》均著錄此書。

《隋志・子部》注：「梁有《孔氏說林》二卷，孔衍撰，亡。」[3]

20)《孔衍集》一卷（存）

《中國歷代詩文別集聯合書目》著錄有「孔衍《孔衍集》一卷」。

從上可知，孔衍一生著述頗豐，本傳所謂「博覽過於賀循，凡所撰述，百餘萬言」，洵非虛言。可見他是東晉時期孔氏後人中成績卓著的學者。可能正由於此，所以其後裔才逐漸發展成為江東地區的一個世家大族。孔衍所治之經，從其撰著可知，主要為《春秋》三傳。而通《詩》、《書》、《禮》，無疑又與其家學傳統有關。

(2) 孔啟 孔衍之子，孔子二十四代孫。

史書和家譜中關於孔啟的具體事蹟的記載很少，惟《晉書・孔衍

---

1 《闕里文獻考》卷三十，《孔子文化大全》本，濟南：山東友誼出版社，1989年影印，第681頁。

2 文廷式《補晉書藝文志》，《二十五史補編》本，北京：中華書局，1985年，第3772頁。

3 《隋書》卷三十四，北京：中華書局，1973年，第1006頁。

傳》載：「衍……子啟，盧陵太守。」[1] 孔啟既官太守，必為通經之士。魏晉時期家學為世族文化教育的主體形式，孔啟之經學必與其父孔衍有關，所以亦可能習《詩》、《書》而傳《春秋》三傳。

（3）孔俊 孔啟之子，孔子二十五代孫。

《宋書・孔淳之傳》載：

孔淳之字彥深，魯郡魯人也。祖愗（俊），尚書祠部郎。[2]

知孔俊曾官尚書祠部郎。既為此官，亦必通經。以下知其子孔粲承孔衍以來之家學，則孔俊亦自當有所承傳。所以，孔俊有家學當無疑。

（4）孔粲 孔俊之子，孔子二十六代孫。

關於孔粲的事蹟，《晉書・禮中》載：

寧康二年七月，簡文帝崩再周而遇閏，博士謝攸、孔粲議：「魯襄二十八年十二月乙未，楚子卒，實閏月而言十二月者，附正於前月也。喪事先遠，則應用博士吳商之言，以閏月祥。」[3]

此處提到孔粲曾為「博士」。據《晉書・職官志》，晉「博士皆取履行清淳，通明典義者，若散騎常侍、中書侍郎、太子中庶子以上，乃得召試[4]」。孔粲既為博士，則其通明典義可知。孔粲所通明之典，據其奏議明有《春秋》，因為魯襄二十八年十二月乙未楚子卒之事，載於《春秋經》及公、穀二傳。可見孔粲確傳曾祖孔衍以來之

1 《晉書》卷九十一，北京：中華書局，1974年，第2359頁。
2 《宋書》卷九十三，北京：中華書局，1974年，第2283頁。
3 《晉書》卷二十，北京：中華書局，1974年，第617頁。
4 《晉書》卷二十四，北京：中華書局，1974年，第736頁。

家學。

又《通典・凶禮》載：

東晉孝武帝寧康二年七月，簡文帝崩，再周而遇閏，博士謝攸、孔粲議：「按《左氏春秋經》，魯襄公二十八年十二月甲寅，天王崩；乙未，楚子卒。」[1]

直稱《左氏春秋經》。可見其又治《左氏春秋》。前知粲祖上自孔衍以下世傳《春秋》三傳，看來孔粲確傳家學。而祖上又傳《詩》、《書》，粲亦自當傳之。

(5) 孔淳之 孔粲長子，孔子二十七代孫。

《宋書・孔淳之傳》載：

孔淳之，字彥深，魯郡魯人也……淳之少有高尚，愛好墳籍，為太原王恭所稱……茅屋蓬戶，庭草蓬逕，唯牀上有數卷書。[2]

牀上唯有數卷書，真可謂「愛好墳籍」。而淳之所好之墳籍，無非其父所傳《左氏春秋》及《詩》、《書》之類。

(6) 孔默之 淳之之弟，孔子二十七代孫。

《宋書・孔淳之傳》載：

弟默之為廣州刺史……默之儒學，注《穀梁春秋》。[3]

《孔子世家譜》亦載：

---

1 《通典》卷一百，北京：中華書局，1982年，第2651頁。
2 《宋書》卷九十三，北京：中華書局，1974年，第2283～2284頁。
3 《宋書》卷九十三，北京：中華書局，1974年，第2284頁。

二十六代默之，好儒學，注《穀梁春秋》。[1]

《孔子故里著述考》亦曰：

《穀梁注》一卷（佚），劉宋・孔默之撰。默之，孔子二十六代孫，居會稽，元嘉初為尚書右丞，兼散騎常侍，轉左丞，出為廣州刺史。[2]

可知孔默之主要治《穀梁春秋》。

淳之、默之兄弟已屬劉宋時人，所傳治之學皆出家學，說明其祖上家學未絕。

3. 會稽山陰孔氏

會稽山陰孔氏即東晉時期居住在會稽山陰的孔潛後裔一支。《晉書・孔愉傳》記載孔愉的曾祖孔潛於東漢末年避地會稽，子孫遂定居在會稽[3]。綜觀魏晉時期會稽郡世家大族的情況，就其人數之眾多，政治上之活躍而言，當以會稽山陰孔氏為最。特別是在東晉時期，孔氏的社會影響日呈上升趨勢，明顯超過了漢晉以來會稽郡虞、賀、魏、謝等家族。有學者統計，東晉時期南人任侍中者共有17人，孔氏有6人；南人任僕射者共有10人，孔氏有3人；另有多人出任吳興、會稽等江東核心地區的郡守、內史[4]。會稽孔氏之所以能夠在南朝長期保持較為興旺的發展勢頭，成為會稽地區的顯赫門第，有諸多方面的社會因素，其中文化因素尤為重要。錢穆曾說：「中古世族所希望於門第

1 《孔子世家譜》卷一，《孔子文化大全》本，濟南：山東友誼出版社，1990年影印，第77頁。
2 周洪才《孔子故里著述考》，濟南：齊魯書社，2004年，第82頁。
3 參見《晉書》卷七十八，北京：中華書局，1974年，第2051頁。
4 參見周一良〈南朝境內之各種人及政府對待之政策〉，《魏晉南北朝史論集》，北京：中華書局，1963年，第55～56頁。

中人，上自賢父兄，下至侄子弟，不外兩大要目：一則希望其能具有孝友之內行，一則希望其能有經籍文史學業之修養。此兩種希望，合併成為當時共同之家教。其前一項之表現，則成為家風；後一項之表現，則成為家學。」[1] 魏晉會稽山陰孔氏，正是這樣一支既有家風、又有家學的世家大族。以下逐代考述本支系孔子後裔的家學傳承與學術貢獻。

（1）孔恬 孔竺長子，孔子二十五代孫。

前文引《闕里志·聞達子孫》已知，孔恬曾任吳侍中，選曹尚書，晉湘東太守。《孔子世家譜》亦云：「二十四（六）代恬，字公默，吳侍中，選曹尚書，晉湘東太守；二十五代（七）愉，字敬康，恬長子；二十六（八）代祇，字承祖，會稽功曹；二十七（九）代晉，閻長子，晉尚書令；靖，字季恭，閻次子；俟，紀（汪）子，江夏太守。」[2]

據《歷代官制、兵制、科舉制表釋》，三國之時的尚書分為五曹，每曹一人，五曹分別為吏部、左民、客曹、五兵、度支，官階第三品[3]。然則孔恬在孫吳時期已位至三品。如此高官，必知經典。前文已知，孔恬之父孔竺曾任太守，通經典，有家學。其祖父孔潛曾任太子少傅和侍中之職，亦有經學造詣。所以，孔恬必是有所繼承。

（2）孔愉 字敬康，孔恬長子，孔子二十六代孫。

關於孔愉的事蹟，《晉書》本傳載：

孔愉字敬康，會稽山陰人也。愉年十三而孤，養祖母以孝聞，與同郡張茂字偉康、丁潭字世康齊名，時人號曰「會稽三康」。……

---

1 錢穆〈略談魏晉南北朝學術文化與當時門第之關係〉，《新亞學報》（香港）1963年第5期。

2 《孔子世家譜》卷一，《孔子文化大全》本，濟南：山東友誼出版社，1990年影印，第78頁。

3 臧雲浦《歷代官制、兵制、科舉製表釋》，南京：江蘇古籍出版社，1987年，第76頁。

永嘉中，元帝始以安東將軍鎮揚土，命愉為參軍。邦族尋求，莫知所在。建興初，始出應召，為丞相掾，仍除駙馬都尉、參丞相軍事，時年已五十矣。以討華軼功，封餘不亭侯……由是不合旨，出為司徒左長史，累遷吳興太守。沈充反，愉棄官還京師，拜御史中丞，遷侍中、太常……尋徙大尚書，遷安南將軍、江州刺史，不行。轉尚書右僕射，領東海王師……愉年在懸車，累乞骸骨，不許。轉護軍將軍，加散騎常侍。複徙領軍將軍，加金紫光祿大夫，領國子祭酒。頃之，出為鎮軍將軍、會稽內史，加散騎常侍……年七十五，咸康八年卒。贈車騎將軍、開府儀同三司，諡曰貞。

三子：誾、汪、安國。誾嗣爵，位至建安太守。誾子靜，字季恭，再為會稽內史，累遷尚書左僕射，加後將軍。[1]

可知孔愉一生歷仕官安東將軍參軍、丞相掾、餘不亭侯、司徒左長史、吳興太守、御史中丞、侍中、太常、大尚書、護軍將軍、鎮軍將軍、會稽內史、加散騎常侍等職。尤其是領國子祭酒，必知學問、通經典。所以，其學術方面亦有建樹。本傳載：

元帝太興元年四月，合朔，中書侍郎孔愉奏曰：「《春秋》，日有蝕之，天子伐鼓於社，攻諸陰也；諸侯伐鼓於朝，臣自攻也。案尚書符，若日有變，便擊鼓於諸門，有違舊典。」[2]

可見其知《春秋》。考伐鼓之事惟見《左傳》，則其所治為《左氏春秋》。又《晉書·荀勖傳》載：

---

1 《晉書》卷七十八，北京：中華書局，1974年，第2051～2053頁。
2 《晉書》卷十九，北京：中華書局，1974年，第594～595頁。

時將繕宮城，尚書符下陳留王，使出城夫。（荀）奕駁曰：「昔虞賓在位，《書》稱其美；《詩》詠《有客》，載在《雅》、《頌》。今陳留王位在三公之上，坐在太子之右，故答表曰『書』，賜物曰『與』。此古今之所崇，體國之高義也。謂宜除夫役。」時尚書張闓、僕射孔愉難奕，以為：「昔宋不城周，《陽秋》所譏。特蠲非體，宜應減夫。」[1]

荀奕言《書》、《詩》、《雅》、《頌》而愉難之以《陽秋》（即《春秋》），說明愉不僅通《春秋》，而且知《書》、《詩》。所以，孔愉當通《春秋》及《書》、《詩》。而城周之事惟見《左傳・定公元年》，則愉所習《春秋》確為《左氏春秋》。

孔愉的著作，二《唐志》及《通志・藝文略》均著錄其所撰《晉建武咸和咸康故事》四卷和《孔愉集》一卷。《闕里文獻考》曰：「古者朝廷之政令，百司奉之。藏於官府，各修其職，守而弗忘。二十五（六）代孫晉餘不亭侯孔愉有《晉建武咸和咸康故事》四卷。」[2]《隋志考證》認為：「本志但題『咸和咸康』，兩《唐志》則並題『建武』，蓋東晉元、明、成三朝之故事，與前之建武已來故事三卷大抵略同，惟此多一卷耳。」[3]

《孔愉集》今有輯本。另嚴可均《全晉文》輯有孔愉〈重表讓稟賜〉、〈奏日蝕伐鼓非舊典〉和〈為舊君服議〉三文。由三文之題名即可知曉，其有《書》、《禮》基礎。

陳夢家先生認為《連叢子》「《敘書》所述是東晉孔愉的

---

1 《晉書》三十九，北京：中華書局，1974年，第1161頁。
2 《闕里文獻考》卷三十一，《孔子文化大全》本，濟南：山東友誼出版社，1989年影印，第676頁。
3 《隋志考證》卷一六《續修四庫全書》第915冊，上海：上海古籍出版社，2002年，第268頁。

事」，是「編者因看到孝武皇帝，以為是西漢的武皇帝；看到安國，以為是前漢的孔安國，因此一切易以西漢的人物」。具體包括易「愉」為「季彥」、「汪」為「臧」、「餘不亭侯」為「蓼侯」、「高祖」為「中宗」等[1]。今以《孔愉傳》與《敘書》之文相對照，陳說明顯不可信。《敘書》言「家之族胤一世相承，以至九世相魏居大梁，始有三子焉。長子之後承殷統為宋公，中子之後奉夫子祀為褒成侯，少子之後彥以將事高祖，有功封蓼侯」，明為九世始有三子，而三子又各有封爵，怎能與孔愉及其三子相當？可見矛盾不可解。

(3) 孔祗 字承祖，孔愉之弟，孔子二十六代孫。

《晉書・孔愉傳》附載：

祗字承祖。太守周劄命為功曹史。劄為沈充所害，故人賓吏莫敢近者。祗冒刃號哭，親行殯禮，送喪還義興，時人義之。[2]

可見其有儒家忠義之行。這無疑與其家族世遵儒教，以及本人知書明理有關。所以，孔祗必知經典，有家學。

(4) 孔誾 孔愉長子，孔子二十七代孫。

《晉書・孔愉傳》載：

誾嗣爵，位至建安太守。[3]

《孔子世家譜》載：

1 陳夢家《尚書通論》，北京：中華書局，2005年，第123頁。
2 《晉書》卷七十八，北京：中華書局，1974年，第2054頁。
3 《晉書》卷七十八，北京：中華書局，1974年，第2053頁。

第六章 魏晉時期的孔氏家學

二十六（八）代閭，字順言，嗣餘不亭侯，歷建安太守，散騎常侍。[1]

知其曾任建安太守和散騎常侍兩官職。散騎常侍，「係漢代之散騎及中常侍二職的合稱，為皇帝近侍之名，地位頗崇，簡稱常侍，職在盡規獻納，糾正違闕……官階第三品[2]」。能做皇帝近侍而盡規獻納，糾正違闕，必須要有相應的知識。所以，孔閭亦必通曉經典，傳承家學。

（5）孔汪 字德澤，孔子二十七代孫，孔愉次子。

關於孔汪的事蹟，《晉書・孔愉傳》附載：

汪，字德澤。好學有志行，孝武帝時位至侍中。時茹千秋以佞媚見幸於會稽王道子，汪屢言之於帝，帝不納。遷尚書太常卿，以不合意，求出，為假節、都督交廣二州諸軍事、征虜將軍、平越中郎將、廣州刺史，甚有政績，為嶺表所稱。太元十七年卒。[3]

可知其好學有志行。學術方面，孔汪先後撰有今已亡佚的《雜藥方》和《孔汪集》二書。其中《雜藥方》一書《山東通志》、《乾隆曲阜縣志》等均有著錄。《闕里文獻考》亦載：「二十六代孫晉都督交廣二州諸軍事、廣州刺史汪，有《雜藥方》二十九卷。」[4]《隋志》注：「梁又有《孔中郎雜藥方》二十九卷。」[5]

《孔汪集》一書，《通志・藝文略》、《國史經籍志》、《乾隆曲

1　《孔子世家譜》卷一，《孔子文化大全》本，濟南：山東友誼出版社，1990年影印，78頁。
2　臧雲浦《歷代官制、兵制、科舉制表釋》，第279頁。
3　《晉書》卷七十八，北京：中華書局，1974年，第2053頁。
4　《闕里文獻考》卷三十一，《孔子文化大全》本，山東友誼出版社，1989年影印，第682頁。
5　《隋書》卷三十四，北京：中華書局，1973年，第1042頁。

阜縣志》、《闕里文獻考》均著錄之。《隋志》注曰：「梁有《太常卿孔汪集》十卷，亡。」[1]《全晉文》云：「孔汪，字德澤，愉子……集十卷。」並輯有其〈四府君郊配議〉和〈答范甯問〉二文[2]。范甯為經學名家，孔汪既答范甯問，亦必通經，可見其傳家學。

（6）孔安國　孔子二十七代孫，孔愉少子。

關於此孔安國的事蹟，《晉書·孔愉傳》附載：

安國，字安國，年小諸兄三十餘歲。群從諸兄並乏才名，以富強自立，唯安國與汪少厲孤貧之操。汪既以直亮稱，安國亦以儒素顯。孝武帝時甚蒙禮遇，仕歷侍中、太常。及帝崩，安國形素羸瘦，服衰絰，涕泗竟日，見者以為真孝。再為會稽內史、領軍將軍。安帝隆安中下詔曰：「領軍將軍孔安國貞慎清正，出內播譽，可以本官領東海王師，必能導達津梁，依仁遊藝。」後歷尚書左右僕射。義熙四年卒，贈左光祿大夫。[3]

《晉書·禮志中》載：

隆安四年，孝武太皇太后李氏崩，疑所服。尚書左僕射何澄、右僕射王雅、尚書車胤、孔安國、祠部郎徐廣議：「太皇太后名位允正，體同皇極，理制備盡，情禮彌申。《陽秋》之義，母以子貴。既稱夫人，禮服從正。故成風顯夫人之號，文公服三年之喪。子於父之所生，體尊義重。且禮，祖不厭孫，固宜遂服無屈，而緣情立制。若嫌明文不存，則疑斯從重，謂應同於為祖母後齊衰期。永安皇后無服，但一舉哀，百官亦一期。」詔可。

1　《隋書》卷三十五，北京：中華書局，1973年，第1068頁。
2　《全上古三代秦漢三國六朝文》卷一二六，北京：中華書局，1999年跋，第2184～2185頁。
3　《晉書》卷七十八，北京：中華書局，1974年，第2954頁。

又載：

太元十三年，召孔安國為侍中。安國表以黃門郎王愉名犯私諱，不得連署，求解。有司議云云。[1]

《晉書・天文志中》載：

（義熙）四年……三月，左僕射孔安國薨（《天文志下》作「卒」）。[2]

《世說新語・德行》亦載：

孔僕射為孝武侍中，豫蒙眷接烈宗山陵。孔時為太常，形素羸瘦，著重服，竟日涕泗流漣，見者以為真孝子。

注引《續晉陽秋》曰：

孔安國字安國，會稽山陰人，車騎愉第六子也。少而孤貧，能善樹節，以儒素見稱。歷侍中、太常、尚書，遷左僕射、特進，卒。[3]

可知其一生仕歷侍中、太常、領軍將軍、尚書、左僕射、特進等職。而其既「以儒素顯」，說明必通經典。具體而言，據議所稱「《陽秋》之義，母以子貴」可知其所治至少包括《春秋公羊傳》。因為《陽秋》即《春秋》，「母以子貴」出《春秋公羊傳》。其他方

---

1 《晉書》卷二十，北京：中華書局，1974 年，第 624～625 頁。
2 《晉書》卷十二，北京：中華書局，1974 年，第 350 頁。
3 《世說新語》卷一，《諸子集成》本，上海：上海書店，1986 年，第 12 頁。

面雖無證可考，但其有家學則無疑。因為所謂「以儒素顯」之經典，必祖上所傳。如此，則亦當習《詩》、《書》和《禮》。此外，此孔安國還撰有存世的《孔安國集》一卷，《全晉文》卷一百二十六輯有其〈殷祠啟〉和〈又啟〉二文。

　　陳夢家先生通過《晉書》、《宋書》等正史史料所記孔愉及其子孔誾、孔汪和孔安國之事與《孔叢子·連叢子》中的《敘書》和〈與侍中從弟書〉兩篇文字的內容比較，認定《敘書》和〈與侍中從弟書〉不偽，謂二篇所記實乃東晉孔愉及其子孔安國之事，只是後人誤把東晉時的孔安國混作西漢時的孔安國。前文已知，陳氏此說不可信。陳先生又推斷「即在東晉晚葉，會稽孔安國侍中推造《古文尚書》二十五篇，又作〈尚書序〉，又為今古文五十八篇及書序作傳注[1]」。

　　今考梅賾（頤）奏上《尚書孔傳》，載籍多云在東晉初元帝（西元317—322年在位）之時。如陸德明《經典釋文續錄》載：「江左中興，元帝時，豫章內史枚賾（頤）奏上孔傳《古文尚書》。」[2]劉知幾《史通·古今正史》載：「晉元帝時，豫章內史梅賾（頤）始以《孔傳》奏上。」[3]後代學者也多推定梅賾（頤）奏上《尚書孔傳》之事在元帝建武元年（西元317年）至太興元年（西元318年）。而據《晉書·孔愉傳》所載，孔安國主要生活在東晉孝武帝（西元373—395年在位）和安帝（西元396—418年在位）之時，遠在梅賾（頤）之後。如此，梅賾（頤）豈能預先奏上之？可見根本不能成立。

　　（7）孔沖　孔竺次子，孔子二十五代孫。

　　《晉書·孔愉傳》載：「坦字君平。祖沖，丹楊太守。」[4]則其曾

1　陳夢家《尚書通論》，北京：中華書局，2005 年，第 133 頁。
2　《經典釋文》卷一，北京：中華書局，1983 年，第 8 頁。
3　《史通》卷十二，第 420 頁。
4　《晉書》卷七十八，北京：中華書局，1974 年，第 2054 頁。

官丹楊太守。又《晉書·許孜傳》載：

許孜字季義，東陽吳寧人也。孝友恭讓，敏而好學。年二十，師事豫章太守會稽孔沖，受《詩》、《書》、《禮》、《易》及《孝經》、《論語》。學竟，還鄉里。沖在郡喪亡，孜聞問盡哀，負擔奔赴。送喪還會稽，蔬食執役，制服三年。[1]

可知孔沖博通《詩》、《書》、《禮》、《易》、《孝經》、《論語》等儒家經典，這無疑與其家學淵源有關。看來其祖上南遷之時，確已攜有經典。

（8）孔侃　孔沖之子，孔子二十六代孫。

《孔子世家譜》載，孔侃曾仕官大司農和義興太守二職。《晉書·孔愉》載「坦，字君平。祖沖，丹楊太守。父侃，大司農。[2]」《晉書·周筵傳》有「筵謂太守孔侃曰[3]」之語，則其任二職之事不虛。學術之事史籍雖無載，但其父孔沖既博通《詩》、《書》、《禮》、《易》、《孝經》、《論語》，在家學為主要學術傳承方式的晉代，孔侃必當有所傳授。

（9）孔坦　字君平，孔侃之子，孔子二十七代孫。

關於孔坦的事蹟，《晉書·孔愉傳》附載：

坦少方直，有雅望，通《左氏傳》，解屬文。元帝為晉王，以坦為世子文學。東宮建，補太子舍人，遷尚書郎。時臺郎初到，普加策試，帝手策問曰：「吳興徐馥為賊，殺郡將，郡今應舉孝廉不？」坦對曰：「四罪不相及，殛鯀而興禹。徐馥為逆，何妨一郡之賢！」

1　《晉書》卷八十八，北京：中華書局，1974年，第2279頁。
2　《晉書》卷七十八，北京：中華書局，1974年，第2054頁。
3　《晉書》卷五十八，北京：中華書局，1974年，第1578頁。

又問：「奸臣賊子弒君，汙宮瀦宅，莫大之惡也。鄉舊廢四科之選，今何所依？」坦曰：「季平子逐魯昭公，豈可以廢仲尼也！」竟不能屈……時典客令萬默領諸胡，胡人相誣，朝廷疑默有所偏助，將加大辟。坦獨不署，由是被譴，遂棄官歸會稽。久之，除領軍司馬，未赴召，會王敦反，與右衛將軍虞潭俱在會稽起義，而討沈充。事平，始就職。揚州刺史王導請為別駕……咸和初，遷尚書左丞。……及峻平，以坦為吳郡太守……遷侍中……加散騎常侍，遷尚書，未拜。[1]

「殛鯀而興禹」，典出《尚書》；「季平子逐魯昭公」，事見《左傳》。可知其至少當傳習《尚書》、《左傳》二經。又《全晉文》卷一百二十六云：「孔坦有集十七卷。」並輯錄其〈初到尚書郎對策〉、〈謝賜酒柑表〉、〈秦議策除秀孝〉、〈與石聰書〉、〈臨終與庾亮書〉等五篇文章。看來本傳所謂少「通《左氏傳》，解屬文」，洵非虛語。本傳又載：

先是，以兵亂之後，務存慰悅，遠方秀孝到，不策試，普皆除署。至是，帝申明舊制，皆令試《經》，有不中科，刺史、太守免官。太興三年，秀孝多不敢行，其有到者，並托疾。帝欲除署孝廉，而秀才如前制。坦奏議曰：「臣聞經邦建國，教學為先，移風崇化，莫尚斯矣。古者且耕且學，三年而通一經，以平康之世，猶假漸漬，積以日月。自喪亂以來，十有餘年，干戈載揚，俎豆禮戢，家廢講誦，國闕庠序，率爾責試，竊以為疑於戈載颺。然宣下已來，涉歷三載，累遇慶會，遂未一試。揚州諸郡，接近京都，懼累及君父，多不敢行。其遠州邊郡，掩誣朝廷，冀於不試，冒昧來赴，既到審試，遂不敢會。臣愚以不會與不行，其為闕也同。若當偏加除署，是為肅法

1 《晉書》卷七十八，北京：中華書局，1974年，第2054～2058頁。

第六章 魏晉時期的孔氏家學

奉憲者失分，僥倖投射者得官，頹風傷教，懼於是始。夫王言如絲，其出如綸，臨事改制，示短天下，人聽有惑，臣竊惜之。愚以王命無貳，憲制宜信。去年察舉，一皆策試。如不能試，可不拘到，遣歸不署。又秀才雖以事策，亦泛問經義，苟所未學，實難暗通，不足複曲碎垂例，違舊造異。謂宜因其不會，徐更革制。可申明前下，崇修學校，普延五年，以展講習，鈞法齊訓，示人軌則。夫信之與法，為政之綱，施之家室，猶弗可貳，況經國之典而可玩黷乎？」帝納焉。[1]

足見其完全秉承其先祖孔子所創導的經邦建國、教學為先的治國思想。這無疑與其家學傳統有關。

（10）孔奕 孔竺之子，孔子二十五代孫。

《晉書·孔嚴傳》載：

> 嚴字彭祖，祖父奕，全椒令，明察過人。……在官有惠化，及卒，市人若喪親慈焉。[2]

在官有惠化，想必與《論語》「為政以德」的思想有關。所以，孔奕至少當習《論語》。看來其祖上南遷之時，確曾攜有《論語》等書。

（11）孔倫 字敬序，孔奕長子，孔子二十六代孫。

《晉書·孔愉傳》附《孔嚴傳》云：「父倫，黃門郎。」[3]《經典釋文·序錄》、《儀禮》門有馬融、王肅、孔倫等，注：「孔倫字敬序，會稽人，東晉廬陵太守，集眾家注。」[4]知其歷仕黃門侍郎與廬

---

1 《晉書》卷七十八，北京：中華書局，1974年，第2055頁。
2 《晉書》卷七十八，北京：中華書局，1974年，第2059頁。
3 《晉書》卷七十八，北京：中華書局，1974年，第2059頁。
4 《經典釋文》卷一，北京：中華書局，1983年，第12頁。

陵太守。黃門侍郎之職掌侍從皇帝、傳達詔命，太守亦必需有一定文化知識。所以，孔倫當傳其家學。在學術上，孔倫曾撰有今已亡佚的《集注喪服經傳》一卷，見著於《隋志‧經籍志》、《山東通志》、《乾隆曲阜縣志》。丁同鈞、文廷式、秦榮光、吳士鑒、黃逢元五家《補晉志》等亦均有之，蓋即《經典釋文‧序錄》所云「集眾家注」者。《闕里文獻考》云：「二十五代孫晉黃門郎倫《集注表服經傳》一卷，今亡不可見。」[1] 陸德明《經典釋文序錄》云（略），《隋書‧經籍志》、《唐書‧藝文志》並著錄一卷，今佚。止杜佑《通典》引四事，《釋文》引一事而已。又《新唐書‧藝文志》及《乾隆曲阜縣志》、秦榮光《補晉志》俱著錄孔倫《儀禮注》一卷，疑即《隋志》之《集注喪服經傳》（馬國翰有輯本）。可見孔倫主要治《儀禮》之學。

（12）孔群 字敬林，孔奕少子，孔子二十六代孫。

孔群事蹟，略見《晉書‧孔愉傳》所附：

群，字敬林，嚴叔父也。有智局，志尚不羈。蘇峻入石頭，時匡術有寵於峻，賓從甚盛。群與從兄愉同行於橫塘，遇之，愉止與語，而群初不視術。術怒，欲刃之。愉下車抱術曰：「吾弟發狂，卿為我宥之。」乃獲免。後峻平，王導保存術，嘗因眾坐，令術勸群酒，以釋橫塘之憾。群答曰：「群非孔子，厄同匡人。雖陽和布氣，鷹化為鳩，至於識者，猶憎其目。」導有愧色。仕歷中丞。性嗜酒，導嘗戒之曰：「卿恒飲，不見酒家覆瓿布，日月久糜爛邪？」答曰：「公不見肉糟淹更堪久邪？」嘗與親友書云：「今年田得七百石秫米，不足了麴蘗事。」其耽湎如此。卒於官。[2]

---

1 《闕里文獻考》卷三十一，《孔子文化大全》本，山東友誼出版社，1989年影印，第671頁。
2 《晉書》卷七十八，北京：中華書局，1974年，第2061頁。

知其為狂放傲物之士。既狂放傲物，必有過人之才學。所以，其必傳家學，知經典。學術方面，《隋志·集部》載：「梁有……《孔群奏》二十二卷。」[1]《闕里文獻考》亦云：「先聖二十五代孫晉御史中丞有《奏議》二十二卷。」[2]《乾隆曲阜縣志》、《兩浙著述考紀言類》等亦均著錄。但二《唐志》、《宋志》等俱無言孔群有此書，則此書亡佚至少在唐宋之前。又《全晉文》卷一百二十六有孔群《與親友書》。《中國歷代詩文集聯合書目》著錄有《孔群集》一書。

（13）孔嚴　字彭祖，孔倫之子，孔子二十七代孫。

關於孔嚴的事蹟，《晉書·孔愉傳》附載：

嚴少仕州郡，歷司徒掾、尚書殿中郎。殷浩臨揚州，請為別駕……時東海王弈求海鹽、錢塘以水牛牽埭稅取錢直，帝初從之，嚴諫乃止。初，帝或施私恩，以錢帛賜左右……太和中，拜吳興太守，加秩中二千石。善於宰牧，甚得人和。餘杭婦人經年荒，賣其子以活夫之兄子。武康有兄弟二人，妻各有孕，弟遠行未反，遇荒歲，不能兩全，棄其子而活弟子。嚴並褒薦之。又甄賞才能之士，論者美焉。五年，以疾去職，卒於家。[3]

可知其官至吳興太守。在學術上，《隋書·經籍志》集部有：「梁又有吳興太守《孔嚴集》十一卷，錄一卷，亡。」《通志·藝文略》、《國史經籍志》亦作十一卷，二《唐志》、《闕里文獻考》題五卷。嚴可均《全晉文》卷一百二十六輯錄其〈諫鴻祀〉和〈與王彪之論蔡謨謚〉二文。知其治學重文史。

1　《隋書》卷三十五，北京：中華書局，1973年，第1088頁。
2　《闕里文獻考》卷三十一，《孔子文化大全》本，濟南：山東友誼出版社，1989年影印，第682頁。
3　《晉書》卷七十八，北京：中華書局，1974年，第2061頁。

（14）孔沈（沉）　字德度，孔群之子，孔子二十七代孫。

關於孔沈（沉）的事蹟，亦略見《晉書・孔愉傳》附載，云：

「沉，字德度，有美名。何充薦沉於王導曰：『文思通敏，宜登宰門。』辟丞相司徒掾、琅邪王文學，並不就。從兄坦以裘遺之，辭不受。坦曰：『晏平仲儉，祀其先人，豚肩不掩豆，猶狐裘數十年，卿複何辭！』於是受而服之。是時沉與魏顗、虞球、虞存、謝奉並為四族之俊。」

既為「族之俊」，則其必有經學、孔學方面的造詣。

（15）孔晉　孔閭長子，孔子二十八代孫。

《孔子世家譜》載：「二十七（九）代晉，尚書令。」[1] 按尚書令為尚書台之長，直接對皇帝負責，總攬政務，相當於宰相。如此高官，必知經典。所以孔晉亦當傳家學。

（16）孔靖　字季恭，孔閭次子，孔子二十八代孫。

關於孔靖的事蹟，《宋書・孔季恭傳》載：

季恭始察郡孝廉，功曹史，著作佐郎，太子舍人，鎮軍司馬，司徒左西掾。未拜，遭母憂。隆安五年，於喪中被起建威將軍、山陰令，不就……宋臺初建，令書以為尚書令，加散騎常侍，又讓不受，乃拜侍中、特進、左光祿大夫。辭事東歸，高祖餞之戲馬臺，百僚咸賦詩以述其美。及受命，加開府儀同三司，辭讓累年，終以不受。永初三年，薨，時年七十六。追贈侍中、左光祿大夫、開府儀同三司。[2]

可知孔靖主要仕劉宋，歷任著作佐郎、太子舍人、鎮軍司馬、司徒左西掾、侍中、特進、左光祿大夫等顯職。學術方面，自當傳

1　《孔子世家譜》卷一，《孔子文化大全》本，濟南：山東友誼出版社，1990年影印，第78頁。
2　《宋書》卷五十四，北京：中華書局，1974年，第1531～1532頁。

其家學。

(17) 孔俟 孔汪之子，孔子二十八代孫。

《孔子世家譜》載：「俟，江夏太守，子一佑。」[1]可知其曾任江夏太守。任太守，必知經典，有家學。

(18) 孔廞 孔沈之子，孔子二十八代孫。

據《晉書·孔愉傳》附載，廞「位至吳興太守、廷尉。廞子琳之，以草書擅名，又為吳興太守，侍中」。《孔子世家譜》云：「二十八代廞，吳興太守，累遷廷尉、光祿大夫。有《文集》十一卷。」[2]父子二人均官太守以上，其有家學可知。

4. 孔晁

世次不明，《晉書》惟《傅玄傳》載武帝詔有「近者孔晁、綦毋龢皆案以輕慢之罪，所以皆原，欲使四海知區區之朝，無諱言之忌也[3]」之語，知其為西晉初人。而後之載記，皆稱「晉五經博士孔晁」，當有所據。《孔子世家譜》等族譜未載其人，是不以其屬孔家。孔晁學宗王肅，故後人或謂孔晁為王肅弟子。以時代，完全可能。因此，疑孔晁是孔猛之子。當然，或出其他支系亦有可能，總之其為孔子後裔當無疑問。孔晁的著作，主要有以下數種：

(1) 《尚書義問》三卷（佚）

《隋書·經籍志》「《尚書駁議》五卷王肅撰」下注：「梁有《尚書義問》三卷，鄭玄、王肅及晉五經博士孔晁撰。」[4]《冊府元龜》亦載：「晁為五經博士，撰《尚書義問》三卷。」文廷式、吳士鑒《補晉志》及《山東通志》、《乾隆曲阜縣志》亦均著錄此書。蔣善國認

---

1 《孔子世家譜》卷一，《孔子文化大全》本，濟南：山東友誼出版社，1990年影印，第78頁。

2 《孔子世家譜》卷一，《孔子文化大全》本，濟南：山東友誼出版社，1990年影印，第78頁。

3 《晉書》卷四十七，北京：中華書局，1974年，第1320頁。

4 《隋書》卷三十二，北京：中華書局，1973年，第913頁。

為：「《隋志》載《七錄》、《尚書義問》三卷，就是唐《經籍志》的《尚書答問》三卷，也就是唐《藝文志》的《王肅孔安國問答》三卷，是孔晁舉鄭、王兩家《尚書》說，參以己意作成的。……撰者都是孔晁根據王肅說來難鄭學作品。」[1] 甚有可能。

(2) 《逸周書注》（存）

此書見著於二《唐志》以下。《舊唐書・經籍志・雜史類》：「《周書》八卷，孔晁注。」[2]《新唐書・藝文志・雜史類》：「《汲塚周書》十卷，又孔晁注《周書》八卷。」[3]《宋史・藝文志・經部》：「《汲塚周書》十卷，晉太康中於汲郡得之，孔晁注。」[4] 三志所著書名與卷數或異，實為一書，即今所傳《逸周書》孔晁注[5]。

(3) 《春秋外傳國語注》二十卷（今有輯本）

此書始見著於《隋志・春秋類》，云：「《春秋外傳國語》二十卷，晉五經博士孔晁注。」[6]《新唐志・春秋類》作「《國語解》二十一卷」。

(4) 《謚法注》三卷（今有輯本）

漢劉熙撰，孔晁注。

(5) 《晉明堂郊社議》三卷（佚）

《新唐志》、《山東通志》和《曲阜志》均著錄，黃逢元《補晉志》亦載之。

(6) 《答聖證論》二十卷（今有輯本）

魏王肅撰《聖證論》，晉馬昭駁、孔晁答。

可見孔晁為博學有成之士。無怪《新唐書・禮志》載貞觀時「八

1 蔣善國《尚書綜述》，上海：上海古籍出版社，1988年，第352頁。
2 《舊唐書》卷四十六，北京：中華書局，1975年，第1993頁。
3 《新唐書》卷五十八，北京：中華書局，1975年，第1463頁。
4 《宋史》卷二百二，北京：中華書局，1985年，第5042頁。
5 黃懷信《〈逸周書〉源流考辨》，西安：西北大學出版社，1992年。
6 《隋書》卷三十二，北京：中華書局，1973年，第9321頁。

座」奏言稱「至於孫卿、孔安國、劉歆、班彪父子、孔晁、虞憙、干寶之徒，或學推碩儒，或才稱博物[1]」，直以之與孔安國、劉歆、班彪父子並列，可知其確有很深的學術造詣。近人范壽康認為「《隋志》謂《尚書疑問》一書出王肅、孔晁合撰。《新唐志》則謂係錄王肅、孔安國二人的問答而成，可見孔晁之字實為安國，所以《尚書孔安國傳》也許就是《尚書孔晁傳》[2]」。意思是孔晁就是孔安國，《尚書孔傳》出其手。今按此說根本不能成立：孔晁為西晉初人，而此孔安國乃東晉之人，焉得同人？蔣善國從《孔傳》出現的時間推斷，亦疑此孔晁為「偽《孔傳》」作者，根本原因是他不相信西漢以來孔氏有家學，也未考《孔傳》與《小爾雅》和《史記》的關係。

以上可知，魏晉時期孔氏家學之可考者，基本上皆在孔武、孔安國兄弟後裔之中傳續。其中除孔武長曾孫孔福之嫡後裔世代奉夫子之祀，傳孔子之教以外，與經學有關的家學活動，主要在孔福次子後裔，尤其是孔福次子五代孫孔賢長子孔彪之後裔之中傳承延續。

三、魏晉孔氏家學的特點和貢獻

在中國文化發展史上，家學始終是中國傳統文化的重要傳承形式，對傳統文化的弘揚和傳播始終起了相當重要的推動作用。在中國教育發展史上，家學一直是私學的一種特殊形式，對文化傳承和人才培養有著獨特作用。魏晉時期的家學，是當時社會實施文化教育的主要形式。這一時期的家學，從內容上看即家族學術，包含經籍文史之業；從形式上看，包含家庭教育、家族教育和宗族教育。由於家學是

---

1 《舊唐書》卷二十五，北京：中華書局，1975年，第943頁。
2 轉引自蔣善國《尚書綜述》，上海：上海古籍出版社，1988年，第353頁。

社會生產力、經濟文化發展到一定高度的產物，決定了家學從誕生之日起就被操縱在上層社會的顯貴手中。而正是經過這些顯貴世家的代代傳承，中國文化才具有了更為堅實的內核，才更加具有生命力。魏晉時期，隨著生產力水準的提高和學術文化的發展，典籍數量大大增加，不再僅僅保留於朝廷秘府和博士手中，開始在社會上廣為流傳，世家大族一般都有豐富的藏書，這是世族家學興盛的客觀條件。另一方面，由於社會動盪，官學淪廢，促使教育及學術更加成為家族乃至家庭內部之事。此外，門閥世族為了於亂世中保持門第不墜，也必須注重自己的家庭教育。所以，魏晉時期的家學不僅有了較大的發展，而且各具特色，各有貢獻。孔氏家學亦不例外。

（一）治學特點

孔氏家學從其內容看，既有對儒家經典的傳承與傳播，也有對載錄孔家人物言行事蹟的各類資料叢編的傳承與傳播。前者多已融合於經學的總體發展之中，表現為經學學說的一個派系，如孔安國所傳《古文尚書》；後者則具有孔門家世學案的特點，如《孔叢子》、《孔子家語》。魏晉以來的孔氏家學，仍是二者兼備，而更多體現於前者。從實質上分析，孔氏家學則主要是對孔子所創立的儒家學說，包括道德思想和政治思想的傳承與傳播。這一時期的孔子後裔多為世家大族，所以他們的家學具有更多的經世思想，是魏晉家學的一個縮影。綜觀魏晉孔氏家學，主要具有以下幾個特點：

1. 傳承以儒家經典為主

從上考述及所列二表可以明顯看出，魏晉孔氏家學世代相傳承的，主要是《詩》、《書》、《春秋》、《論語》乃至《禮》、《易》、《孝經》等儒家經典，這無疑是繼承了漢代以來的孔氏家學傳統。

2. 恪守儒學

魏晉時期，儒學衰落，失去了其在統治地位意識形態的崇高地

位。在一般文士的心目中，儒學已不再像漢代那樣是唯一的精神寄託。但是，儒學對文士長期影響所造成的思維定式，不可能隨著漢王朝的滅亡而驟然沉寂。所以，這一時期的儒學，仍以家學形式傳承並作為世家大族的精神支柱而存在，並影響著他們的文化創造。

魏晉時期的儒學原不同於漢代的章句之學，但卻與漢代的章句之學有著傳承和轉換的關係。魏晉世家大族的一個主要特徵，即儒學傳家。他們重視子弟人才的培養，或言傳身教，或立家誡遺訓，多流露出一種儒家尚文輕武的風氣。這正與當時重視門閥和家庭出身的政治選官制度的社會背景相吻合。因此，儒學仍是魏晉孔氏家學的重要內容。如《晉書・孔衍傳》載：「少好學，年十二能通《詩》、《書》。」[1]《詩》、《書》是儒家的經典文籍，孔衍既少而能通《詩》、《書》，則說明其幼受家庭重視儒學有關。再如孔猛，既承家學傳修《古文尚書》、《毛詩》等儒家經典，又師從經學大師王肅，可見其對儒學的重視。再如孔氏南遷後的經師孔沖，在為官之餘，仍招徒傳授《詩》、《書》、《易》、《禮》及《孝經》、《論語》（《晉書・許孜傳》），堪稱「通儒」。東晉時期孔氏家族雖然沒有再出現像孔沖那樣淵博的通儒，但其子孫亦多注重經籍的研習。如孔愉之子安國，即「以儒素顯」。東晉末年劉宋初年的孔季恭出任會稽內史，仍「修飾學校，督課講習」，推廣儒學教育。

作為儒學重要內容之一的禮學，是魏晉時期儒學中的顯學。魏晉時期政局不穩，朝代更迭頻繁，孔氏家族為了維護本家族的穩定，憑藉他們在政治、文化上的相對獨立性，試圖通過禮學，尤其是喪服禮來強化家族內部的凝聚力，使喪服成為維繫當時門第制度的一個要項。在魏晉孔家學者中，孔粲是對喪服禮比較精通的一位。《通典・凶禮》載：「東晉孝武帝寧康二年七月，簡文帝崩，再周而遇閏。博

1　《晉書》卷九十一，北京：中華書局，1974年，第2359頁。

士謝攸、孔粲議：《禮記》曰喪事先遠日，則祥除應在閏月。」[1]

3. 學者輩出，各有建樹

魏晉時期孔家學者有成就可考者達三十人以上，可謂人才輩出。他們不僅在學術上，在政治上也各有建樹，較之漢代，可謂有過之而無不及。如孔衍一生，撰著就多達二十餘部，而且精通典章制度，為東晉典章制度的創建做出了很大貢獻。《晉書‧孔衍傳》載：「於時庶事草創，衍經學深博，又練識舊典，朝儀軌制多取正焉。由是元明二帝並親愛之。」[2] 可見孔衍精通舊典，東晉初年的朝儀軌制多由其制定。再如孔坦，有才干，對東晉之選舉和禮制多有奏議。據《晉書‧孔愉傳》記載，東晉立國之初，戰亂未息，學業荒廢，坦上書以為：「經邦建國，教學為先，移風崇化，莫尚斯矣。」並且建議，無論秀、孝皆策試，「可申明前下，崇修學校，普延五年，以展講習，鈞法齊訓，示人軌則[3]」。晉元帝採納此議，對完善晉朝考試制度和恢復儒學教育頗有推動作用。

4. 注重文史經世之學，治學範圍擴大

注重文史經世之學，是魏晉孔氏家學的又一特點。如上所述，這一時期孔家學者大多仕宦為官，純粹的學者較少，即如學術成果最多的孔衍、孔潛、孔沖、孔汪、孔安國等，也都是幾乎終身為官。這本身說明他們注重經世之學。另外，此一時期孔家學者多有個人文集，也說明了這一點。可能正是受經世思想的影響，孔家學者的治學範圍也逐漸擴大。比如孔衍撰《漢春秋》、《後漢春秋》、《漢魏春秋》等，孔愉撰《晉咸和咸康故事》，孔汪著《雜藥方》，孔坦「解屬文」，善書法。可見已涉及文、史、醫藥、藝術等多個領域。

---

1 《通典》卷一○○，北京：中華書局，1982年，第2651頁。即可見知。
2 《晉書》卷九十一，北京：中華書局，1974年，第2359頁。
3 《晉書》卷七十八，北京：中華書局，1974年，第2055頁。

第六章 魏晉時期的孔氏家學

5. 學風受玄學思想影響

魏正始年間，在思想文化領域出現了一股新的思潮，後世稱之為「玄學」。這股思潮，對學術也產生了巨大影響。玄學的仁義道德觀，既反映了對名教虛偽化的厭惡，又適應了世族階級的意識傾向，對儒學發展也起了一定的促進作用。

正如王永平先生所指出的：魏晉時期的孔子後裔受玄化之風影響，其或多或少地表現出玄化的一些跡象。如《世說新語·言語》記述孔坦之事：「梁國楊氏子，九歲，甚聰慧。孔君平詣其父，父不在，乃呼兒出，為設果。果有楊梅，孔指以示兒曰：『此是君家果。』兒應聲答曰：『未聞孔雀是夫子家禽。』」[1] 可見孔坦雖於國事一貫嚴正不苟，私下卻頗有玄趣。東晉末劉宋初年的孔淳之，據《宋書·孔淳之傳》載：「淳之性好山水，每有所遊，必窮其幽峻，或旬日忘歸。嘗遊山，遇沙門釋法崇，因留共止，遂停三載。」[2] 孔淳之良仕隱逸，為著名的玄學隱逸之士。這亦表明其有著玄化的傾向。

魏晉孔子後裔玄化的另一個突出表現，便是嗜酒。王永平云：「這一時期的飲酒，不僅是一個生活小節的問題，而是往往與思想文化發生關聯，成為一種學說或流派傾瀉情緒的載體。魏晉玄學名士中，便有『飲酒派』一支。這種習尚一直流傳，成為名士的標誌。孔氏人物或嗜酒，當與此風影響有關。可以說，酒是此時孔氏門風中率真任性的象徵物，散發出玄化的氣息。」[3] 如《晉書·孔愉傳》載：孔群「性嗜酒，（王）導嘗戒之曰：『卿恒飲，不見酒家覆瓿布，日月久糜爛邪？』答曰：『公不見肉糟淹更堪久邪？』嘗與親友書云：『今年田得七百石秫米，不足了麴蘖事。』」[4] 其沉湎於酒可見一斑。

---

1 《世說新語》卷一，《諸子集成》本，上海：上海書店，1986年，第25頁。

2 《宋書》卷九十三，北京：中華書局，1974年，第2283頁。

3 王永平〈東晉南朝時期會稽孔氏家族文化探論〉，《社會科學輯刊》2003年第2期。

4 《晉書》卷七十八，北京：中華書局，1974年，第2061頁。

魏晉孔子後裔玄化的第三個表現，是信奉宗教。《晉書・孔愉傳》載：「愉在西晉末年時，東還會稽，入新安山中，改姓孫氏，以稼穡讀書為務，信著鄉里。後忽舍去，皆謂為神人，而為之立祠。」[1]孔愉晚年棄官隱於山陰南侯山下，「有道術」，百姓為之立祠，可見影響不小。

總之，正如王永平先生所云，魏晉時期的孔子後裔在學術文化領域，經律文史兼修，尤重儒學，既保持了漢代舊族的傳統學風，又適應了新的時代需要。在玄學興起，玄化之風占有優勢地位的歷史大背景下，孔氏學風也發生了變化，其人物之言行亦顯示出玄化的特徵。在政治舞臺上，孔子後裔南方一支雖然自漢末已避地江東，但由於其有著深厚的文化底蘊，故在南遷後短時期內一躍而成為江南的世家大族，扮演了重要的政治角色。此時的孔子後裔雖仕歷高官，但他們多務實上進，為政以德，少有放達佚蕩之人。孔氏在魏晉時期勢力日增的一個重要原因，在於魏晉時期政治上實行門閥政治，而孔氏每代亦有為官之人，且他們大都政績不凡，拓展了其家族的政治道路。

（二）學術貢獻

1. 傳播經典，繁榮文化

魏晉孔氏家學，對傳統文化的弘揚和傳播起了相當重要的推動作用。漢末動亂，公立學校淪廢，學術中心移於家族，以經學傳家的世族成為文化傳承的主體。魏晉孔子後裔多為世家大族，各有深厚的儒家文化根基。因此，魏晉孔家學者多家人父子相授，致力於儒家文化的研究和傳播。而正是由於魏晉孔氏家學世代傳習儒家經典，不僅使儒家經典本身得到日益廣泛的傳播，影響得以不斷擴大，而且繁榮了學術文化。這一時期的孔家學者，由於大多仕宦為官，所以他們不僅自己研習經典，而且把經典運用於政治活動之中。如孔恂諫晉武帝

---

1 《晉書》卷七十八，北京：中華書局，1974年，第2051頁。

引《左傳》之語，孔粲奏議言《春秋》之事。這樣，也就起到了宣傳和傳播經典的作用。有的學者，還面向社會積極傳授經典。如孔沖不僅本人精通儒學，還教授《論語》、《孝經》、《詩》、《書》、《易》等儒家典籍於職所。這種活動，更起到直接傳播經典的作用。同時，客觀上也起到了繁榮學術文化的作用。

2. 推廣儒學，保留火種

傳播經典的同時，儒學思想自然也得到了推廣，這是毋庸置疑的。所以，從更深層面上說，不僅儒家經典之所以成為後世中國文化的支柱，而且儒學特別是孔子思想之所以成為中國傳統文化的靈魂，孔氏家學的世代傳承與推廣，都起了積極的推動作用。而魏晉孔氏家學在其中，更是起了承上啟下的重要作用。因為正是在玄風四起，儒學衰落的時代，魏晉孔氏家學恪守儒學，傳承不息，起到了保留火種的作用。

3. 保存資料，推動儒學發展

魏晉孔家學者繼承漢代家學傳統，一方面注重傳承儒家經典，同時也注意傳承和保留於孔子儒學有關的資料。突出的表現，就是孔猛傳《孔子家語》與王肅，使《家語》得以推廣。另一方面，魏晉孔家學者還注重保存和傳播孔家人物自己的成果和資料。比如其世代所傳承的《尚書》，無疑屬於孔安國所傳之《尚書》及其傳注。而《孔叢子》一書經東漢晚期編成以後，至《隋書‧經籍志》始著於目錄，其間無疑是由孔家所私傳。

總之，魏晉時期的孔家學者世代傳承儒家經典，潛心研究儒家文化，在傳播、豐富和發展儒家文化方面，做出了不可磨滅的貢獻。

第七章 《孔子家語》與孔氏家學

　　《孔子家語》雖產生於西漢，但作為公案，則主要與曹魏時期的王肅及孔氏家學有關。上篇我們雖然已對孔安國與《孔子家語》的關係作了較為詳細的考論，並且對今本《孔子家語》的由來也有了說明，但對公案問題並沒有過多涉及，所以在這裡我們再作專門討論。

一、《孔子家語》公案的形成

（一）《孔子家語》公案的形成和歷代學者的觀點

1. 《孔子家語》公案的形成

　　東漢末及三國時期，中國學術史上出現了鄭學與王學的論爭。鄭學的代表人物是鄭玄，他遍注群經，以古文經為主，兼採今文經說，融會貫通，自成一家；王學的代表人物是王肅，他也遍注群經，對諸家經義進行綜合融會。王肅喜好賈逵、馬融之學，反對鄭學。在反對鄭學的過程中，王肅主要引用了《孔子家語》的內容作為自己觀點的依據。王肅此舉，立陷鄭學於不戰而敗的境地。鄭氏後學不甘就此落敗，於是由馬昭首出，指斥《孔子家語》是「王肅所增加，非鄭所見」。自此之後，《孔子家語》開始受人關注。至

唐顏師古注《漢書・藝文志》，提出志文所著錄的二十七卷本《孔子家語》「非今所有《家語》」。而唐代人包括顏師古所見到的《孔子家語》，實際上就是王肅所注解的《孔子家語》。從此，關於傳世本《孔子家語》是否為王肅偽造，一直兩說對壘，成為中國學術史上一大公案。

　　2. 歷代學者關於《孔子家語》真偽及成書的觀點

　　《孔子家語》（以下簡稱《家語》）一書自王肅注本行世，就被鄭學之徒指為王肅「增加」。顏師古提出《漢志》二十七卷本「非今所有《家語》」，更使傳世本《家語》身世撲朔迷離。自宋代開始，《家語》逐漸被很多學者判為偽書。疑古思潮興起後，《家語》最終被定格為王肅偽作。當然這期間也有不同意見，即否認其為偽書。但這種觀點，長期以來被「偽書說」的聲音所淹沒。近年來隨著地下文獻的出土，《家語》不偽說逐漸被許多學者所接受，但問題並沒有完全解決。縱觀歷代學者的觀點，對《家語》的看法基本上不外偽書說和真書說兩種。

　　（1）偽書說。所謂偽書說，就是認為《家語》是王肅托孔安國之名而編。宋代最早有此觀點者應該是朱熹。朱熹對《家語》基本上有兩點看法：一、「《家語》雖記得不純，卻是當時書」；二、「《家語》只是王肅編古錄雜記，其書雖多疵，然非肅所作。[1]」兩點意見，看起來似乎有點矛盾：既是當時書，為什麼又「只是王肅編古錄雜記」？既是王肅所編，為什麼又說「非肅所作」？原朱子之意，似乎是說《家語》書雖是王肅所編，但書中材料則非王肅所作，而是當時所記。書既然是王肅所編，那就等於還是偽託孔安國。所以他的學生王柏進一步明確指出：「今之《家語》十卷凡四十有四篇，意王肅雜取《左傳》、《國語》、荀、孟、二戴之緒餘混亂精粗、割裂前後，

1　黎靖德編《朱子語類》，北京：中華書局，1986年，第3252頁。

織而成之，托以安國之名。」[1] 既然是混亂精粗、割裂前後，編織而成，且托安國之名，則無異於偽作。這種觀點，對後世影響巨大，尤其盛行於清代，並一直占據上風。

清代的《家語》研究，基本上以范家相、陳士珂兩人的研究為基調，劃分為兩大陣營。其中范家相、陳鱣、孫志祖、四庫館臣、皮錫瑞、姚際恒、崔述、戴震等人，即屬於王肅偽造說一派。如：

范家相撰《家語證偽》，力證《家語》之偽，並根據今本《家語》「每事必有所出」，而斷言其為割裂他書而成之[2]。

孫志祖認為，《家語》經王肅「以意增損[3]」。

陳鱣認為，《家語》為王肅偽造的證據有三：一、「《家語》，肅以前儒家絕不及引」；二、「其偽安國後敘云『以意增損』，其言則已自供皋狀然」；三、「敘孔子之書而先言奪鄭玄之學，則是傅會古說攻駁前儒可知矣。[4]」

《四庫全書總目提要》稱：「《家語》割裂他書……出於肅手無疑。」[5]

皮錫瑞認為王肅偽造《家語》，目的是托古人以自重，來攻擊鄭玄[6]。

姚際恒在《古今偽書考》一書中說：「《漢志》有《孔子家語》二十七卷，顏師古曰『非今所有《家語》也』。案《唐志》有王肅注《家語》十卷，此即肅掇拾諸傳記為之，託名孔安國作序，所謂今之《家語》是也。」[7]

1 王柏《家語考》，劉同輯、胡宗林考異《魯齋王文憲文集》，《續金華叢書》本。
2 范家相《家語證訛》，光緒十五年會稽徐氏鑄學齋刊稿本。
3 孫志祖《家語疏證》，北京：中華書局，1991年，第68頁。
4 錢馥〈家語疏證序〉，《家語疏證》，北京：中華書局，1991年，第3頁。
5 《四庫全書總目》卷九一，北京：中華書局，1965年，第769頁。
6 皮錫瑞《經學歷史》，北京：中華書局，2004年，第106～108頁。
7 黃雲眉《古今偽書考補證》，濟南：齊魯書社，1980年，第72頁。

崔述認為：「《家語》一書，本後人所偽撰。其文皆採於他書，而增損改易以飾之……而世不察，以為孔氏遺書，亦已惑矣。」[1]

可見基本上全認定《家語》是偽書，非孔安國所編。

（2）真書說。所謂真書，即真孔安國或其先人所編之書。持此說者，宋以下為數不多，可見者如：

宋人葉適在《習學記言序目》中說：「《孔子家語》漢初已流布人間，又經安國撰定。」[2]

明代黃魯曾認為，《家語》與孔氏家學有關。黃氏曰：「孔氏獨多述作，自〈魯論〉《齊論》言之，又有《孔子家語》，疑多鯉、伋所記，並門人先後集附之者，要之咸孔子之意也。」[3]

清代學者中認為《家語》非偽書者以陳士珂等為代表。陳士珂撰《孔子家語疏證》，書中從兩個方面質疑「偽書說」：一、「夫事必兩證而後是非明。小顏既未見安國舊本，既安知今本之非是乎？」二、「予觀周末漢初諸子，其稱述孔子之言類多彼此互見，損益成文。……然其書並行，至於今不廢，何獨於是編而疑之也？[4]」說明他贊同孔安國整理編訂《家語》說。

當代反對《家語》「偽書說」的學者，以李學勤先生等為代表。李先生認為，「《家語》一書，王肅自序得自孔子二十二孫孔猛，當為可信；又有源自孔安國的傳說，這與漢魏時期的孔氏家學有關[5]」。

胡平生先生以阜陽雙古堆漢簡為切入點，認定《家語》非偽書[6]。

時至今日，真書說即認為《家語》確為孔安國所編，似乎已成主

1　崔述《洙泗考信錄》，北京：中華書局，1978年，第118頁。
2　葉適《習學記言序目》，北京：中華書局，1977年，第232頁。
3　黃魯曾《孔子家語後序》，《諸子百家叢書‧孔子家語》本，上海：上海古籍出版社，1990年，第123頁。
4　陳士珂《孔子家語疏證》序，上海：上海書店，1987年，第1頁。
5　李學勤〈竹簡《家語》與漢魏孔氏家學〉，《孔子研究》1987年第2期，第60頁。
6　參見胡平生〈阜陽雙古堆漢簡與《孔子家語》〉，《國學研究》第七卷，2000年，第515～543頁。

流，但偽書說的聲音仍然存在。如2004年李傳軍發表〈《孔子家語》辨疑〉一文，認為：「利用考古資料，通過對文獻的梳理和對勘，對《孔子家語》的文獻來源、成書年代和學術價值進行考察和分析，可以肯定《孔子家語》為王肅所編撰的傳統觀點是可信的。」[1] 可見公案仍在繼續。當然，這還只是就書之編輯者而論真偽。如果結合材料而論真偽，問題就更為複雜。

3. 我們的思路

綜上可知，《家語》公案的癥結實際上在兩個方面，一是成書問題，即書由何人所編；一是材料問題，即其所記內容是否真實可信。而成書問題，實際又牽扯材料問題。因為書如果是王肅所編，那麼材料的可信性自然要遜一籌。所以我們認為，了結《家語》偽書公案，需要同時解決兩個方面的問題：

（1）成書與書本的真偽問題。而解決這方面的問題，又必須完成以下三個方面的工作：首先，解決今本《家語》與《漢志》、《家語》的關係問題。前人之所以有王肅偽造說，前提就是今本《家語》非《漢志》、《家語》。所以，如果能確定今本《家語》就是《漢志》、《家語》，那麼王肅偽造說自然就可以得到否定，甚至不需要再去討論。反之亦然。其次，結合孔氏家學研究，摸清孔安國當年有沒有條件與可能編輯《家語》、到底有沒有編輯《家語》、用什麼方法編輯《家語》，以及其後世子孫有沒有傳承《家語》、孔猛家是否能夠存有先人之書等等。當然，這方面的工作，實際上在上篇我們已經完成。其三，從學術史角度摸清王肅與《家語》的關係。而解決了這些問題，仍然不足以完全服人之心，因為《漢志》、《家語》真本畢竟已不可見。所以要想徹底解決問題，還必須有第二層面的工作，這就是通過具體的材料比勘，證明《家語》材料與相關文獻的關係，

1　李傳軍〈《孔子家語》辨疑〉，《孔子研究》2004年第2期，第76頁。

第七章　《孔子家語》與孔氏家學

看《家語》材料是否真是割裂羅織而成。

（2）材料本身的真偽與可信性問題。解決了成書及真偽問題，不等於徹底解決《家語》偽書公案問題。因為《家語》偽書公案，從根本上說並不是書由誰編成的問題，而是材料本身的真偽與可信性問題。前人之所以疑其偽，從根本上還是因為覺得其材料不大可信。而覺其材料不大可信的原因，一是其材料或見他書，因而有割裂編織之說；另外就是「記得不純」。關於這一點，甚至在孔安國〈家語後序〉中也有反映。如云：「弟子取其正實而切事者別出為《論語》，其餘則都集，名之曰《孔子家語》」，「屬文下辭，往往頗有浮說」[1]。既然以「正實而切事者」為《論語》，那麼就意味著《家語》所記不是「正實而切事」者。加之「頗有浮說」，自然也就不大可信。所以，要想徹底了結《家語》偽書公案，還必須解決其材料的可信性問題。而解決其材料的可信性問題的方法，至少需要從以下幾個方面著手：一、將具體材料與相關文獻進行比勘，分析相互之間的關係，解決其材料來源及時代問題；二、從歷史角度考察材料本身是否可信；三、從思想角度考察其材料是否可信；四、從校勘、訓詁角度對原材料進行分析，觀察其是否確有「浮說」與「不純」。顯然，這些工作需要具體到篇章。所以，必須對《家語》原書的面貌進行全面了解。

（二）今本《孔子家語》的內容與結構

《家語》最早見著於《漢書・藝文志》「六藝略」之《論語》類。從著錄和書名即可看出，《家語》的性質及內容與《論語》相似，都是記錄孔子及其弟子的言行的書。研究《家語》，我們不能只侈言其真偽，而應該先了解其實際內容，做到有的放矢。由於《家語》各篇多由多章組成，所以內容較為複雜，為了避免誤解和簡單化處理，現

---

1 《孔子家語》卷十，《四庫全書》第695冊，上海：上海古籍出版社，1987年影印本，第109頁。

將各篇內容以及他見情況逐章介紹如下：

相魯第一　記孔子從政於魯國期間的主要事績，凡四章：第一章記孔子初仕為中都宰及轉任為司空，又由司空轉為大司寇事，反映其理政才能。中間插有溝合昭公墓之事。諸事分別又見《左傳·定公元年》、《禮記·檀弓上》、《史記·孔子世家》與《三禮義宗》，皆較零星。第二章記齊魯夾谷之會，孔子攝相事捍衛魯國利益之事，反映其外交才能。此事又見《左傳》、《穀梁傳》之定公十一年、《史記·孔子世家》及《新語·辨惑》。第三章記墮三都之始末，反映其政治才能，又見《左傳》、《公羊傳》定公十二年。第四章記孔子為政期間魯國民風之變化，反映其教化才能，所記諸事又見《荀子·儒效》、《呂氏春秋·樂成》、《新序·雜事一、雜事五》，《孔叢子·陳士義》有初相魯魯人謗誦及三年魯人又作誦事。

始誅第二　凡二章：第一章主要記孔子為魯司寇誅殺少正卯事，又見《荀子·宥坐》、《尹文子·大道下》、《說苑·指武》；第二章記孔子為大司寇審理父子相訟案以及其重教輕刑的說教，又見《荀子·宥坐》、《韓詩外傳》卷三、《說苑·理政》。

王（主）言解第三　記孔子與曾子對話，論明王（主）之道，諸如「內修七教，外行三至」之類。又見《大戴禮記·主言》。

大婚解第四　記孔子侍坐於哀公，答哀公問人道孰為大，主要論為政治國之道，以「夫婦別、父子親、君臣信」為綱而展開，以重大婚、敬妻子、愛百姓為重點，故名。又見《禮記·哀公問》及《大戴禮記·哀公問於孔子》。

儒行解第五　為一篇文字，主要記孔子被迎回魯國後答哀公問儒行。又見《禮記·儒行》（無孔子在衛，冉求言於季孫請孔子回國，季孫以告哀公，哀公從之及孔子既至一段）。

問禮第六　前半部分記孔子答哀公問大禮，又見《禮記·哀公問》及《大戴禮記·哀公問於孔子》；後半部分記孔子答言偃問禮，又見

《禮記·禮運》中。

五儀解第七　凡六章：第一章記孔子答哀公問取士之法，主要論五等之人——庸人、士、君子、賢人、聖人，所謂「五儀」，又見《荀子·哀公》、《大戴禮記·哀公問五義》及《新序·雜事四》；第二章記孔子答哀公問取人之法，又見《荀子·哀公》、《韓詩外傳》卷四、《說苑·尊賢》；第三章記孔子答哀公問國家攻守之道，又見《說苑·指武》；第四章記孔子答哀公問君子不博，又見《說苑·君道》；第五章記孔子答哀公問國家存亡禍富之由，又見《說苑·敬慎》；第六章記孔子答哀公問智者、仁者壽乎，又見《韓詩外傳》卷一、《說苑·雜言》。

致思第八　凡十七章：第一章記孔子北遊農山歎致思，使子路、子貢、顏回各言其志並予以評價，又見《韓詩外傳》卷九、《說苑·指武》；第二章記孔子接受魯儉嗇者之食而感其思己，又見《說苑·反質》；第三章記孔子之楚受漁者之魚而享祭之事，又見《說苑·貴德》、《儒家者言》第六章，阜陽1號木牘有「孔子之楚有獻魚者」題；第四章記季羔為衛國士師，刖人之足而反受其報之事，孔子贊其善為吏、思仁恕，又見《韓非子·外儲說左下》、《說苑·至公》；第五章為孔子語錄，言其受季孫之賜粟千鍾而交益親，受南宮敬叔之乘車而道加行，又見《說苑·雜言》，《孔叢子·記義》第一章載「季桓子以粟千鍾餼夫子」事；第六章亦為孔子語錄，論王者有似春秋交替，又見《說苑·君道》；第七章記孔子贊曾子善於安身，又見《說苑·說叢》；第八章記子路為蒲宰而私饋民食，孔子使子貢制止之事，又見《說苑·臣術》；第九章子路問管仲為人，又見《說苑·善說》，第十章記孔子適齊，路遇丘吾子之事，又見《說苑·敬慎》、《韓詩外傳》卷九；第十一章記孔子教孔鯉之言，論為學，有「故君子不可以不學」等句，又見《韓詩外傳》卷六、《尚書大傳》（輯本）、《說苑·建本》，阜陽1號木牘有「子曰里（鯉）君子不

可不學」題；第十二章記子路言事親及孔子贊其「生事盡力，死事盡思」，又見《說苑·建本》；第十三章，記孔子之郊，途遭程子而語終日之事，又見《韓詩外傳》卷二、《說苑·尊賢》；第十四記孔子自衛返魯息駕於河梁而觀懸水之事，又見《說苑·雜言》、《列子·說符》；第十五章，記孔子將行，雨而無蓋之事，又見《說苑·雜言》，阜陽1號木牘有「孔子行毋蓋」題；第十六章楚王渡江得萍實而使人問孔子，孔子答之之事，又見《說苑·辨物》；第十七章，孔子答子貢問死者有知乎，又見《說苑·辨物》，阜陽1號木牘有「子贛問中尼曰□□□□□□」題；第十八章記孔子答子貢問治民，又見《說苑·利政》；第十九章記孔子評子路贖人而不取金之事，又見《呂氏春秋·察微》、《淮南子·齊訴、道應》、《說苑·政理》；第二十章記子路治蒲而請教孔子之事，又見《史記·仲尼弟子列傳》、《說苑·政理》。

三恕第九　凡十二章：第一、二章皆孔子語錄，分別論君子有三恕、君子有三思，均見《荀子·法行》；阜陽1號木牘有「□□君子有三務」之題，疑即由第二章之「故君子少思其長則務學，老思其死則務教，有思其窮則務施」提煉；第三章記孔子答伯常騫問處世之道，《晏子春秋·內篇·問丁》載柏常騫去周之齊見晏子，有類似文句；第四章記孔子觀魯廟敧器事，答子路問持滿之道，又見《荀子·宥坐》、《淮南子·道應》、《韓詩外傳》卷三、《說苑·敬慎》；第五章記孔子觀東流之水，答子貢問君子見大水必觀之故，又見《荀子·宥坐》、《說苑·雜言》；第六章記孔子答子貢問魯廟堂北蓋木料截斷之故，又見《荀子·宥坐》；第七章「孔子曰」，言其所齒、所鄙、所殆，又見《荀子·宥坐》；第八章分別記子路、子貢、顏回答孔子問仁者若何、智者若何，及孔子對三人的評價，又見《荀子·子道》；第九章記孔子答子貢問貞、孝，又見《荀子·子道》；第十章記子路盛服見孔子，孔子批評教育之之事，可與《論語》「知之為

知之」章對閱，又見《荀子・子道》、《說苑・雜言》、《韓詩外傳》卷三；第十一章記孔子答子路問披褐而懷玉，無他見。各章皆與為人處世有關，故同篇。

好生第十　凡十七章：第一章記哀公問舜冠而孔子答以其政好生，又見《荀子・哀公》；第二章記孔子讀史至楚複陳，歎楚王之賢；第三章記孔子自筮得《賁》卦而不平之事，又見《呂氏春秋・壹行》、《說苑・反質》；第四章為孔子論《甘棠》詩之語，又見《說苑・貴德》；第五章記子路戎服見孔子，孔子告以古之君子仁以自衛而不以劍自衛的道理，又見《說苑・貴德》，阜陽1號木牘有「子路持□孔子問曰」題（27）；第六章記孔子評楚王論失弓，又見《說苑・至公》；第七章記孔子為魯司寇，斷獄能廣泛聽取眾議者意見，又見《說苑・至公》；第八章記孔子問漆雕憑臧文仲等三人孰賢，贊其「言人之美也隱而顯，言人之過也微而著」，又見《說苑・權謀》；第九章記孔子因公索氏將祭而亡其牲推斷其將亡之事，又見《說苑・權謀》；第十章記孔子因虞、芮質周而歎文王之道不可加，所謂「不令而行，不教而從」，又見《說苑・君道》、《尚書大傳》（輯本）、《毛詩・綿》毛傳；第十一章記孔子聞曾子之言而贊其知禮，又見《說苑・說叢》；第十二章記孔子答哀公紳、委、章甫有益於人乎之問，因有「介冑執戈」等語而入此篇，又見《荀子・哀公問》；第十三章為兩段孔子謂子路曰，分別論君子以其所能敬人、君子以心導耳目；第十四章記孔子論君子三患，又見《禮記・雜記下》；第十五章記孔子聞魯之獨處者不納鄰之嫠婦而贊其善學柳下惠，又見《小雅・巷伯》毛傳；第十六章記孔子論小辯害義、小言破道，因有「興於鳥」、「興於獸」之語而入此篇；第十七章，記孔子論治政在於未雨綢繆，因有「不得其死」等語而入此篇。所云周史，可與《周本紀》對閱。

觀周第十一　記孔子適周觀周之事，凡四章：第一章記適周原委、

經過，在周期間主要活動，及老子送別之言，又見《左傳・昭公七年》及《史記・孔子世家》；第二章記觀周明堂；第三章記觀周太廟見金人銘之事，又見《說苑・敬慎》、《儒家者言》第八章，阜陽1號木牘有「孔子之周觀大廟」題；第四章記見老聃而問道之難行，又見《說苑・反質》。

弟子行第十二　前半部分記子貢因衛將軍文子之問而評論顏回等十餘名孔子主要弟子之為人，兼及孔子對各人的評價；後半部分為孔子聞其語以後又縱論伯夷、叔齊等前代賢人，又見《大戴禮記・衛將軍文子》。

賢君第十三　凡十一章：第一章記孔子答哀公問「當今之君孰為最賢」，又見《說苑・尊賢》，阜陽1號木牘有「魯哀公問孔子當今之時」題；第二章記孔子答子貢問賢臣，又見《說苑・臣術》；第三章記孔子答哀公問忘之甚者，又見《太平御覽》引《尸子》、《說苑・敬慎》；第四章記孔子答顏淵將西遊於宋，問孔子何以為身，又見《說苑・敬慎》。阜陽1號木牘有「孔子將西遊至宋」題，疑誤；第五章記孔子論《詩・正月》之六章，又見《說苑・敬慎》；第六章記孔子答子路問賢君治國所先者何，又見《說苑・尊賢》，阜陽1號木牘有「子路問孔子治國如何」題；第七章記孔子閒處喟然而歎銅鞮伯華可以定天下，又見《儒家者言》第七章、《說苑・尊賢》，阜陽1號木牘有「孔子閒處氣（喟）焉歎」之題（38）；第八章記孔子答齊景公問政，又見《說苑・尊賢》；第九章記孔子答哀公問政，又見《說苑・政理》；第十章記孔子答衛靈公問治政，又見《說苑・政理》；第十一章記孔子見宋君而答其問治理官府，又見《說苑・政理》。

辨政第十四　凡九章：第一章記答子貢問其昔者答齊君、魯君、葉公三人之問不同之故，又見《韓非子・難三》與《尚書大傳》（輯本）；第二章為孔子語錄，言忠臣諫君有五義，又見《說苑・正諫》；第三章亦孔子語錄，言道不可不貴；第四章記子西諫楚王事及

孔子對該事的評價，又見《說苑・正諫》；第五章記孔子答子貢問其讚許子產、晏子的原因；第六章記孔子答齊侯使人問一足之鳥之事，又見《說苑・辨物》；第七章記孔子問宓子賤治單父之事，又見《說苑・政理》、《韓詩外傳》卷八；第八章記子貢為信陽宰，辭行於孔子，孔子教戒之事與辭，又見《說苑・政理》；第九章記孔子過蒲而三讚子路善治，並答子貢問其故，又見《韓詩外傳》卷六。

六本第十五 凡二十一章：第一章為孔子語錄，論行己有六本然後為君子，又見《說苑・建本》；第二章亦孔子語錄，論良藥苦口利於病，忠言逆耳利於行，又見《說苑・正諫》；第三章記孔子見齊景公，景公賜邑而不受之事與言，又見《呂氏春秋・高義》、《說苑・立節》；第四章記孔子在齊聞周廟災而知其為釐王之廟，並答景公問其所以知，又見《說苑・權謀》；第五章分別記子夏、閔子各自於三年之喪畢而見孔子，孔子使各彈琴而樂悲不同，孔子皆稱之為君子之事，又見《詩・檜風・素冠》毛傳、《禮記・檀弓》、《說苑・修文》；第六章為孔子語錄，論志誠，又見《說苑・修文》及《屍子》（《太平御覽》引）；第七章記孔子見羅雀者所得皆黃口小雀而問其故，因戒弟子慎其所從，又見《說苑・敬慎》；第八章記孔子讀《易》至《損》、《益》而歎，並答子夏問其故，而論損益持滿之道，又見《說苑・敬慎》；第九章記孔子答子路問，論釋古之道而行己之意為不可，又見《說苑・建本》；第十章記曾子因誤斬瓜根受父責打而不避以為孝，孔子謂為陷父於不義之事與言，又見《說苑・建本》、《韓詩外傳》卷八及《儒家者言》第三章；第十一章孔子聞荊公子行年十五而攝相事，使人往觀其為政及評其能合二十五人之智以治國之事，又見《說苑・尊賢》；第十二章記孔子答子夏問顏回、子貢、子路、子張之為人，又見《列子・仲尼》、《淮南子・人間訓》、《說苑・雜言》，阜陽1號木牘有「子夏問中尼□（顏）淵之為人」題（32）；第十三章記孔子遊泰山見榮聲期而問其所以為樂之

事，又見《列子・天瑞》、《說苑・雜言》；第十四章記孔子論顏回、史鰍有君子之道，及曾子之感言，又見《說苑・雜言》、《儒家者言》第十五章，阜陽1號木牘有「中尼曰史鰍有君子之道」之題；第十五章記孔子論其死之後「商也日益、賜也日損」，又見《說苑・雜言》，阜陽1號木牘有「孔子曰丘死商益」題；第十六章記曾子從孔子之齊，不受齊景公之聘而晏子贈言，及孔子對晏子之言的評論，又見《晏子春秋・內篇雜上》、《荀子・大略》、《說苑・雜言》，阜陽1號木牘有「曾子問曰□子送之」題；第十七章為孔子語錄，論富貴達通之道，又見《說苑・雜言》；第十八章亦孔子語錄，論中人之情，又見《說苑・雜言》；第十九章亦孔子語錄，論智愚，又見《荀子・仲尼》、《說苑・雜言》；第二十章亦孔子語錄，從「舟非水不行、水入舟則沒、君非民不治、民犯上則傾」而論「君子不可不嚴，小人不可不整一」，阜陽1號木牘有「曾子問曰□子送之」題；第十七章為孔子語錄，論富貴達通之道，又見《說苑・雜言》；第二十一章記孔子答齊高庭問事君子之道，又見《說苑・雜言》。

辨物第十六　凡十章：第一章記季桓子穿井獲羊，使使問孔子，及孔子答之之事與辭，又見《國語・魯語下》、《說苑・辨物》、《緯略》引《韓詩外傳》；第二章記吳伐越而獲巨骨，使人聘魯而問孔子，及孔子答之之事與辭，又見《國語・魯語下》；第三章記孔子在陳，答陳惠公使人問楛矢之事與言，又見《國語・魯語下》、《說苑・辨物》；第四章記孔子聞郯子言黃帝、炎帝、共工、太昊、少昊之官而就其學之事，又見《左傳・昭公十七年》；第五章記子貢觀邾隱公、魯定公之禮容而預言定公先亡，孔子評其不幸而言中，又見《左傳・定公十五年》；第六章記孔子在陳聞魯宗廟災而知為桓、僖之廟，並答陳侯問其何以知之，又見《左傳・哀公三年》；第七章記孔子預言陽虎必亂晉趙氏之事，又見《左傳・定公九年》；第八章記孔子答季康子問周十二月火見為再失閏，又見《左傳・哀公十二

年》；第九章記子服景伯因說服吳王夫差欲與魯哀公見晉侯而被囚之事，以及子貢、孔子對子服氏的評價，又見《左傳・哀公十三年》；第十章記孔子辨麟之事，又見《左傳》、《公羊傳》之哀公十四年及《孔叢子・記問》。

哀公問政第十七　凡二章：第一章為孔子答哀公問政，又見《禮記・中庸》；第二章記孔子答宰我問鬼神之名，又見《禮記・祭義》。

顏回第十八　凡十二章：第一章記顏回答定公問東野畢之善御而謂其馬必佚而果驗，又答定公問其奚以知之，以及孔子對其評價，又見《荀子・哀公》、《呂氏春秋・適威》、《韓詩外傳》卷二、《新序・雜事五》；第二章記孔子在衛，顏回侍側而答孔子問所聞哭者之聲甚哀之故，及孔子贊其善於識音，又見《說苑・辨物》；第三章記顏回問孔子成人之行，又見《說苑・辨物》；第四章記顏回問孔子臧文仲、武仲孰賢，又見《左傳》文公二年、襄公二十三年；第五章記顏回問君子；第六章記答仲孫何忌問顏回而必有益於仁智；第七章記孔子答顏回問小人；第八章記顏回戒子路慎力及孔子告顏回之語；第九章記孔子答顏回問小人之言有同於君子者；第十章記孔子答顏回問朋友之際；第十一章記叔孫武叔見顏回，顏回戒其無攻人惡；第十二章記顏回告子貢以夫子之言，戒其用德用禮。

子路初見第十九　凡十章：第一章記子路見孔子，孔子問其所好，教其受學，又見《說苑・建本》；第二章記子路將行，辭於孔子而孔子贈言，教以強、勞、忠、信、恭之理及子路複問之事，又見《說苑・雜言》，其中「新交取親」句又見《儒家者言》第十四章，「路行辭於孔」又見《儒家者言》第十五章；阜陽1號木牘有「子路行辭中尼敢問新交取親」之題，又有「子路行辭中尼，中尼曰曾（贈）女以車」之題；第三章記孔子為魯司寇見季康子事，又見《說苑・政理》，阜陽1號木牘有「孔子見季康子」之題；第四章記孔子分別問

孔蔑、宓子賤二人出仕後何得何失而二人回答不同，孔子贊子賤為君子之事，又見《說苑・政理》、《論語・公冶長》；第五章記孔子侍坐哀公賜桃黍而孔子先食黍後食桃，教育哀公不應以貴雪賤之事，又見《韓非子・外儲說左下》；第六章記孔子答子貢問泄冶諫陳靈公被殺可謂仁乎，事又見《左傳・宣公九年》；第七章記孔子相魯，齊人患其將霸，饋魯君美女、文馬，季桓子受而君臣荒淫不聽國政，致孔子去魯之事，又見《史記・孔子世家》；第八章記澹臺子羽與宰我之為人及孔子論取人，又見《韓非子・顯學》與《史記・仲尼弟子列傳》；第九章為孔子語錄，論君子以其所不能而後畏、小人抑人而取勝；第十章記孔子答孔蔑問行己之道，又見《說苑・雜言》。

在厄第二十　凡四章：第一章記楚昭王聘孔子，孔子往拜路出陳蔡被困，絕糧七日期間事，又見《荀子・宥坐》、《韓詩外傳》卷七、《史記・孔子世家》、《說苑・雜言》，阜陽1號木牘有「中尼之楚至蔡」題，疑與此章有關；第二章記孔子答子路問君子以有憂乎，又見《荀子・君道》、《說苑・雜言》；第三章記曾子弊衣而耕而不受魯君之賜邑，及孔子對曾子之言的評價，又見《說苑・立節》；第四章記孔子厄於陳蔡，不信顏回竊食之事，又見《呂氏春秋・任教》。

入官第二十一　為一篇文字，記孔子答子張問入官，又見《大戴禮記・子張問入官》。此篇之末有「子張既聞孔子斯言，遂退而記之」之語，知其為子張所記。

困誓第二十二　凡十章：第一章記孔子答子貢問息於時君、事親等，又見《荀子・大略》、《韓詩外傳》卷八、《列子・天瑞》；第二章記孔子自衛將入晉，聞趙簡子殺竇犫銘牘及舜華，臨河而歎傷其類，遂還作《盤操》之事，又見《孔叢子・記問》、《史記・孔子世家》、《說苑・權謀》、《三國志・劉婉傳》裴松之注引《新序》，阜陽1號木牘有「孔子臨河而歎」之題。《儒家者言》第11章「子曰竇主澤銘，晉國之賢」，「聞君子重傷」亦出此章；第三章記孔子答

子路問人養其親而名不稱孝，又見《荀子・子道》、《韓詩外傳》卷九；第四章記孔子厄於陳蔡而弦歌及戒子路、子貢之事，又見《說苑・雜言》；第五章記孔子之宋遭匡簡子圍困，子路欲與戰而孔子止之之事，簡子圍困之事又見《韓詩外傳》卷六、《說苑・雜言》，《儒家者言》第十二章作「之匡」，阜陽1號木牘亦有「孔子之匡」題；第六章為孔子語錄，論「不觀高崖何以知顛墜之患」等三事以戒士慎之，又見《說苑・雜言》，阜陽1號木牘有「子曰不觀高岸」題；第七章記孔子答子貢問為人下之道，又見《荀子・堯問》、《韓詩外傳》卷七、《說苑・臣術》、《儒家者言》第二章，阜陽木牘有「子贛問孔子曰賜為人下」題；第八章記孔子適鄭與弟子相失，或人謂子貢其人「累然如喪家之狗」，又見《韓詩外傳》卷九、《史記・孔子世家》；第九章記孔子適衛為蒲人所止，及在衛勸衛靈公伐蒲之事，又見《史記・孔子世家》；第十章記史魚屍諫衛靈公之事及孔子對其評價，又見《大戴禮記・保傅》、《韓詩外傳》卷七、《新書・胎教》、《新序・雜事一》。

五帝德第二十三　為一篇文字，記孔子答宰我問黃帝、顓頊、帝嚳、帝堯、帝舜及禹，又見《大戴禮記・五帝德》。

五帝第二十四　為一篇文字，記孔子答季康子問五帝，又見《左傳・昭公二十九年》、《呂氏春秋》諸紀、《禮記・月令、檀弓上》。

執轡第二十五　前半部分記孔子答閔子騫問政，又見《大戴禮記・盛德》；後半部分記子夏問孔子《易》宣人生與萬物鳥獸昆蟲，及《山書》山川水土與人性物性的關係之事，又見《大戴禮記・易本命》。

本命解第二十六　前兩章分別記孔子答哀公問人之命與性，及所謂「五不取」、「七出」、「三不出」，又見《大戴禮記・本命》；末章記孔子論喪禮，又見《大戴禮記・本命》及《禮記・喪服四制》。

論禮第二十七　前半部分記孔子為子張、子貢、言游三弟子講禮，又見《禮記・孔子閒居》；後半部分記孔子答子夏問何為民之父母，又見《禮記・孔子閒居》及上博簡《民之父母》。

觀鄉射第二十八　凡三章：第一章記孔子觀於鄉射及習射於瞿相之圃之事，又見《禮記・郊特牲》與〈射義〉篇；第二章記孔子論其觀於鄉飲酒，又見《禮記・鄉飲酒義》、《荀子・樂論》；第三章記孔子論蠟祭之樂，又見《禮記・雜記下》。

郊問第二十九　記孔子答魯定公問郊祭，又見《禮記・郊特牲》。

五刑解第三十　前半部分記孔子答冉有問三皇五帝不用五刑，又見《大戴禮記・盛德》；後半部分記孔子答冉有問刑不上大夫、禮不下庶人。篇末亦有「推而記之」之語。

刑政第三十一　記孔子答仲弓問刑政、聽訟等事，又見《禮記・王制》。

禮運第三十二　記孔子論禮之運，又見《禮記・禮運》。

冠頌第三十三　記孔子答邾懿公問冠禮，各節又分見《禮記・冠義、郊特牲》、《大戴禮記・公冠》、《左傳・襄公九年》、《儀禮・士冠禮》、《說苑・修文》。

廟制第三十四　凡二章：第一章記孔子答子羔替衛將軍文子問廟制，又分見《禮記・王制、祭法》；第二章記孔子答子羔據《祭典》而問異代有功德者之廟可存乎，所引《祭典》又見《國語・魯語上》、《禮記・祭法》。

辨樂解第三十五　凡三章：第一章記孔子學琴於師襄子之事，又見《韓詩外傳》卷五、《史記・孔子世家》；第二章記孔子評子路鼓瑟，又見《史記・樂書》、《說苑・修文》、《禮記・樂記》、《文選・琴賦》注引《尸子》；第三章記孔子因賓牟之問而論《武》，其中有「馬散華山」、「倒載干戈」及「食三老五更於太學」之語，又見《禮記・樂記》、《史記・樂書》。

第七章　《孔子家語》與孔氏家學

問玉第三十六　凡三章：第一章記孔子答子貢問君子貴玉而賤珉，又見《荀子‧法行》、《禮記‧聘義》；第二章記孔子論六經之教，又見《禮記‧經解》、《孔子閒居》、《韓詩外傳》卷五、《淮南子‧泰族》；第三章記孔子答子張問聖人之所以教，又見《禮記‧孔子燕居》。

屈節第三十七　凡四章：第一章記孔子答子路問屈節；第二章記孔子在衛聞齊將伐魯，欲屈節於田常以救魯而使子貢使齊、說吳越之事，又見《史記‧仲尼弟子列傳》；第三章記宓子賤屈節治單父及孔子使巫馬期遠觀其政之事，又見《呂氏春秋‧具備》、《淮南子‧道應》、《新書‧審微》、《新序‧雜事二》；第四章記孔子屈節助原壤母之喪，又見《禮記‧檀弓下》。

七十二弟子解第三十八　記孔子七十二（實76人）弟子之名字、籍貫、年齒、特長等，多見《史記‧仲尼弟子列傳》。

本性解第三十九　前半部分記孔子之先世、出身及子嗣，又見《史記‧宋微子世家、孔子世家》、《世本》（輯本）；後半部分記齊太史子與南宮敬叔論孔子之聖。

終記解第四十　記自孔子將歿至弟子服喪、子貢廬墓等事，又分見《禮記‧檀弓上》、《左傳‧哀公十六年》、《史記‧孔子世家》。

正論解第四十一　凡二十七章：第一章記孔子在齊聞齊侯招虞人以旌之事而言「守道不如守官」，又見《左傳‧昭公二十年》；第二章記季康子使冉有率左師御齊師之事及孔子評論，又見《左傳‧哀公二十一年》；第三章記南容說（南宮敬叔）、仲孫何忌遵父遺囑辭定公之命而學禮於孔子及孔子論二人之父孟僖子能補過，又見《左傳‧昭公七年》；第四章記衛孫文子公卒擊鐘，延陵季子批評之，及孔子對二人之評價，又見《左傳‧襄公二十九年》；第五章記孔子覽《晉志》而歎董狐為良史、趙宣子為良大夫，事又見《左傳‧宣公二年》；第六章記子產為晉人問陳之罪、答晉人問何故侵小，以及孔子

對其評價，又見《左傳・襄公十五年》；第七章記楚靈王汰侈而不能納諫固情而及於難之事，及孔子對其評價，事又見《左傳・昭公十二年》；第八章記叔孫穆子生叔孫牛，牛禍亂叔孫氏而為叔孫昭子所殺之事及孔子對昭子之評價，事又見《左傳・昭公四年》；第九章記晉邢侯與雍子爭田，叔魚受雍子賄弊獄邢侯，邢侯怒殺叔魚雍子，韓宣子問罪於叔向，叔向以三奸同坐及孔子對叔向行事的評論，事又見《左傳・昭公十四年》；第十章記子產不毀鄉校之事及孔子對子產的評價，事又見《左傳・襄公三十一年》；第十一章記晉平公會諸侯，鄭子產爭貢賦所承，及孔子對子產此行的評價，事又見《左傳・昭公十三年》；第十二章記子產遺囑子太叔以寬猛治民而太叔不忍猛，以致鄭國多掠盜之事及孔子論寬猛，事又見《左傳・昭公二十年》；第十三章記孔子適齊過泰山之側，聞有婦人哭而謂「苛政猛於暴虎」，又見《禮記・檀弓下》；第十四章記晉魏獻子為政舉賢之事及孔子評論，事又見《左傳・昭公二十八年》；第十五章記趙簡子鑄刑鼎之事及時孔子評論，又見《左傳・昭公二十九年》；第十六章記楚昭王不祭河神之事及孔子評論，事又見《左傳・哀公六年》、《韓詩外傳》卷三、《說苑・君道》；第十七章記衛孔文子因其女婚姻之事將攻太叔疾而訪孔子，孔子不為謀，及季康子因冉求之說而告哀公以幣迎孔子之事，又見《左傳・哀公十一年》、《史記・孔子世家》；第十八章記齊陳桓弒簡公，孔子告哀公請伐不許之事，事又見《左傳・哀公十四年》、《論語・憲問》；第十九章記孔子答子張問高宗三年不言，又見《禮記・檀弓下》、《論語・憲問》；第二十章記衛孫桓子侵齊而敗，仲叔於奚因救桓子而請賞之事及孔子評論，謂「惟名與器不可以假人」，事又見《左傳・成公二年》；第二十一章記公父文伯之母不懈墮及孔子評論，事又見《國語・魯語下》、《列女傳・母儀傳》；第二十二章記孔子答樊遲問鮑牽刖足，事又見《左傳・成公十七年》；第二十三章記季康子定田賦使冉有訪孔子，孔子因其

325

問而言先王賦田之法，事又見《左傳・哀公十一年》、《國語・魯語下》；第二十四章記孔子答子游問子產之惠，又見《禮記・仲尼燕居》、《說苑・政理》；第二十五章記孔子答哀公問隆敬高年，又見《禮記・祭義》；第二十六章記孔子答哀公問東益宅不祥，又見《淮南子・人間訓》、《新序・雜事五》；第二十七章記孔子為季孫辨「假馬」，事又見《韓詩外傳》卷五、《新序・雜事五》。

曲禮子貢問第四十二　凡三十一章：第一章記子貢問夫子作《春秋》云「天王狩於河陽」，事又見《左傳・僖公二十八年》；第二章記孔子在宋見桓魋自為石槨而歎死不如速朽，並冉子問凶事不豫，與孔子聞南宮敬叔載其寶以朝衛侯，歎喪不入速貧，並答子游問，又見《禮記・檀弓上》；第三章記齊景公問春饑，又見《禮記・雜記下、曲禮下》；第四章記孔子見季康子晝居內寢，而問其所疾並答子貢問，又見《禮記・檀弓上》；第五章記國廐焚孔子拜救火者並答子貢問，又見《禮記・雜記下》；第六章記子貢問管仲、晏子孰賢，又見《禮記・雜記下、禮器》；第七章記冉求謂臧文仲知禮而孔子駁之，又見《禮記・禮器》；第八章記子路問臧武仲師敗多喪而無伐，又見《禮記・檀弓下》；第九章記晉人覘宋及孔子評論，又見《禮記・檀弓下》；第十章記楚伐吳，工尹商陽不忍殺敵及孔子評論並答子路問，又見《禮記・檀弓下》；第十一章記孔子在衛相喪禮並答子游問，又見《禮記・檀弓上、下》；第十二章記東門襄仲卒而繹及孔子答子游問，又見《禮記・檀弓下》；第十三章記季桓子喪而康子練而不衰，子游問其禮；第十四章記邾人以同父異母之昆弟死而因顏克問禮於孔子，又見《禮記・檀弓上、喪服小記》、《儀禮・喪服》；第十五章記魯人問殤，又見《左傳・哀公十一年》、《禮記・檀弓下》；第十六章記孔子往吊魯昭公夫人之事及答子游問，又見《左傳・哀公十二年》；第十七章記孔子論季氏之婦知禮，又見《禮記・檀弓下》；第十八章記孔子誨其兄之女喪髽之禮，又見《禮記・檀弓

上》；第十九章記公明儀相子張父喪禮，問孔子啟顙之禮，又見《禮記・檀弓上》；第二十章記孔子觀衛人之送葬而善之並答子貢問，又見《禮記・檀弓上》；第二十一章記孔子因卜人之孺子哭母而論哭踴之禮，又見《禮記・檀弓上》；第二十二章記子游問孟獻子之行是否過禮，又見《禮記・檀弓上》；第二十三章記孔子批評子路笑魯人朝祥而暮歌並評其事，又見《禮記・檀弓上》；第二十四章記孔子答子路傷貧，又見《禮記・檀弓下》；第二十五章記孔子觀吳延陵季子葬子事，又見《禮記・檀弓下》、《說苑・修文》；第二十六章記子游問喪具，又見《禮記・檀弓上》；第二十七章記孔子哭吊伯高之事，又見《禮記・檀弓上》；第二十八章記孔子論子路不忍除姊之喪，又見《禮記・檀弓上》；第二十九章記孔子論伯魚哭喪母之甚為非禮，又見《禮記・檀弓上》；第三十章記季桓子因衛公求婚而問婚姻之禮，又見《禮記・大傳》；第三十一章記有若問國君之於百姓如之何，辭或見於《禮記・大傳》。

曲禮子夏問第四十三　凡二十七章：第一章記子夏問居父母之仇如之何，又見《禮記・檀弓上》；第二章記子夏問三年之喪既卒哭而金革之事無避，又見《禮記・曾子問》；第三章記子夏問周公教成王世子之禮事，又見《禮記・文王世子》；第四章記子夏問如何居母與妻之喪，又見《禮記・檀弓上、雜記下》；第五章記子夏問喪祭沐浴之禮，又見《禮記・雜記下》；第六章記子夏問館、殯客人與禮仁的關係，又見《禮記・檀弓上、禮器》；第七章記子夏問食祭於主人之禮，又見《禮記・玉藻、雜記下》；第八章記子夏問下人升遷之後為舊主人服喪之禮，又見《禮記・雜記下》；第九章記子貢居父母之喪而孔子誨之，又見《禮記・雜記下》；第十章記子貢問殷、周弔唁之禮，又見《禮記・檀弓下》；第十一章記子貢問少連、大連善居喪，又見《禮記・雜記下》；第十二章記子游問諸侯之世子喪慈母之禮，又見《禮記・曾子問》；第十三章記孔子遇舊館人之喪而贈驂並答子

327

貢問，又見《禮記・檀弓上》；第十四章記子路、子貢分別問魯大夫練而仗是否合禮，又見《荀子・子道》；第十五章記子路問夫子以叔孫武叔出戶而換喪服為禮，又見《禮記・檀弓上》；第十六章記孔子止季平子家人以珠玉送葬事，又見《左傳・定公五年》、《呂氏春秋・安死》；第十八章記孔子止琴張欲弔宗魯事，又見《左傳・昭公二十年》；第十九章記子游以孔子惡野哭勸阻哭郖人子蒲者呼「滅」，又見《禮記・檀弓上》；第二十章記公父文伯之母戒文伯妻妾從禮而哭及孔子對其評價，又見《國語・魯語下》、《列女傳・母儀》、《戰國策》、《史記・虞卿傳》、《新序・善謀》及《韓詩外傳》卷一；第二十一章記孔子在魯聞衛蒯聵之難而知子路死及聞衛人醢子路而哭弔之事，又見《左傳・哀公十五年》、《禮記・檀弓上》，阜陽1號木牘有「衛人醢子路」之題（45）；第二十二章記子游問魯大夫朝服而弔季桓子事，孔子答語又見《禮記・檀弓上》；第二十三章記曾點問夫子於喪母之際答陽虎；第二十四章記顏回死，魯定（哀）公使人問君弔臣之禮，其禮又見《儀禮・士喪禮》；第二十五章記子游因原思與曾子辨明器於祭器之用而問孔子，又見《禮記・檀弓上、下》；第二十六章記子罕問始死設重與喪朝，又見《禮記・檀弓下》；第二十七章記孔子使子貢埋狗之事，又見《禮記・檀弓下》。

曲禮公西赤問第四十四　凡七章：第一章記公西赤問因罪被罷免之大夫之葬禮，孔子所言禮又見《禮記・王制》；第二章記子游因檀弓問子服伯子嫡子死而立弟之制問孔子，又見《禮記・檀弓上》；第三章記孔子合葬其母於防之經過，又見《禮記・檀弓上、下》；第四章記子游問以途車芻靈與人偶陪葬，又見《禮記・檀弓下》；第五章記顏回之喪，孔子接受其父所饋祥肉之事，又見《禮記・檀弓上》；第六章記子貢問祭容，又見《禮記・祭義》；第七章記子路為季氏家宰而改良其祭禮及孔子論其知禮事，又見《禮記・禮器》。

由上可知，今本《家語》之內容極為豐富，各篇所記孔子事蹟

言論，大多於他書也有所見。這就說明，記錄相關孔子事蹟言論的材料，在當時確有廣泛傳播。至於這些材料是否可信，則首先需要明確今本與《漢志》之書的關係，然後再與各書進行比勘，以確定其材料的來源與時代早晚。

（三）今本《家語》與《漢志》、《家語》的關係

《漢志》、《家語》人所未見，所以判定其與今本《家語》的關係，只能首先根據目錄所著之篇卷。關於《家語》的篇卷，《漢書‧藝文志》著錄「《孔子家語》二十七卷」；《隋書‧經籍志》著錄「《孔子家語》二十一卷，王肅解」；《舊唐書‧經籍志》著錄「《孔子家語》十卷，王肅注」，《新唐書‧藝文志》亦曰「王肅……又注《孔子家語》十卷」。可見《家語》自漢至唐卷數發生了三次變化。今本《家語》亦作十卷，說明今本《家語》就是二《唐志》所著之《家語》。今本《家語》共四十四篇，那麼二《唐志》之《家語》也是四十四篇，應當沒有疑問。那麼四十四篇又自何而有？今本《家語》所附〈孔安國序〉有云：

> 《孔子家語》者，皆當時公卿士大夫及七十二弟子之所諮訪交相對問言語也。……元封之時，吾仕京師，竊懼先人之典辭將遂泯沒，於是因諸公卿大夫，私以人事募求其副，悉得之，乃以事類相次，撰集為四十四篇。[1]

說明孔安國當年所編就是四十四篇。那麼《漢志》又何以言「二十七卷」？顯然，是「卷」與「篇」不同；班固之一卷，包括孔安國之數篇。那麼孔安國之四十四篇，有沒有可能合理地區分為

---

1 《孔子家語》卷十，《四庫全書》第695冊，上海：上海古籍出版社，1987年影印本，第108～109頁。

二十七卷？這是問題的關鍵。而張固也、趙燦良二位研究發現：「四十四篇可以按一個比較嚴格的標準復原為二十七卷。」並說：「今本凡五萬七千多字，按平均每卷二千一百字計算，也正好為二十七卷。這說明今本雖然分為十卷，但按敦煌本後十四卷的分卷方法，它原來應該是分成二十七卷的，必定是由漢代古本發展而來。」[1]既然孔安國之四十四篇能夠合理地區分為二十七卷，就說明班固二十七卷本就是孔安國四十四篇本。那麼，今本、二《唐志》本與《漢志》本，就應為同一書。

另外〈家語後序〉所附孔衍上成帝奏言稱《家語》宜「紀錄別見」，末云：「奏上，天子許之，未即定論，而遇帝崩，向又病亡，遂不果立。」[2]向不果立，而今《漢志》卻有「《孔子家語》二十七卷」，說明其必為劉歆《七略》因孔衍奏言而增，因為《漢志》為班固刪簡劉歆〈七略〉而成；亦可證今本《家語》即西漢之本。那麼《漢志》之二十七卷，就有可能是劉歆當年對孔安國原本所進行的分卷處理。若如此，那麼也就更加證明今本《家語》所附〈孔安國序〉不偽。

今本、二《唐志》本既與《漢志》本同為一書，那麼《隋志》二十一卷本也就只能與今本、二《唐志》本及《漢志》本同為一書，分卷不同而已。所以，也就只能說是《隋志》在著錄之時，對《漢志》以來的分卷進行了調整。這種現象，正如《逸周書》在《漢志》著錄為「《周書》七十一篇」，《隋志》又作「《周書》十卷」。當然，這一調整，可能並非《隋志》作者所為，而有可能更在其先。如《隋志》之《周書》十卷之分，就有可能出自東晉李充之手[3]。同為一書而《隋志》作二十一卷，至《唐志》又作十卷，也就只能說是《唐

1 張固也、趙燦良〈《孔子家語》分卷變遷考〉，《孔子研究》2008年2期。
2 《孔子家語》卷十，《四庫全書》第695冊，上海：上海古籍出版社，1987年影印本，第110頁。
3 參見黃懷信《逸周書源流考辨》，西安：西北大學出版社，1992年。

志》又作了重分。這也正與《逸周書》在《隋志》作十卷，《舊唐志》又作八卷相似。而《舊唐志》，則本毋煚《古今書錄》而作。可見古書分卷因時、因人而異，既是正常現象，也是普遍現象。所以目錄所見《家語》卷數有異，並不說明其書已經異樣。而只能說明其分卷在流傳過程中不斷被調整，直至「最佳」。《家語》之所以最終定格為十卷，因為其四十四篇分為十卷，從文本所占頁數看明顯較分為二十一與二十七卷更為均衡。所以，卷數有異，實際上並不是問題。顏師古注《漢志》「《家語》」曰「非今所有《家語》也」，顯然只是根據了卷數不同，所以不可據信。後世或據今本有四十四篇，而謂今本較《漢志》本增加十七篇；或據《漢志》云二十七卷，而今本只十卷，而謂今本較《漢志》本亡佚過半，皆屬無稽。

　　總之，今本《家語》就是《漢志》、《家語》。而尤其值得注意的是，據張、趙所區分，其《後序》一篇，自《漢志》二十七卷即與末篇〈曲禮公西赤問〉同卷。這就說明，包括〈孔安國序〉和〈孔衍序〉在內的《家語後序》，在《漢志》本已有之，所以其必不偽。那麼《漢志》、《家語》，也就只能出孔安國當年所編，而不可能為王肅所造。可見僅此一條，已可證明王肅偽造說不能成立。當然，今本《家語》畢竟附有王肅序，所以也不能說它就是《漢志》原本。

　　另外我們看到，今本部分篇名尾碼有「解」字，也不應是孔安國當年之所定，而說明該篇可能經後人解過。從這一角度看，似也不能說今本就是孔安國原本。但是不管怎樣，今本之篇目篇名及基本內容，應當皆與《漢志》本相同，為孔安國當年所定。

　　（四）王肅與《家語》的關係

　　以上我們從目錄學角度論證，今本《家語》應該就是《漢志》所著之《家語》，而不可能為王肅偽造。但畢竟長期以來，《家語》被懷疑是王肅所作，而且今本也確有王肅之序。所以，對王肅與《家

語》的關係，有必要作進一步的澄清。尤其是前人關於王肅與《家語》關係的種種論說，有必要首先了解清楚，看其是否真有道理。當然，我們首先還應該了解王肅《家語》文本的來歷。

王肅注《家語》，是不爭的事實。那麼王注《家語》之原本由何而來？今本《家語》卷端所附王肅序中明確陳述：

> 孔子二十二代孫有孔猛者，家有其先人之書。昔相從學，頃還家，方取予來。與予所論，有若重規疊距。……今或者天未欲亂斯文，故令從予學，而予從猛得斯論，以明相與孔氏之無違也。

可見依照王肅的說法，其所注解之《家語》原本是從孔猛處得來，是孔猛家所傳先人之書。前文已知，孔猛為孔季彥之孫，季彥為孔僖之子；孔僖家自其八代祖孔安國以下，世傳《古文尚書》及《毛詩》，有家學，季彥亦守家學。既然世傳《古文尚書》、《毛詩》及家學，那麼於其先人所編、專記祖宗言行之《家語》，就更無不傳之理。所以，孔猛家有先人之《家語》完全可能。而其《家語》，也必然是孔安國《後序》中所提到的四十四篇之《家語》。唯一需要說明的是，《漢書·藝文志》之「《孔子家語》二十七卷」，自應是孔安國獻上之本；而《隋書·經籍志》所著王肅注解之「《孔子家語》二十一卷」既出孔氏家傳之本，說明二者理應同書。然而今傳王肅注本又附有可能出自劉歆之手的含有孔衍奏言的後序，說明孔氏家傳本至少又從《漢志》本中抄錄了該序。可見家傳本已非安國之舊。加上二十七卷之分也可能出劉歆之手，說明王肅本已非安國原本。就是說，王肅所注《家語》雖出孔安國，但已非安國當年所編輯之原貌。

那麼王肅對《家語》究竟做了哪些工作？關於這個問題，綜考前人各家之論，主要有以下兩種觀點：

1. 「王肅增加說」

即認為王肅增加了《家語》的內容。這種觀點從王肅《家語注》行世之初即出現，一直持續到當代。

最早提出此說者，為鄭學之徒馬昭。前面已知，《禮記·樂記》疏引馬昭曰：「《家語》，王肅所增加，非鄭所見。」但沒有舉出具體證據。我們說，《家語》雖著於《漢志》，但社會上未必多有傳佈，或許就沒有流傳，因為王肅在孔猛之前即未曾見到。之所以沒有傳佈，可能是因為其書本不在《別錄》，《七略》因孔衍奏言而臨時錄入的緣故。總之王肅既未曾見到，鄭玄當年未必能見。所以，原馬昭之義，似乎最多只能是就《家語》並見於《禮記》者而言。就是說，二書基本相同的材料，《家語》較《禮記》更完善，或者有多出的成分。從今《家語》內容看，確有這種現象。例如《家語·論禮》「志之所至，詩亦至焉；詩之所至，禮亦至焉；禮之所至，樂亦至焉；樂之所至，哀亦至焉。詩禮相成，哀樂相生[1]」一節，《禮記·孔子閒居》作「志之所至，詩亦至焉；詩之所至，禮亦至焉；禮之所至，樂亦至焉；樂之所至，哀亦至焉。哀樂相生[2]」。《禮記》較《家語》少「詩禮相成」一語。說明《家語》確有鄭玄不可見者。但「詩禮相成，哀樂相生」，文義顯然是對應的，二句明顯是對上文的概括；沒有「詩禮相成」，則文義不全。而「詩禮相成」句既然只見於《家語·論禮》而不見於其他文獻，那麼也不可能自別處抄來。可見是《禮記》所本者有脫文，而不是《家語》，更非王肅有增加。此類例子，當然還可以舉出一些。這就說明，即使真是「非鄭所見」，也未必就是王肅所增加，何況王肅明說其所用為孔猛家傳本。再說馬昭「王肅所增加，非鄭所見」之語，是他為了反王而信口所言也未可

1 《孔子家語》卷六，《四庫全書》第695冊，上海：上海古籍出版社，1987年影印本，第64頁。
2 《禮記正義》卷五一，《十三經注疏》本，北京：中華書局，1980年，第1616頁。

知，因為他畢竟沒有舉出證據。所以王志平先生也說：「從考古學史上來看，新出土之舊寫本有多於傳世本書籍之內容的情況，屢見不鮮，所以王肅所注本《家語》有二十一卷，而《漢志》著錄的《家語》有二十七卷，這樣兩種《家語》在內容和編排上一定有同有異，所異者非鄭玄所及見，王肅所見之書為孔猛家藏之本，『非鄭所見』是很自然的事。況且馬昭又為王肅的學術攻擊對象鄭玄之高足，所言的可信度是要打個折扣的，其攻王之語不禁使人覺得有『強烈地維護師道尊嚴』之嫌。」[1]可見也不相信。

清人錢馥認為，王肅在原有二十七篇的基礎上增加了十七篇，而成為〈孔安國序〉中所言的四十四篇；因為「肅傳是書時，其二十七卷俱在也。若判若不同，則肅之書必不能行矣。惟增多十七篇，而二十七篇即在其中，故此傳而古本則逸耳[2]」。前面我們已經知道這種說法不足信，原因是其不知「二十七」是卷，「四十四」是篇。

今人胡平生先生認為：「增加一語其實是符合《家語》的編纂精神的。……《家語》本來就是孔氏後人收集孔子師生言行的書，有了新材料即加以補充，無可厚非，如果馬昭所說屬實，那麼很可能是孔猛與王肅共同增加了《家語》篇幅。」[3]看來也是忽略了孔安國序所言「乃以事類相次，撰集為四十四篇」，不知其為一次性編成，《家語》的編纂精神並不是增加。而且根據馬昭無據之說以作推斷，結論自不可以服人。

王承略先生認為：「王肅注本《家語》是對劉向校本的增加，但並非所有的增加都出自王肅之手，還有孔氏家學之人的參與。王肅注本《孔子家語》中某些語句的改易和添加，當是王肅所為，其目的是

1　王志平《中國學術史‧魏晉南北朝卷》，南昌：江西教育出版社，2001年，第147頁。

2　錢馥〈家語疏證序〉，孫志祖《家語疏證》本，北京：中華書局，1991年。

3　胡平生〈阜陽雙古堆漢簡與《孔子家語》〉，《國學研究》第七卷，北京：北京大學出版社，2000年。

來保護自己的學說或別有用心地讓鄭玄出醜。」[1]也屬推斷。

當然，古《家語》已不可見，《漢志》、《隋志》、《唐志》也只言卷數，要想直接證明其具體內容有沒有增加，誠非易事。但是以理而推，王肅增加《家語》內容基本上是不可能的。因為觀察今本內容，所記皆孔子及其弟子之事，其材料非王肅時所能新有。另外據研究，王肅注中指出《家語》錯誤的地方有二十多處[2]。王肅既僅指出其誤而不據己意修改，說明王肅尊重原書，所以，也就不可能隨意增加內容。

2. 「王肅偽造說」

這種觀點自宋代出現而極盛於清，甚至一度成為定論。由於孔安國序與孔衍序有不一致之處，《家語》內容又與多書互見等原因，所以自宋代以來，就有學者不斷指出王肅偽造《家語》，並認為王肅的目的是偽託古人以自重，以達到攻擊鄭玄之學的目的。前文所述歷代「偽書說」者的觀點，其理由無非有以下四條：（1）非鄭玄所見；（2）《家語》內容「粗而不精，文辭冗弱淺陋」；（3）王肅與鄭玄為敵，故偽造《家語》以攻鄭；（4）割裂他書而成。四條理由能否成立，下面分別略作分析：

（1）「非鄭所見」：馬昭之外，《四庫全書總目》亦主此說，認為王肅注解的《家語》非東漢末鄭玄所見。

前面已經講過，「非鄭所見」，不等於就是王肅增加，那麼也就更不能構成王肅偽造的證據。

（2）《家語》內容「粗而不精，文辭冗弱淺陋」：清代學者崔述是這種觀點的代表者。

我們認為，如果說《家語》內容「粗而不精」，應該與其體裁

1 王承略〈論《孔子家語》的真偽及其文獻價值〉，《煙臺師範學院學報》2001年第3期。
2 郝虹《王肅經學研究》，山東大學博士論文，2001年，第38頁。

第七章 《孔子家語》與孔氏家學

有關。因為眾所周知，《家語》不是語錄體，而是資料彙編，本身夾雜著議論成分。而事實上，與他書對勘可以發現，《家語》文字並非「冗弱淺陋」，而或優於他書（詳後）。王志平先生從信陽長臺關出土的戰國楚竹簡中的一段談起，通過文字訓詁和比勘認為：「《孔子家語》中的『君子而強全則不得其死，小人而強全而荊戮陸臻』都是淵源有自的先秦古語，非魏晉以後人們所偽造，且與其他有關孔子文獻的記載相合。」[1] 可見所謂「粗而不精，文辭冗弱淺陋」，完全不能成立。

（3）「王肅專為鄭玄為敵，偽造《家語》以攻鄭」：清人皮錫瑞和今人王承略都持這種觀點。

對此觀點，王志平先生認為：「漢末學術的主要傾向是『惟義是從』，鄭玄固於今古文擇善而從，不專主一家。謂王肅存心故意與鄭學作對，這是不對的，鄭學、王學有不少相同之處。如果是存心作對，兩者相同的見解又怎麼解釋呢？至於為什麼王肅之學與鄭玄之學歧異如此之多，這也並不是存心立異的結果，而是由於王肅所受的學術影響基本上都是反對鄭學陣營的，耳濡目染之際自然而然地就形成與鄭學如此之歧異……王肅《孔子家語序》所云：是以撰經禮申明其義，及數朝制度，皆據所見而言。我們認為王肅的這一辯解還是可信的。」[2]

事實如何，首先需要了解王肅的學術。而王肅的學術，自然應該先受其家學影響，即與其父王朗之學有關。《三國志·魏書·王朗傳》言王朗「師太尉楊賜」。楊賜為楊震之孫，其家「世傳歐陽《尚書》[3]」，為今文學派。那麼，王朗自亦當習今文。然而，《王朗傳》又云：「朗著《易》、《春秋》、《孝經》、《周官》傳，奏議論

1 王志平〈《孔子家語》劄記〉，《學術集林》，上海：上海遠東出版社，1996年，第126頁。
2 王志平《中國學術史·魏晉南北朝卷》，南昌：江西教育出版社，2001年，第150頁。
3 《後漢書》卷五十四，北京：中華書局，1965年，第1759頁。

記，咸傳於世。」[1]《周官》，則明屬古文經，可見王朗是今古文兼治。王朗的著作既咸傳於世，那麼王肅必能有所承學。所以，王肅的學術，首先應該是今古文經學兼通。

另外，王肅還有師承。《三國志・魏書》本傳載：「肅字子雍，年十八，從宋忠（衷）讀《太玄》，而更為之解。」[2]宋忠（衷）是荊州學派的代表人物，而荊州學派則是反對鄭玄的陣營之一，其總體傾向是以古文經學為主。《三國志・尹默傳》載：「益部多貴今文而不崇章句，默知其不博乃遠遊荊州，從司馬德操、宋仲子等受古學。」[3]可知宋忠（衷）、司馬徽之學為「古學」。王肅既從學於宋忠（衷），必學其「古學」。事實上其所注之《書》中有《周官》等篇，也證明其主治古文經學。

結合以上兩點，可知王肅的學術是今古文兼通，而主治古文。就是說他雖通今文，但並不主今文，而主古文。

王肅今古文兼通，鄭玄也是今古文兼通，既然王肅主古文，那麼其反鄭學，就應主要是針對鄭玄之今文成分，也只能是學術見解之異。既然是主古文，就必然守其家法。所以，王肅反鄭，關鍵應是要否保守古文經學家法的問題。今學以承師說為准，古學以通聖意為真；賈逵、馬融堅持古文學說，故為王肅所喜；鄭玄兼采今說，故為王肅所恨。王肅以堅持聖意，維護聖人學說的純潔性而自居，說明他之所以駁難鄭玄，絕不是由於「個人的好惡」，而是如其《家語序》所云，要剷除通往「聖人之門」、「孔氏之路」的「枳棘」。正與其以主古文的學術特點相符。這就是王肅之所以反對鄭玄的根本原因。總之王肅反鄭，並不是專門與之為敵。所以，他不可能為之而專門偽造《家語》。後世學者擴大二人之不同，並由此推斷出《家語》是王

1 《三國志》卷十三，北京：中華書局，1982年，第414頁。
2 《三國志》卷十三，北京：中華書局，1982年，第414頁。
3 《三國志》卷四十二，北京：中華書局，1982年，第1024頁。

第七章　《孔子家語》與孔氏家學

肅為駁難鄭玄而偽造，顯然是不客觀的。

王肅注《家語》，是王肅與《家語》的基本關係。關於王肅注《家語》的緣由，其《家語序》自敘曰：

鄭氏學行五十載矣，自肅成童始志於學，而學鄭氏學矣。然尋文責實，考其上下義理，不安違錯者多，是以奪而易之。然世未明其款情，謂其苟駁前師，以見異於人。乃慨然而歎曰：豈好難哉？予不得已也。聖人之門，方壅不通，孔氏之路，枳棘充焉，豈得不開而辟之哉？若無由之者，亦非予之罪也。是以撰經禮申明其義，及朝論制度，皆據所見而言。孔子二十二代孫有孔猛者，家有其先人之書。昔相從學，頃還家，方取以來，與予所論，有若重規疊矩。……今或者天未欲亂斯文，故令從予學，而予從猛得斯論，以明相與孔氏之無違也。斯皆聖人實事之論，而恐其將絕，故特為解，以貽好事之君子。[1]

可見王肅注《家語》，主要是擔心「聖人實事之論」將絕，而不是純粹為了攻擊鄭學。適逢其徒有孔猛者取家人之書《家語》以來，發現與自己所論「重規疊矩」，又擔心聖人「實事之論」日久亡佚，故為之訓解而行世。

另外王肅在注釋中指出《家語》多處錯誤，如為攻擊鄭玄而偽造《家語》，王肅又何必「自露馬腳」？如《家語‧辨政》「子曰道不可不貴」章，有「中行文子背道失義以亡其國，而能禮賢以活其身」一句。王肅注曰：「此說背義失道，不宜說得道之意，而云禮賢，不與上相次配。」[2] 指出了《家語》原文的矛盾之處，但並未對其進行刪改。這就說明，《家語》並非王肅為攻擊鄭玄而偽造。

---

1 《孔子家語》序，《四庫全書》第695冊，上海：上海古籍出版社，1987年影印本，第3頁。
2 《孔子家語》卷三，《四庫全書》第695冊，上海：上海古籍出版社，1987年影印本，第34頁。

（4）「割裂他書而成」：宋代人王柏是這種觀點（見前引）的代表者。

從前文介紹可知，今本《家語》內容確實與多種古籍有不少雷同。但雷同，未必就晚。前人論之，每每將《家語》與《荀子》、《韓詩外傳》、《說苑》等書之不同處斥為王肅篡改，實在不足以服人心。因為前文已述，由於有共同的材料來源，所以極易造成大量相同內容出現在不同書籍中的現象。且先秦及秦漢古書大多是抄來抄去，《家語》既然是輯錄而成，盡可以明言其事，為何又非要託名於孔安國？而且事實證明，《家語》中的很多材料，雖又見於《荀子》、《韓詩外傳》、《說苑》、《禮記》等書，但在文字上時有更原始或更完整的特徵（詳後考），所以不可能是割裂他書而成。

其次，《家語》雖有大量材料同時見於他書，但畢竟也有不少材料不見於他書，如果說見於他書的材料來自他書，那麼不見於他書的材料又將來於何處？所以也說明其不為割裂他書而成。

綜合諸點可知，「割裂成書」說也不能成立。

總上，王肅增加和偽造說的諸多理由均不能完全成立。而王肅注《家語》，使孔安國所編撰的孔氏家傳本《家語》得以流傳於世，則是事實。當然，王肅在注釋過程中，對《家語》原文或進行過整理性的少量改動，也並非完全沒有可能，只是整理性的少量改動，不等於撰作，更不等於偽作。

（五）《孔子家語》與孔氏家學

通過前此所考我們已經知道，《孔子家語》確與孔氏家學有關。首先，西漢元封年間，孔家學者孔安國輯錄編集了《家語》。具體情況，確當如孔安國〈家語後序〉所云，是他「懼先人之典辭將遂泯沒」，而利用在京師任職之際，通過私人關係，從諸公卿大夫那裡募求當時正本已被送官而藏之秘府的有關《孔子家語》的資料副本，分門別類，添加篇名，撰定為四十四篇。而諸公卿大夫之所傳持資料之

第七章 《孔子家語》與孔氏家學

源頭，可以追溯到荀卿之所傳。而荀卿之所有，乃「諸弟子」各自所記當時公卿大夫及七十二弟子之所諮訪交相問對之言語。這批資料，雖號稱「與《論語》、《孝經》並時」，但畢竟在「正實而切事者」之《論語》之外；雖「屬文下辭往往頗有浮說」，且經由「七十二子各敘述首尾」而潤色，散在民間之後又有「好事者或各以意增損其言」，但畢竟「凡所論辯疏判較歸，實自夫子本旨」，未失大體。所以，《家語》之材料只要經過認真考校，未始不可以應用。

孔安國除編集《家語》四十四篇書本之外，還當確定《家語》書名，並為之作後序。今〈孔安國序〉雖有「弟子取其正實而切事者別出為《論語》，其餘則都集錄之，名之曰《孔子家語》」、「而《孔子家語》與諸子同列」、「而《孔子家語》乃散在人間」之文，但觀其「乃以事類相次，撰集為四十四篇」之說，則其書明為重編。所以，即使孔安國之前有「《孔子家語》」之名，亦必不能與今書同觀。總之，今之《家語》，為孔安國始編並命名。

其次，孔卬、孔衍傳《家語》。孔卬為安國之子，孔衍為安國之孫、孔卬之子。《孔子世家譜》謂孔卬「傳家學」，自應包括《家語》。而〈家語後序〉附孔衍奏言曰：

臣祖故臨淮太守安國，逮仕於孝武皇帝之世，以經學為名，以儒雅為官，贊名道義，見稱前朝。時魯恭王壞孔子宅，得古文科斗《尚書》、《孝經》、《論語》，世人莫有能言者，安國為改今文，讀而訓傳其義。又撰次《孔子家語》。既畢訖，會值巫蠱事起，遂各廢不行於時。

……光祿大夫向以其為時所未施之，故《尚書》則不記於《別錄》，《論語》則不使名家也，臣竊惜之。且百家章句無不畢記，況孔子家古文正實而疑之哉？又戴聖皆近世小儒，以《曲禮》不足，而乃取《孔子家語》雜亂者，及子思、孟軻、荀卿之書以裨益之，總名

曰《禮記》。今見其已在《禮記》者，則便除《家語》之本篇，是為滅其源而存其末也，不亦難乎？臣之愚以為宜如此為例，皆紀錄別見，故敢冒昧以聞。[1]

不僅明言安國撰次《家語》，而且謂戴聖取《家語》作《禮記》，又謂「今見其已在《禮記》者則便除《家語》之本篇，是為滅其源而存其末」，則其傳治《家語》無疑。且上書以聞皇帝，其奏言又為劉歆所錄[2]。這一舉動，無疑對《家語》流傳有推動作用。

另外，孔僖以上世代傳《家語》。《後漢書・孔僖傳》言安國以下世傳《古文尚書》、《毛詩》，已為前之考證所證實。既世傳《古文尚書》、《毛詩》，則《家語》更無不傳之理，因為《家語》畢竟是其「先人之典辭」。孔卬、孔衍父子傳《家語》，已為孔衍奏言所證實。那麼孔卬之次子孔驩及其子孫，亦理應有所傳習。

最後，孔僖之子季彥傳《家語》。《連叢子下》云「季彥壹其家業」，無疑應包括《家語》。所以，其孫孔猛才得以有其書。王肅《家語序》云「孔子二十二代孫有孔猛者，家有其先人之書。昔相從學，頃還家，方取予來」，看來確不為虛語。

另外，前述資料對比表明，《家語》中確有孔子後人為維護孔子形象、褒揚其先祖而作的改造（下文與各相關古書對比更可見）。而且今本部分篇名尾碼有「解」字，該解有可能也是孔安國後人所為。

可見《家語》之成書及流傳，確與孔氏家學有關。

以上的論證，當然還嫌簡略，尤其是關於《家語》確非割裂或抄撮其他古籍而成之說，可能還不足以徹底服人。所以，要想徹底弄清

---

1 《孔子家語》卷十，《四庫全書》第695冊，上海：上海古籍出版社，1987年影印本，第109頁。
2 按：該奏言之後又云：「奏上，天子許之，未即定論，而遇帝崩，向又病亡，遂不果立。」可知。

《家語》有沒有可能為王肅編集古錄雜記或割裂其他古書而成，還必須具體考察其與其他各相關古書之間的關係。

二、《孔子家語》與相關古書的關係

《家語》所記既又多見他書，那麼將之與他書進行比勘，自可以知其時代早晚與材料來源。以下試分別與《論語》、《荀子》、《禮記》、《大戴禮記》、《說苑》各書進行對比分析。

（一）《家語》與《論語》

《家語》所記與《論語》有關者：《三恕》篇第十章記子路盛服見孔子，孔子批評教育之事，可與《論語·為政》「知之為知之」章對閱；《子路初見》篇第四章所記孔子贊子賤為君子之語，又見《論語·公冶長》；〈正論〉篇第十八章記齊陳恒弒簡公，孔子告哀公請伐不許之事，又見《論語·憲問》；第十九章記孔子答子張問高宗三年不言，又見《論語·憲問》。今分別對照如下：

1. 《三恕》：

子路盛服見於孔子。子曰：「由，是倨倨者何也？夫江始出於岷山，其源可以濫觴，及其至於江津，不舫舟不避風則不可以涉，非唯下流水多耶？今爾衣服既盛，顏色充盈，天下且孰肯以非告汝乎？」子路趨而出，改服而入，蓋自若也。子曰：「由志之，吾告汝：奮於言者華，奮於行者伐。夫色智而有能者，小人也。故君子知之曰智（知之），言之要也；不能曰不能，行之至也。言要則智，行至則仁，既仁且智，惡不足哉！」[1]

---

1 《孔子家語》卷二，《四庫全書》第695冊，上海：上海古籍出版社，1987年影印本，第22頁。

《論語・為政》：

子曰：「由！誨女，知之乎？知之為知之，不知為不知，是知也。」[1]

按：《家語》此章所記可疑：一、《論語・子罕》載：「子曰：『衣敝縕袍，與衣狐貉者立而不恥者，其由也與？「不忮不求，何用不臧？」』子路終身誦之。」知子路終身不講究衣著；二、孔子當年，未必知江始出岷山及至江津之事；三、盛服與言行、知能無關，不當曰「奮於言者華，奮於行者伐」、「知之曰知之，不能曰不能」；四、同一子路，不當再以「知之為知之」教之；五、言「不能曰不能，行之至也」、「行至則仁」，與孔子以愛人為內核的仁學思想不合。因此，懷疑此章為後人據《論語・為政》所載孔子之言而演繹。

2. 《子路初見》：

孔子兄子有孔篾者，與宓子賤偕仕。孔子徃過孔篾，而問之曰：「自汝之仕，何得何亡？」對曰：「未有所得，而所亡者三：王事若龍，學焉得習？是學不得明也；俸祿少，饘粥不及親戚，是以骨肉益疏也；公事多，急不得吊死問疾，是朋友之道闕也。其所亡者三，即謂此也。」孔子不悅。徃過子賤，問如孔篾。對曰：「自來仕者無所亡，其有所得者三：始誦之，今得而行之，是學益明也；俸祿所供，被及親戚，是骨肉益親也；雖有公事，而兼以吊死問疾，是朋友篤也。」孔子喟然，謂子賤曰：「君子哉若人！魯無君子者，則子賤焉取此？」[2]

---

1 《論語》卷一，景刊唐開成石經本，北京：中華書局，1997年影印本，第2602頁。
2 《孔子家語》卷五，《四庫全書》第695冊，上海：上海古籍出版社，1987年影印本，第48頁。

《論語‧公冶長》：

子謂子賤，「君子哉若人！魯無君子者，斯焉取斯？」[1]

按：《家語》此章所敘有機完整，無邏輯錯誤，而且所表現的思想與孔子的一貫思想無有不合，尤其是孔子之語與《論語》所記完全相同，其真實性無可懷疑。《論語》所記，顯然只是「語」。而《家語》此章，當出早期之「記」。

3.〈正論〉（1）：

齊陳恒弒其簡公。孔子聞之，三日沐浴而適朝，告於哀公曰：「陳恒弒其君，請伐之。」公弗許。三請，公曰：「魯為齊弱久矣，子之伐也，將若之何？」對曰：「陳恒弒其君，民之不與者半，以魯之眾，加齊之半，可克也。」公曰：「子告季氏。」孔子辭，退而告人曰：「以吾從大夫之後，吾不敢不告也。」[2]

《論語‧憲問》：

陳成子弒簡公。孔子沐浴而朝，告於哀公曰：「陳恒弒其君，請討之。」公曰：「告夫三子！」孔子曰：「以吾從大夫之後，不敢不告也。君曰『告夫三子』者。」之三子告，不可。孔子曰：「以吾從大夫之後，不敢不告也。」[3]

按：二章所記之事完全相同，《家語》敘事更詳，而《論語》記

---

1 《論語》卷三，景刊唐開成石經本，北京：中華書局，1997年，第2610頁。
2 《孔子家語》卷九，《四庫全書》第695冊，上海：上海古籍出版社，1987年影印本，第95頁。
3 《論語》卷七，景刊唐開成石經本，北京：中華書局，1997年影印本，第2648頁。

孔子之語更詳，可見是各有側重，二者當有共同事實依據。

4. 〈正論〉（2）：

子張問曰：「《書》云高宗三年不言，言乃雍，有諸？」孔子曰：「胡為其不然也？古者天子崩，則世子委政於塚宰三年。成湯既沒，太甲聽於伊尹；武王既喪，成王聽於周公，其義一也。」[1]

《論語‧憲問》：

子張曰：「《書》云『高宗諒陰，三年不言』，何謂也？」子曰：「何必高宗，古之人皆然。君薨，百官總己以聽於塚宰三年。」[2]

按：二章所記基本一致，當是不同弟子對同一事情的記述。

可見四章之中，三章與《論語》同時，當出弟子之手；一章確有不純，為後人演義。說明《家語》確有與《論語》「並時」之作，也確有「好事者以意增損」之文。而三章與《論語》同時的文字皆較《論語》詳細，說明不可能是割裂《論語》而成。

（二）《家語》與《荀子》

《家語》與《荀子》相關的內容，共有二十七處，而且大多集中在〈大略〉以下時代存有爭議的六篇之中[3]。董麗曉同學經過逐一比勘分

1 《孔子家語》卷九，《四庫全書》第695冊，上海：上海古籍出版社，1987年影印本，第96頁。
2 《論語》卷七，景刊唐開成石經本，北京：中華書局，1997年，第2659頁。
3 按：唐人楊倞對《荀子》與《家語》相關內容較多的末幾篇曾提出質疑。近代以來，梁啟超、楊筠如、張西堂、金德建等皆認為《荀子》自〈大略〉篇以下，皆為漢儒雜錄而成；郭沫若則認為是荀子弟子纂輯、整理的材料；廖名春等認為這些為荀子所引述的既有材料。參見張心澂《偽書通考》，上海：上海書店出版社，1998年，第735～743頁；廖名春《荀子新探》，臺北：文津出版社，1994年，第55頁。

析，得出以下幾點認識：

第一，從總體上看，《家語》的記載大多比《荀子》原始（共二十處）。其中具體有三種現象：

（1）《家語》更為完整，《荀子》節錄其中部分內容（共九處）。如《家語·相魯篇》載：

初，魯之販羊有沈猶氏者，常朝飲其羊以詐市人；有公慎氏者，妻淫不制；有慎潰氏，奢侈踰法；魯之鬻六畜者，飾之以儲價。及孔子之為政也，則沈猶氏不敢朝飲其羊，公慎氏出其妻，慎潰氏越境而徙。三月，則鬻牛馬者不儲價，賣羔豚者不加飾。男女行者別其塗，道不拾遺。男尚忠信，女尚貞順。四方客至於邑，不求有司，皆如歸焉。[1]

《荀子·儒效篇》作：

仲尼將為司寇，沈猶氏不敢朝飲其羊，公慎氏出其妻，慎潰氏踰境而徙，魯之粥牛馬者不豫賈，脩正以待之也。居於闕黨，闕黨之子弟罔不分，有親者取多，孝弟以化之也。[2]

《家語》開頭記述了事情的起因，即「初，魯之販羊有沈猶氏者，常朝飲其羊以詐市人；有公慎氏者，妻淫不制；有慎潰氏，奢侈踰法；魯之鬻六畜者，飾之以儲價」，而《荀子》則無。《家語》言「鬻六畜者」，因此其後文分說「鬻牛馬者」、「賣羔豚者」，而《荀子》未提及「賣羔豚者」。可見《荀子》只是節錄了其中最關鍵

1　《孔子家語》卷一，《四庫全書》第695冊，上海：上海古籍出版社，1989年影印本，第5～6頁。
2　王先謙《荀子集解》卷四，北京：中華書局，1988年，第118～120頁。

的部分，省掉了整個事件的前因，《家語》的材料無疑更原始。

再如《家語・六本》載：

曾子從孔子於齊，齊景公以下卿之禮聘曾子，曾子固辭。將行，晏子送之，曰：「吾聞之，君子遺人以財，不若善言。今夫蘭本三年，湛之以鹿醢，既成，嗽之，則易之匹馬。非蘭之本性也，所以湛者美矣。願子詳其所湛者。夫君子居必擇處，遊必擇方，仕必擇君。擇君所以求仕，擇方所以修道。遷風移俗，嗜欲移性，可不慎乎？」

孔子聞之，曰：「晏子之言，君子哉！依賢者固不困，依富者固不窮。馬蚿斬足而複行，何也？以其輔之者眾。」[1]

《荀子・大略》作：

曾子行，晏子從於郊，曰：「嬰聞之，君子贈人以言，庶人贈人以財。嬰貧無財，請假於君子，贈吾子以言：乘輿之輪，太山之木也，示諸檃栝，三月五月，為幬菜敝而不反其常。君子之檃栝不可不謹也。慎之！蘭苣、槁本，漸於蜜醴，一佩易之。正君漸於香酒，可讒而得也。君子之所漸不可不慎也。」[2]

從文本上考察，此處《家語》多出「曾子從孔子於齊，齊景公以下卿之禮聘曾子，曾子固辭」，將事件起因交代得很清楚。而《荀子》直作「曾子行，晏子從於郊」，其中的「從」應是「送」字，以音誤。《家語》在此章最後還有孔子對晏子之言的評價，而《荀子》無，可見《家語》更完整。

1　《孔子家語》卷四，《四庫全書》第695冊，上海：上海古籍出版社，1989年影印本，第39頁。
2　王先謙《荀子集解》卷十九，北京：中華書局，1988年，第507～508頁。

　　（2）《荀子》使用簡化或淺化語言（共八處）。例如《家語·觀鄉射篇》載：

　　孔子曰：「吾觀於鄉，而知王道之易易也。主人親速賓及介，而眾賓皆從之，至於正門之外，主人拜賓及介，而眾賓自入，貴賤之義別矣。三揖至於階，三讓以賓升。拜至，獻酬，辭讓之節繁。及介升，則省矣。至於眾賓，升而受爵，坐祭，立飲，不酢而降，隆殺之義辨矣。工入，升歌三終，主人獻賓；笙入三終，主人又獻之；間歌三終，合樂三闋，工告樂備而遂出。一人揚觶，乃立司正。焉知其能和樂而不流也。賓酬主人，主人酬介，介酬眾賓，少長以齒，終於沃洗者。焉知其能弟長而無遺矣。降，脫履，升座，修爵無算。飲酒之節，旰不廢朝，暮不廢夕。賓出，主人拜送，節文終遂。焉知其能安燕而不亂也。貴賤既明，降殺既辨，和樂而不流，弟長而無遺，安燕而不亂：此五者，足以正身安國矣。彼國安而天下安矣。故曰：吾觀於鄉，而知王道之易易也。」[1]

　　《荀子·樂論篇》作：

　　吾觀於鄉，而知王道之易易也。主人親速賓及介，而眾賓皆從之，至於門外，主人拜賓及介，而眾賓皆入，貴賤之義別矣。三揖至於階，三讓以賓升。拜至，獻酬，辭讓之節繁。及介省矣。至於眾賓，升受，坐祭，立飲，不酢而降，隆殺之義辨矣。工入，升歌三終，主人獻之；笙入三終，主人獻之；間歌三終，合樂三終，工告樂備，遂出。二人揚觶，乃立司正。焉知其能和樂而不流也。賓酬主

---

[1] 《孔子家語》卷七，《四庫全書》第695冊，上海：上海古籍出版社，1989年影印本，第67頁。

人，主人酬介，介酬眾賓，少長以齒，終於沃洗者。焉知其能弟長而無遺也。降，說屨，升坐，修爵無數。飲酒之節，朝不廢朝，莫不廢夕。賓出，主人拜送，節文終遂。焉知其能安燕而不亂也。貴賤明，隆殺辨，和樂而不流，弟長而無遺，安燕而不亂：此五行者，是足以正身安國矣。彼國安而天下安。故曰：吾觀於鄉，而知王道之易易也。[1]

《家語》開頭有「孔子曰」而《荀子》無，表明荀子是將孔子之語直接轉為己言。僅此一點即可證明，《荀子》之文必不早於《家語》。又《家語》作「正門之外」，《荀子》作「門外」。《家語》的「正門之外」與「門外」相比，顯然是更原始的資訊。《家語》作「及介升，則省矣」、「升而受爵」，而《荀子》作「及介省矣」、「升受」，顯然也屬於簡化。

（3）《荀子》個別章節對原文有改造，所表達的思想較晚（共三處）。例如前文《家語・相魯》作「及孔子之為政也」，《荀子》則作「仲尼將為司寇」；《家語》反映的是待孔子為政之後魯人的各種惡行才消失，而《荀子》表現的則是魯地百姓懼於孔子威望，聞風紛紛棄惡從善，對孔子有神聖化傾向。顯然《家語》的記載更古樸。

第二，有共同的材料來源，而《荀子》更好地保留了原貌，《家語》則脫誤較多，甚至個別地方有改動（共六處）。

例如，《家語・三恕》載：

子貢觀於魯廟之北堂，出而問於孔子曰：「向也賜觀於太廟之堂，未既輟，還瞻北蓋皆斷焉，彼將有說耶？匠過之也？」孔子曰：「太廟之堂，官致良工之匠，匠致良材，盡其功巧，蓋貴久矣。尚有

1 王先謙《荀子集解》卷十四，北京：中華書局，1988年，第384～385頁。

說也。」[1]

《荀子‧宥坐》作：

子貢觀於魯廟之北堂，出而問於孔子曰：「鄉者賜觀於太廟之北堂，吾亦未輟，還複瞻被九蓋皆繼，被有說邪？匠過絕邪？」孔子曰：「太廟之堂，亦嘗有說。官致良工，因麗節文，非無良材也，蓋曰貴文也。」[2]

《家語》作「北蓋」、「貴久」，《荀子》作「九蓋」、「貴文」。二者「蓋」字後都有「皆」字，說明「蓋」字之前當為數字，所以《荀子》作「九」是，《家語》「北」當為誤字。

後面孔子回答的部分，二者所記差距較大，語序明顯不同。《荀子》作「繼」、「貴文」更為準確；「官致良工，因麗節文」，正所謂「亦嘗有說」，可見文辭簡潔而通順。《家語》作「良工之匠」，已是不辭；又將「尚有說也」移之於後，顯得語無倫序，完全不似孔子語。顯然，《荀子》保留了更為可靠的資訊。

第三，《荀子》所記較原始。如《家語‧三恕》載：

子貢問於孔子曰：「子從父命，孝；臣從君命，貞乎[3]。奚疑焉？」

孔子曰：「鄙哉賜！汝不識也。昔者明王萬乘之國有爭臣七人，則主無過舉；千乘之國有爭臣五人，則社稷不危也；百乘之家有爭臣三人，則祿位不替；父有爭子，不陷無禮；士有爭友，不行不義。故

---

1 《孔子家語》卷二，《四庫全書》第695冊，上海：上海古籍出版社，1989年影印本，第22頁。
2 王先謙《荀子集解》卷二十，北京：中華書局，1988年，第527～528頁。
3 此處「乎」字應為「矣」，前面當脫一「矣」字，皆為陳述句式

子從父命，奚詎為孝？臣從君命，奚詎為貞？夫能審其所從之謂孝、之謂貞矣。」[1]

《荀子・子道》作：

魯哀公問於孔子曰：「子從父命，孝乎？臣從君命，貞乎？」三問，孔子不對。孔子趨出，以語子貢曰：「鄉者君問丘也，曰：『子從父命，孝乎？臣從君命，貞乎？』三問而丘不對，賜以為何如？」子貢曰：「子從父命，孝矣；臣從君命，貞矣。夫子有奚對焉？」孔子曰：「小人哉！賜不識也。昔萬乘之國有爭臣四人，則封疆不削；千乘之國有爭臣三人，則社稷不危；百乘之家有爭臣二人，則宗廟不毀。父有爭子，不行無禮；士有爭友，不為不義。故子從父，奚子孝？臣從君，奚臣貞？審其所以從之之謂孝、之謂貞也。[2]

《家語》只記孔子答子貢問，而《荀子》則先有魯哀公之問。而且《荀子》有「三問，孔子不對。孔子趨出」等一系列細節性描寫，明顯較為原始。《家語》顯然是進行了節略改造。

以上可見，《家語》確有較《荀子》晚出的材料，但只占少數；確有脫誤較多、甚至經過改造的地方，但明顯又不本於《荀子》。如果加上大多數比《荀子》更原始的事實，則所謂《家語》「割裂」《荀子》而「纖成」的說法，顯然不能成立。

（三）《家語》與《禮記》

《家語》與《禮記》事同者極多，如〈相魯〉篇第一章所記孔子為中都宰之事又見《禮記・檀弓上》；〈大婚解〉篇所記又見《禮

1　《孔子家語》卷二，《四庫全書》第695冊，上海：上海古籍出版社，1989年影印本，第22頁。
2　王先謙《荀子集解》卷二十，北京：中華書局，1988年，第530頁。

記・哀公問〉；〈儒行解〉又見《禮記・儒行》；〈問禮〉篇前半部分又見《禮記・哀公問》，後半部分又見《禮記・禮運》；〈好生〉篇第十四章又見《禮記・雜記下》；〈六本〉篇第五章又見《禮記・檀弓》；〈哀公問政〉篇，第一章又見《禮記・中庸》，第二章又見《禮記・祭義》；〈五帝〉篇分見《禮記・月令》與《檀弓上》；〈本命解〉末章又見《禮記・喪服四制》；〈論禮〉前半部分又見《禮記・仲尼燕居》，後半部分又見《禮記・孔子閒居》；〈觀鄉射〉第一章又見《禮記・郊特牲》與《射義》，第二章又見《禮記・鄉飲酒義》，第三章又見《禮記・雜記下》；〈郊問〉篇又見《禮記・郊特牲》；〈刑政〉又見《禮記・王制》；〈禮運〉又見《禮記・禮運》；〈冠頌〉分見《禮記・冠義》和《郊特牲》；〈廟制〉第一章分見《禮記・王制、祭法》；第二章又見《禮記・祭法》；〈辨樂解〉第二章又見《禮記・樂記》，第三章「馬三華山」、「倒載干戈」、「食三老五更於太學」之語又見《禮記・樂記》；〈問玉〉第一章又見《禮記・聘義》，第二章又見《禮記・經解》，第三章又見《禮記・孔子燕居》；〈屈節〉第四章又見《禮記・檀弓下》；〈終記解〉又見《禮記・檀弓上》；〈正論〉第十三章又見《禮記・檀弓下》、第十九章又見《禮記・檀弓下》、第二十四章又見《禮記・仲尼燕居》、第二十五章又見《禮記・祭義》。〈曲禮子貢問〉、〈曲禮子夏問〉、〈曲禮公西赤問〉三篇，幾乎全見《禮記》。那麼二者究竟是什麼關係？我們先看同名之篇。

1. 〈儒行〉

《家語》之〈儒行〉第五，與《禮記》第四十一篇同名。兩相對勘，除個別虛詞的有無以外，《家語》開篇之「孔子在衛，冉求言於季孫曰：『國有聖人而不能用，欲以求治，是猶卻步而欲求及前人，不可得已。今孔子在衛，衛將用之。己有才而以資鄰國，難以言智

也，請以重幣迎之。』季孫以告哀公，公從之。孔子既至舍，哀公館焉。公自阼階，孔子賓階升堂立侍」[1]，即「公曰：夫子之服，其儒服與」以上，為《禮記》所無；而《禮記》「儒有聞善以相告」章，又為《家語》所無。顯然，據《禮記》不可以有《家語》全文，據《家語》不可以有《禮記》全文。這就說明，二者互不相本。所以，只能是有共同的材料來源。事實上，《禮記》本身的資料彙編性質，就說明它有更早的材料來源。所以，出現這種現象，是完全正常的。以下各篇，也有類似情況。

2. 〈禮運〉

《家語》之〈禮運〉第三十二，與《禮記》第九篇同名。兩相對勘，除個別虛詞的有無以外，首先是《家語》開篇作「孔子為魯司寇，與於蠟，既賓事畢，乃出遊於觀之上」，描述性較強；《禮記》作「昔者仲尼與於蠟賓，事畢，出遊於觀之上」，追敘性強。

其次，「孔子曰嗚呼哀哉」以上，《家語》直作「言偃曰：『今之在位，莫知由禮，何也』」；《禮記》則有「言偃複問曰：『夫子之極言禮也，可得而聞與？』孔子曰：『我欲觀夏道，是故之杞，而不足徵也，吾得《夏時》焉；我欲觀殷道，是故之宋，而不足徵也，吾得《坤乾》焉。《坤乾》之義，《夏時》之等，吾以是觀之」，及「夫禮之初」至「此禮之大成也」兩章。《禮記》所多出的兩章，《家語》又在〈問禮〉篇。可見《禮記》較完整，《家語》對原作有割裂。

第三，文辭或異。如《家語》云：

昔大道之行，與三代之英，吾未之逮也，而有記焉。大道之行，

1 《孔子家語》卷一，《四庫全書》第695冊，上海：上海古籍出版社，1987年影印本，第10頁。

第七章　《孔子家語》與孔氏家學

天下為公，選賢與能，講信修睦。故人不獨親其親，不獨子其子；老有所終，壯有所用，矜寡孤疾皆有所養。貨惡其棄於地，不必藏於己；力惡其不出於身，不必為人。是以奸謀閉而不興，盜竊亂賊不作。故外戶而不閉，謂之大同。

今大道既隱，天下為家，各親其親，各子其子，貨則為己，力則為人。大人世及以為常，城郭溝池以為固。禹湯文武，成王周公，由此而選，未有不謹於禮，禮之所興，與天地並，如有不由禮而在位者，則以為殃。[1]

《禮記》作：

大道之行也，與三代之英，丘未之逮也，而有志焉。大道之行也，天下為公，選賢與能，講信修睦。故人不獨親其親，不獨子其子。使老有所終，壯有所用，幼有所長，矜寡孤獨廢疾者皆有所養。男有分，女有歸。貨惡其棄於地也，不必藏於己；力惡其不出於身也，不必為己。是故謀閉而不興，盜竊亂賊而不作。故外戶而不閉，是謂大同。

今大道既隱，天下為家，各親其親，各子其子，貨力為己。大人世及以為禮，城郭溝池以為固。禮義以為紀，以正君臣，以篤父子，以睦兄弟，以和夫婦，以設制度，以立田里，以賢勇知，以功為己。故謀用是作，而兵由此起。禹、湯、文、武、成王、周公，由此其選也。此六君子者，未有不謹於禮者也。以著其義，以考其信，著有過，刑仁講讓，示民有常。如有不由此者，在執者去，眾以為殃。是謂小康。[2]

---

1 《孔子家語》七，《四庫全書》第695冊，上海：上海古籍出版社，1987年影印本，第71~72頁。
2 《禮記正義》卷二十一，《十三經注疏》本，北京：中華書局，1980年，第1414頁。

「志」、「記」通假，可以不論。主要是《禮記》多出「幼有所長」及「男有分，女有歸」，而《家語》無；《禮記》「矜寡孤獨廢疾者」，《家語》作「矜寡孤疾者」；《家語》「大道之行，天下為公……力惡其不出於身，不必為人」，《禮記》作「不必為己」；《家語》「大道既隱，天下為家……貨則為己，力則為人」，《禮記》作「貨力為己」；《禮記》「大人世及以為禮」，《家語》作「大人世及以為常」；《家語》無「禮義以為紀，以正君臣，以篤父子，以睦兄弟，以和夫婦，以設制度，以立田里，以賢勇知，以功為己。故謀用是作，而兵由此起」一段，又無「此六君子者」，無「以著其義，以考其信，著有過，刑仁講讓，示民有常。如有不由此者，在執者去，眾以為殃。是謂小康」，而有「禮之所興，與天地並。如有不由禮而在位者，則以為殃」。顯然，《家語》此二段晚於《禮記》，屬於節錄性質，而且是有所改造，並有誤解，如「力惡其不出於身，不必為人」及「力當為人」：揆其義，既是天下為公，人力自當不必為己；而天下為家，人力自當不必為人。可見《禮記》為是。今《家語》之文，當經淺人篡改，或流傳致誤。

第四，共有晚出名詞概念。如孔子雖極言「仁」、「禮」、「義」，但在《論語》則絕無「仁義」、「禮義」之稱。「仁義」、「禮義」連稱，最早當始於子思。今二者述孔子曰皆有「考制度，列（別）仁義」、「五行以為質，禮義以為器」之語，說明不為孔子親說。

綜合諸點，可知《家語》對〈禮運〉原作有割裂，而且流傳有改竄；《禮記》之〈禮運〉文雖完整，但亦非原作：說明二者有共同來源。其早期材料，即所謂「記」，當是言偃後學在原始記錄（不必有篇名）基礎上加工發揮而成，事件雖可能為真，而孔子之語則不盡真。當然，即使《家語》開篇之文不早於《禮記》，也不證明其本於

《禮記》，因為《禮記》本身有其材料來源。

以上是二書同名之篇，以下再看章節之同者。由於二書相同或相似的章節過多，這裡只舉數例。

3. 〈哀公問政〉

《家語》之〈哀公問政〉，又見《禮記‧中庸》，對照之下，互有出入。如《家語》云：

夫政者，猶蒲盧也，待化以成，故為政在於得人。取人以身，修道以仁。……親親之殺，尊賢之等，禮所以生也。禮者，政之本也。是以君子不可以不修身。思修身，不可以不事親；思事親，不可以不知人。[1]

《中庸》作：

夫政也者，蒲盧也，故為政在人。取人以身，修身以道，修道以仁。……親親之殺，尊賢之等，禮所生也。在下位不獲乎上，民不可得而治矣。故君子不可以不修身。思修身，不可以不事親；思事親，不可以不知人。[2]

《家語》多「待化以成」句，《中庸》多「在下位不獲乎上，民不可得而治矣」。揆其義，蒲盧（蘆）為人所種，與化無關。《家語》「待化以成」句，當是後人所增。而《中庸》「在下位不獲乎上，民不可得而治矣」句，又似與上下文不能銜接，當是衍文。可見二者均失原貌。

又《家語》此篇「孔子曰：好學近乎智，力行近乎仁」上有「公

---

1 《孔子家語》卷四，《四庫全書》第695冊，上海：上海古籍出版社，1987年影印本，第42～43頁。
2 《禮記正義》卷二十五，《十三經注疏》本，北京：中華書局，1980年，第1629頁。

曰：子之言美矣至矣，寡人實固，不足以成之也」；「凡為天下國家有九經」上有「公曰：『政其盡此而已乎？』孔子曰」；「齊潔（明）盛服，非禮不動」上有「公曰：『為之奈何？』孔子曰」，而《中庸》並無。可見《家語》之文較原始，而《中庸》已經簡化原文。又說明《家語》之文不晚於《中庸》文。所以，也就不可能由《禮記》而來。

4. 〈論禮〉

《家語‧論禮》篇前半部分又見《禮記‧仲尼燕居》，可以互勘。如《禮論》云：

> 孔子閒居，子張、子貢、言游侍，論及於禮。孔子曰：「居，汝三人者，吾語汝以禮，周流無不遍也。」子貢越席而對曰：「敢問如何？」子曰：「敬而不中禮謂之野，恭而不中禮謂之給，勇而不中禮謂之逆。」子曰：「給奪慈仁。」
> 子貢曰：「敢問將何以為此中禮者？」子曰：「禮乎！夫禮，所以制中也。」子貢退，言游進曰：「敢問禮也，領惡而全好者與？」子曰：「然。」子貢問：「何也？」子曰：「郊社之禮……」[1]

《禮記‧仲尼燕居》載：

> 仲尼燕居，子張、子貢、言游侍，縱言至於禮。子曰：「居，女三人者。吾語女禮，使女以禮周流，無不遍也。」子貢越席而對曰：「敢問何如？」子曰：「敬而不中禮謂之野，恭而不中禮謂之給，勇而不中禮謂之逆。」子曰：「給奪慈仁。」

---

1 《孔子家語》卷六，《四庫全書》第695冊，上海：上海古籍出版社，1987年影印本，第63頁。

357

子曰：「師，爾過，而商也不及。子產猶眾人之母也，能食之，不能教也。」子貢越席而對曰：「敢問將何以為此中者也？「子曰：」禮乎禮。夫禮，所以制中也。」子貢退。言游進曰：「敢問禮也者，領惡而全好者與？」子曰：「然。」「然則何如？」子曰：「郊社之禮……」[1]

《家語》「周流無不遍也」，似應由《禮記》「使女以禮周流，無不遍也」文而來。《家語》無「子曰：師，爾過，而商也不及」一節，及「使女以禮」，也明顯屬於節略，可見《家語》此章文晚於《禮記》文。

5. 〈觀鄉射〉

《家語·觀鄉射》篇第一章，又見《禮記·射義》。《家語》作：

孔子觀於鄉射，喟然歎曰：「射之以禮樂也，何以射，何以聽，修身而發，而不失正鵠者，其唯賢者乎？若夫不肖之人，則將安能以求飲？《詩》云：『發彼有的，以祈爾爵。』祈，求也，求所中以辭爵。酒者，所以養老，所以養病也。求中以辭爵，辭其養也，是故士使之射而弗能，則辭以病，懸弧之義。」

於是退而及門人習射於矍相之圃，蓋觀者如堵牆焉。射至於司馬，使子路執弓矢出列延，謂射之者曰：「奔軍之將，亡國之大夫，與為人後者不得入，其餘皆入。」蓋去者半。又使公罔之裘、序點揚觶而語曰：「幼壯孝悌，耆老好禮，不從流俗，修身以俟死者在此位。」蓋去者半。序點揚觶而語曰：「好學不倦，好禮不變，耄期稱道而不亂者，在此位。」蓋僅有存焉。

射既闋，子路進曰：「由與二三子者之為司馬，何如？」孔子

---

1 《禮記正義》卷五十，《十三經注疏》本，北京：中華書局，1980年，第1613頁。

曰：「能用命矣。」[1]

《禮記‧射義》曰：

孔子射於瞿相之圃，蓋觀者如堵牆。射至於司馬，使子路執弓矢出延射，曰：「賁軍之將、亡國之大夫與為人後者不入，其餘皆入。」蓋去者半，入者半。又使公罔之裘、序點揚觶而語。公罔之裘揚觶而語曰：「幼壯孝弟，耆耋好禮，不從流俗，修身以俟死者不，在此位也。」蓋去者半，處者半。序點又揚觶而語曰：「好學不倦，好禮不變，旄期稱道不亂者不，在此位也。」蓋僅有存者。……

孔子曰：「射者何以射，何以聽，循聲而發，發而不失正鵠者，其唯賢者乎！若夫不肖之人，則彼將安能以中？《詩》云：「發彼有的，以祈爾爵。」祈，求也，求中以辭爵也。酒者，所以養老也，所以養病也。求中以辭爵者，辭養也。[2]

按：此篇《家語》之文顯然是一有機整體，《禮記》則係割裂而倒置。可見《家語》此章更為原始。

〈觀鄉射〉第三章，又見《禮記‧雜記下》。《家語》作：

子貢觀於蜡，孔子曰：「賜也，樂乎？」對曰：「一國之人皆若狂，賜未知其為樂也。」孔子曰：「百日之勞，一日之樂，一日之澤，非爾所知也。張而不弛，文、武弗能；弛而不張，文、武弗為。一張一弛，文、武之道也。」[3]

---

1 《孔子家語》卷七，《四庫全書》第695冊，上海：上海古籍出版社，1987年影印本，第66～67頁。
2 《禮記正義》卷六二，《十三經注疏》本，北京：中華書局，1980年，第1687～1689頁。
3 《孔子家語》卷七，《四庫全書》第695冊，上海：上海古籍出版社，1987年影印本，第67頁。

《禮記・雜記下》作：

子貢觀於蠟，孔子曰：「賜也，樂乎？」對曰：「一國之人皆若
狂，賜未知其樂也。」子曰：「百日之蠟，一日之澤，非爾所知也。
張而不弛，文、武弗能也；弛而不張，文、武弗為也。一張一弛，
文、武之道也。」[1]

基本相同，惟《家語》「百日之勞」《禮記》作「百日之蠟」，
又多「一日之樂」。「勞」與「樂」、「澤」皆可對文，而「蠟」字
顯系涉上文而誤。且「文武弗能」、「文武弗為」下無「也」字，語
勢更順。可見《家語》此章勝《禮記》。

以上對勘說明，《家語》與《禮記》互有優劣，互有早晚。那
麼，《家語》之文就不可能是割裂《禮記》而成。

（四）《家語》與《大戴禮記》

《大戴禮記》亦屬於「記」的彙編，是儒家的重要典籍，在宋代曾
有「十四經」之稱。關於其作者與成書，我們曾經指出：《大戴禮
記》確為西漢戴德所輯傳之書，是戴德在所受後倉基礎上增益而成
的。[2]

從文本內容看，《家語》與《大戴禮記》相同或相似者有六篇，
分別是：〈大婚解〉，見於《大戴禮記・哀公問於孔子》；〈問禮〉
篇孔子與哀公對話部分，見於《大戴禮記・哀公問於孔子》；〈弟子
行〉，見於《大戴禮記・衛將軍文子》；〈執轡〉，見於《大戴禮
記・盛德》和《大戴禮記・易本命》；〈五儀解〉，見於《大戴禮
記・哀公問五儀》；〈入官〉，見於《大戴禮記・子張問入官》。

1　《禮記正義》卷四十三，《十三經注疏》本，北京：中華書局，1980年，第1567頁。
2　黃懷信〈關於《大戴禮記》源流的幾個問題〉，《齊魯學刊》2005年第1期。

以往的「偽書說」者，多以為《家語》文是割裂《大戴禮記》而成。這裡也不妨再作部分比勘，以明二者之間的關係。

　　先看《家語‧大婚解》與《大戴禮記‧哀公問於孔子》。《家語》云：

　　公曰：「敢問為政如之何？」孔子對曰：「夫婦別，男女親，君臣信，三者正，則庶物從之。」[1]

《大戴禮記》作：

　　公曰：「敢問為政如之何？」孔子對曰：「夫婦別，父子親，君臣嚴，三者正，則庶民從之矣。」[2]

　　眾所周知，孔子重禮，強調「君君、臣臣、父父、子子」。這裡《家語》作「男女親」，顯然不如《大戴禮記》作「父子親」合理，疑是後人所改。

　　又《家語》云：

　　孔子對曰：「夫其行己不過乎物，謂之成身。不過乎物，合天道也。」[3]

　　《大戴禮記》則僅有「孔子對曰：不過乎物」。可見《家語》不可

1 《孔子家語》卷一，《四庫全書》第695冊，上海：上海古籍出版社，1987年影印本，第9頁。
2 《大戴禮記》卷一，《大戴禮記匯校集注》本，西安：三秦出版社，2005年，第80頁。
3 《孔子家語》卷一，《四庫全書》第695冊，上海：上海古籍出版社，1987年影印本，第10頁。

第七章　《孔子家語》與孔氏家學

能抄襲或割裂《大戴禮記》文。

再看《家語‧問禮》篇孔子與哀公對話部分與《大戴禮記‧哀公問於孔子》。《家語》載：

哀公問於孔子曰：「大禮何如？子之言禮，何其尊也！」孔子對曰：「丘也鄙人，不足以知大禮也。」公曰：「吾子言焉！」孔子曰：「丘聞之，民之所以生者，禮為大。非禮則無以節事天地之神焉；非禮則無以辯君臣、上下、長幼之位焉；非禮則無以別男女、父子、兄弟、婚姻、親族、疏數之交焉。是故君子此之為尊敬，然後以其所能教順百姓，不廢其會節。既有成事，而後治其文章黼黻、以別尊卑、上下之等。其順之也，而後言其喪祭之紀、宗廟之序，品其犧牲，設其豕腊，修其歲時，以敬其祭祀，別其親疏，序其昭穆，而後宗族會醵。即安其居，以綴恩義，卑其宮室，節其服御，車不雕璣，器不彤鏤，食不二味，心不淫志，以與萬民同利。古之明王，行禮也如此。」[1]

《大戴禮記》載：

哀公問於孔子曰：「大禮何如？君子之言禮，何其尊也？」孔子曰：「丘也小人，何足以知禮。」君曰：「否，吾子言之也。」孔子曰：「丘聞之也，民之所由生，禮為大。非禮，無以節事天地之神明也；非禮，無以辯君臣、上下、長幼之位也；非禮，無以別男女、父子、兄弟之親，婚姻疏數之交也。君子以此之為尊敬然。然後以其所能教百姓，不廢其會節；有成事，然後治其雕鏤文章黼黻以嗣。其

---

1 《孔子家語》卷一，《四庫全書》第695冊，上海：上海古籍出版社，1987年影印本，第12頁。

順之，然後言其喪算，借其鼎俎，設其豕腊，修其宗廟，歲時以敬祭祀，以序宗族，則安其居處，醜其衣服，卑其宮室，車不雕幾，器不刻鏤，食不貳味，以與民同利。昔之君子之行禮者如此。」[1]

對勘二文，不同處主要有：（1）《家語》「丘也鄙人，不足以知大禮也」，《大戴禮記》作「丘也小人，何足以知禮」。結合上文「大禮何如」、「子之言禮何其尊也」及孔子知禮之實際，顯然作「知大禮」為是。可見《家語》不可能是抄襲《大戴禮記》。（2）《家語》作「別男女、父子、兄弟、婚姻、親族、疏數之交」，較《大戴禮記》作「別男女、父子、兄弟之親，婚姻、疏數之交」合理；《大戴禮記》「有成事，然後治其雕鏤文章黼黻以嗣」，顯然是由「既有成事，而後治其文章黼黻，以別尊卑、上下之等」簡化或訛脫而來；《家語》「後言其喪祭之紀、宗廟之序，品其犧牲，設其豕腊，修其歲時，以敬其祭祀，別其親疏，序其昭穆，而後宗族會宴」一段，顯然也較《大戴禮記》所言全面。說明《家語》此文必不晚於《大戴禮記》，但《大戴禮記》之文，似又不本於《家語》。所以，只能解釋為《家語》與《大戴禮記》此文有相同的材料來源。

再看《家語·弟子行》與《大戴禮記·衛將軍文子》。開篇《家語》曰：

衛將軍文子問於子貢曰：「吾聞孔子之施教也，先之以《詩》、《書》，而導之以孝悌，說之以仁義，觀之以禮樂，然後成之以文德。蓋入室升堂者七十有餘人，其孰為賢？[2]

1　《大戴禮記》卷一，《大戴禮記匯校集注》本，西安：三秦出版社，2005年，第7175頁。
2　《孔子家語》卷三，《四庫全書》第695冊，上海：上海古籍出版社，1987年影印本，第28頁。

《大戴禮記》作：

衛將軍文子問於子贛曰：「吾聞孔子之施教也，先之以《詩》、《世（書）》，道者（之）孝悌，說之以義而觀諸禮，成之以文德。蓋受教者七十有餘人，聞之孰為賢也？」[1]

顯然，後者之文錯訛已甚，不可能為前者之所本。又如《家語》曰：

若逢有德之君，世受顯命，不失厥名；以御於天子，則王者之相也。[2]

《大戴禮記》作：

故國（回）一逢有德之君，世受顯命，不失厥名，以御於天子，以申之。[3]

《大戴》「以御於天子，以申之」，語不可通，當有脫文。顯然，也不可能是前者之所出。

再看《家語・執轡》與《大戴禮記・盛德》。《家語》所載，本為閔子騫問政於孔子而孔子作答，原原本本，甚為清晰；而《大戴禮記》（原文略）則純為政論之文，完全將孔子之言融入其中，成了作

---

1 《大戴禮記》卷六，《大戴禮記匯校集注》本，西安：三秦出版社，2005年，第668～670頁。

2 《孔子家語》卷三，《四庫全書》第695冊，上海：上海古籍出版社，1987年影印本，第28頁。

3 《大戴禮記》卷六，《大戴禮記匯校集注》本，西安：三秦出版社，2005年，第676頁。

者自己之言。所以，《家語》此文必不晚於《大戴禮記》。

　　再看《家語·五儀解》與《大戴禮記·哀公問五儀》。該篇首句
《家語》作：

　　哀公問於孔子曰：「寡人欲論魯國之士，與之為治，敢問如何取
之？」孔子對曰：「生今之世，志古之道；居今之俗，服古之服。舍
此而為非者，不亦鮮乎？」[1]

《大戴禮記》作：

　　魯哀公問於孔子曰：「吾欲論吾國之士，與之為政，何如者取
之？」孔子對曰：「生乎今之世，志古之道，居今之俗，服古之服。
舍此而為非者，不亦鮮乎？」[2]

　　哀公自言，不當稱「魯國」；「為治」，不如作「為政」；下文
既言「舍此而為非者」云云，則上文自當有「者」字。可見此文《家
語》不如《大戴》。

　　又《家語·弟子行》「衛將軍文子問子貢」章有「啟蟄不殺」
一語，不避漢景帝諱，與阜陽雙古堆漢簡《天曆》篇「立春」、「立
夏」作「啟春」、「啟夏」同，而《大戴禮記·衛將軍文子》則作
「開蟄不殺」，避漢景帝諱。說明《家語》之文早於《大戴禮記》。
所以也就不可能是割裂《大戴禮記》而成。

　　以上比對可以看出，《家語》既非割裂《大戴禮記》而成，《大
戴禮記》也沒有抄襲《家語》。二者之前，必有相似的材料傳世。這

1　《孔子家語》卷一，《四庫全書》第695冊，上海：上海古籍出版社，1987年影印本，第
　　13頁。
2　《大戴禮記》卷一，《大戴禮記匯校集注》本，西安：三秦出版社，2005年，第48頁。

第七章　《孔子家語》與孔氏家學

與二者均屬材料彙編的性質與成書情況顯然是相符的。《家語序》孔安國謂其「於是因諸公卿大夫，私以人事募求其副，悉得之，乃以事類相次」的說法，無疑是可信的。《大戴禮記》為采輯傳世之「記」而成，也是可信的。

（五）《家語》與《說苑》

《家語》與《說苑》相同相近者極多。據趙善詒《說苑疏證》統計，二者相關的章節有119處[1]；據陳士珂《孔子家語疏證》，《家語》有100處材料與《說苑》的112處相對應[2]。所以，自宋王柏以來就有《家語》是由王肅割裂《說苑》等書纂輯而成的觀點，迄今仍有《說苑》早於《家語》、《家語》由《說苑》改寫，或是在《說苑》基礎上層累而形成之說。事實究竟如何？藺小英同學通過具體材料比勘發現，二書在材料方面，至少存在以下七種情形。

1. 有共同的材料來源，而《家語》更原始

在這一類材料中，《家語》大多保留了原始字詞，而《說苑》則改動較多，且有明顯的改造痕跡，包括追求行文的對仗工整，避免重複等等，而《家語》則較為符合口語習慣，較少修飾。另外從材料所反映的社會現實方面看，《家語》較為接近先秦社會，而《說苑》則明顯帶有大一統社會下君主專制的集權色彩。

如《孔子家語・五儀解》：

哀公問於孔子曰：「寡人欲吾國小而能守，大則無攻，其道如何？」孔子對曰：「使君朝廷有禮，上下和親，天下百姓皆君之民，將誰攻之？苟違此道，民畔如歸，皆君之讎也，將與誰守？」公曰：「善哉！」於是廢澤梁之禁，弛關市之稅，以惠百姓。[3]

1　趙善詒《說苑疏證》上海：華東師範大學出版社，1985年。
2　按：之所以會有12處的差異，是由於《家語》、《說苑》二書分章不同而造成的。
3　《孔子家語》卷一，《四庫全書》第695冊，上海：上海古籍出版社，1989年影印本，第15頁。

《說苑·指武篇》：

魯哀公問於仲尼曰：「吾欲小則守，大則攻，其道若何？」仲尼曰：「若朝廷有禮，上下有親，民之眾皆君之畜也，君將誰攻？若朝廷無禮，上下無親，民眾皆君之讎也，君將誰與守？」於是廢澤梁之禁，弛關市之徵，以為民惠也。[1]

兩段文字雖極為相似，但也有不少細微的差別：

第一，開篇《家語》作「哀公問於孔子曰」，《說苑》作「魯哀公問於仲尼曰」。我們知道，在《論語》中，凡「哀公」皆不冠「魯」。《家語》作「哀公」，正與之同，說明皆當年魯國人所記。《說苑》「魯」字，明顯為後人所冠。至於「孔子」與「仲尼」，考《家語》全書皆作「孔子」，稱「仲尼」的只有一處，即《本姓解》：「生孔子，故名丘，字仲尼。」可見出於不得已。顯然，《家語》之「孔子」，有出其後人諱改的可能，但不說明就在《說苑》之後，因為孔安國或更早的人完全可以改動。

第二，哀公自稱《家語》作「寡人」，而《說苑》作「吾」，參以《論語》等，似亦應以《家語》為原始，《說苑》為後改。

第三，《家語》作「天下百姓皆君之民，民畔如歸」，《說苑》作「民之眾皆君之畜也，民眾皆君之讎也」。考《論語》載孔子語有「修己以安百姓，堯、舜其猶病諸」（〈憲問〉）、「百姓足，君孰與不足」（〈顏淵〉）」等，說明孔子習慣稱「百姓」。所以，《家語》此處的「百姓」無晚出之嫌。而且《家語》似更符合先秦社會現實，《說苑》「民之眾皆君之畜」則帶有中央集權體制的意味。

第四，《說苑》無「公曰善哉」四字，無疑屬於省略。

1 《說苑校證》卷十五，北京：中華書局，1987年，第376頁。

另外，從行文方面進行比較，《說苑》明顯有後人加工整理的痕跡，而《家語》則顯得較為古樸。如《說苑》作「小則守，大則攻」、「若朝廷有禮，上下有親」、「若朝廷無禮，上下無親」，明顯是講究對仗工整。《家語》則較為平實，比較符合口語的交流形式，所以應是更原始的記錄。

顯然，《家語》此章文字，不可能出於《說苑》。

2. 《說苑》兼采《家語》等資料而成

這一類主要是《說苑》兼用幾種材料綜合成文，其中包括《家語》的材料。眾所周知，劉向曾領校秘書，有機會見到大量原材料，所以，有這種現象完全正常。這裡舉其兼用《家語》與《韓詩外傳》成文的一條。

《家語·五儀解》：

哀公問於孔子曰：「智者壽乎？仁者壽乎？」孔子對曰：「然，人有三死，而非其命也，行己自取也。夫寢處不時，飲食不節，逸勞過度者，疾共殺之；居下位而上干其君，嗜欲無厭而求不止者，刑共殺之；以少犯眾，以弱侮強，忿怒不類，動不量力者，兵共殺之。此三者，死非命也，人自取之。若夫智士仁人，將身有節，動靜以義，喜怒以時，無害其性，雖得壽焉，不亦可乎？」[1]

《說苑·雜言》：

魯哀公問於孔子曰：「有智者壽乎？」孔子曰：「然。人有三死而非命也者，人自取之。夫寢處不時，飲食不節，佚勞過度者，疾共

---

1 《孔子家語》卷一，《四庫全書》第695冊，上海：上海古籍出版社，1989年影印本，第16頁。

殺之。居下位而上忤其君，嗜欲無厭，而求不止者，刑共殺之。少以犯眾，弱以侮強，忿怒不量力者，兵共殺之。此三死者非命也，人自取之。」詩云：「人而無儀，不死何為！」此之謂也。[1]

《韓詩外傳》：

哀公問孔子曰：「有智者壽乎？」孔子曰：「然。人有三死而非其命也者，自取之也。居處不理，飲食不節，佚勞過度者，病共殺之。居下而好干上，嗜欲無厭，求索不止者，刑共殺之。少以敵眾，弱以侮強，忿不量力者，兵共殺之。故有三死而非命也者，自取之也。」詩曰：「人而無儀，不死何為。」[2]

考《論語·雍也》孔子有「智者樂，仁者壽」之語，所以此處理應如《家語》有「仁者壽乎」句。《家語》「忿怒不類，動不量力」，與上「以少犯眾，以弱侮強」對文，而《說苑》作「忿怒不量力」，則不相對。且《說苑》「干其君」作「忤其君」，明顯與秦漢時代中央集權君主專制的政治環境有關。

顯然，《說苑》之文不能早於《家語》。唯一不能出自《家語》者，是其最後「詩云」以下。而該句，又無疑與《韓詩外傳》有關；《外傳》「居處不理」以下，又與《家語》、《說苑》差異較大。可見《說苑》此條，是采輯綜合了兩種材料而成。

3. 《說苑》引用並改造了《家語》文句

這一類主要是《說苑》在行文中引用並改造了《家語》材料的文句。如《家語·好生》：

---

1 《說苑校證》卷十七，北京：中華書局，1987年，第420頁。
2 《韓詩外傳集釋》卷一，北京：中華書局，2005年，第5～6頁。

369

孔子曰：「吾於《甘棠》，見宗廟之敬也。甚矣！思其人，必愛其樹；尊其人，必敬其位，道也。」[1]

《說苑・貴德》：

聖人之於天下百姓也，其猶赤子乎！饑者則食之，寒者則衣之，將之養之，育之長之，惟恐其不至於大也。詩曰：「蔽芾甘棠，勿剪勿伐，召伯所茇。」傳曰：「自陝以東者，周公主之，自陝以西者，召公主之。」召公述職，當桑蠶之時，不欲變民事，故不入邑中，舍於甘棠之下，而聽斷焉。陝間之人，皆得其所。是故後世思而歌誄之。善之故言之，言之不足，故嗟歎之，嗟歎之不足，故歌詠之。夫詩，思然後積，積然後滿，滿然後發，發由其道，而致其位焉。百姓歎其美而致其敬，甘棠之不伐也，政教惡乎不行？孔子曰：「吾於《甘棠》，見宗廟之敬也甚。尊其人必敬其位，順安萬物，古聖之道幾哉！」[2]

顯然，《說苑》是在議論中引用了與《家語》相同的材料。該材料在上博簡《詩論》中亦可見到，但又不盡相同，作：

孔子曰：「……吾以（於）《甘棠》，得宗廟之敬。民性固然：甚貴其人，必敬其位；悅其人，必好其所為，惡其人亦然。」[3]

---

1 《孔子家語》卷二，《四庫全書》第695冊，上海：上海古籍出版社，1989年影印本，第23頁。
2 《說苑校證》卷五，北京：中華書局，1987年，第94～95頁。
3 黃懷信《上海博物館藏戰國楚竹書〈詩論〉解義》，北京：社會科學文獻出版社，2004年，第56頁。

這裡《說苑》「見」亦作「得」，無「甚矣」二字，亦無「思其人，必愛其樹」句，皆與《詩論》同，但又無「民性固然」句。特別是「順安萬物，古聖之道幾哉」句為他二者所無。聯繫劉向編《說苑》的目的主要是為了給帝王當諫書，所以懷疑此句是劉向所加。可見《說苑》對原材料有改造。

4.《說苑》似早實晚

這一類主要是有出土文獻可以與《家語》和《說苑》同時對照，而《說苑》與出土文獻更接近。很多學者據此認定《說苑》早於《家語》，甚至有認為今《家語》是在《說苑》基礎上層累形成的。可是我們仔細對比就會發現，此類材料並非《家語》對二者之文作了改動，而是《家語》之文本身較二者更早。

如《家語·子路初見》：

子路將行，辭於孔子。子曰：「贈汝以車乎？贈汝以言乎？」子路曰：「請以言。」孔子曰：「不強不達，不勞無功，不忠無親，不信無複，不恭失禮。慎此五者而矣。」子路曰：「由請終身奉之。敢問親交取親若何？言寡可行若何？長為善士而無犯若何？」孔子曰：「汝所問，苟在五者中矣。親交取親，其忠也；言寡可行，其信乎；長為善士而無犯，於禮也。」[1]

《說苑·雜言》：

子路行，辭於仲尼，曰：「敢問新交取親若何？言寡可行若何？長為善士而無犯若何？」仲尼曰：「新交取親，其忠乎？言寡可行，

---

1 《孔子家語》卷五，《四庫全書》第695冊，上海：上海古籍出版社，1989年影印本，第47～48頁。

第七章 《孔子家語》與孔氏家學

其信乎？長為善士而無犯，其禮乎？」[1]

　子路將行，辭於仲尼，曰：「贈汝以車乎？以言乎？」子路曰：「請以言。」仲尼曰：「不強不遠，不勞無功，不忠無親，不信無複，不恭無禮。慎此五者，可以長久矣。」[2]

　此處《家語》為一章，在《說苑》則為相鄰的兩章，而且所述二事之順序與《家語》相反。考安徽阜陽雙古堆漢墓1號木牘正面有章題「子路行辭中尼敢問新交取親」，背面有章題「子路行辭中尼中尼曰曾（贈）女以車」，可見也作兩章，正與《說苑》同。河北定縣八角廊漢墓所出《儒家者言》，此材料亦作兩章處理。所以，一般認為這一章是《家語》取《說苑》之二章而成。仔細觀察，此說似不能成立。因為：首先，相同的事情不可能發生兩次，《說苑》二事都是由「子路（將）行，辭於仲尼」統率，阜陽木牘二章亦皆以「子路行辭中尼」為題，本身說明原屬一事；其次，從內容看，《家語》所記前面一部分孔子給子路的忠告是「不強不達，不勞無功，不忠無親，不信無複，不恭失禮。慎此五者而已」，後一部分孔子答子路問曰「汝所問，苞在五者中矣」，「五者」正指上之五不。可見完全是一個邏輯嚴密、層次分明的有機整體，所以原本不可能是分為兩章，而且順序也只能是「贈汝以車」在前，「親交取親」在後。顯然，《家語》之一章可以分解為如《說苑》等之二章，而《說苑》等之二章不可以合併為如《家語》之一章。所以，應該說是《說苑》等拆《家語》一章為二，並且顛倒了原來的順序。當然，拆分時代當不晚於阜陽木牘。可見《家語》之文實早。

1　《說苑校證》卷十七，北京：中華書局，1987年，第430～431頁。
2　《說苑校證》卷十七，北京：中華書局，1987年，第431頁。

5. 二者各有改動，互有優劣

這一類主要是兩書在編輯時各有改動，互有優劣，無法簡單地判定誰早誰晚。如《家語・顏回》：

顏回問於孔子曰：「成人之行若何？」子曰：「達於情性之理，通於物類之變，知幽明之故，睹遊氣之原。若此，可謂成人矣。既能成人，而又加之以仁義禮樂，成人之行也。若乃窮神知禮，德之盛也。」[1]

《說苑・辨物》：

顏淵問於仲尼曰：「成人之行何若？」子曰：「成人之行，達乎情性之理，通乎物類之變，知幽明之故，睹遊氣之源，若此而可謂成人。既知天道，行躬以仁義，飭身以禮樂。夫仁義禮樂，成人之行也。窮神知化，德之盛也。」[2]

綜觀原文，《說苑》「達乎情性之理」上之「成人之行」四字，似不應有；《家語》「既能成人，而又加之以仁義禮樂，成人之行也」，似較《說苑》作「既知天道，行躬以仁義，飭身以禮樂。夫仁義禮樂，成人之行也」有省略；而末句《家語》有「若乃」二字，似又較《說苑》合理。可見二者互有優劣，顯然沒有互相抄襲。

6. 出自不同的材料系統，而《家語》更原始

這一類主要是指兩書所記為同一件事，而材料有不同來源，屬不同系統。因為是不同的材料系統，所以差異較大，重文關係不明顯。

---

1 《孔子家語》卷五，《四庫全書》第695冊，上海：上海古籍出版社，1989年影印本，第46頁。
2 《說苑校證》卷十八，北京：中華書局，1987年，第442頁。

第七章 《孔子家語》與孔氏家學

如《家語・始誅》：

孔子為魯大司寇，有父子訟者，夫子同狴執之，三月不別。其父請止，夫子赦之焉。季孫聞之不悅，曰：「司寇欺余。曩告余曰：『國家必先以孝。』余今戮一不孝以教民孝，不亦可乎？而又赦，何哉？」冉有以告孔子。子喟然歎曰：「嗚呼！上失其道而殺其下，非理也。不教以孝而聽其獄，是殺不辜。三軍大敗，不可斬也；獄犴不治，不可刑也。何者？上教之不行，罪不在民故也。夫慢令謹誅，賊也；徵斂無時，暴也；不試責成，虐也。政無此三者，然後刑可即也。《書》云：『義刑義殺，勿庸以即汝心，惟曰未有慎事。』言必教而後刑也。既陳道德，以先服之；而猶不可，尚賢以勸之；又不可，即廢之；又不可，而後以威憚之。若是三年，而百姓正矣。其有邪民不從化者，然後待之以刑，則民咸知罪矣。《詩》云：『天子是毗，俾民不迷。』是以威厲而不試，刑錯而不用。今世則不然，亂其教，繁其刑，使民迷惑而陷焉，又從而制之，故刑彌繁，而盜不勝也。夫三尺之限，空車不能登者，何哉？峻故也。百仞之山，重載陟焉，何哉？陵遲故也。今世俗之陵遲久矣，雖有刑法，民能勿踰乎？」[1]

《說苑・政理》：

魯有父子訟者，康子曰：「殺之。」孔子曰：「未可殺也。夫民不知子父訟之不善者久矣，是則上過也。上有道，是人亡矣。」康子曰：「夫治民以孝為本，今殺一人以戮不孝，不亦可乎？」孔子曰：「不教

---

1 《孔子家語》卷一，《四庫全書》第695冊，上海：上海古籍出版社，1989年影印本，第6～7頁。

而誅之，是虐殺不辜也。三軍大敗，不可誅也；獄訟不治，不可刑也；上陳之教，而先服之，則百姓從風矣，躬行不從，而後俟之以刑，則民知罪矣。夫一仞之牆，民不能踰，百仞之山，童子升而遊焉，陵遲故也。今是仁義之陵遲久矣，能謂民弗踰乎？詩曰：『俾民不迷！』昔者君子導其百姓不使迷，是以威厲而不殺之，刑錯而不用也。」於是訟者聞之，乃請無訟。[1]

可見雖為一事，而二者相差較大，顯然不出一人所記。這裡《家語》與《荀子》基本可一一對應，應是同一系統；而《說苑》則與《韓詩外傳》較為接近，當有關係。可見有不同材料來源。然而儘管材料來源不同，但二者相較，還是《家語》所記更為原始。

7.《家語》似晚

在這一類材料中，因《家語》之文有後人改造的痕跡，顯得較《說苑》之文晚出。如《家語·困誓》：

孔子之宋，匡人簡子以甲士圍之。子路怒，奮戟將與戰。孔子止之曰：「惡有修仁義而不免俗者乎？夫《詩》、《書》之不講，禮、樂之不習，是丘之過也。若以述先王，好古法而為咎者，則非丘之罪也，命之夫。歌，予和汝。」子路彈琴而歌，孔子和之，曲三終，匡人解甲而罷。[2]

《說苑·雜言》：

孔子之宋，匡簡子將殺陽虎，孔子似之，甲士以圍孔子之舍。子

1 《說苑校證》卷七，北京：中華書局，1987年，第149頁。
2 《孔子家語》卷五，《四庫全書》第695冊，上海：上海古籍出版社，1989年影印本，第54頁。

第七章 《孔子家語》與孔氏家學

路怒，奮戟將下鬥。孔子止之曰：「何仁義之不免俗也！夫《詩》、《書》之不習，禮、樂之不修也，是丘之過也。若似陽虎，則非丘之罪也。命也夫！由歌，予和汝。」子路歌，孔子和之，三終而甲罷。[1]

可以看出，二者的差別主要在於《家語》無孔子似陽虎之說。然而考之《韓詩外傳》、《史記》等書，關於匡人圍孔子的原因，也都以為是由於孔子長得像曾經施暴於匡的陽虎。八角廊漢簡《儒家者言》，也有關於「欲殺陽虎，孔子似之」的記載。《家語》無之，而作「若以述先王，好古法而為咎者，則非丘之罪也」，顯然是後人為了維護孔子形象而故意作了刪改。可見《家語》是對原材料有所改造。但是這種改造，未必就在《說苑》之後，因為它完全可能出自孔安國之手。所以，也不可以作為晚出之證。

綜上七種情形可知，《家語》相關的文字不可能是割裂《說苑》，或由《說苑》之文改寫而成。

以上與諸書對勘表明，《家語》不可能是割裂諸書而作；在諸書之前或同時，確當有與之相同或相近的材料流傳，孔安國完全有可能將之撰集成書。所以，今書為孔安國所編，完全可以不疑。至於個別字詞文句或經後人改動，也不是完全沒有可能，因為任何古書，流傳過程中都會有後人的校改，何況《家語》與聖人形象有關，其後人更有「責任」與「義務」去維護它。

三、《孔子家語》與出土文獻

1973年出土於河北省定縣八角廊40號漢墓的《儒家者言》，共

---

1 《說苑校證》卷十七，北京：中華書局，1987年，第424頁。

二十七章，其中有十章與《家語》相關；1977年出土於安徽阜陽雙古堆漢墓1號木牘，共有與孔子及其弟子有關的章題四十七條，其中二十餘條與《家語》相關。上海博物館1994年從香港購回的戰國楚竹書中之《民之父母》篇，與《家語‧論禮》相關。因為時代均較清楚，所以三者成為研究《家語》真偽與成書的重要材料。

（一）相關研究

定縣40號漢墓之墓主人，為中山懷王劉修，卒於漢宣帝五鳳三年（西元前55年）[1]；阜陽雙古堆漢墓之墓主人，是第二代汝陰侯夏侯灶，卒於漢文帝十五年（前165年）[2]。就是說《儒家者言》之時代，不晚於西元前55年；阜陽雙古堆木牘之時代，不晚於西元前165年：分別在孔安國編《家語》（西元前110—105年）之後或之前約五十年。

最早將《儒家者言》與《家語》進行對照的自然是該整理組所作的《釋文》[3]。與之同時發表的何直剛先生的《〈儒家者言〉略說》，對之進行了初步的分析，認為相關的十章，「分章不相同，文字差別也比所有其他各書都大」，「因此，《家語》的真偽還可以探討」[4]。可見還沒有深入到具體文獻的內部。真正將相關出土文獻與《家語》結合起來進行較深入研究的是李學勤先生。

關於《家語》和《儒家者言》與阜陽雙古堆章題木牘之間的研究，李先生有三篇文章[5]，主要是結合這兩種出土文獻對傳統的《家語》偽書說進行新的審視，認為這兩種文獻「性質相類」，「應該都

1　河北省文物研究所〈河北定縣40號漢墓發掘簡報〉，《文物》1981年第8期，第1～10頁。
2　文物局古文獻研究室、安徽省阜陽地區博物館阜陽漢簡整理組〈阜陽雙古堆西漢汝陰侯墓發掘簡報〉，《文物》1978年第8期，第18頁。
3　〈《儒家者言》釋文〉，《文物》1981年第8期，第13～19頁。
4　何直剛〈《儒家者言》略說〉，《文物》1981年第8期，第20～22頁。
5　參見李學勤〈新發現簡帛與漢初學術史的若干問題〉，《煙臺大學學報》（哲學社會科學版）1988年第1期，第9～14頁；〈竹簡《家語》與漢魏孔氏家學〉，《簡帛佚籍與學術史》，《鵝湖學術叢書》，南昌：江西教育出版社，2001年，第380～387頁。此文原刊於《孔子研究》1987年第2期，第60～64頁；同上書之〈八角廊漢簡儒書小議〉，第388～397頁。

是《家語》的原型」，可稱為「竹簡本《家語》」[1]。但與此同時，李先生又說：「發現了《家語》的原型，也不等於今本《家語》未經後人增刪。古書的形成大多有相當長的發展過程，定型晚的固然包含一些後加的因素，但不能一概斥為偽書。對於《孔子家語》，也應作如是觀。」[2]

李先生啟其端，賡續其後的是胡平生先生。胡先生大概是最早真正對《家語》與相關出土文獻專門進行深入考論的學者。他的〈阜陽雙古堆漢簡與《孔子家語》〉一文，成為後來相關研究的重要基礎，後來的研究者，或明或暗都是在這篇論文的基礎上起步的。作為將出土文獻與《家語》進行比較的較早研究，胡先生也是著眼於對《家語》偽書說相關問題的清理。比如他認為，「《家語》在兩千多年的流傳過程中有部分的增損和錯亂是難免的，後人重新整理編輯也是可能的，從這個意義上說，《漢志》所記之《家語》確實已『非今所有《家語》』，但這畢竟與作偽不同」。認為《家語》應為孔安國編撰而成，「孔子家語」也是「後起的書名」[3]。還說：「我們推測劉向編撰《說苑》、《新序》與孔安國編撰《家語》用的是同一批材料而各有側重，一個重要的出發點是，我們把阜陽雙古堆墓兩塊木牘和《說類》簡看作同一種書，不是兩種或多種書。」[4]他指出，阜陽雙古堆1、2號「兩牘與殘簡沒有本質的差別」。除此之外，「從其他方面綜

---

1 李學勤〈竹簡《家語》與漢魏孔氏家學〉，《簡帛佚籍與學術史》，《鵝湖學術叢書》，南昌：江西教育出版社，2001年，第380頁。李先生三篇文章中的觀點基本一致，對兩種出土文獻都是並列論述，其「竹簡本《家語》」雖只是針對定縣八角廊所出竹書《儒家者言》而發，但從三文整體所論來看，對阜陽1號木牘同樣適用。就《家語》研究而論，三文之中，尤以〈竹簡《家語》與漢魏孔氏家學〉最為重要。但李先生此文顯然不無項莊之意，雖以「竹簡《家語》」入題，但其意卻在古文《尚書》。

2 李學勤〈新發現簡帛與漢初學術史的若干問題〉，《煙臺大學學報》（哲學社會科學版）1988年第1期，第13～14頁。

3 胡平生〈阜陽雙古堆漢簡與《孔子家語》〉，《國學研究》第七卷，北京：北京大學出版社，2000年，第517頁。

4 胡平生〈阜陽雙古堆漢簡與《孔子家語》〉，《國學研究》第七卷，第529頁。

合考慮，兩牘與殘簡書風完全一致，字體大小、行款也相同；兩牘形制格式也一樣，都是正反兩面書寫，每面上中下寫三行。總之，應當認為兩牘與殘簡乃是同一種書，而不是兩種以上的不同的書。既不能說1號牘是《家語》的節錄或原始的本子；而2號牘和《說類》簡是《說苑》、《新序》的節錄或原始的本子，它們都是《說苑》、《新序》、《家語》共同的原始的本子[1]」。將1號章題木牘之十九「子路行辭中尼敢問新交取親」和《說類》簡第十三節「中行文子出行至邊」與《說苑》、《家語》中的相關文字比較後，指出這兩者都表明阜陽的簡牘相對來說「與《說苑》淵源較近，而與《家語》較疏[2]」。並認為：「對於《家語》所記孔子言行，的確不能太當真。……阜陽雙古堆木牘和《說類》簡、定縣八角廊《儒家者言》簡、《家語》、《說苑》、《新序》中所記載的許多孔子故事，是由戰國時的儒家『說客』們創作而成的，這反映了在戰國時代的新形勢下，儒家學派為求取發展而進行的一種自我改造。」[3]同時，還將今本《家語》所用避諱字和詞語可與出土文獻資料或其他古文獻相互印證之後，指出：「其他書的避諱而《家語》不避，這可能表明，它所依據資料是比較早的。比如原書是在漢初抄成的，當時的避諱制度就不很嚴格；另外，也可能是抄書的時候未當應避諱的皇帝的時代，比如書是漢高祖至呂后時抄成的，當然不避景帝的名諱。」[4]儘管他認為傳統說《家語》為王肅所撰的偽書的觀點是錯誤的，但在文章的最後還是說：「至於《家語》在流傳過程中，有亡佚、改易、增益等各種情形，皆屬傳世古籍所遭遇的普遍問題，不足以據此論定其為偽書。」[5]這一

1　胡平生〈阜陽雙古堆漢簡與《孔子家語》〉，《國學研究》第七卷，第529頁。
2　胡平生〈阜陽雙古堆漢簡與《孔子家語》〉，《國學研究》第七卷，第529～530頁。
3　胡平生〈阜陽雙古堆漢簡與《孔子家語》〉，《國學研究》第七卷，第531～532頁。
4　胡平生〈阜陽雙古堆漢簡與《孔子家語》〉，《國學研究》第七卷，第536頁。
5　胡平生〈阜陽雙古堆漢簡與《孔子家語》〉，《國學研究》第七卷，第543～544頁。

第七章　《孔子家語》與孔氏家學

觀點，恰與李先生之說相同。

　　在胡平生之後，結合《家語》等傳世文獻與《儒家者言》和阜陽木牘章題進行研究的是朱淵清和寧鎮疆兩位先生。朱先生的文章，主要是結合相關文獻對阜陽雙古堆1號木牘中的第二十九、四十二兩個章題進行了考辨。在就阜陽雙古堆1號木牘二十九之「曾子問曰□子送之」與《說苑》、《家語》等傳世文獻的相關內容進行比較之後，朱氏認為：「《孔子家語》此段來源更為原始真確」，「也最完整。[1]」在將第四十二號章題「中尼曰史鰍有君子之道三」與《家語》、《說苑》等傳世文獻的相關內容進行比較之後，朱氏認為：「阜陽雙古堆1號木牘應該也就是思孟學派紀（記）錄孔子及其門人言行的著作，而其時間當在荀子之前。」[2]

　　寧鎮疆在將《儒家者言》與今本《家語》相對應的十章一一作了比較之後，指出：「除了其中的三章和六章能證明今本《家語》偶有早出之例外，其餘八章大體都表明今本《家語》經過了後人的改動，有明顯的『整理』痕跡。這種整理涉及字詞的改動、句子的重新組織及章句的合併等。很多地方，《家語》不惟沒有竹簡古初，甚至比《說苑》都來得要晚。」[3]還認為，「《儒家者言》的性質可能介乎《說苑》與《家語》之間，或者說為尚處形成階段、並未定形的《家語》」。寧氏也贊成胡平生的觀點，認為《家語》的「性質更近『說』類材料[4]」。在將阜陽木牘與今本《家語》對應的22個章題比較之後，寧氏明確指出：「實際上，是《說苑》而非《家語》才與這些章題最為接近，《家語》相關篇章雖與木牘章題大致對應，但另一

1　朱淵清〈阜陽雙古堆1號木牘劄記二則〉，《齊魯學刊》2002年第4期，第18～19頁。
2　朱淵清〈阜陽雙古堆1號木牘劄記二則〉，《齊魯學刊》2002年第4期，第19～21頁。
3　寧鎮疆〈八角廊漢簡《儒家者言》與《孔子家語》相關章次疏證〉，《古籍整理研究學刊》2004年第9期，第13頁。
4　寧鎮疆〈八角廊漢簡《儒家者言》與《孔子家語》相關章次疏證〉，《古籍整理研究學刊》2004年第9期，第14頁。

方面也暴露出大量改動、重組的證據，而《說苑》則絕少改動。更重要的是，我們發現在出土材料、《說苑》、《家語》三類文獻中，往往存在著出土文獻—《說苑》—《家語》這樣章句結構梯次演進的序列，而《家語》明顯是最末的一級，是經由前面環節的積累而『層累』形成的。」[1]

以上是袁逢同學對近年來相關研究作的一點綜述。涉及上博簡《民之父母》與《孔子家語》關係的論文，見有龐樸先生的〈話說「五至三無」〉[2]，廖名春、張岩二位的〈從上博簡《民之父母》「五至」說論《孔子家語·論禮》的真偽〉[3]等，基本上是肯定《家語》相關文字為真實或更真實。事實上我們認為，以上諸位專家的研究雖然都非常有見地，但也有些說法我們不能完全同意。為了更加直觀，我們不妨再做一些比照研究。

（二）《儒家者言》與《孔子家語》

《儒家者言》與《孔子家語》相關者共十章，以下試舉五章。

1. 《儒家者言》第二章

《儒家者言》第二章，可與《說苑·臣術》、《家語·困誓》、《荀子·堯問》等對閱。以下各看其原文：

《儒家者言》：

子贛（貢）問孔子曰：「賜為人下，如（而）未知為下。」孔子曰：「為人下者，其猶土乎！種得五穀焉，厥（撅）之得甘泉焉，草木植，禽獸伏焉，生人立焉，死人入焉。多□其言。為人下者，其猶

1 寧鎮疆〈《家語》的「層累」形成考論——阜陽雙古堆一號木牘所見章題與今本《家語》之比較〉，《齊魯學刊》2007年第3期，第9頁。
2 龐樸〈話說「五至三無」〉，《文史哲》2004年第1期。
3 廖名春、張岩〈從上博簡《民之父母》「五至」說論《孔子家語·論禮》的真偽〉，《湖南大學學報》（社會科學版）2005年第5期。

土乎。」[1]

《說苑》：

子貢問孔子曰：「賜為人下，而未知所以為人下之道也。」孔子曰：「為人下者，其猶土乎！種之則五穀生焉，掘之則甘泉出焉，草木植焉，禽獸育焉，生人立焉，死人入焉，多其功而不言。為人下者，其猶土乎！」[2]

《荀子》：

子貢問於孔子曰：「賜為人下，而未知也。」孔子曰：「為人下者乎，其猶土也！深抇之而得甘泉焉，樹之而五穀蕃焉，草木殖焉，禽獸育焉，生則立焉，死則入焉，多其功而不息。為人下者，其猶土也。」[3]

《家語》：

子貢問於孔子曰：「賜既為人下矣，而未知為人下之道，敢問之。」子曰：「為人下者，其猶上（土）乎！沮（抇）之深則出泉，樹其壤則百穀滋焉，草木植焉，禽獸育焉，生則出焉，死則入焉，多其功而不意，恢其志而無不容。為人下者，以此也。」[4]

---

1 〈《儒家者言》釋文〉，《文物》1981年第8期，第13頁。
2 《說苑校證》卷二，北京：中華書局，2000年，第52～53頁。
3 《荀子集解》卷二十，北京：中華書局，1988年，第552頁。
4 《孔子家語》卷五，《四庫全書》第695冊，上海：上海古籍出版社，1987年影印本，第54頁。

可以看出，此章文字《儒家者言》與《說苑》接近，《家語》
與《荀子》接近。而前三者皆無「既」、「敢問之」及「恢其志而無
不容」句，《家語》獨有，明為後之所增。而《家語》「沮」一本作
「汩」，又明為《荀子》「抇」字之誤；「生則出焉」，「出」字也
顯是後人所誤改。「多其功而不意」，「意」或是「言」字音誤，或
是「息」字形誤，均有可能。可見此章《家語》之文確經後人改造。
但《儒家者言》文亦有脫誤，如作「禽獸伏焉」，顯然不及作「禽獸
育焉」合理；「多□其言」，於文亦不可合。所以，《家語》此文不
可能本於《儒家者言》，只能說是二者有共同的材料來源，而《儒家
者言》及《說苑》此章，則較好地保留了原貌。

2. 《儒家者言》第三章

《儒家者言》第三章，可與《說苑‧建本》和《家語‧六本》對
閱。以下各看其原文：

《儒家者言》：

曾皙援木擊曾子□

者參得罪夫子，夫子得無病乎！」退而就

曰：「參來，勿內也！」曾子自

之，未嘗可得也。小種則待笞，大

□怒立壹（殪）而不去，殺身以□（陷）父□

之民與（歟）？殺天子之民者，其罪 [1]

《說苑》：

曾子芸瓜而誤斬其根，曾皙怒，援大杖擊之，曾子僕地；有頃乃蘇，

---

[1] 〈《儒家者言》釋文〉，《文物》1981年第8期，第14頁。

蹶然而起，進曰：「曩者參得罪於大人，大人用力教參，得無疾乎！」退屏鼓琴而歌，欲令曾晳聽其歌聲，令知其平也。孔子聞之，告門人曰：「參來，勿內也！」曾子自以無罪，使人謝孔子，孔子曰：「汝不聞瞽瞍有子名曰舜，舜之事父也，索而使之，未嘗不在側；求而殺之，未嘗可得；小棰則待，大棰則走，以逃暴怒也。今子委身以待暴怒，立體而不去，殺身以陷父不義，不孝孰是大乎？汝非天子之民邪？殺天子之民，罪奚如？」[1]

《家語》：

曾子耘瓜，誤斬其根。曾晳怒，建大杖以擊其背。曾子僕地而不知人，久之。有頃乃蘇，欣然而起，進於曾晳曰：「向也參得罪於大人，大人用力教參，得無疾乎！」退而就房，援琴而歌，欲令曾晳而聞之，知其體康也。孔子聞之而怒，告門弟子曰：「參來，勿內！」曾參自以為無罪，使人請於孔子。子曰：「汝不聞乎，昔瞽瞍有子曰舜，舜之事瞽瞍，欲使之，未嘗不在於側；索而殺之，未嘗可得；小棰則待過，大杖則逃走。故瞽瞍不犯不父之罪，而舜不失烝烝之孝。今參事父，委身以待暴怒，殪而不避。既身死而陷父於不義，其不孝孰大焉？汝非天子之民也？殺天子之民，其罪奚若？」[2]

相較之下，《儒家者言》「曾晳援木擊曾子」，應是簡約之文。既如此，必不能早於《家語》文。另外作「夫子」，亦不如二者作「大人」合理；而作「退而就」、作「立壹（殪）」，又與《家語》較近；末之「其罪」，亦與《家語》同，說明《家語》之文不晚於

---

1 《說苑校證》卷三，北京：中華書局，2000年，第61頁。
2 《孔子家語》卷四，《四庫全書》第695冊，上海：上海古籍出版社，1987年影印本，第37～38頁。

《說苑》。《家語》「建」字，當是誤字；「其不孝孰大焉」，又較《說苑》作「不孝孰是大乎」語順且古樸。看來此章整體上還是《家語》之文更為原始。

3. 《儒家者言》第六章

《儒家者言》第六章，可與《說苑・貴德》和《家語・致思》對閱。以下各看其原文：

《儒家者言》：

□漁者曰：「天暑而得，弓（粥、鬻）之不□（售），□（而）將祭（棄）之□乎？」孔子曰（下缺）[1]

《說苑》：

孔子之楚，有漁者獻魚甚強。孔子不受，獻魚者曰：「天暑遠市，賣之不售。思欲棄之，不若獻之君子。」孔子再拜受，使弟子掃除將祭之。弟子曰：「夫人將棄之，今吾子將祭之，何也？」孔子曰……[2]

《家語》：

孔子之楚，而有漁者而獻魚焉。孔子不受，漁者曰：「天暑市遠，無所鬻也。思慮棄之糞壤，不如獻之君子，故敢以進焉。」於是夫子再拜受之，使弟子掃地將以享祭。門人曰：「彼將棄之，而夫子以祭之，何也？」孔子曰……[3]

1 〈《儒家者言》釋文〉，《文物》1981年第8期，第14頁。
2 《說苑校證》卷五，北京：中華書局，2000年，第107頁。
3 《孔子家語》卷二，《四庫全書》第695冊，上海：上海古籍出版社，1987年影印本，第17頁。

市遠，自然無所鬻售，而不能說「賣之不售」。可見《家語》此句較《說苑》合理。《儒家者言》作「天暑而得」，又不如二者作「天暑市遠」合理；「將祭之□」後既有「乎」字，則「祭」當是「棄」字，涉後文而誤；所缺字，當是「糞」字。可見此章《儒家者言》文多訛誤。所以，《儒家者言》及《說苑》文必不能早於《家語》。然而《家語》雖較原始，但又經過修飾，如「故敢以進焉」及「於是」二字，顯然是後之所增。

4. 《儒家者言》第十四章、第十五章

《儒家者言》第十四、第十五兩章，可與《說苑‧雜言》之二章和《家語‧子路初見》之一章對閱。以下亦各看其原文：

《儒家者言》：

何中（仲）尼曰：新交取親。（第十四章）

〔子〕路行，辭於孔子。孔子曰：「曾（贈）若以車乎？言乎？」子路請以言。孔子曰：「不強不（第十五章）[1]

《說苑》：

子路行，辭於仲尼曰：「敢問新交取親若何？言寡可行若何？長為善士而無犯若何？」仲尼曰：「新交取親，其忠乎！言寡可行，其信乎！長為善士而無犯，其禮乎！」

子路將行，辭於仲尼，曰：「贈汝以車乎？以言乎？」子路曰：「請以言！」仲尼曰：「不強不遠，不勞無功，不忠無親，不信無複，不恭無禮。慎此五者，可以長久矣。」[2]

---

1 〈《儒家者言》釋文〉，《文物》1981年第8期，第17頁。
2 《說苑校證》卷十七，北京：中華書局，2000年，第430～431頁。

《家語》：

　　子路將行，辭於孔子。子曰：「贈汝以車乎？贈汝以言乎？」子路曰：「請以言。」孔子曰：「不強不達，不勞無功，不忠無親，不信無複，不恭失禮，慎此五者而矣。」子路曰：「由請終身奉之。敢問親交取親若何？言寡可行若何？長為善士而無犯若何？」孔子曰：「汝所問苟在五者中矣。親交取親，其忠也；言寡可行，其信乎；長為善士，而無犯於禮也。」[1]

　　《儒家者言》、《說苑》均作兩章，而《家語》則作一章，且順序顛倒。寧博士根據阜陽木牘章題亦作兩章，而章題序號相隔甚遠的現象，認為兩部分「起初是渺不相關的兩章，到《說苑》那裡它們被放到一起、前後相次，最後到了《家語》這裡乾脆被合併為一章[2]」。可是我們讀《家語》之文，發現其完全是一有機整體，了無拼湊痕跡：子路二次問親交取親等，孔子答以「苟在五者中矣」，「五者」明即上文所述之「不強不達，不勞無功，不忠無親，不信無複，不恭失禮」五者；而所答「親交取親，其忠也；言寡可行，其信乎；長為善士，而無犯於禮也」，其「親」、「忠」、「信」、「禮」，亦正在五者之中。可見不為拼湊整合。如果說「汝所問苟在五者中矣」是整理者所增，那麼「親交取親，其忠也；言寡可行，其信乎；長為善士，而無犯於禮也」之文又當如何解釋？且同為子路將行辭於孔子，也不可能有二。《儒家者言》及阜陽木牘章題之兩章均以「子路行辭中尼」為題，也說明本來就是一章。所以我們認為，《家語》此章當

1　《孔子家語》卷五，《四庫全書》第695冊，上海：上海古籍出版社，1987年影印本，第54頁。
2　寧鎮疆〈八角廊漢簡《儒家者言》與《孔子家語》相關章次疏證〉，《古籍整理研究學刊》2004年第9期，第12頁。

第七章　《孔子家語》與孔氏家學

最原始。阜陽木牘章題、《儒家者言》與《說苑》之二章，是後人所分。之所以分，與三者各章只表達一完整意思之文獻性質有關。

總結以上五章之對比，我們明顯看到：《家語》非但不全晚，而且較多地要較《說苑》及《儒家者言》原始，尤其是最後一條。當然我們也看到，《家語》中確有不少後人加工整理的地方。但是這種加工整理，未必就在《儒家者言》、《說苑》之後，因為孔安國的時代，本來就在二者之前。加之很多地方較《說苑》及《儒家者言》原始，本身就說明其不晚於二者。而且《說苑》之文，也並非全都晚於《儒家者言》。可見在出土材料、《說苑》、《家語》三類文獻中，並非「往往存在出土文獻—《說苑》—《家語》這樣章句結構梯次演進的序列」。

所以我們認為，不能籠統地說「《家語》明顯是最末的一級，是經由前面環節的積累而『層累』形成的」。

（三）阜陽木牘章題與《孔子家語》

安徽阜陽雙古堆漢墓1號木牘，共有與孔子及其弟子有關的章題47條，其中至少有23條與《家語》相關。以下具體進行對照：

（1）第四章題「孔子之匡」，見《家語‧困誓》，開頭作「孔子之宋，匡人簡子以甲士圍之」。《說苑‧雜言》亦作「之宋」。

按：匡為宋邑，之匡必非孔子之目的，作「之宋」當是。之宋而過匡，故云。可見《家語》較原始，章題不能在其前。

（2）第7章題「中（仲）尼之楚至蔡」，見《家語‧在厄》，開頭作「楚昭王聘孔子，孔子往拜禮焉，路出於陳蔡」。

按：章題為概括，《家語》較具體，《家語》之文當早出。

（3）第十二章題「孔子臨河而歎」，見《家語‧困誓》，開頭作「孔子自衛將入晉，至河，聞趙簡子殺竇犨鳴犢及舜華，乃臨河而歎曰」。《說苑》作「趙簡子曰：『晉有澤鳴、犢犨，魯有孔丘，吾殺此三人，則天下可圖也。』於是乃召澤鳴、犢犨，任之以政而殺之。

使人聘孔子於魯。孔子至河，臨水而觀曰」。

按：章題作「臨河而歎」，與《家語》文更近，而《家語》之文事有原委，不可能在章題之後。

（4）第十三章題「孔子將西遊至宋」，疑與《家語‧賢君》「顏淵將西遊於宋，問於孔子」有關。《說苑》亦作「顏回將西遊，問於孔子」。

按：然則章題或誤，或為另一事，必不能在前。

（5）第十四章題「孔子問當今之時」，見《家語‧賢君》，開頭作「哀公問於孔子曰：當今之君，孰為最賢」。《說苑》作「魯哀公問於孔子曰：當今之時，君子誰賢」，與章題同。

按：章題與《說苑》同，然《說苑》作「君子」太泛，《家語》作「君」當是；且《說苑》「哀公」前冠「魯」字，亦必不早於《家語》：說明章題亦晚。

（6）第十五章題「孔子曰丘死商益」，見《家語‧六本》，開頭作「孔子曰：吾死之後，則商也日益，賜也日損」。《說苑》作「孔子曰：『丘死之後，商也日益，賜也日損』」。

按：《家語》「吾」字係後人所改，但不必在章題及《說苑》之後。

（7）第十九章題「子路行辭中尼敢問新交取親」，《家語‧子路初見》與第44章題「子路行辭中尼中尼曰曾（贈）女以車」作一章，章題係拆分，已詳上。

（8）第二十章題「孔子行毋蓋」，見《家語‧致思》，開頭作「孔子將行，雨而無蓋」。《說苑》作「孔子將行，無蓋」，與章題同。

按：「蓋」為遮雨之物，《家語》作「雨而無蓋」更合理，故必不晚。

（9）第二十一章題「子曰里（鯉）君子不可不學」，見《家語‧

致思》，作：「孔子謂伯魚曰：『鯉乎，吾聞可以與人終日不倦者，其唯學焉。其容體不足觀也，其勇力不足憚也，其先祖不足稱也，其族姓不足道也。終而有大名，以顯聞四方，流聲後裔者，豈非學之效也？故君子不可以不學，其容不可以不飾。不飾無類，無類失親，失親不忠，不忠失禮，失禮不立。夫遠而有光者，飾也；近而愈明者，學也。譬之汙池，水潦注焉，萑葦生焉，雖或以觀之，孰知其源乎。』」

《說苑》作「孔子曰：『鯉，君子不可以不學，見人不可以不飾。不飾則無根，無根則失理；失理則不忠，不忠則失禮，失禮則不立。夫遠而有光者，飾也；近而逾明者，學也。譬之如汙池，水潦注焉，菅蒲生之，從上觀之，知其非源也』」，與章題近。

按：對勘之下，《家語》文似更原始，而《說苑》則似節略重組。

（10）第二十二章題「孔子曰不觀高岸」，見《家語‧困誓》，開頭作「孔子曰：不觀高崖，何以知顛墜之患」。《說苑》亦作「高岸」，與章題同。

按：「岸」為河岸字，高岸之下為河水，無顛墜之患。作「崖」是，故《家語》文當早出。

（11）第二十三章題「子貢問孔子曰賜為人下」，見《家語‧困誓》，開頭作「子貢問於孔子曰：賜既為人下矣，而未知為人下之道」。

按：《家語》「既」字當為後增，已詳前《儒家者言》部分。

（12）第二十四章題「孔子曰自季宣子賜我」，疑即《家語‧致思》「孔子曰：季孫之賜我粟千鍾也，而交益親」章。

按：章題稱「季宣子」，必非原作；《家語》稱「季孫」，為當時語。

（13）第二十五章題「子路問孔子治國如何」，見《家語‧賢

君》，開頭作「子路問於孔子曰：賢君治國，所先者何」。《說苑》作「子路問於孔子曰：治國何如」，與章題同。

按：《家語》問「賢君治國，所先者何」較具體，當可信；章題、《說苑》之「治國如何」較籠統，似非子路所宜問：《家語》更可信。

（14）第二十六章題「子贛（貢）問中尼曰□□」，《家語》以「子貢問於孔子曰」開頭者多有，當為其中之一。

按：此類句子《家語》皆有「於」字，似更符合先秦語言習慣，《論語》可證。

（15）第二十八章題「孔子之楚有漁者」，見《家語·致思》，開頭作「孔子之楚，而有漁者而獻魚焉」。

按：此章已見上《儒家者言》之3，《家語》不晚。

（16）第三十二章題「子夏問中尼曰□」，《家語》以「子夏問於孔子曰」者多有，當為其中之一。

按：同上「子路問」章題，無「於」字，晚於《家語》文。

（17）第三十五章題「君子有三務」，疑即《家語·三恕》「孔子曰：君子有三思，不可不察也。少而不學，長無能也；老而不教，死莫之思也；有而不施，窮莫之救也。故君子少思其長則務學，老思其死則務教，有思其窮則務施」章。

按：「君子有三思」明為孔子原話，作「三務」則為提煉，《家語》文必早出。

（18）第三十八章題，「孔子閑處氣（喟）焉歎」，見《家語·賢君》，開頭作「孔子閑處，喟然而歎曰：向使銅鞮伯華無死，則天下其有定矣」，《說苑》同。

按：章題作「氣焉」，必不出《家語》「喟然」之前。

（19）第四十一章題「子路見季康子」，見《家語·子路初見》，開頭作「孔子為魯司寇，見季康子，康子不說（悅）」。《說苑》作

「孔子見季康子，康子未說（悅）」，與章題同。

按：二者「未說（悅）」不辭，必不能在《家語》文之前。

（20）第四十二章題「史鰌有君子之道」，見《家語・六本》，作「史鰌有男（君）子之道三焉」。《說苑》作「史鰌有君子之道三」。

按：《家語》有「焉」字，更符合先秦語。如《論語》：「子謂子產有君子之道四焉。」

（21）第四十四章題「子路行辭中尼中尼曰曾（贈）女以車」，與第19章題同見《家語・子路初見》，已詳前，《家語》為原始。

（22）第四十五章題「衛人醢子路」，疑即《家語・曲禮子貢問》「子路與子羔仕於衛，衛有蒯聵之難。孔子在魯，聞之曰：『柴也其來，由也死矣。』既而衛使至，曰：『子路死焉。』夫子哭之於中庭，有人弔者，而夫子拜之，已哭，進使者而問故，使者曰：『醢之矣。』遂令左右皆覆醢，曰：『吾何忍食此』」章。

按：此章《說苑》無，而《左傳・哀公十五年》載其事。章題顯係提煉，必不能在《家語》文前。

（23）第四十六章題「孔子之周觀大廟」，見《家語・觀周》，開頭作「孔子觀周，遂入太祖后稷之廟」。《說苑》作「孔子之周，觀於太廟右陛之前」，與章題同。

按：觀大廟，絕非孔子之周之目的。而「觀周」，則謂參觀整個周都之景致。太祖后稷之廟為周都景致之一，故言入：可見合情合理，故《家語》文不必晚出。

以上可見，在全部相關之23章題中，大部分是《家語》文更原始或早出。然則必不能說《家語》之文由章題演進。

（四）上博簡《民之父母》與《孔子家語》

上博簡《民之父母》，與《家語・論禮》和《禮記・孔子閒居》所記有異，直接關係對各自原始性的判定以及思想內涵的闡發。以下

先做比勘：

1. 原文比勘

《孔子家語·論禮》：

子夏侍坐於孔子，曰：「敢問《詩》云『愷悌君子，民之父母』，何如斯可謂民之父母？」孔子曰：「夫民之父母，必達於禮樂之源，以至五至而行三無，以橫於天下；四方有敗，必先知之。此之謂民之父母。」子夏曰：「敢問何謂五至？」孔子曰：「志之所至，詩亦至焉；詩之所至，禮亦至焉；禮之所至，樂亦至焉；樂之所至，哀亦至焉。詩禮相成，哀樂相生，是以正。明目而視之，不可得而見；傾耳而聽之，不可得而聞。志氣塞於天地，行之充於四海。此之謂五至矣。」子夏曰：「敢問何謂三無？」孔子曰：「無聲之樂，無體之禮，無服之喪，此之謂三無。」子夏曰：「敢問三無何詩近之？」孔子曰：「『夙夜基命宥密』，無聲之樂也。『威儀逮逮，不可選也』，無體之禮也。『凡民有喪，扶伏救之』，無服之喪也。」[1]

《禮記·孔子閒居》：

孔子閒居，子夏侍。子夏曰：「敢問《詩》云『凱弟君子，民之父母』，何如斯可謂民之父母矣？」孔子曰：「夫民之父母乎，必達於禮樂之原，以致五至而行三無，以橫於天下；四方有敗，必先知之。此之謂民之父母矣。」子夏曰：「民之父母既得而聞之矣，敢問何謂五至？」孔子曰：「志之所至，詩亦至焉；詩之所至，禮亦至焉；禮之所至，樂亦至焉；樂之所至，哀亦至焉。哀樂相生，是故正。明目而視之，不可得而見也；傾耳而聽之，不可得而聞也，志氣

1 《孔子家語》卷六，《四庫全書》第695冊，上海：上海古籍出版社，1987年影印本。

塞乎天地。此之謂五至。」子夏曰：「五至既得而聞之矣，敢問何謂三無？」孔子曰：「無聲之樂，無體之禮，無服之喪，此之謂三無。」子夏曰：「三無既得略而聞之矣，敢問何詩近之？」孔子曰：「『夙夜其命宥密』，無聲之樂也。『威儀逮逮，不可選也』，無體之禮也。『凡民有喪，匍匐救之』，無服之喪也。」[1]

《民之父母》：

子夏問於孔子：「《詩》曰：『幾俤（愷悌）君子，民之父母。』敢問可（何）如而可胃（謂）民之父母？」孔子答曰：「民之父母虖（乎），必達於禮樂之原，以至五至以行三無，以皇於天下；四方有敗，必先知之。此之胃（謂）民之父母矣。」子夏曰：「敢問可（何）胃（謂）五至？」孔子曰：「五至虖（乎），勿之所至者，志亦至安（焉）；志之所至者，豊（禮）亦至安（焉）；豊（禮）之所至者，樂亦至安（焉）；樂之所至者，哀亦至安（焉）。哀樂相生，君子以正。此之胃（謂）五至。子夏曰：「五至既聞之矣，敢問可（何）胃（謂）三亡（無）？」孔子曰：「三亡（無）虖（乎），亡（無）聖（聲）之樂，亡（無）體〔之〕豊（禮），亡（無）備（服）之喪。君子以此皇於天下。奚（系）耳而聖（聽）之，不可得而聞也；明目而視之，不可得而見也，而得既塞於四海矣。此之胃（謂）三亡（無）。」子夏曰：「亡（無）聖（聲）之樂，亡（無）體之豊（禮），亡（無）備（服）之喪，可（何）詩是近？」孔子曰：「善哉！商也將可學詩矣。『成王不敢康，夙夜基命又（宥）密』，無聲之樂也；『威我（儀）遲遲（按：以下引詩殘）。」[2]

1　《禮記正義》卷五十一，《十三經注疏》本，北京：中華書局，1980年，第1616頁下。

2　馬承源《上海博物館藏戰國楚竹書（二）》，上海：上海古籍出版社，2002年，第154～161頁。

對比可以看出，除過竹簡本多通假字之外，三者之不同主要在於：一、傳世本之「五至」為「志」、「詩」、「禮」、「樂」、「哀」至，竹簡本之「五至」為「勿」、「志」、「禮」、「樂」、「哀」至；二、傳世本「哀樂相生，是以正」，竹簡本作「哀樂相生，君子以正」；三、傳世本「傾耳而聽之」，竹簡本作「奚耳而聽之」；四、傳世本「明目」句在「奚耳」句前，竹簡本「奚耳」句在「明目」句前；五、傳世本「明目而視之，不可得而見；傾耳而聽之，不可得而聞，志氣塞乎天地」數句在「五至」之下，竹簡本數句在「三無」之下；六、傳世本「志氣塞於天地」，竹簡本作「而得既塞於四海矣」；七、《家語》多出「詩禮相成」、「行之充於四海」二句。

2. 材料考信

三者之不同既明，再看各自之是非：

關於「五至」之目，目前學界多以傳世本之「志」、「詩」、「禮」、「樂」、「哀」為是；而不信竹簡本之「勿」、「志」、「禮」、「樂」、「哀」。如上博簡原考釋曰：「『勿』，疑『志』之誤寫，但『勿』讀作『物』，似亦通。……『志』，恩意。……『志亦至』之『志』，讀為『詩』。以志為先導，貫串『五至』之精神。」並引鄭玄《孔子閒居》注（見上引）及孔穎達疏為證[1]。顯然是以竹簡本遷就傳世本。究竟何者為是？首先需要讀懂原文。我們先看前人是怎麼解的：

鄭玄於《禮記・孔子閒居》注云：「凡言『至』者，至於民也。『志』，謂恩義也。言君恩意至於民，則其詩亦至也。『詩』，謂好惡之情也。自此以下，皆謂民之父母者善推其所有，以與民共之。」[2]

1 馬承源《上海博物館藏戰國楚竹書（二）》，上海：上海古籍出版社，2002年，第159頁。
2 《禮記正義》卷五十一，《十三經注疏》本，北京：中華書局，1980年，第1616頁下。

中華書局本《禮記譯解》自「志之所至」以下譯作：「君王的情意所至之處，謳歌也隨之而至；謳歌所至之處，禮也隨之而至；禮所至之處，樂也隨之而至；樂所至之處，哀也隨之而至。」[1]

然而眾所周知，從文字訓詁的角度講，「志」無恩義之義，「詩」也沒有好惡之情的意思。鄭玄謂「志，謂恩義也」，「詩，謂好惡之情也」，完全屬於意解，所以不可以為訓。上博簡原考釋相信鄭說，故疑簡本之「勿」為「志」字誤寫、認為「志亦至」之「志」讀為「詩」，可見沒有道理。而《譯解》所譯，似亦不能體現「五至」為民父母之本義，因為據上文，「至（致）五至」本是君主為民父母的條件，是君主自身需要做到的事情，而且必須相對於民，怎麼能說「君王的情意所至之處，謳歌也隨之而至」？豈不成了百姓謳歌君王？當然，《譯解》基本上也本於鄭注，但卻忘了「致五至」本是為民父母之條件這一基本前提。那麼准於這個前提，文中「至焉」之「至」指君王所至，自無疑問；「至焉」，承上指至於「所至」，「焉」是兼詞。而「所至」，則必須指民之所至，才能構成與「父母」的關係。鄭玄謂「凡言至者，至於民也」，將二「至」皆歸於君，不僅不能體現「父母」與民之間的關係，而且於文理亦不相合，因為原文明明既言「所至」，又言「至焉」，二「至」之主動者必然不能為一。如果二「至」皆謂君至，原文何不直接作「志之所至，詩亦至焉，禮亦至焉，樂亦至焉，哀亦至焉」？豈不更加清晰明暢？而且如果二「至」皆謂君至，則「志」就成了五至之基礎，無異於說一切都取決於君王之意志。一切都取決於君王之意志，豈能稱為民之父母？而且如果二「至」皆謂君至，原文的意思就成了「君王的心志所至之處，君王的詩也隨之而至；君王的詩所至之處，君王的禮也隨之而至；君王的禮所至之處，君王的樂也隨之而至；君王的樂所至之

1　王文錦《禮記譯解》，北京：中華書局，2001年，第750頁。

處，君王的哀也隨之而至」。顯然，如此則文不成義。而且如此則皆屬於君王之事，與民沒有任何關係，又豈能成為民之父母？可見二「至」確不可以同指。

辨明了「所至」與「至焉」的關係，我們再來看傳世本原文的涵義。

首先，根據「至焉」的行文及五至乃為民父母之條件的限定，文中的「至」只能是到的意思。「志」，即心志、思想。「詩」，在原文顯然是指詩歌，因為原文明顯與「詩言志」之說有關。那麼「志之所至，詩亦至焉」，就應是百姓心志所到，國君的詩也隨之而到的意思。可見是要求國君為百姓心志所至而作詩。然而「詩言志」的本義，只是說詩歌是表達心志的，或者說詩能表達思想，並不是說心志或思想決定詩。而且詩雖能表達思想，思想則未必皆需要有詩。怎麼能說百姓心志所至，君主就要為之作詩？顯然，「志之所至，詩亦至焉」，是不合邏輯的說法。而且君主就百姓的心志而作詩，也不能構成做父母的條件。因為人人皆知，父母不必為子女的心志作詩。「禮亦至焉」承上，意思無非就是為百姓詩之所至而制禮。然而詩之內容廣泛而具體，其所至，更沒有必要皆為之制禮。古文獻也別無以禮配詩之說。可見所謂「詩之所至，禮亦至焉」，同樣是不合理的說法，而且同樣不構成為民父母的條件，因為父母不必為子女的詩制禮。由此可見，傳世本之「志」、「詩」二至有問題，所以必不能為原作。

那麼竹簡本之「勿」與「志」有沒有疑問？考「勿」字本義，《說文解字》作「州里所建旗」，是一種旗幟。後世主要作禁止之辭。然而在這裡，二者顯然都不合適。所以，需要以通假解之。「勿」的通假實字，我們自然會首先想到「物」，因為「物」字本來就從「勿」得聲。所以我們可以把「勿」當「物」來解。「物」，是「萬物」之「物」的本字。《說文解字》：「物，萬物也。」而眾所周知，萬物與萬事，往往相互聯繫，不可分割。所以，「物」又可以

指「事」。古文獻中有大量「物」作「事」解的例子，皆是明證。所以這裡的「勿（物）」理解為「事」，也不會有問題。那麼「物之所至者」，就是事之所至者。前面我們已經知道，「所至」指民之所至。那麼「勿之所至者」，就是百姓做事所至者。換言之，就是百姓所做到的事。「志」，即心志、思想。前面我們也已經知道，「至焉」之「至」指君之所至，「焉」是兼詞。那麼「志亦至焉」，就是君主的心志也至於它，或者說君主也想到它的意思。兩句連起來，意思就是百姓所做到的事，君主心裡也想到它。或者說百姓做事做到哪裡，君主的心就想到哪裡。百姓做事做到哪裡君主的心就想到哪裡，這不正是為民父母所應當嗎？可見作「勿」與「志」可以成立。

同樣，「志之所至者，禮亦至焉」的字面意思，就是百姓心中所想到的，君主（國家）的禮也隨之而到。或者說百姓想到什麼，國君就為之制定什麼禮。為什麼百姓想到什麼國君就為之制定什麼禮，就能稱為民之父母？因為想到的事如果重要，必然就會去做。說明志之所至者，實際上也就是要事之所至者。而禮，是社會規範，包括禮儀。在講究以禮治國的時代，有什麼要事，必然需要有什麼禮儀。那麼，如果國君能為百姓所想到的每一件事都制定相應的禮儀，就說明他關心百姓，心裡面有百姓。既然是關心百姓，心裡面有百姓，自然就得為民之父母。可見此一至也能成立。顯然，這比把「志」讀為「詩」，要合理得多。

「禮之所至者，樂亦至焉」，意思是百姓行禮所到的地方，國君也為之作相應的樂。或者說百姓行什麼禮，國君（不必親自）就給他作什麼樂。為什麼百姓行什麼禮國君就給他作什麼樂，就可以稱為民之父母？因為古代樂隨禮行，行禮必須要有相應的樂。能為百姓所行的每一種禮都作相應的樂，說明他能為百姓著想。能為百姓著想，自然得為民之父母。可見此一至亦能成立。

「樂之所至者，哀亦至焉」，這裡的「樂」，只能承上句讀為禮

樂的樂，指音樂。兩句的意思是說，百姓音樂所到的地方，國君的哀心也隨之而到。這是因為，音樂是歡慶之物，容易使人喜樂，而人喜樂之極又必然生悲，所以說「哀樂相生」。正因為「哀樂相生」是必然規律，所以「君子以正」。「正」是定的意思，這裡指預定，即預先確定。《孟子·公孫丑上》「必有事焉，而勿正」，朱熹《集注》引《公羊傳》「戰不正勝」，云：「正，預期也。」大體不差。樂至而哀至，說明是預先確定，所以言「正」。前人不解「正」義，所以自鄭玄、王肅之下，皆讀「是故（以）正明目而視之」為句。今有此「君子以正」，則前人之誤讀可以除矣。上博簡《民之父母》原考釋釋「君子以正」為「君子以『五至』為準繩，正心、修身、務實」，引《禮記·緇衣》子曰「唯君子能好其正，小人毒其正」為證 [1]。然而既講為民父母之道，怎麼能突然又講到正心？原文明明作「哀樂相生，君子以正」，怎麼會是正心之義？可見釋「正」為正心、正己不可通。所以，此「君子以正」必是就上「哀亦至焉」而言，絕非就下或者自為「正己」之義。正因為「哀樂相生」，所以事先確定，在百姓未喜極生悲之前先想到哀，以預防未然。顯然，這一舉動同樣說明他能替百姓考慮，所以也得為民之父母。

由上可見，竹簡本之「勿」、「志」、「禮」、「樂」、「哀」五至皆可構成為民父母的條件，而傳世本的「志」、「詩」、「禮」三至，則不能構成為民父母的條件。這就說明，竹簡本之「五至」是可信的，當較原始。而傳世本之「五至」，則有可能是後人因原文脫「勿（物）至」句而誤補「詩至」句，或者乾脆就是誤改原文，總之屬於晚出，但又在《家語》及《禮記》之前。而《家語》之「詩禮相成」句，則明顯又是既改「勿」、「志」為「志」、「詩」之後所增；《禮記》無之，則又屬於脫文，因為其上文同樣言「詩」言

1 馬承源《上海博物館藏戰國楚竹書（二）》，上海：上海古籍出版社，2002年，第161頁。

第七章 《孔子家語》與孔氏家學

「禮」。

關於「傾耳」與「奚耳」：竹簡本原考釋讀為「系耳」，愚謂「系耳」不辭，因為「系」是束的意思。「奚」當讀為「洗」。「奚」為支部字，「洗」為文部字，支文相轉，故可通假。世有許由洗耳的故事，而許由傳為堯帝時人，說明「洗耳」之辭早有。許由洗耳固是為了潔耳，但「洗耳恭聽」則無疑又有傾聽之義。所以，此亦當以竹簡本作「奚（洗）耳」為原始。

關於「明目而視」與「系（傾）耳而聽」二句之先後，以古今皆言「耳目」的語言習慣，「系（傾）耳而聽」句在前似乎更合理。所以，也應以竹簡本為更原始。

「奚耳而聽之，不可得而聞也；明目而視之，不可得而見也」二句，明顯是對所謂「無聲之樂，無體之禮，無服之喪」的解釋，意思是因為其樂無聲，所以即使洗耳而聽之亦不可得而聞；因為其禮無體、其喪無服，所以即使明目而視之亦不可得而見。可見二句確是針對「三無」而言。所以，當在「三無」之下，而不應在「五至」之下。同樣，所謂「塞於四海」，顯然也是就「明目而視之，不可得而見；傾耳而聽之，不可得而聞」之「無聲之樂，無體之禮，無服之喪」而說，所以也當隨其上句在「三無」之下。可見竹簡本不誤。傳世本之誤，當是錯簡所致。

「塞於四海」既是就「明目而視之，不可得而見；傾耳而聽之，不可得而聞」之「無聲之樂，無體之禮，無服之喪」而言，那麼用以「塞」者亦必定是無形的東西。所以，傳世本「塞」前作「志氣」當不誤。「志氣」，謂「無聲之樂，無體之禮，無服之喪」所代表的志氣——精神與浩氣。竹簡「既」字（原從火）原考釋釋「氣」，無疑是正確的。那麼其上之「得」，自然就應作「志」。今作「得」，顯然是涉前二「得」而誤。就是說竹簡本「而得既塞於四海矣」，本來也作「而志氣塞於四海矣」。然而作「志氣塞於四海」，似不如作

「志氣塞於天地」合理，因為言「塞」，所塞必然是一個立體的空間。而且塞之目的是為了體現「為民之父母」，所塞必在有民之所。而「四海」，則容易使人想到遠裔；即使指四海之內，也不能曰塞，因為四海之內是一個平面的空間。所以，傳世本作「天地」當屬原始。「天地」，謂天地之間。塞於天地之間，形容「志氣」浩大而廣泛。然而《家語》又有「行之充於四海」一句，則不唯與「志氣塞於天地」不相對應，而且本身亦不可通。看來《家語》編者可能是因為誤解「志氣」為君主本人之志氣，所以又加了「行之」一句。

以上分析可見，竹簡本之「五至」為真，《家語》之「五至」晚出；竹簡本作「奚耳」較傳世本作「傾耳」原始；竹簡本「系（傾）耳而聽」句在前原始；竹簡本「明目而視之，不可得而見；傾耳而聽之，不可得而聞」及「志氣塞乎天地」在「三無」之下為真，《家語》在「五至」之下錯簡；《家語》多出之「詩禮相生」、與「行之充於四海」二句，皆屬後人所增。至於「君子以正」與「是以（故）正」的區別，後者雖然少了「君子」二字，但意思也沒有大的不同，只是根據上文亦四字為句，說明竹簡本作「君子以正」或許更原始。

可見《家語》此章文字確實較晚出，但總體上又不在《禮記》之後。而基本事實及文句相同，又說明《家語》之文並非後人憑空杜撰或偽造。其中個別字詞失真，說明確經後人改造。而其失真的字詞，或許就包括孔安國〈家語後序〉所謂的「浮說」與「潤色」。何況有的字詞雖然經過改換，但文義並沒有受到太大影響，加之還有傳寫流傳過程中自然產生的諸如錯簡之類的問題。尤其是《家語》之「志氣塞於天地」，反較竹簡本作「而得既塞於四海」合理。而竹簡本本身也有誤字，則說明竹簡本也不是最早的原始記錄，而只是一種傳抄本而已。但畢竟其時代在前，故而保留了更多的原始性。

第七章 《孔子家語》與孔氏家學

四、關於《孔子家語》資料的可信性問題

我們一貫認為，書之真不等於其材料全真；書之偽不等於其材料全偽。現在我們已經知道，《家語》確為孔安國當年撰集，而非王肅所偽造或割裂他書而成。那麼從這個角度講，《家語》確是真書。但是，儘管孔安國當年所輯的材料皆有所據，儘管有些材料比《說苑》、《禮記》、《荀子》及出土文獻等都更加原始，但也不能說明它們就真實可信，因為諸書之成畢竟也是去聖已久，非當時人所編著。所以，《家語》所記孔子及其弟子們之言行，還不能遽然全信為真。加上孔安國後序亦明言其材料本來就「屬文下辭往往頗有浮說」，非「正實而切事者」，在民間又有「好事者或各以意增損其言」。所以，對《家語》資料之可信性問題，還需要認真研究。

怎樣研究？逐章逐條進行分析考證。怎樣分析考證？第一，從歷史學的角度，考證其事件發生之可能性、可信性，相關人物之真實性，地理、地名之真實性，等等。第二，從語言學角度，考證其文字之合理性及成文之時代，等等。第三，從思想史角度，考察其所反映的思想是否與《論語》所反映的一致，等等。當然，首要的工作，還是與相關文獻進行對照。顯然，這些工作，非一時所能完成。所以，在這裡我們只能簡單地舉出幾篇作為代表。

（一）關於〈相魯〉、〈始誅〉、〈致思〉篇的可信性問題

李春紅同學通過對《家語》前二篇即〈相魯〉、〈始誅〉兩篇所記孔子宰中都、夾谷之會、隳三都、誅少正卯以及處理父子爭訟諸事的考察，得出以下幾點結論：

（1）〈相魯〉、〈始誅〉篇的材料要早於《左傳》、《荀子》、《說苑》等典籍，較之他書，有著更為原始的材料來源。如〈相魯〉篇之「隳三都」，比《左傳》作「墮」字時代更早；孔子「溝而合諸墓」為司空所掌事，比之《左傳》作「司寇」更為合理；夾谷之會齊

人歸魯之地包括《左傳》所記之「鄆、讙、龜陰之田」和《家語》所記之「汶陽之田」，確為四個區域。〈始誅〉篇所記少正卯「心逆而險」，比之《荀子》等作「心達而險」，更符合少正卯本人實際；〈始誅〉篇第二章稱孔子為「夫子」，稱孔子弟子冉求為「冉有」，較《荀子》分別稱「孔子」、「冉子」更真實，等等。可見《家語》與他書相同或相近者可以校讀、辨別他書文字之正誤，與他書有出入者可以補充他書之不足。

（2）〈相魯〉、〈始誅〉篇所記孔子事蹟言行，多見於先秦和秦漢的其他典籍之中，其中不見於他書的部分，也合乎孔子一貫的思想，絕非後人所偽造。如〈相魯〉篇記孔子對定公所言、斬侏儒之事、齊景公責其群臣之言，三處文字雖不見於《左傳》，但在《穀梁傳》、《史記‧孔子世家》、《史記‧魯周公世家》均有記載；〈相魯〉篇首章所記孔子為制中都之「因丘陵為墳，不封、不樹」一句雖不見於他書，但符合當時普遍流行的墓葬形式，也與孔子本人極力宣導的薄葬思想相吻合；〈相魯〉篇第二章所記夾穀之會前孔子建議定公之言：「有文事者必有武備，有武事者必有文備。古者諸侯並出疆，必具官以從。請具左右司馬。」此言既符合當時社會實際，為情理所然，也與孔子「文武兼備」、一張一弛的主張相符合，等等，足見其真實可信。

（3）《家語》部分材料中確實存在一定問題，包括後人增損改造和流傳訛誤，必須慎重對待。如〈相魯〉篇「強公室，弱私家，尊君卑臣，政化大行」一句，不見於他書，似為時人或後人對墮三都一事的評價，或之流傳過程中民間好事者以意所增補。再如〈相魯〉篇「叔孫不得意於季氏」一句，據《左傳‧定公八年》所載叔孫輒無寵於叔孫氏，企圖依靠陽虎取叔孫氏而代之之事，「叔孫」當是「叔孫輒」，「季氏」當是「叔孫氏」；下文「費氏之宮」當作「季氏之宮」，或是傳聞之所誤。

總之，〈相魯〉、〈始誅〉兩篇的的材料基本上都是可信的，可以作為孔子研究的資料。但其中也確實存在個別後人改動、整理的痕跡，儘管這些並不影響其材料的真實性，但也提醒我們在使用時，還應該採取謹慎的態度[1]。

〈致思〉是《家語》第八篇，內容較多，對研究孔子思想有重要意義。喬建峰同學對其全部二十章進行了逐一考察，最終得出結論：其中「第二、三、四、五、六、七、八、九、十、十二、十三、十四、十六、十七、十八等十五章，《家語》材料都早出於《說苑》等其他文獻。剩下的五章，除了第十一章以外，雖然也較早，但個別地方有後人改動；在記載孔子及弟子事蹟的十六章中，除了第十一章以外，剩下十五章也是基本可靠的，不像是後人杜撰；在這二十章中，有關孔子的言論，除了第五、十一、十六、十九、二十等章以外，餘下的十五章基本上也是可信的。這樣，本篇二十章中大部分章節基本都是可靠的，因此我們可以用《家語》作為研究孔子及其弟子的資料，只不過不能拿來就用，而是要做具體的分析考信。[2]」

當然，他們的結論未必完全正確。但是，二人的結論基本一致，與我們前面在考察《家語》成書過程中所得出的結論也基本一致，至少可以說明：一、《家語》的材料大多數是基本上可信的；二、《家語》中確有少量記得不純的材料，使用時需要做具體的分析考證。所謂基本上可信，是說其事情的梗概和事情本身是真實可信的，而具體細節或言詞，或在流傳過程中經過一定的潤飾改造。

當然，以上的陳述及論證還是比較單薄。所以，下面我們再舉兩篇作簡單考信。

---

1 李春紅〈《孔子家語·相魯、始誅》篇所記孔子事蹟言論考〉，曲阜師範大學碩士學位論文，2009年。

2 喬建峰《〈孔子家語·致思〉篇分章考信》，曲阜師範大學碩士學位論文，2009年。

（二）〈五儀解〉分章考信

〈五儀解〉是《孔子家語》第七篇，凡六章，各章所記之事分別
又見於《荀子・哀公》、《大戴禮記・哀公問五義》、《新序・雜事
四》；《荀子・哀公》、《韓詩外傳》卷四、《說苑・尊賢》；《說
苑・指武》；《說苑・君道》；《說苑・敬慎》；《說苑・雜言》、
《韓詩外傳》卷一。為了明確本篇的材料來源及其可信性，以下分章
將其原文與各相關材料進行對照分析。文中所用各書之版本分別是：

《孔子家語》：《四部叢刊初編》本。

《荀子》：王先謙《荀子集解》本，北京：中華書局，1988
年版。

《大戴禮記》：黃懷信等《大戴禮記匯校集注》本，上海：上海古
籍出版社，2005年版。

《新序》：石光瑛《新序校釋》本，北京：中華書局，2001
年版。

《韓詩外傳》：許維遹校釋《韓詩外傳集釋》本，北京：中華書
局，2005年版。

《說苑》：向宗魯校證《說苑校證》本，北京：中華書局，1987
年版。

第一章　哀公問於孔子曰：「寡人欲論魯國之士，與之為治（《荀
子》作「與之治國」、《大戴》「治」作「政」），敢問如何（《大戴》作「何
如者」，無「敢問」）取之（《荀子》末有『耶』字）？」孔子對曰：「生
（《大戴》下有「乎」字）今之世，志古之道，居今之俗，服古之服，舍
此而為非者，不亦鮮乎？」曰（《荀子》、《大戴》上有「哀公」二字）：
「然則（《大戴》下有「今夫」二字）章甫、絇（《大戴》作「句」）履、紳
帶（《大戴》下有「而」字）縉笏者，皆賢人也（《荀子》作『此賢乎』，《大
戴》作「此皆賢乎」）。」孔子（《荀子》下有「對」字）曰：「不必然也

（《荀子》無「也」字，《大戴》前有「否」字，無「也」字）。丘之所言，非此之謂也（《荀子》、《大戴》無此九字）。夫（《大戴》上有「今」字）端衣玄裳，冕而乘軒（《荀子》、《大戴》作「路」）者，則（《大戴》無）志不在於食焄（《荀子》、《大戴》作「葷」）；斬衰管（《荀子》作「菅」，《大戴》作「萬」）菲（《荀子》、《大戴》作「屨」），杖而歠（《荀子》作「啜」）粥者，則（《大戴》無）志不在於酒肉（《大戴》作「飲食」）。生（《大戴》上有「故」字，無「乎」字）今之世，志古之道，居今之俗，服古之服，謂此類也（此四字《荀子》、《大戴》均作「舍此而為非者，雖有，不亦鮮乎」）。」公（《荀子》、《大戴》作「哀公」，下並同）曰：「善哉（《荀子》、《大戴》無「哉」字）！盡此而已乎（《荀子》無此句，《大戴》並以下孔子曰之語至「敢問」皆無，直接「何如斯可謂之庸人」）？」孔子曰：「人有五儀，有庸人、有士人（《荀子》無「人」字）、有君子、有賢人、有聖人（《荀子》作『大聖』），審此五者，則治道畢矣（《荀子》無此二句）。」

公曰：「敢問何如斯（《大戴》作「則」）可謂之（《荀子》、《大戴》無「之」字）庸人（《荀子》、《大戴》下有「矣」字）？」孔子曰：「所謂庸人者，心不存慎終之規（《大戴》無此句），口不吐訓格之言（《荀子》、《大戴》均作「口不能道善言」，下有「而志不邑邑」句），不擇賢以托其身（《大戴》作「不能選賢人善士而托其身焉」，下有「以為己憂」，《荀子》作「心不知色色」），不力行以自定；見小闇大，而不知所務（上三句《荀子》、《大戴》作「勤（動）行不知所務，止立不知所定」，下有「日選擇（《大戴》無「擇」字）於物，不知所貴」），從物如（《大戴》作「而」）流，不知其所執（《荀子》、《大戴》作「不知所歸」，下有『五鑿為政，心從而壞』）：此則庸人也（《荀子》、《大戴》作「如（若）此，則可謂庸人矣」）。」

公曰：「何謂士人（《荀子》、《大戴》作「敢問何如斯（則）可謂士矣」，上有「善」字）？」孔子曰：「所謂士人（《荀子》、《大戴》無

「人」字）者，心有所定，計有所守（《荀子》、《大戴》無此二句），雖不能盡道術之本（《荀子》、《大戴》無「之本」二字），必有率也（《荀子》同，《大戴》作「必有所由焉」）；雖不能備百善之美（《荀子》作「雖不能遍美善」，《大戴》作「盡善盡美」），必有處也（《荀子》同，《大戴》作「必有所處焉」）。是故知不務多，必（《荀子》作「務」，《大戴》作「而務」，下同）審其所知；言不務多，必審其所謂（《荀子》同，《大戴》此二句在下二句後）；行不務多，必審其所由。智（《荀子》、《大戴》作「知」）既知之，言既道之（《大戴》作「言既順之」，在下句後），行既由之，（上三句《荀子》作「故知既已知之矣，言既已謂之矣，行既已由之矣」）則若（大戴作「若夫」）性命之形骸（《荀子》、《大戴》作「肌膚」）之不可易也。富貴不足以益，貧賤不足以損（《荀子》「富」前有「故」字，「益」下、「損」下有「也」字，「貧」作「卑」）。此（《荀子》作「如此」）則士人也（《荀子》、《大戴》作「則可謂士矣」）。」

公曰：「何謂君子（《荀子》、《大戴》「何」前有「善」，「何如」下有「斯」若「則」；「謂」作「可謂」《荀子》更有「之」字，「君子」下有「矣」字）？」孔子曰：「所謂君子者，言必忠信而心不怨（《荀子》作「言忠信而心不德」，《大戴》作「躬行忠信，其心不買」），仁義在身而色無伐（《荀子》「無」作「不」，《大戴》作「仁義在己，而不害不知；聞志廣博，而色不伐」），思慮通明（《大戴》作「明達」）而辭不專（《荀子》、《大戴》「專」作「爭」）；篤行通道，自強不息（《大戴》無此二句），油然若將可越而終不可及者（《荀子》作「故猶然如將可及者」，《大戴》作「君子猶然如將可及也，而不可及也」）：此則君子也（《荀子》作「君子也」，《大戴》作「如此，可謂君子矣」）。

公曰：「何謂賢人（《荀子》、《大戴》作「善！敢問何如斯（《大戴》無「斯」字）可謂賢人矣」）？」孔子（《荀子》、《大戴》下有「對」字）曰：「所謂賢人者，德不踰閑（《大戴》作「好惡與民同情，取捨與民同統」），行中規繩（《荀子》、《大戴》下有「而不傷於本」），言足以（《荀子》、

《大戴》無「以」字）法於天下而不傷於身（《大戴》作「而不害於其身」），道足以化於百姓而不傷於本（《大戴》無此二句）；富則天下無宛財，施則天下不病貧（此二句《荀子》作「富有天下而無怨財，佈施天下而不病貧」，《大戴》作「躬為匹夫而願富，貴為諸侯而無財」）：此則賢者也（《荀子》、《大戴》作「如此則可謂賢人矣」）。」

　　公曰：「何謂聖人（《荀子》、《大戴》作「善！敢問何如斯（《大戴》無「斯」字）可謂大聖矣」）？」孔子（《荀子》、《大戴》下有「對」字）曰：「所謂聖（《荀子》作「大聖」，《大戴》作「聖人」）者，德合於天地（《荀子》、《大戴》作「知通乎大道」），變通無方，窮萬事之終始，協庶品之自然（上三句《荀子》、《大戴》作「應變而不窮，辨乎（《大戴》作『能測』）萬物之情性者也」），敷其大道而遂成情性（《荀子》、《大戴》作「大道者，所以變化遂（《大戴》作『而凝』）成萬物者也」，下有「情性（《荀子》、《大戴》下有「也」字）者，所以理然不取捨者也。故其事大，辨（《大戴》作『配』）乎天地」）；明並日月（《荀子》作「明察乎日月，總要萬物於風雨，繆繆肫肫，其事不可循」，《大戴》作「參乎日月，雜於雲蜺，總要萬物，穆穆純純，其莫之能循」），化行若神；下民不知其德，睹者不識其鄰（《荀子》作「若天之嗣，其事不可識，百姓淺然不識其鄰」，《大戴》作「若天之司，莫之能職；百姓淡然，不知其善」）：此謂聖人也（《荀子》、《大戴》作「若此則可謂大聖（《大戴》作『聖人』）矣」）。」

　　公曰：「善哉（《荀子》、《大戴》無「哉」字，《大戴》下有「孔子出，哀公送之」。以下至篇末《大戴》無，《荀子》有「魯哀公問舜冠於孔子」一章，又起「魯哀公問於孔子曰：寡人生於深宮之中」，又見《新序·雜事四》）！非子之賢，則寡人不得聞此言也。雖然，寡人生於深宮之內，長於婦人之手，未嘗知哀（《荀子》「未」前有「寡人」，「哀」下有「也」字。下四句亦皆有「也」字。《新序》同），未嘗知憂，未嘗知勞，未嘗知懼，未嘗知危，恐不足以行五儀之教，若何（《荀子》無此數句）？」孔子對（《荀子》無「對」，《新序》作「辟席」）曰：「如君之言已知之矣，則

丘亦無所聞焉（此二句《荀子》作「君之所問，聖君之問也，丘、小人也，何足以知之」，《新序》作「吾君之問，乃聖君之問也，丘小人也，何足以言之」）。」

公曰：「非吾子，寡人無以啟其心，吾子言也（此數句《荀子》作「非吾子，無所聞之也」，《新序》作「否，吾子就席。微吾子，無所聞之矣」）。」孔子（《新序》有「就席」二字）曰：「君子入廟如右（《荀子》作「君入廟門而右」，《新序》作「君入廟門」），登（《新序》作「登」）自阼階，仰視榱桷（《新序》作「仰見榱棟」），俯察機筵（《荀子》、《新序》作「俯見幾筵」），其器皆（《荀子》、《新序》無「皆」字）存，而不睹其人（《荀子》、《新序》作「其人亡」）。君以此思哀，則哀可知矣（《荀子》作「則哀將焉而不至矣」，《新序》作「則哀將安不至矣」）。昧爽夙興，正其衣冠，平旦視朝（以上《荀子》、《新序》作「君昧爽而櫛冠，平明（旦）而聽朝」），慮其危難（《荀子》無此句），一物失理（《荀子》、《新序》「失理」作「不應」），亂亡之端（《荀子》、《新序》作「亂之端也」）。君以此思憂，則憂可知矣（《荀子》作「則憂將焉而不至矣」，《新序》「則憂將安不至矣」）。日出聽政，至於中冥（上二句《荀子》、《新序》作「君平明（旦）而聽朝，日昃而退」），諸侯子孫，往來為賓，行禮揖讓，慎其威儀（以上《荀子》、《新序》作「諸侯之子孫必有在君之末（《新序》作『門』）庭者」）。君以此思勞，則勞亦可知矣（《荀子》作「則勞將焉而不至矣」，《新序》作「則勞將安不至矣」）。緬然長思，出於四門，周章遠望（以上《荀子》、《新序》作「君出魯之四門，以望魯之四郊」），睹亡國之墟，必將有數焉（以上《荀子》作「亡國之虛則必有數蓋焉」，《新序》作「亡國之墟列必有數矣」）。君以此思懼，則懼可知矣（《荀子》作「則懼將焉而不至矣」，《新序》作「則懼將安不至矣」）。夫君者（「夫」上《荀子》有「且丘聞之」，《新序》有「丘聞之」），舟也；庶人者，水也。水所以載舟（《荀子》、《新序》「所以」作「則」），亦所以覆舟（《荀子》、《新序》作「水則覆舟」）。君以此思危，則危可知矣（《荀子》作「則危將焉而不至矣」，《新序》作「則危將安不至矣」。以下《荀子》、《新序》無，《新序》又有「夫執國之柄，履民之上，懍乎如

409

腐索御奔馬。《易》曰：履虎尾。《詩》曰：如履薄冰。不亦危乎？」哀公再拜曰：「寡人雖不敏，請事斯語矣。」）。君既明此五者，又少留意於五儀之事，則於政治，何有失矣？」

通過以上對照可以看出：

一、《家語》此章從哀公始問，至孔子答以「人有五儀」，又至哀公「則恐不足以行五儀之教，若何」之問，至篇末孔子「君既明此五者，又少留意於五儀之事，則於政治，何有失矣」之答，完全是一有機整體。而《荀子・哀公》、《大戴禮記・哀公問五義》及《新序・雜事四》，則是各有所取。如《大戴》既無「盡此而已乎？孔子曰：人有五儀，有庸人、有士人、有君子、有賢人、有聖人，審此五者，則治道畢矣」一章，又無「非子之賢，則寡人不得聞此言也」以下，而無「盡此而已乎」之問及孔子所答，則上下文明顯不相連貫；無「非子之賢」以下，則全文義不完整。《荀子》雖有「寡人生於深宮之中」以下且另冠以「魯哀公問於孔子曰」，但以上卻有「魯哀公問舜冠於孔子」一章，可見完全是將原文分割成了兩截，而且明顯是圍繞篇題「哀公問」而設。如果說《家語》此篇是《荀子》兩章之合成，則明顯不可能，因為不僅《荀子》兩章本不相連，而且其下章本來也沒有與「五儀」相關的文字。

二、《荀子》、《大戴》文字相似，較為接近；《荀子》更接近《家語》。三者的早晚關係為《家語》—《荀子》—《大戴》。

三、《新序》接近《荀子》，又不出《荀子》。

四、《荀子》、《大戴》、《新序》皆不出《家語》。

五、四者文字雖有異同，但所記述的基本事實與所反映的基本精神沒有改變。

這就說明，四者有共同的材料來源，時間在《荀子》該篇成文之前。據此推測，《家語》此章最早當出孔子後學之「記」，有較高可

信度。

　　從歷史的角度分析，哀公問孔子本身沒有問題，所論與時代也沒有不合。從語言角度看，所謂「庸人」、「士人」雖不見《論語》，但邏輯上沒有矛盾，孔子未嘗不可以有此五儀之說。從思想上看，與孔子一貫的主張也沒有不合。唯其語言似過於工整，加之「仁義」合稱不見《論語》，疑有後人的加工與發揮。

　　第二章　哀公問於孔子曰：「請問取人之法（《荀子》無「之法」二字，《韓詩外傳》作「哀公問取人」，《說苑》作「人若何而可取也」）。」孔子對（《韓詩外傳》無「對」字）曰：「事任於官（《荀子》、《韓詩外傳》、《說苑》無此句），無取捷捷（《荀子》、《韓詩外傳》「捷捷」作「健」，下同；《說苑》作「健者」，在下句後），無取鉗鉗（《荀子》「鉗鉗」作「詀」，下同；《韓詩外傳》作「佞」，下同；《說苑》作「（從手、甘）者」），無取啍啍（《荀子》「啍啍」作「口啍」，下同；《韓詩外傳》作「口讒」，下同；《說苑》作「口銳者」，以下有「哀公曰：『何謂也？』孔子曰」，再下作「（從手、甘）者大給利不可盡用；健者必欲兼人，不可以為法也；口銳者多誕而寡信，後恐不驗也。夫弓矢和調，而後求其中焉；馬愨願順，然後求其良材焉；人必忠信重厚，然後求其知能焉。今人有不忠信重厚而多智能，如此人者，譬猶豺狼與，不可以身近也。是故先其仁義之誠者，然後親之；於是有知能者，然後任之。故曰：親仁而使能。夫取人之術也，觀其言而察其行。夫言者，所以抒其匈而發其情者也。能行之士必能言之，是故先觀其言而揆其行，夫以言揆其行，雖有奸軌之人，無以逃其情矣。哀公曰：善」）。捷捷，貪（《韓詩外傳》作「驕」）也；鉗鉗，亂（《韓詩外傳》作「詔」）也；啍啍，誕（《韓詩外傳》作「誕」）也。故弓調而（《韓詩外傳》作「然」）後求勁焉，馬服而（《韓詩外傳》作「然」）後求良焉，士必（《荀子》、《韓詩外傳》作「信」）愨而後求智能者（《荀子》無「者」字，《韓詩外傳》無「能者」）焉。不愨而多能，譬之豺狼，不可邇（此三句《荀子》作「士不信

411

愨而有多知能，譬之其豺狼也，不可以身爾也」，下有「語曰：『桓公用其賊，文公用其盜。故明主任計不信怒，闇主信怒不任計。計勝怒則強，怒勝計則亡』」《韓詩外傳》作「士不信愨而又多知，譬之豺狼與，其難以身近也。《周書》曰『無為虎傅翼也』，不亦殆乎？《詩》曰：『匪其止恭，惟王之卭。』言其不恭其職事而病其主也」）。」

　　按：《家語》「啍啍」讀為「諄諄」，形容多言的樣子。而《荀子》「口啍」義不明，《外傳》「口讒」不為辭，（《說文》：「讒，譖也。譖，愬也。」）《說苑》「口銳」更屬以貌取人。可見《家語》作「啍啍」較合理。而由《荀子》作「口啍」、《韓詩外傳》「口讒」、《說苑》作「口銳」可知，三家皆同意此詞為雙音詞。「啍啍」既較合理而為疊音詞，那麼在並列三句中理應皆作疊音詞，而三家第三句亦作雙音詞。所以，《家語》之「捷捷」、「鉗鉗」亦當是本初之文。「捷捷」，形容動作疾速的樣子；「鉗鉗」，形容閉口不言的樣子，正皆與「啍啍（諄諄）」對應。若作「健」、「鉗」，不僅文字上與下句不對應，而且語義也難以明。可見《家語》較三家合理。而《家語》「不愨而多能，譬之豺狼，不可邇」之文，也明顯也較荀、韓兩家之文原始。可見《家語》此章不晚。至於《家語》「事任於官」（王肅注：「言各當以其所能之事任於官。」）句，有可能是後世所增之「浮詞」，若非，則更加證明其不比兩家晚。而《荀子》多出之「語曰」，自是其作者所增；《韓詩外傳》多出之「《詩》曰」、「《周書》曰」，顯然也是其作者之辭。而《說苑》「孔子曰」以下，顯然是後世發揮引申之文。可見《家語》此章較三家更可信。

　　此章似無晚出痕跡，唯有「豺狼」一詞見《孟子》，或疑之。其實，「豺狼」一詞於《左傳》、《國語》亦多有見，故不必疑。

第三章　哀公問於孔子曰：「寡人欲吾國小而能守（《說苑》作「吾欲小則守」），大則攻，其道如何？」孔子對曰：「使君朝廷（《說苑》作「若朝廷」）有禮，上下相（《說苑》作「有」）親，天下百姓皆君之民（《說苑》作「民眾皆君之畜也」），將誰攻之（《說苑》作「君將誰攻」）？苟為（違）此道，民畔如歸，皆君之讎也（《說苑》此二句作「若朝廷無禮，上下無親，民眾皆君之讎也」），將與誰守（《說苑》作「君將誰與守」）？」公曰：「善哉（《說苑》無此四字）！」於是廢山澤（《說苑》作「澤梁」）之禁，弛關市之稅，以惠百姓（《說苑》作「以為民惠也」）。

　　按：此章兩家相較，似也是《家語》為早。因為言「寡人欲吾國小而能守」，較「吾欲小則守」文義更確切明白。而以「小而能守」觀，原文「大則攻」當作「大則能攻」，蓋脫「能」字。《說苑》不知，故改上句為「小則守」。又《家語》言「使君朝廷」，有「君」字，更合乎對話的氛圍；言「天下百姓」，亦較《說苑》作「民眾」更合乎孔子習慣；作「以惠百姓」，亦較《說苑》作「以為民惠也」語順。可見《家語》此章早於《說苑》。

　　此章所記之事似無可疑，思想也無矛盾，當可信。

第四章　哀公問於孔子曰：「吾聞君子不博，有之乎？」孔子曰：「有之。」公曰：「何為（《說苑》作「何為其不博也」）？」對曰（《說苑》上有「孔子」）：「為其（《說苑》下有「有」字）二乘。」公（《說苑》作「哀公」）曰：「有二乘，則何為不博（《說苑》有「也」字）？」子（《說苑》作「孔子對」）曰：「為其兼行惡道也（《說苑》無「其兼」而字）。」哀公懼焉。有間，複問（《說苑》無此二字）曰：「若是乎君（《說苑》作「君子」）之惡惡道至（《說苑》作「之」）甚也？」孔子（《說苑》有「對」字）曰：「君子之惡惡道不甚（《說苑》作「惡惡道

不能甚」），則（《說苑》有「其」字）好善道亦不（《說苑》有「能」字）甚；好善道不（《說苑》有「能」字）甚，則百姓之親上（《說苑》作「親之也」）亦不（《說苑》有「能」字）甚。《詩》云：『未見君子，憂心惙惙，亦既見止，亦既覯止，我心則悅。』詩之好善道（《說苑》有「之」字）甚也如此。」公（《說苑》作「哀公」）曰：「美哉！夫君子成人之善（《說苑》作「美」），不成人之惡。微吾子言焉，吾弗之聞也（《說苑》作「微孔子，吾焉聞斯言也哉」）。」

按：「二乘」，謂兩個乘具，形容腳踩兩隻船，不專一。「為其二乘」，意思是因為那樣會使人不專一，《說苑》有「有」字，則義不順，蓋涉下句而增。二乘，故曰「為其兼行惡道」，《說苑》無「其兼」二字，顯然非原作。又《說苑》諸「不能甚」，不如《家語》作「不甚」語順；作「親之也」，不如作「親上」合理；作「孔子」，更明顯是由「吾子」所改。可見《家語》此章不晚於《說苑》。

又此章言君子不博，似與《論語》君子不器、君子博學之說矛盾。然而細揆其義，此不博似指專業領域而言，故曰「為其有二乘」；《論語》之博，則指專業知識而言。且孔子亦只是言有此一說，並非完全主張不博。而所言惡惡道、好善道，成人之善、不成人之惡，亦與《論語》所見孔子的一貫主張相合。故當可信。

第五章　哀公問於孔子曰：「夫國家之存亡禍福，信有天命，非唯人也。」（以上《說苑》無）孔子對曰（《說苑》作「孔子曰」）：「存亡禍福，皆（《說苑》有「在」字）己而已，天災地妖，不能加也（《說苑》作「亦不能殺也」）。」公曰：「善！吾子之言，豈有其事乎？」孔子曰：「（以上「公曰」至此《說苑》皆無）昔者殷王帝辛之世（《說苑》作「時」），有雀生大鳥於城隅焉（《說苑》作「爵生烏於城之隅」），占

（《說苑》上有「工人」二字）之曰：『凡以小生大（《說苑》作「巨」），則國家必王而名必昌（《說苑》作「國家必祉，王名必倍」）。』於是帝辛介雀之德（《說苑》作「帝辛喜爵之德」），不修國政（《說苑》作「不治國家」），亢暴無極，朝臣莫救（《說苑》無此句），外寇乃至，殷國以亡（《說苑》作「遂亡殷國」）。此即以己逆天時（《說苑》作「此逆天之時」），詭福反為禍者也。又其先世殷王太戊之時（《說苑》作「殷王武丁之時」），道缺法圯，以致夭孽、桑穀於朝（上三句《說苑》作「先王道缺，刑法弛，桑穀俱生於朝」），七日（《說苑》有「而」字）大拱，占之者（《說苑》上有「工人」二字，無「者」字）曰：『桑穀野木而不合生朝，意者國亡乎（《說苑》作「桑穀者，野物也；野物生於朝，意朝亡乎」）』大戊（《說苑》作「武丁」）恐駭，側身修行，思先王之政，明養民之道（《說苑》「民」作「老」，「明」前有「興滅國，繼絕世，舉逸民」），三年之後，遠方慕義重譯至者十有六國（《說苑》作「遠方之君重譯而朝者六國」），此即以己逆天時，得禍為福者也（《說苑》作「此迎天之時得禍反為福也」）」。故天災地妖（《說苑》作「故妖孽者」），所以儆人主者也（《說苑》作「天所以警天子諸侯也」）；寤夢征怪，所以儆人臣者也（《說苑》作「惡夢者，所以警士大夫也」）；災妖（《說苑》作「故妖孽」）不勝善政，寤夢（《說苑》作「惡夢」）不勝善行（《說苑》有「也」字），能知此者，至治之極也，唯明王達此（上三句《說苑》作「至治之極，禍反為福」，無以下公曰，別有「故太甲曰：『天作孽，猶可違；自作孽，不可逭。』」）。」

公曰：「寡人不鄙固此，亦不得聞君子之教也。」

　　按：此章《家語》為哀公與孔子對話，而《說苑》只記孔子曰，顯然是後之所裁，又別有增益，如「興滅國，繼絕世，舉逸民」，為《論語》文；「故太甲曰：天作孽，猶可違；自作孽，不可逭」，本《尚書・太甲中》。

　　此章孔子言史，與其博學知古之實際相符，非他人所能臆造，當

可信。

　　第六章　哀公問於孔子曰：「智（《說苑》、《韓詩外傳》作「有智」）者壽乎？仁者壽乎（《說苑》、《韓詩外傳》無此句）？」孔子對（《說苑》無「對」字）曰：「然。人有三死而非其命也（《韓詩外傳》有「者」字），行己自取也（《說苑》作「人自取之」，《韓詩外傳》作「自取之也」）。夫寢處不時（《韓詩外傳》作「居處不理」），飲食不節，逸勞過度者（《說苑》「逸」作「佚」，《韓詩外傳》作「勞過者」），疾（《韓詩外傳》作「病」）共殺之；居下位而上干其君（《韓詩外傳》作「居下而好干上」，《說苑》「干」作「忏」），嗜欲無厭而求不止者（《韓詩外傳》「無」作「不」、「求」作「求索」），刑共殺之；以少犯眾（《韓詩外傳》作「少以敵眾」），以弱（《說苑》、《韓詩外傳》二字倒）侮強，忿怒不類，動（《說苑》無前三字，《韓詩外傳》無上四字）不量力者，兵共殺之。此三者死（《說苑》無「死」），非命也（《韓詩外傳》作「故有三死而非命者」），人自取之（《韓詩外傳》作「自取之也」）。若夫智士仁人，將身有節，動靜以義，喜怒以時，無害其性，雖得壽焉，不亦可乎（《說苑》、《韓詩外傳》皆無「若夫」以下，別有「詩云：『人而無儀，不死何為？』」）」

　　按：下言「智士仁人」，則上「仁者壽乎」之句亦當有。《說苑》與《韓詩外傳》皆無，義不完整。又兩家皆以「忿（怒）不量力者」為句，義不可通，不知脫「不類動」三字。所引詩義與言壽之旨不合。可證《說苑》與《韓詩外傳》之文晚出。兩家之中，《說苑》似晚於《韓詩外傳》，但又不出《韓詩外傳》，可見是有共同的材料來源。

　　此章所記似亦無可疑，當可信。

　　以上可見，《家語》本篇各章之材料皆較各書可靠，而且無明顯可疑之處，唯第一章似有後人加工。

（三）《三恕》篇分章考信

《三恕》為《孔子家語》第九篇，凡十一章。各章所記，分別又見《荀子·法行》；《晏子春秋·內篇·問下》；《荀子·宥坐》、《淮南子·道應》、《韓詩外傳》卷三、《說苑·敬慎》、《文子·十守》；《說苑·雜言》、《荀子·宥坐》；《荀子·宥坐》；《荀子·宥坐》；《荀子·子道》；《荀子·子道》；《荀子·子道》、《說苑·雜言》、《韓詩外傳》卷三。以下分章將其原文與各相關材料進行對照分析。文中所用各書之版本分別為：

《孔子家語》：《四部叢刊》初編本。

《荀子》：王先謙《荀子集解》本，北京：中華書局，1988年版。

《韓詩外傳》：許維遹校釋《韓詩外傳集釋》本，北京：中華書局，2005年版。

《說苑》：向宗魯校證《說苑校證》本，北京：中華書局，1987年版。

《晏子春秋》：吳則虞《晏子春秋集釋》本，北京：中華書局，1962年版。

《淮南子》：劉文典《淮南鴻烈集釋》本，北京：中華書局，1989年版。

第一章　孔子曰：「君子有三恕，有君不能事，有臣而求其使，非恕也；有親不能孝（《荀子》作「報」），有子而求其報（《荀子》作「孝」），非恕也；有兄不能敬，有弟而求其順（《荀子》作「聽令」），非恕也。士能明於（《荀子》有「此」）三恕之本（《荀子》無「之本」），則可謂端身矣。」

按：以常例，親當言孝，子當言報。故文中「孝」、「報」二

字，當以《家語》為是。又「順」與上句「敬」字相對，《荀子》作「聽令」當非原文。可見此節《家語》之文較原始。

此章孔子語與《論語》反映的孔子思想似無不合，當可信。唯「端身」疑避秦諱而改，然《論語》亦言「端章甫」，則又可不疑。

第二章　孔子曰：「君子有三思，不（《荀子》上有「而」字）可不察（《荀子》作「思」）也。少而不學，長無能也；老而不教，死莫之思（《荀子》作「死無思」）也；有而不施，窮莫之救（《荀子》作「窮無與」）也。故（《荀子》上有「是」字）君子少思其長則務學（《荀子》無「其」字、「務」字，下二句同），老思其死則務教，有思其窮則務施。」

按：上言「思」，下言「察」，察而思之也。《荀子》上下皆作「思」，似嫌重複，當為誤字；「死莫之思」、「窮莫之救」，較《荀子》作「死無思」、「窮無與」文義更確切，亦符合孔子語言習慣，如《論語》「莫之違也」、「莫之知」；末三句《荀子》之文亦過簡，尤其是無「務」字，則義不顯。所以，《家語》此章當早於《荀子》該篇。

此章孔子語不唯思想相合，語言習慣也與《論語》相同，故當可信。

第三章　伯常騫問於孔子曰（《晏子春秋》作「柏常騫去周之齊，見晏子曰」）：「騫固周國之賤吏也，不自以不肖，將北面以事君子（《晏子春秋》作「騫，周室之賤史也，不量其不肖，願事君子」），敢問正道宜行，不容於世；隱道宜行，然亦不忍（《晏子春秋》作「敢問正道直行則不容於世，隱道危行則不忍」）。今欲身亦不窮，道亦不隱，為之有道乎（《晏子春秋》作「道亦無滅，身亦無廢者何若？」）？」孔子曰（《晏子春秋》作「晏子對曰」）：「善哉子之問也（《晏子春秋》作「善哉！問事君乎」）。自丘之

聞（《晏子春秋》作「嬰聞之」），未有若吾子所問辯且說也。丘嘗聞君子之言道矣，聽者無察，則道不入；奇偉不稽，則道不信。又嘗聞君子之言事矣，制無度量，則事不成；其政曉察，則民不保。又嘗聞君子之言志矣，埋折者不終，徑易者則數傷，浩倨者則不親，就利者則無不弊（以上自「未若」至此《晏子春秋》皆無，別作「執二法裾，則不取也；輕進苟合，則不信也；直易無諱，則速傷也；新始好利，則無敝也」）。又嘗聞養世之君子矣，從輕勿為先，從重勿為後，見像而勿強，陳道而勿怫。此四者，丘之所聞也（以上《晏子春秋》作「且嬰聞養世之君子，從重不為進，從輕不為退，省行而不伐，讓利而不誇，陳物而勿專，見象而勿強，道不滅，身不廢矣。』」）。」

按：伯常騫在《晏子春秋》凡十二見，孔子在《晏子春秋》三十二見（作「仲尼」），皆與齊景公、晏子同時。如《內篇・諫上》載景公出遊公阜，有晏子及伯常騫在側；《外篇第八》載「景公為大鐘，將懸之，晏子、仲尼、柏常騫三人朝」，又載「仲尼之齊，見景公而不見晏子」，及仲尼見景公，景公欲封之，晏子以為不可等事，說明三人同時在齊，所以伯常騫問晏子、問孔子皆完全可能。晏子、孔子皆一代聞人，伯常騫問二人基本相同的問題完全可能。今以二人所答觀之，雖稍有雷同，但主要內容並不相同，說明二者並未互相抄襲。且二人皆云所「聞」，則舊有其說亦未可知。所以，二書所記皆當有可信性。

第四章　孔子觀於魯桓公之廟（《韓詩外傳》、《說苑》作「周廟」），有欹器焉。夫子（《荀子》、《韓詩外傳》、《說苑》作「孔子」，下同）問於守廟者曰：「此謂何器（《韓詩外傳》有「也」字）？」對曰：「此蓋為宥坐之器。」孔子曰：「吾聞宥（《說苑》作「右」）坐之器（《韓詩外傳》無「之」字，《荀子》有「者」字），虛則欹，中則正，滿則

覆（《韓詩外傳》上二句倒，《說苑》以「滿」、「中」、「虛」為序），明君以為至誠，故常置之於坐側（《荀子》無上二句，《韓詩外傳》、《說苑》作「有之乎，對曰然」）。」顧（《荀子》上有「孔子」二字）謂弟子曰：「試（《荀子》無「試」字）注水焉。」乃注之（以上《荀子》作「弟子挹水而注之」，《韓詩外傳》、《說苑》作「孔子使子路取水試之」）水（《荀子》、《韓詩外傳》、《說苑》無「水」字）。中則正，滿則覆（《荀子》、《韓詩外傳》、《說苑》下有「虛而欹」，《韓詩外傳》、《說苑》「中」、「滿」二句倒）。夫子（《韓詩外傳》、《說苑》作「孔子」）喟然（《荀子》、《韓詩外傳》下有「而」字）歎曰：「嗚呼（《荀子》作「吁」）！夫物（《荀子》無「夫」，《韓詩外傳》、《說苑》無二字），惡有滿而不覆（《韓詩外傳》、《說苑》有「者」字）哉？」子路進（《荀子》（《韓詩外傳》、《說苑》無「進」字）曰：「敢問持滿有道乎？」子（《荀子》、《韓詩外傳》、《說苑》作「孔子」）曰（《韓詩外傳》、《說苑》下有「持滿之道，抑（挹）而損之。子路曰：損之有道乎？孔子曰」。以下《韓詩外傳》作「德行寬裕者、守之以恭；土地廣大者，守之以儉；祿位尊盛者，守之以卑，人眾兵強者，守之以畏」，以下有「聰明睿智者，守之以愚；博聞強記者，守之以淺。夫是之謂抑而損之。《詩》曰：『湯降不遲，聖敬日躋』」，《說苑》作「高而能下，滿而能虛，富而能儉，貴而能卑，智而能愚，勇而能怯，辯而能訥，博而能淺，明而能闇；是謂損而不極，能行此道，唯至德者及之。《易》曰：『不損而益之，故損；自損而終，故益』」）：「聰明睿（《荀子》作「聖」）智（《韓詩外傳》下有「者」字），守之以愚；功被天下，守之以讓；勇力振（《荀子》作「撫」）世，守之以怯；富有四海，守之以謙。此所謂損之又（上三字《荀子》作「挹而」）損之之道也。」

按：對照可以看出，《家語》此文與《荀子》接近（如同作「魯桓公之廟」），但明顯早於《荀子》。如前者有「明君以為至誠，故常置之於坐側」二句，而後者省去；前者云「顧謂弟子曰：『試注水焉』」，有「試」字，較為合理；前者承之云「乃注之」，後者復云

「弟子挹水而注之」，重複「弟子」二字；前者云「水中則正，滿則覆」，後者無「水」字，又有「虛而欹」，完全重複前文；上云「聰明睿智守之以愚，功被天下守之以讓，勇力振世守之以怯，富有四海守之以謙」，故曰「損之又損之」，較後者作「挹而損之」合理。可見《家語》此章較《荀子》該篇更為可信，時間當在其前。《韓詩外傳》、《說苑》又與《荀子》接近，如皆有「挹而損之」。顯然，《韓詩外傳》、《說苑》所插入之「持滿之道，抑（挹）而損之。子路曰：損之有道乎」，完全是因《荀子》「挹而損之」而出。而且明顯有時代較晚的文句，如云「孔子使子路取水試之」，不如原文「顧謂弟子曰」、「子路進曰」云云形象可信。以下孔子所答之辭《韓詩外傳》雖已大不相同，但尚保留部分辭句；而《說苑》所云，則完全脫離了原文。可見其時代順序應是《家語》—《荀子》—《韓詩外傳》—《說苑》。《淮南子・道應訓》亦載此事，文作：

孔子觀桓公之廟，有器焉，謂之宥卮。孔子曰：「善哉！予得見此器。」顧曰：「弟子取水！」水至，灌之，其中則正，其盈則覆。孔子造然革容曰：「善哉，持盈者乎！」子貢在側曰：「請問持盈。」曰：「益而損。」曰：「何謂益而損之？」曰：「夫物盛而衰，樂極則悲，日中而移，月盈而虧。是故聰明睿智，守之以愚；多聞博辯，守之以陋；武力毅勇，守之以畏；富貴廣大，守之以儉；德施天下，守之以讓。此五者，先王所以守天下而弗失也。反此五者，未嘗不危也。」

可見已經完全演變成了不同的文字。只是仍作「桓公之廟」，還是比較可信，因為孔子適周，並未有多名弟子陪同。

以上可見，四書之中，此章《家語》最為可信，所言事、語必當有據。

第五章　孔子觀於東流之水（《說苑》無此句）。子貢問（《荀子》下有「於孔子」三字）曰：「君子所見大水必觀焉，何也（《說苑》無「所」字，《荀子》作「君子之所以見大水必觀焉者，是何）？」孔子對曰（《荀子》、《說苑》無「對」字）：「以其不息，且（《荀子》、《說苑》無上五字，《說苑》別有「夫水者，君子比德焉」）遍與諸生而不為也，夫水似乎德（《荀子》「夫水」二字在「遍「上，無「乎」字，《說苑》作「遍與而無私，似德」，下有「所及者生，似仁」句）；其流也則卑（《荀子》無「則」字，「卑」作「埤」）下，倨拘必修其理（《荀子》「倨拘」作「裾拘」、「修」作「循」；《說苑》「倨拘」作「句倨」、「修」作「循」），似義（《說苑》此下有「淺者流行，深者不測，似智」句）；浩浩乎無屈盡之期，此似道（《說苑》無此句；《荀子》作「其洸洸乎不淈盡，似道」，下有「若有決行之，其應佚若聲響」）；流行赴百仞之嶔而不懼，此似勇（《荀子》作「其赴百仞之谷不懼，似勇」，《說苑》作「其赴百仞之谷不疑，似勇」）；至量必平之，此似法（《荀子》作「主量必平，似法」；《說苑》作「至量必平，似正」）；盛而不求概，此似正（《荀子》作「盈不求概，似正」，《說苑》作「盈不求概，似度」，後有「其萬折必東，似意」，並上句皆在「善化」句後）；綽約微達，此似察（《荀子》作「淖約微達，似察」；《說苑》作「綿弱而微達，似察」，下有「受惡不讓，似包蒙」句）；發源必東，此似志（《荀子》作「其萬折也必東，似志」，在「潔」句後）；以出以入，萬物就以化絜，此似善化也（《荀子》作「以出以入以就鮮絜，似善化」，《說苑》作「不清以入，鮮潔以出，似善化」）。水之德有若此，是故君子見，必觀焉（以上《荀子》作「是故見大水必觀焉」，《說苑》作「是以君子見大水觀焉爾也」）。」

按：《說苑》無首句「孔子觀於東流之水」，已見其晚出。《荀子》於「子貢問」下複有「於孔子」三字，亦見其並不原始。「君子所見大水必觀焉」，「所」字或是衍文，《說苑》不誤。而《荀子》多「之」字、「者」字，顯然是後之改造者所增。答語

開首有「以」字，亦較二家直接答以「似某」合理。言「萬物就以化絜」，較《荀子》作「以就鮮絜」合理，足以說明其早於《荀子》。可見此章亦以《家語》之文為最可信。惟其言「發源必東」可疑，因為曲阜之沂水西流，不如《荀子》作「其萬折也必東」。看來當有後人增益潤飾。

　　第六章　子貢觀於魯廟之北堂，出而問於孔子曰：「向也（《荀子》作「鄉者」）賜觀於太廟之（《荀子》有「北」字）堂，未既輟（《荀子》作「吾亦未輟」），還瞻北蓋（《荀子》作「還復瞻被九蓋」），皆斷焉（《荀子》作「皆繼」），彼將有（《荀子》作「被有」）說耶？匠過之也（《荀子》作「匠過絕邪」）？」孔子曰：「太廟之堂（《荀子》下有「亦嘗有說」），官致良工之匠，匠致良材，盡其功巧（以上《荀子》作「官致良工，因麗節文，非無良材也」），蓋貴久矣（《荀子》作「蓋曰貴文也」），尚有說也（《荀子》無）。」

　　按：此章《荀子》之文似亦有勝者，如「北蓋」作「九蓋」、「斷」作「繼」、「匠過之也」作「匠過絕也」、「久」作「文」之類。然而《家語》作「官致良工之匠，匠致良材，盡其功巧，蓋貴久（文）矣，尚有說也」，完全符合子貢所問；而《荀子》作「太廟之堂亦嘗有說，官致良工，因麗節文，非無良材也」，與子貢所問不全合，因為子貢所問既無關因麗節文之事，也不涉及有無良材，可見《家語》之文總體較為可信，故當有據。唯其「斷」（「繼」）、「過之」（「之過」）、「貴久」（貴文）之類，當是傳寫致誤；「官致良工之匠」，「之匠」二字亦應後人所增。而事實本身及所反映的貴文等思想，無明顯可疑之處，理當可信。

　　第七章　孔子曰：「吾有所齒（恥），有所鄙，有所殆（上三句

《荀子》作「吾有恥也，吾有鄙也，吾有殆也」）。**夫幼而不能強學**（《荀子》無「夫」字、「而」字），**老而無以教**（《荀子》作「老無以教之」），**吾恥之；去其鄉**（《荀子》作「故鄉」），**事君而達，卒遇故人，曾無舊言，吾鄙之；與小人處，而不能親賢**（《荀子》作「與小人處者」），**吾殆之**（《荀子》有「也」字）。」

按：此章《家語》「吾有所齒（恥）」三句，顯然較《荀子》之文原始；「夫幼而不能強學」等語，顯然也比較古樸。《荀子》作「老無以教之」，「之」無所指，又與下文重複；作「故鄉」，「故」字亦為增出之字；作「與小人處者」與前兩句句法不同，可見其為晚出之文。

此章孔子語及所反映的思想主張，似皆能在《論語》中找到影子。如所謂「幼而不能強學吾恥之」，與《論語》「吾十有五而志於學」；「遇故人曾無舊言吾鄙之」，與《論語·鄉黨》所記「鄉人飲酒，杖者出，斯出矣」等；「不能親賢吾殆之」，與《論語》「居是邦也，事其大夫之賢者」之類，皆可對應，故當可信。

第八章　子路見於孔子（《荀子·子道》作「子路入」），**孔子**（《荀子》作「子」）**曰：「智**（《荀子》作「知」，下同）**者若何？仁者若何？」子路對曰：「智者使人知己，仁者使人愛己。」子曰：「可謂士矣。」子路出**（《荀子》無此句），**子貢入，問亦如之**（《荀子》作「子曰：『賜！知者若何？仁者若何』」）。**子貢對曰：「智者知人，仁者愛人。」子曰：「可謂士**（《荀子》下有「君子」二字）**矣。」子貢出**（《荀子》無此句），**顏回入，問亦如之**（《荀子》作「子曰：『回！知者若何？仁者若何』」）。**對曰：「智者自知，仁者自愛。」子曰：「可謂士**（《荀子》作「明」）**君子矣。」**

按：此章之文《家語》子貢入、顏淵入前分別有「子路出」、

「子貢出」，線索似較清晰；作「問亦如之」，亦較《荀子》重複「子曰：某！知者若何？仁者若何」合理。惟於子路、子貢二人同言「可謂士矣」，於顏回始曰「可謂士君子」，不如《荀子》遞作「士」、「士君子」、「明君子」合理。《家語》之文，或是傳寫脫誤，但必不本於《荀子》，若本於《荀子》，必不故意偽誤。可見二者同源，有共同的出處。

此章論智者、仁者，似與《論語》不完全一致，如謂「智者使人知己，仁者使人愛己」、「智者自知，仁者自愛」，使人愛己、自愛，豈能謂之仁？疑此章所記為後人演義，不可信。

第九章　子貢問於孔子曰：「子從父命孝，臣從君命貞乎？奚疑焉？」孔子曰：「鄙哉賜，汝不識也。昔者明王萬乘之國，有爭臣七人，則主無過舉；千乘之國，有爭臣五人，則社稷不危也；百乘之家，有爭臣三人，則祿位不替；父有爭子，不陷無禮；士有爭友，不行不義。故子從父命，奚詎為孝？臣從君命，奚詎為貞？夫能審其所從，之謂孝，之謂貞矣。」

此章文字又見《荀子・子道》，作：

魯哀公問於孔子曰：「子從父命，孝乎？臣從君命，貞乎？」三問，孔子不對。孔子趨出以語子貢曰：「鄉者，君問丘也，曰：『子從父命，孝乎？臣從君命，貞乎？』三問而丘不對，賜以為何如？」子貢曰：「子從父命，孝矣；臣從君命，貞矣，夫子有奚對焉？」孔子曰：「小人哉！賜不識也！昔萬乘之國，有爭臣四人，則封疆不削；千乘之國，有爭臣三人，則社稷不危；百乘之家，有爭臣二人，則宗廟不毀。父有爭子，不行無禮；士有爭友，不為不義。故子從父，奚子孝？臣從君，奚臣貞？審其所以從之之謂孝、之謂貞也。」

按：《家語》此章蓋因脫去「孔子曰」至「子貢曰」，故改「哀公問」為「子貢問」，而將子貢所問稍作改造。以下孔子答語之「七」、「五」、「三」之數，亦當有誤。然亦有勝者，如云「夫能審其所從」，似較《荀子》作「審其所以從之」原始，看來也是有所從來。

第十章　子路盛服見於（《說苑》作「而見」，《韓詩外傳》引傳曰作「以見」）孔子。子（《荀子》、《說苑》、《韓詩外傳》作「孔子」，下同）曰：「由，是倨倨者（《荀子》作「裾裾」，無「者」字，《說苑》作「襜襜」，《韓詩外傳》作「疏疏者」）何也？夫（《荀子》、《說苑》、《韓詩外傳》作「昔者」）江始出於岷山（《荀子》、《說苑》、《韓詩外傳》無「始」字，下有「其始（出）也」），其源可以（《說苑》作「大足以」，《韓詩外傳》作「不足以」）濫觴，及其至於江津（《荀子》作「及其至江之津也」，《說苑》作「及至江之津也」，《韓詩外傳》作「及其至乎江之津也」），不舫（《荀子》作「放」，《說苑》、《韓詩外傳》作「方」）舟不避風，則不可以涉（《荀子》作有「也」字，《說苑》、《韓詩外傳》作「不可渡也」），非唯下流水多耶（《荀子》同，《韓詩外傳》作「非其眾川之多歟」，《說苑》作「非唯下流眾川之多乎」）？今爾（《荀子》、《韓詩外傳》作「女」，《說苑》作「若」）衣服既（《說苑》作「甚」《韓詩外傳》作「其」）盛，顏色充盈（《韓詩外傳》作「充滿」），天下且孰肯以非告汝乎（《荀子》作「天下且孰肯諫女矣」，《說苑》作「天下誰肯加若哉」，《韓詩外傳》作「天下有誰加汝哉」）？」子路趨而出，改服而入，蓋自若（《荀子》作「猶若」，《說苑》作「自如」，《韓詩外傳》作「揖如」）也。子曰：「由志（《說苑》作「記」）之，吾告汝（《說苑》作「吾語若」），奮於言者華（《說苑》有「也」字，《韓詩外傳》作「夫慎於言者不嘩」），奮於行者伐（《說苑》有「也」字，《韓詩外傳》作「慎於行者不伐」）。夫（《荀子》無）色智而有能

（《韓詩外傳》作「長」）者，小人也。故君子知之曰智（《荀子》「智」作「知之」，下有「不知曰不知」；《說苑》、《韓詩外傳》同《荀子》，惟「曰」皆作「為」），言之要也；不能曰不能（《荀子》、《韓詩外傳》上有「能之曰能之」句，《說苑》「曰」作「為」、上有「能之為能」），行之至（《韓詩外傳》「至」作「要」，下同）也。言要則智（《荀子》、《說苑》、《韓詩外傳》作「知」，下同），行至（《說苑》作「要」）則仁。既仁且智（《說苑》作「既知且仁」），惡不足哉（《荀子》作「夫惡有不足矣哉」；《說苑》作「夫有何加矣哉」，下有「由，《詩》曰：『湯降不遲，聖教日躋』。此之謂也」；《韓詩外傳》作「又何加哉」，下有「《詩》曰：『湯降不遲，聖敬日躋』」）！」

按：此章《家語》作「倨倨（傲慢、不遜貌）」為本字，《荀子》作「裾裾」為借字，《說苑》作「襜襜」為衣動貌，《外傳》作「疏疏」去本義尤遠；「夫江始出於岷山」云云，顯然較三家作「昔者」云云合理，其早於三家無疑。惟其下文「知之」、「不能」句，或有脫誤，但未失其旨。《韓詩外傳》所引「傳」，蓋即《荀子》。

此章孔子語似有可疑，所云「江始出於岷山」之類，恐非孔子當時所能知。

第十一章　子路問於孔子曰：「有人於此，披褐而懷玉，何如？」子曰：「國無道，隱之可也；國有道，則袞冕而執玉。」

按：此章文字他書無所見，但與《論語》所見孔子思想一致。如《泰伯》篇記子曰：「篤信好學，守死善道。危邦不入，亂邦不居。天下有道則見，無道則隱。邦有道，貧且賤焉，恥也；邦無道，富且貴焉，恥也。」故當可信。

以上可見，本篇十一章之中，有六章全無可疑；一章有後人增益潤飾、一章字詞有訛誤、一章個別詞句可疑，但基本事實當可信；一

章因脫誤而有改造、一章疑出後人演義，不可盡信。

結語

由本篇考述我們看到，在世系方面，孔子後裔在這一時期不僅有曲阜一支，還有避地江東的孔衍及其後裔一支，和由梁遷居會稽的孔潛及其後裔一支。

這一時期，孔氏家學之可考者，基本上皆為孔武、孔安國兄弟之後裔。其中孔武一支除其長曾孫孔福之嫡後裔世代奉夫子之祀，傳孔子之教以外，與經學有關的家學活動，主要在孔福次子後裔，尤其是孔福次子五代孫孔賢長子孔彪之後裔之中傳承。

學術方面特別值得一提的，在曲阜孔氏一支，作為孔安國後裔，孔季彥之孫孔猛，確實傳承了祖上家業，並將長期以來為孔家所內傳的《孔子家語》等書傳給了王肅，使之得以廣泛傳播。避地江東的一支，作為孔武後裔、孔福次子之七代孫、孔乂長子孔衍，成績尤為卓著。他精《春秋》三傳，撰述各類著作「百餘萬言」。特別是年十二能通《詩》、《書》，體現了明顯的家學淵源。同為孔武後裔、孔福次子之後，會稽一支學人眾多。而其中與西漢孔安國同名的孔子二十七代孫、孔乂中子孔郁五代孫東晉孔安國，確實「以儒素顯」，通經典。但是，他並沒有如陳夢家所云「推造《古文尚書》二十五篇，又作〈尚書序〉，又為今古文五十八篇及書序作傳注」。因為他主要生活在東晉孝武帝和安帝之時，遠在梅賾（頤）獻書之後。

世次不明的「晉五經博士孔晁」，既不與東晉孔安國同人，也不是「偽《孔傳》」的作者，因為他是西晉初人。而據其時代及所治之學，我們疑其為孔猛之子。

在這一部分，我們還特別考察了《孔子家語》公案問題。我們

提出，要想了結《家語》偽書公案，需要解決成書與書本的真偽及材料本身的真偽與可信性兩個方面的問題，而我們重點討論了第一個問題。其中首先我們討論了今本《家語》與《漢志》、《家語》的關係，證明今本《家語》就是《漢志》、《家語》；而《漢志》、《家語》，又只能由孔安國所編，而不可能為王肅所造。其次，我們考察了王肅與《家語》的關係，證明王肅增加和偽造說的諸多理由均不能成立。而王肅在注釋過程中對《家語》原文或許進行過整理性的少量改動，則或有可能。但這不等於撰作，更不等於偽作。當然，為了引起大家對《家語》的實際關注，我們還特意對其各篇內容逐章作了系統介紹。

另外，我們還探討了《家語》與相關各書，包括《論語》、《荀子》、《禮記》、《大戴禮記》、《說苑》及出土文獻的關係，結論使我們有理由相信：《家語》不僅不可能是割裂諸書而織成，而且多數材料都較諸書更原始、更可靠。但同時我們也看到，《家語》中確有部分或個別材料經過了後人改造。所以我們說，使用其材料需要慎重，需要具體對待。由此我們也得出結論，要想解決《家語》材料本身的真偽與可信性問題，需要逐篇逐章作具體的考證研究，而不能一概論之。在這一方面，我們首先試舉了李春紅、喬建峰同學就〈相魯〉、〈始誅〉、〈致思〉三篇研究所得出的結論，作為代表。另外，我們還對〈五儀解〉和《三恕》兩篇進行了簡單地分章考信，結論再次證明，《家語》材料多數為可信，個別確有可疑或不可信者。

總結全部三篇所考，我們可以認為：一、孔氏家族自孔子以下就有家學，漢晉時期亦然；孔氏家學，是中國歷史上綿延時間最長、對中國學術文化貢獻最大的家學。二、孔安國當年確實對古文《尚書》、古文《論語》、古文《孝經》，作過訓解；作為家學，在傳承過程中又經過了一定的加工與完善。李學勤先生曾經指出：「東漢時好多學者的作品能找到至少可能來自今傳《古文尚書》的文句，這說

明東漢中晚期這種《尚書》本子逐漸傳播流行。這在時間和當時孔僖、孔季彥等人的活動便合拍了。」[1]正與我們的結論一致。從這一事實出發，則長期以來流行的《古文尚書孔傳》、《古文論語孔注》、《古文孝經孔傳》「偽書」說可以休矣！三、《孔叢子》最早確應是孔鮒所編，只是後來有過三次續增，其材料確有不純處，但多數可以從信。四、《孔子家語》確為孔安國所編，其材料皆出先秦，大部分基本真實可信，但其中確有少數屬於後學發揮演義，不可盡信者，也有經過編輯者或後人的加工改造者，所以使用時需要具體考證。

　　另外，關於今傳本《古文尚書》之真偽，更是迄今懸而未決的重大學術疑案。由於其真偽本身與孔氏家學關係不大，所以本課題並沒有作過多的談論。而事實上，我們既然發現當年孔壁確出古文《尚書》，孔安國確實為之作過訓解，其後人確實又世代傳習之，那麼它也就必不能是魏晉以後學者所偽造，而應是先秦之物（不必全部）。當然，先秦之物，未必就真。所以，關於今傳本《古文尚書》的真偽問題，還需另作研究。具體關於傳世五十八篇本《古文尚書》之構成，我們初步認為應如孔安國〈尚書序〉所云，是其當年合今、古文二本而成。如〈尚書序〉曰：「以所聞伏生之書考論文義，定其可知者為隸古定，更以竹簡寫之，增多伏生二十五篇。」只言增多而不言異同，則其餘完全可以襲用伏生之舊本。因為我們知道，孔安國本是今文《尚書》博士，古文既然只是「增多」，自然就可以合而一之。合而一之的根本原因，是二者本身皆不完整。而之所以能夠合一，依據是有《書序》作為指南。至於今文與古文文風之異，我們認為主要應從原撰人及流傳系統不同兩方面考慮。因為《尚書》各篇本不為一人一時之所作，而各家在傳承過程中也不可能一點加工沒有，長期傳承，必然形成不同的文本。至於具體二十五篇之時代與真偽，儘管張

1　李學勤〈竹簡《家語》與漢魏孔氏家學〉，《孔子研究》1987年第2期。

岩先生所著《審核古文〈尚書〉案》[1]已經有了較好的分析，但迄今仍多誤信閻若璩《尚書古文疏證》者。事實上閻氏所舉之證，大多不能成立（詳愚撰《〈尚書古文疏證〉校點前言》，上海古籍出版社2010年12月）。而今人率多人云亦云，不知底細。相信這種現象，將很快得到改觀。

　　以上結論，也引發我們對古書成書問題的思考。李學勤先生曾說：「古書的形成每每要有很長的過程，除了少數書籍立於學官，或有官本，一般都要經過改動變化。很多書在寫定前，還有一段口傳的歷史，尤其在民間流傳的變動尤甚。因而對古書的形成和流傳不可用靜止的觀點去看待。」[2]通過對漢晉孔氏家學的研究我們發現，《尚書孔傳》、《孝經孔傳》及《孔子家語》、《孔叢子》等書之成書，基本上正符合這一規律。鑒於對古書形成和流傳的新認識，我們認為中國古代許多典籍確實是很難用「真」、「偽」二字來作判斷。所以，對於古書真偽問題的研究，也應該有新的態度和標準，至少應該擺脫以往那種簡單以「真」、「偽」下結論的做法，對古書做動態的認識和理解。同時，對古書文本的考證，也應該改變過去以書為單位的方式，採取以「篇」、「章」為單位的方法，逐篇、逐章進行具體的分析考證。

1　張岩《審核古文〈尚書〉案》，北京：中華書局，2006年。

2　李學勤〈竹簡《家語》與漢魏孔氏家學〉，《孔子研究》1987年第2期。

第七章　《孔子家語》與孔氏家學

參 考 文 獻

1. 〔魏〕王弼、〔晉〕韓康伯注、〔唐〕孔穎達等正義：《周易正義》，〔清〕阮元校刻《十三經注疏》本，北京：中華書局，1980年。

2. 〔清〕孫星衍集解：《周易集解》，上海：上海書店，1988年。

3. 廖名春釋文：《馬王堆帛書〈周易〉經傳釋文》，《續修四庫全書》本，上海：上海古籍出版社，2002年。

4. 〔漢〕孔安國傳、〔唐〕孔穎達正義：《尚書正義》，〔清〕阮元校刻《十三經注疏》本，北京：中華書局，1980年。

5. 〔漢〕孔安國傳、〔唐〕孔穎達正義、黃懷信整理：《尚書正義》，上海：上海古籍出版社，2007年。

6. 〔漢〕伏勝：《尚書大傳》，《叢書集成初編》本，北京：中華書局，1985年。

7. 〔清〕孫之錄補遺：《尚書大傳補遺》，《四庫全書》本，上海：上海古籍出版社，1987年。

8. 〔漢〕毛亨傳、鄭玄箋、〔唐〕孔穎達正義：《毛詩正義》，〔清〕阮元校刻《十三經注疏》本，北京：中華書局，1980年。

9. 〔宋〕朱熹：《詩集傳》，《四部叢刊三編》本。

10. 〔清〕陳奐：《詩毛氏傳疏》，北京：中國書店，1984年。

11. 高亨注：《詩經今注》，上海：上海古籍出版社，1980年。

12. 〔漢〕韓嬰撰:《韓詩外傳》,《四庫全書》本,上海:上海古籍出版社,1987年。

13. 〔漢〕韓嬰撰、許維遹校釋:《韓詩外傳集釋》,北京:中華書局,1980年。

14. 〔漢〕鄭玄注、〔唐〕賈公彥疏:《周禮注疏》,〔清〕阮元校刻《十三經注疏》本,北京:中華書局,1980年。

15. 〔清〕孫詒讓《周禮正義》,北京:中華書局,1987年。

16. 〔漢〕鄭玄注、〔唐〕賈公彥疏:《儀禮注疏》,〔清〕阮元校刻《十三經注疏》本,北京:中華書局,1980年。

17. 〔漢〕鄭玄注、〔唐〕孔穎達正義:《禮記正義》,〔清〕阮元校刻《十三經注疏本,北京:中華書局,1980年。

18. 王文錦譯解:《禮記譯解》,北京:中華書局,2001年。

19. 楊天宇譯注:《禮記譯注》,上海:上海古籍出版社,1997年。

20. 黃懷信主撰:《大戴禮記匯校集注》,西安:三秦出版社,2005年。

21. 〔晉〕杜預注、〔唐〕孔穎達正義:《春秋左傳正義》,〔清〕阮元校刻《十三經注疏》本,北京:中華書局,1980年。

22. 楊伯峻注:《春秋左傳注》,北京:中華書局,1990年。

23. 〔漢〕何休解詁、〔唐〕徐彥疏:《春秋公羊傳注疏》,〔清〕阮元校刻《十三經注疏》本,北京:中華書局,1980年。

24. 〔晉〕范甯注、〔唐〕楊士勳疏:《春秋穀梁傳注疏》,〔清〕阮元校刻《十三經注疏》本,北京:中華書局,1980年。

25. 〔唐〕唐玄宗注、〔宋〕邢昺疏:《孝經注疏》,〔清〕阮元校刻《十三經注疏》本,北京:中華書局,1980年。

26. 〔漢〕孔安國傳、〔日本〕太宰純音:《古文孝經孔氏傳》,《四庫全書》本,上海:上海古籍出版社,1987年。

27. 〔魏〕何晏注、〔宋〕邢昺疏:《論語注疏》,〔清〕阮元校刻《十三經注疏》本,北京:中華書局,1980年。

參考文獻

28. 〔魏〕何晏等集解：《論語集解》，《四部要籍注疏叢刊》本，北京：中華書局，1998年。

29. 〔梁〕皇侃：《論語義疏》，《四部要籍注疏叢刊》本，北京：中華書局，1998年。

30. 黃懷信主撰：《論語彙校集釋疏》，上海：上海古籍出版社，2008年。

31. 〔晉〕郭璞注、〔宋〕邢昺疏：《爾雅注疏》，〔清〕阮元校刻《十三經注疏》本，北京：中華書局，1980年。

32. 〔清〕郝懿行：《爾雅義疏》，上海：上海古籍出版社，1983年。

33. 〔清〕焦循：《孟子正義》，北京：中華書局，1987年。

34. 楊伯峻譯注：《孟子譯注》，北京：中華書局，1960年。

35. 〔清〕王念孫：《廣雅疏證》，上海：上海古籍出版社，1983年。

36. 〔宋〕陳彭年等編：《廣韻》，《四部叢刊初編》本。

37. 〔漢〕許慎：《說文解字》，北京：中華書局，1980年。

38. 〔清〕段玉裁：《說文解字注》，上海：上海古籍出版社，1981年。

39. 《國語》，《國學基本叢書選印》本，上海：上海書店，1987年。

40. 〔漢〕劉向編集：《戰國策》，上海：上海古籍出版社，1985年。

41. 〔漢〕司馬遷：《史記》，北京：中華書局，1982年。

42. 〔漢〕班固：《漢書》，北京：中華書局，1983年。

43. 〔漢〕荀悅：《前漢紀》，《四庫全書》本，上海：上海古籍出版社，1987年。

44. 〔晉〕陳壽：《三國志》，北京：中華書局，1959年。

45. 〔南朝‧宋〕范曄：《後漢書》，北京：中華書局，1982年。

46. 〔南朝‧梁〕沈約：《宋書》，北京：中華書局，1974年。

47. 〔唐〕房玄齡等：《晉書》，北京：中華書局，1974年。

48. 〔唐〕魏徵等：《隋書》，北京：中華書局，1973年。

49. 〔唐〕李延壽：《南史》，北京：中華書局，1975年。

50. 〔後晉〕劉昫等：《舊唐書》，北京：中華書局，1975年。

51. 〔宋〕歐陽修、宋祁：《新唐書》，北京：中華書局，1975年。

52. 〔元〕脫脫等：《宋史》，北京：中華書局，1985年。

53. 〔清〕馬驌：《繹史》，揚州：江蘇廣陵古籍刻印社，1990年。

54. 二十五史刊行委員會編：《二十五史補編》，北京：中華書局，1985年。

55. 〔戰國〕墨翟：《墨子》，《二十二子》本，上海：上海古籍出版社，1986年。

56. 〔戰國〕荀況：《荀子》，《二十二子》本，上海：上海古籍出版社，1986年。

57. 〔清〕王先謙：《荀子集解》，北京：中華書局，1988年。

58. 梁啟雄：《韓子淺解》，北京：中華書局，1985年。

59. 楊柳橋：《公孫龍子校解譯詁》，天津：天津古籍出版社，1988年。

60. 《呂氏春秋》，《二十二子》本，上海：上海古籍出版社，1986年。

61. 許維遹集釋：《呂氏春秋集釋》，北京：中國書店，1985年。

62. 郭慶藩集解：《莊子集解》，北京：中華書局，1978年。

63. 《晏子春秋》，《二十二子》本，上海：上海古籍出版社，1986年。

64. 吳則虞集釋：《晏子春秋集釋》，北京：中華書局，1962年。

65. 《孔叢子》，《四部叢刊初編》本。

66. 《孔叢子》，《四庫全書》本，上海：上海古籍出版社，1987年。

67. 《孔子家語》，《四部叢刊初編》本。

68. 《孔子家語》，《四庫全書》本，上海：上海古籍出版社，1987年。

69. 張濤注譯：《孔子家語注譯》，西安：三秦出版社，1998年。

70. 王德明主編：《孔子家語譯注》，桂林：廣西師範大學出版社，1998年。

71. 向宗魯校正：《說苑校正》，北京：中華書局，1987年。

72. 趙善詒疏證：《說苑疏證》，上海：華東師範大學出版社，1985年。

73. 〔梁〕蕭統：《文選》，北京：中華書局，1987年。

74. 〔漢〕王充：《論衡》，上海：上海人民出版社，1974年。

75. 〔漢〕桓譚：《新論》，上海：上海人民出版社，1977年。

參考文獻

76. 石光瑛校釋：《新序校釋》，北京：中華書局，2001。

77. 劉文典集釋：《淮南鴻烈集釋》，北京：中華書局，1989年。

78. 〔宋〕劉義慶：《世說新語》，《諸子集成》本，上海：上海書店，1986年。

79. 〔唐〕陸德明：《經典釋文》，北京：中華書局，1983年。

80. 〔唐〕劉知幾：《史通》，北京：中華書局，1961年。

81. 張振珮箋注：《史通箋注》，貴陽：貴州人民出版社，1985年。

82. 〔唐〕杜佑：《通典》，北京：中華書局，1982年。

83. 〔宋〕洪適：《隸釋隸續》，北京：中華書局，1986年。

84. 〔宋〕洪邁：《容齋隨筆》，北京：京華出版社，2004年。

85. 〔清〕永瑢等撰：《四庫全書總目》，北京：中華書局，1965年。

86. 〔漢〕東方朔：《海內十洲記》，《四庫全書》本，上海：上海古籍出版社，1987年。

87. 〔漢〕劉歆撰、〔晉〕葛洪輯：《西京雜記》，上海：上海古籍出版社，1991年。

88. 〔清〕孫星衍等輯、周天游點校：《漢官六種》，北京：中華書局，1990年。

89. 〔清〕馬國翰輯：《玉函山房輯佚書》，揚州：江蘇廣陵古籍刻印社，1990年。

90. 〔清〕嚴可均輯：《全上古三代秦漢六朝文》，北京：中華書局，1958年。

91. 唐晏：《兩漢三國學案》，北京：中華書局，1986年。

92. 〔北齊〕顏之推：《顏氏家訓》，北京：中華書局，1993年。

93. 〔宋〕李昉等編：《太平御覽》，北京：中華書局，1985年。

94. 〔北魏〕酈道元：《水經注》，成都：巴蜀書社，1985年。

95. 王國維校：《水經注校》，上海：上海人民出版社，1984年。

96. 〔唐〕歐陽詢等編：《藝文類聚》，北京：中華書局，1982年。

97. 〔宋〕朱熹：《朱子大全》，《四部備要》本，北京：中華書局，1989年。

98. 〔宋〕朱熹：《朱文公文集》，《四部叢刊》本。

99. 〔宋〕黎靖德編：《朱子語類》，北京：中華書局，1986年。

100. 〔清〕鄭珍：《巢經巢文集》，《四部備要》本。

101. 〔金〕孔元措：《孔氏祖庭廣記》，《孔子文化大全》本，濟南：山東友誼出版社，1989年。

102. 〔明〕陳鎬撰、〔清〕孔允植重纂：《闕里志》，《孔子文化大全》本，濟南：山東友誼出版社，1989年。

103. 〔清〕孔繼汾：《闕里文獻考》，《孔子文化大全》本，濟南：山東友誼出版社，1989年。

104. 孔德成總裁、孔廣彬等編次：《孔子世家譜》，《孔子文化大全》本，濟南：山東友誼出版社，1990年。

105. 〔明〕於慎行：《兗州府志》，濟南：齊魯書社，1985年。

106. 〔清〕潘相：《乾隆曲阜縣志》，《中國地方志集成·山東府縣專輯》本，南京：鳳凰出版社，2004年。

107. 山東省地方史志編纂委員會：《山東省志》，北京：中華書局，1994年。

108. 〔宋〕王柏：《家語考》，劉同輯、胡宗林考異《魯齋王文憲文集》，《續金華叢書本》。

109. 〔清〕閻若璩：《尚書古文疏證》，上海：上海古籍出版社，1987年。

110. 〔清〕閻若璩：《四書釋地續》，《四庫全書》本，上海：上海古籍出版社，1987年。

111. 〔清〕丁晏：《論語孔注證偽》，《續修四庫全書》本，上海：上海古籍出版社，2002年。

112. 〔清〕毛奇齡：《古文尚書冤詞》，《四庫全書》本，上海：上海古籍出版社，1987年。

參考文獻

113. 〔清〕王鳴盛:《尚書後案》,《續修四庫全書》本,上海:上海古籍出版社,2002年。

114. 〔清〕王念孫:《讀書雜誌》,北京:中國書店,1985年。

115. 〔清〕崔適:《史記探源》,北京:中華書局,1986年。

116. 〔清〕蔣伯潛:《諸子通考》,杭州:浙江古籍出版社,1985年。

117. 〔清〕范家相:《家語證偽》,《續修四庫全書》本,上海:上海古籍出版社,2002年。

118. 〔清〕孫志祖:《家語疏證》,北京:中華書局,1991年。

119. 〔清〕趙翼:《廿二史劄記》,《中華經典史評》本,北京:中華書局,2008年。

120. 〔清〕姚振宗:《隋志考證》,《續修四庫全書》本,上海:上海古籍出版社,2002年。

121. 〔清〕梁玉繩:《史記志疑》,北京:中華書局,1981年。

122. 〔清〕康有為:《新學偽經考》,北京:中華書局,1986年。

123. 〔清〕皮錫瑞:《經學歷史》,北京:中華書局,2004年。

124. 劉汝霖:《漢晉學術編年》,上海:上海書店出版社,1992年。

125. 王國維:《觀堂集林》,北京:中華書局,1959年。

126. 錢穆:《先秦諸子系年》,北京:商務印書館,2001年。

127. 呂思勉:《先秦史》,上海:上海古籍出版社,1982年。

128. 唐蘭:《古文字學導論》(增訂本),濟南:齊魯書社,1981年。

129. 柳詒徵:《中國文化史》,北京:中國大百科全書出版社,1988年。

130. 顧實:《漢書藝文志講疏》,上海:上海古籍出版社,1987年。

131. 余嘉錫:《古書通例》,上海:上海古籍出版社,1985年。

132. 楊寬:《戰國史料編年輯證》,上海:上海人民出版社,2001年。

133. 陳直:《文史考古論叢》,天津:天津古籍出版社,1988年。

134. 張舜徽:《鄭學叢著》,濟南:齊魯書社,1978年。

135. 陳夢家:《尚書通論》,北京:中華書局,1985年。

136. 劉起釪：《尚書學史》，北京：中華書局，1989年。

137. 蔣善國：《尚書綜述》，上海：上海古籍出版社，1988年。

138. 〔宋〕葉適：《習學記言序目》，北京：中華書局，1977年。

139. 〔明〕姚際恒著、顧頡剛點校：《古今偽書考》，上海：上海古籍出版社，1986年。

140. 〔明〕胡應麟《少室山房筆叢》，《四庫全書》本，上海：上海古籍出版社，1987年。

140. 〔清〕崔述：《洙泗考信錄》，北京：中華書局，1978年。

142. 張心澂：《偽書通考》，上海：上海書店出版社，1998年。

143. 黃云眉：《古今偽書考補證》，濟南：齊魯書社，1980年。

144. 劉建國：《先秦偽書辯正》，西安：陝西人民出版社，2004年。

145. 顧頡剛：《古籍考辨叢刊》，北京：中華書局，1955年。

146. 羅根澤主編：《古史辨》第四冊，上海：上海古籍出版社，1982年。

147. 劉夢溪主編：《中國現代學術經典》，石家莊：河北教育出版社，1996年。

148. 李學勤：《古文獻叢論》，上海：上海遠東出版社，1996年。

149. 李學勤：《走出疑古時代》，瀋陽：遼寧大學出版社，1997年。

150. 李學勤：《簡帛佚籍與學術史》，南昌：江西教育出版社，2001年。

151. 湯志鈞：《西漢經學與政治》，上海：上海古籍出版社，1994年。

152. 荊門博物館：《郭店楚簡》，北京：文物出版社，1998年。

153. 駱承烈：《石頭上的儒家文獻》，濟南：齊魯書社，2001年。

154. 馬承源：《上海博物館藏戰國楚竹書》（二），上海：上海古籍出版社，2002年。

155. 萬繩楠：《陳寅恪魏晉南北朝史講演錄》，合肥：黃山書社，1987年。

156. 李零：《簡帛古書與學術源流》，北京：三聯書店，2004年。

157. 王葆玹：《今古文經學新論》，北京：中國社會科學出版社，1997年。

158. 李景明：《中國儒學史·秦漢卷》，廣州：廣東教育出版社，1998年。

159. 張立文主編、周桂鈿、李祥俊著：《中國學術通史‧秦漢卷》，北京：人民出版社，2004年。

160. 鄭良樹：《諸子著作年代考》，北京：北京圖書館出版社，2001年。

161. 陳戍國：《中國禮制史》（先秦卷），長沙：湖南教育出版社，1991年。

162. 王鐵：《漢代學術史》，武漢：華中師範大學出版社，1995年。

163. 章權才：《兩漢經學史》，廣州：廣東人民出版社，1997年。

164. 周洪才：《孔子故里著述考》，濟南：齊魯書社，2004年。

165. 王志平：《中國學術史‧三國兩晉南北朝卷》，南昌：江西教育出版社，2001年。

166. 張岩：《審核古文〈尚書〉案》，北京：中華書局，2006年。

167. 龔克昌：《孔臧其人及其賦》，《漢賦研究》，濟南：山東文藝出版社，1990年。

168. 安作璋、熊鐵基：《秦漢官制史稿》（下冊），濟南：齊魯書社，1985年。

169. 郭沂：《郭店竹簡與先秦學術思想》，上海：上海教育出版社，2001年。

170. 韓格平：《建安七子詩文集校注譯析》，長春：吉林文史出版社，1991年。

170. 陸侃如：《中古文學系年》，北京：人民文學出版社，1985年。

171. 臧雲浦：《歷代官制、兵制、科舉制表釋》，南京：江蘇古籍出版社，1987年。

172. 單承彬：《論語源流考述》，長春：吉林人民出版社，2001年。

173. 黃懷信：〈《逸周書》源流考辨〉，西安：西北大學出版社，1992年。

174. 黃懷信：《古文獻與古史考論》，濟南：齊魯書社，2003年。

175. 黃懷信：〈上海博物館藏戰國楚竹簡《詩論》解義〉，北京：社會科學文獻出版社，2004年。

176. 傅斯年：《史料論略及其他》，《新世紀萬有文庫》，瀋陽：遼寧

教育出版社，1997年。

177. 周一良：〈南朝境內之各種人及政府對待之政策〉，《魏晉南北朝史論集》，北京：中華書局，1963年。

178. 錢穆：〈略談魏晉南北朝學術文化與當時門第之關係〉，《新亞學報》（香港），1963年。

179. 李學勤：〈新發現簡帛與漢初學術史的若干問題〉，《煙臺大學學報》（哲學社會科學）1988年第1期。

180. 李學勤：〈竹簡《家語》與漢魏孔氏家學〉，《孔子研究》1987年第2期。

181. 李學勤：〈尚書孔傳的出現時間〉，《古籍整理研究學刊》2002年第1期。

182. 〈《儒家者言》釋文〉，《文物》1981年第8期。

183. 何直剛：〈《儒家者言》略說〉，《文物》1981年第8期。

184. 龐樸：〈話說「五至三無」〉，《文史哲》2004年第1期。

185. 胡平生：〈日本古文《孝經》孔傳的真偽問題〉，《文史》第二十三輯，北京：中華書局，1984年。

186. 胡平生：〈阜陽雙古堆漢簡與《孔子家語》〉，《國學研究》第七卷，北京：北京大學出版社，2000年。

187. 彭林：〈子思作《孝經》說新論〉，《中國哲學史》2000年第3期。

188. 郭沂：〈孟子車非孟子說——思孟關係考實〉，《中國哲學史》2002年第3期。

189. 付亞庶：〈《孔叢子》偽書辯〉，《東北師大學報》（哲學社會科學版）1994年第5期。

190. 王承略：〈論《孔子家語》的真偽及其文獻價值〉，《煙臺師範學院學報》（哲學社會科學版）2001年第3期。

191. 楊權：〈論章句與章句之學〉，《中山大學學報》（哲學社會科學版）2002年第4期。

參考文獻

191. 王志平：〈《孔子家語》劄記〉，《學術集林》，上海：上海遠東出版社，1996年。

192. 廖名春、張岩：〈從上博簡《民之父母》「五至」說論《孔子家語·論禮》的真偽〉，《湖南大學學報》（社會科學版）2005年第5期。

193. 張岩：〈孔子家語研究綜述〉，《孔子研究》2004年第4期，

194. 李存山：〈《孔叢子》中的「孔子詩論」〉，《孔子研究》2003年第3期。

195. 舒大剛：〈論宋代的古文《孝經》學〉，《四川大學學報》2004年第3期。

196. 楊朝明：〈上博竹書《從政》篇與《子思子》〉，《孔子研究》2005年第2期。

197. 陳劍、黃海烈：〈論《禮記》與《孔子家語》的關係〉，《古籍整理研究學刊》2005年第4期。

198. 張固也：〈西漢孔子世系與孔壁古文之真偽〉，《史學集刊》2008年第2期。

199. 張固也、趙燦良：〈《孔子家語》分卷變遷考〉，《孔子研究》2008年2期。

200. 韓暉：〈漢賦的先驅孔臧及其賦考說〉，《文史哲》1998年第1期。

201. 李傳軍：〈《孔子家語》辨疑〉，《孔子研究》2004年第2期。

202. 郝虹：《王肅經學研究》，山東大學博士學位論文，2001年。

203. 朱淵清：〈阜陽雙古堆1號木牘劄記二則〉，《齊魯學刊》2002年第4期。

204. 趙東栓、孫少華：〈《孔叢子》成書舊說及其考察〉，《白城師範學院學報》2005年第4期。

205. 寧鎮疆：〈八角廊漢簡《儒家者言》與《孔子家語》相關章次疏證〉，《古籍整理研究學刊》2004年第9期。

206. 寧鎮疆：〈《家語》的「層累」形成考論——阜陽雙古堆一號木牘
所見章題與今本《家語》之比較〉，《齊魯學刊》2007年第3期。

207. 寧鎮疆：〈讀阜陽雙古堆1號木牘與《孔子家語》相關章題餘劄〉，
《中國典籍與文化》2008年第2期。

參考文獻

後 記

　　本書是山東省社會科學基金專案《漢魏孔氏家學》暨國家社會科學基金專案《漢晉孔氏家學與「偽書」公案》（06BZS004）的最終成果。項目是受李學勤先生觀點之啟發而設計，其目的主要是為從根本上解決諸「偽書」問題創造條件，促進阻礙學術發展的「偽書公案」早日結案。專案是集體分工合作完成。其中西漢、東漢、魏晉三篇主體部分之初稿，是在黃懷信指導下分別由2006級研究生陳以鳳、李新民、陳建磊同學完成，最後由黃懷信統一整理、修訂或補充。補充部分的〈《孔子家語》與《荀子》〉、〈《孔子家語》與《說苑》〉、〈《孔子家語》與出土文獻〉之「相關研究」三節，分別由2008級研究生董麗曉、藺小英、袁逢同學撰寫。另外，2007級研究生白林政同學也參與了本課題研究，撰寫了〈建國以來「偽《古文尚書》」及《尚書孔傳》研究平議〉一篇約5萬字，後因篇幅關係未能收入。廈門大學國學研究院及常務副院長陳支平教授對專案給予了大力支持，並納入該院資助出版叢書，使其成果得以早日與讀者見面。廈門大學出版社薛鵬志先生為本書的編輯出版付出了辛勤勞動，在此一併表示感謝！

黃懷信
2011年4月